吉金文库

发现从前的中国

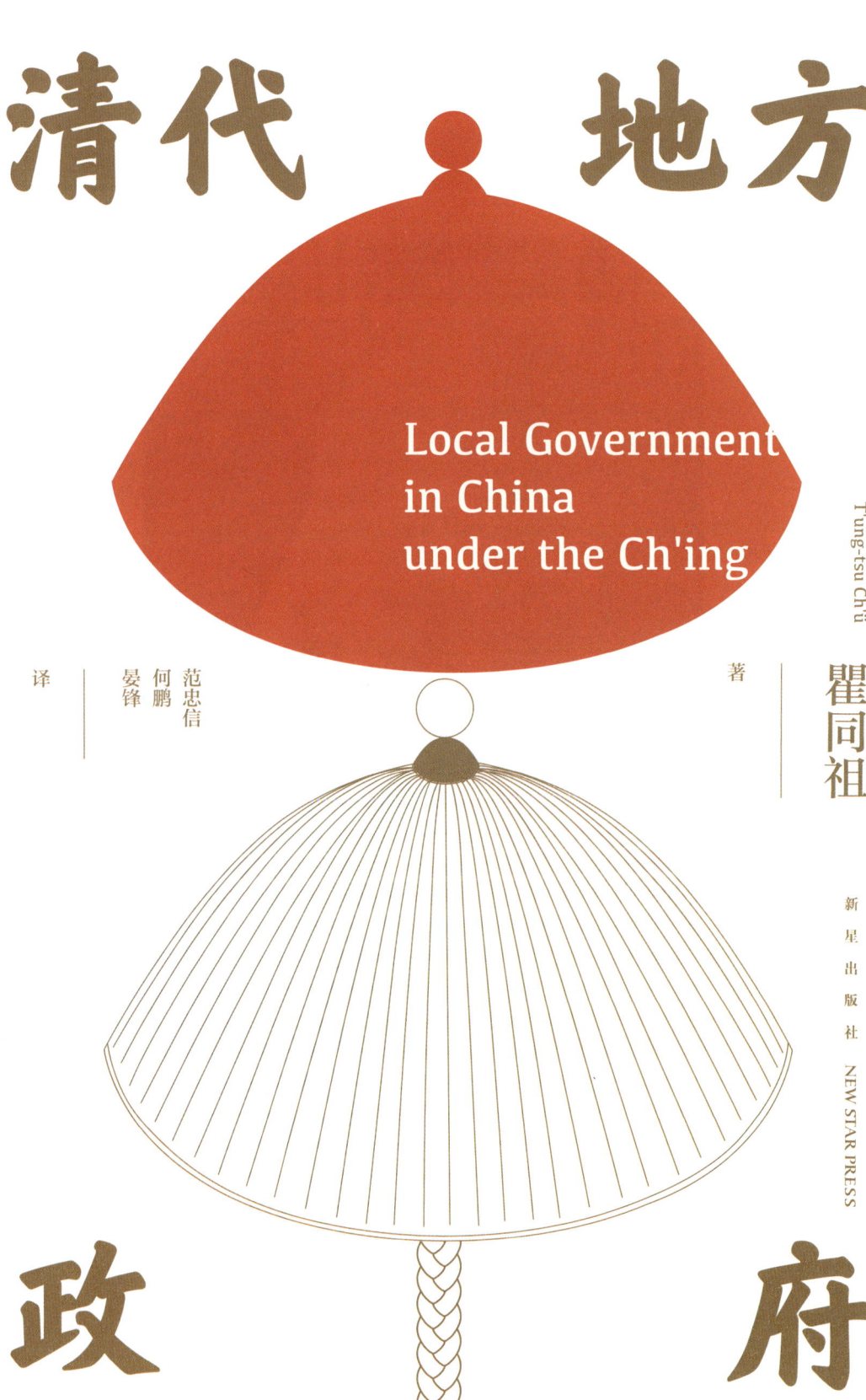

清代地方政府

Local Government in China under the Ch'ing

T'ung-tsu Ch'ü

瞿同祖 著

范忠信 何鹏 晏锋 译

新星出版社 NEW STAR PRESS

瞿同祖先生（1998年）

译者范忠信教授与友人胡旭晟教授、王健教授于1996年秋拜访瞿同祖先生,商谈编辑《瞿同祖法学论著集》及翻译《清代地方政府》有关事宜。后排左起:范忠信、王健、胡旭晟

本书第七章试译稿样。纸上深色文字符号处，系瞿同祖先生亲笔批改（1998年）

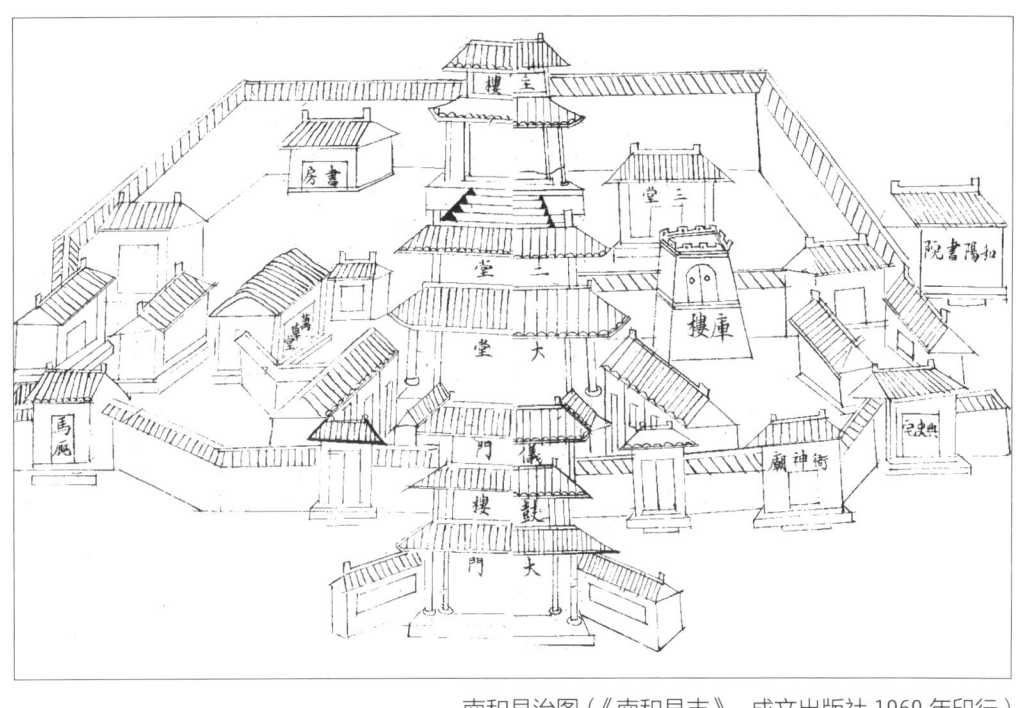

南和县治图(《南和县志》,成文出版社 1969 年印行)

《秋录大典》:"每年于三四月间,例行朝审大典,其日期则由藩臬两司会详抚辕批准。各县人犯先期解省寄监,届时至抚辕过堂,点名发落,给发席扇钱食等物。一时赭衣络绎,黑索琅珰。延颈跂足而观者,谓地狱之变相云。"(《点石斋画报》第一集)

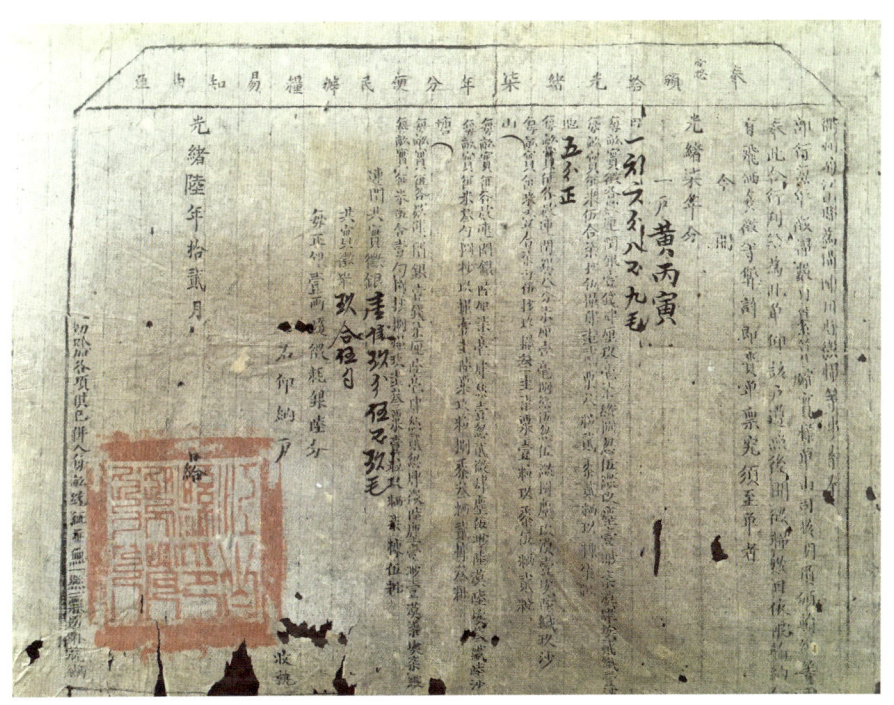

清光绪七年（1881年）分便民办粮易知由单（承蒙玉山博物馆提供图片）

清七品文官鸂鶒纹刺绣补子（美国大都会艺术博物馆藏）

瞿同祖先生与中国地方政府传统研究
——2003年初版译者序

一

《清代地方政府》是瞿同祖先生旅美期间的英文力作。因为是讲中国历史的书,翻译难度容易被低估,于是1998年我就主动向瞿老"请缨"翻译。现在,前后花了五年时间,书总算翻译完了,我唯一的感慨是:若早知如此,我当初可能根本就不敢揽这桩活儿。

我们新中国的法科学子得以认识瞿老,中华书局功不可没。1981年,中华书局重印了瞿老1939—1944年间完成、1947年由商务印书馆出版的《中国法律与中国社会》一书。那时,我正在重庆(西南政法学院)上大学。1983年春夏,在重庆市中区法院实习的我,利用节假日时间,趴在鹅岭公园的石桌上啃完了这本书,这才开始知道民国时期有个叫瞿同祖的先生,是位学社会学出身的法律史大家。这本书,是我阅读到的第一本真正的法律史专著,让我感到十分新奇。为什么新奇?因为当时书店里没有什么法律史著作,我们看到的只是各种法律史教材。跟枯燥乏味的教材相比,这本书讲的是中国传统社会动态的、实践的法律状况,讲的是家族、婚姻、阶级、宗教等具体社会生活范畴中的社会习惯和国家规范的关系,其史料丰富、案例生动、说理细致入微,当然令我们青年学子耳目一新。五千年法律史,被还原为五彩缤纷的活生生的画卷,瞿老就像是一位站在画卷旁的杰出评论家,为我们娓娓点评画卷中常人难以看出的无穷奥妙。读了这本书,当时的我就以为法学的学问尽在法律史中,令我产生了考法律史研究生、当法律史研究者的强烈愿望。为了检验我的历史理解能力,我就瞿老在书中对《唐律》"官当"制度的一个细节——关于"历任之官谓降所不至者"之含义——的解说提出了质疑商榷,通过中华书局转信给瞿老。瞿老竟然很快给我复信,要我把商榷文章寄给他,并对我大加鼓励。接信之时,如受电然。读者诸君试想想,在刚刚从僵化封闭的政治社会生活走向改革开放的初期,一个刚刚从山沟里走出来惯于将名教授看成"文曲星"加以瞻仰的、自苦无知而渴求知识的小青年,竟然得到了海外归来的大学者用亲笔信加以指教鼓励,会是怎样地激动万分吧!自此跟瞿老有数封信函往来讨论(这些信函至今仍是我私人藏品中的"一级文物")。虽然结果与我的同窗们预料的一致——质疑完全是由于历史知识不够,但我与法律史学藉此一见钟情,至今持续了整整二十年。这正是《中国法律与中国社会》影响新中国法学的二十年。

绝大多数知道瞿老的人,只知道瞿老有《中国法律与中国社会》,除此以外大概一无所知。我在1987年秋以前也是如此,1987年秋以后情况丕变。我从中国政法大学研究生院毕业分配到中直西苑机关工作,住在万寿寺甲二号现代国际关系研究所图书馆旁。这个图书馆的外文藏书帮我认识了一个叫T'ung-tsu Ch'ü的"美籍华人学者"(图书馆的文字介绍)。这位学者的书,该馆收藏的有三种,分别是:*Law and Society in Traditional China*(《传统中国的法律与社会》,巴黎和海牙,1961);*Local Government in China under the Ch'ing*(《清代地方政府》,哈佛大学出版社,1962);*Han Social Structure*(《汉代社会结构》,华盛顿大学出版社,1972)。起初光看图书馆书目索引卡片,我还真以为这是一位大约名叫"唐次楚"(音译)的"美籍华人学者"。后来请教一位老同志,他说 T'ung-tsu Ch'ü 是威氏音标，姓氏后置，转成现代汉语拼音，就是 qü tong-zu。这让我羞得无地自容——原来这就是我景仰已久的瞿同祖先生。大致翻阅一下这几本书，发现篇幅部头都不太大，但差不多占全书文字量一半的注释（广泛得无以复加的史料！）就让我惊叹不已。后来再翻翻西方学者和华裔学者研究中国政治史和法律史的英文著作，我发现，引用瞿同祖先生著作的频率非常高，我所翻过的二十多种西人作品附录的参考书目中，几乎每本都有引用 T'ung-tsu Ch'ü 著作者，可见瞿先生在海外汉学界影响之巨大。

瞿先生是我国社会学家、法学家中旅居西方时间最长的一位（可能至今仍算是）。瞿先生1934年毕业于燕京大学社会学系，随即转读该校社会史专业研究生，1936年获文学硕士学位。1939—1944年任教于云南大学，其间还在西南联合大学兼职。1944年秋，三十四岁的瞿先生离开云南大学，应邀到美国哥伦比亚大学做访问研究。1945—1955年十年间，瞿老一直在哥伦比亚大学从事汉代社会组织和结构的研究，并用英文写成了《汉代社会》一书。其间，还以英文重写了《中国法律与中国社会》（补充了原来在国内因为抗战迁徙而难以找到的一些史料），更名为 *Law and Society in Traditional China*。1955—1962年七年间，瞿老应著名汉学家费正清（J. K. Fairbank）的邀请，到哈佛大学东亚研究中心做研究员，此间完成了《清代地方政府》的创作。1962—1965年间，瞿老又应聘到加拿大不列颠哥伦比亚大学任教，直到1965年秋回国。从1944年至1965年，瞿老在美国和加拿大一共工作了二十一年。二十一年里，他的学术成果，瞿老曾自嘲说：就是两本半书（用英文重写《中国法律与中国社会》算半本），此外几乎没有单独发表过论文。这数字，比起今天我国青年法学家（他们的一般纪录是每年一到三本书，最高纪录有四年出版三十六本"专著"者），比起现在许多大学的职称评定标准，叫人感慨良多。一是"十年磨一剑"磨出来的磐石般力作，一是为学位、职称、项目、评奖需要而"吹"出来的漫天飞舞的

"学术"肥皂泡，二者的关系如鲲鹏之于朝菌蟪蛄，是不可同日而语的。

历史公正地记住了真正的学术成果。四十年后，人们发现瞿老的书仍像金子或钻石在闪闪发光，光芒穿透了历史的尘封，因而好几位学者早就提议翻译瞿老的《清代地方政府》和《汉代社会》。但瞿老似乎一直没有表态。1997年，我在参与编辑《瞿同祖法学论著集》（中国政法大学出版社1998年版）时，请求将《清代地方政府》中关于司法和刑名幕友的章节翻译出来收入集子，瞿老欣然同意。译稿得到瞿老肯定并收入集子时，我又趁势请求翻译全书，瞿老又欣然同意了。这让我无比荣幸且感责任重大。1998年秋，我调中南政法学院工作，即开始动手翻译。1999年初，就初译完了一半，但此后因为俗务缠身一直拖延。2000年底，我开始请我校英语不错的青年教师晏锋君翻译另一半。不到一年，晏锋的初译完成了。但由于书中涉及的清代历史知识太细致、太具体，第一次全书通篇校译断断续续花了我一年半时间，许多地方几乎是重译。2002年底，我又让在研究生中英语成绩优异的何鹏同学将原稿、译文通篇校读一遍，发现问题用红笔标注出来，由我再加校译。这样发现的问题又有大小百处之多，这样的第二次审校也花了我们两人一共几个月时间。何鹏还跑了多家图书馆查阅书中所引用近百处中文史料原文，完成了大部分回译（一部分回译是我自己跑北京图书馆新馆和柏林寺老馆花数日查找出来的）；翻译或制作了中文书目、西文书目、重要名词译名对照等四个重要附录。最后我又请同事武乾副教授帮我通篇审读一遍。当我把最后译稿拿到北京向瞿老复命并请求就"拿不准"的部分译文面询瞿老意见时，瞿老公子泽祁先生告诉我：九十三岁的瞿老刚从医院出来，健康状况已不堪接待来访和阅读文字了。于是，那几处拿捏不准的地方，只好硬着头皮自己拿捏下去了。五年工作的结晶，功过（翻译好坏）只好听读者判决了。希望我们的翻译没有太损坏瞿老著作的内涵和形象。愿此书出版时瞿老已恢复健康。

以上就是我认识瞿先生其人及其学术的过程，以及翻译《清代地方政府》的缘起及其艰辛过程。说这些，是为了帮助读者（特别是文科的研究生读者）了解瞿老这位从前几乎被人们遗忘的杰出法学家、社会学家，了解《清代地方政府》的创作背景；当然或多或少还有点急于表白我个人关于这一工作"吃力不讨好"的感受。

二

《清代地方政府》是一部用社会学的方法研究中国清代地方政府的实际构成及其实际运作模式的著作。这本书与我从前看到的所有关于中国古代或明清时代政治制度研究的书都不一样。

从前研究中国古代政治制度的书，有三大特征是比较明显的。

一是以现代政治学的观念或概念去切割中国古代政治史，瓦解其特有的整体性特征或风格。这些书的结构一般是：先是概论（总论），然后分别是行政机构、监察制度、法律制度、军事制度、科举及教育制度、人事制度等等的列举分析。或是仅仅研究古代政府体制：先列出政府的部门构成、官员配备及其职掌等，再说各机构之间的权力关系，等等。这种用现代概念对古代政治史分类归堆式的研究，易于让现代人凭着经验去理解，但也非常容易让人们产生误解。研究古代法律制度的书也大致如此。

二是只注意制度上的正式性、官方性因素，不注意非正式的、私人性的（或个人的）因素在政治中的作用（包括对正式制度的抵制或限制，也有改造或创新制度的作用）。在注意到成文制度的内容和运作之外，如果看到了个人或私人的因素，那也多半只见到有权势的个人随意否定或践踏制度的因素，"好制度—坏个人"的思维模式支配了政治制度史研究。没有见到不成文制度或法律性惯例在非正式、私人性因素影响下形成和作用的过程，不能正视特殊个人超越成文制度束缚开创新惯例或制度的努力及其正当性。

三是惯于以成文法的规定为依据来研究古代的政治制度和政府体制，不注意社会实际政治生活与成文法规之间的巨大差异。比如研究明清时期的政治制度，基本上只限于《明会典》《清会典》关于衙门设置、官员配置及其职掌或权限的规定；只限于《大明律集解附例》《大清律例》和《六部则例》《理藩院则例》之类的刑事或行政性法典（规）的规定；只限于《职官志》或《百官志》《食货志》《刑法志》等关于制度改革或运作的记载。把这些规定或改革当作古代政治制度或体制的全部实际情形。虽然有时也引用野史或正史中极少数实际事例（案例）记述，但又过于偏爱引用负面的记述，即关于成文制度被暴君和权臣践踏的事例。只从卷帙浩繁的典章、政书中找古代制度，而不从实际行政过程和社会生活的活生生事实中去总结潜在的制度、惯例及其实际运行模式。

从前制度史研究著作的上述弊端，有很多人做过批评或局部的纠正，但一直缺乏比较全面深入的纠正。瞿老的《清代地方政府》一书正是纠正这类弊端，活生生地再现在中国古代政治过程中实际形成和运作的政治制度或惯例的范例。

这是第一本系统、深入研究清代地方政府模式的专著。它研究的不仅是那一个时期的政府组织机构及其运作，而且是研究一种"政府传统"。这本书可以说是对清代二百多年间（甚至上溯至明代）政府传统的研究，进而可以看作是关于整个传统中国的政府传统研究。这种研究，着重于研究在一个相当漫长的时间里形成的一以贯之的政治机器构成和运作的传统。这种对传统的认识，是在把各个不同的历史阶段的丰富多彩的变化加以抽象、归纳总结，并相对忽略那些没有持续性或规律性的偶发事件（或因素）的影响后得出的。这本书已经出色地引导了我们去把握近古中国地方政府体制和运作的传统。

本书没有像从前的著作那样，用现代政府职能分类的概念去分别列举讨论清代地方政府的财政、治安、司法、教育、福利、军事、经济等各方面的职能机构（人员）及其运作模式，而是从"哪些人构成（或参与）政府"和"政府做（及如何做）哪些事"的两条线索出发来探讨政府传统。第一章首先介绍州县政府在中国古代政府机构体系中的位置，特别强调它作为唯一"亲民"的政府层级的特殊性和重要性。紧接着，第二、三、四、五、六章，分别探讨地方政府的五类正式组成人员（州县官及其书吏、衙役、长随、师爷等四类助员），包括他们的资格和录用、职位分类、职能及行使方式、待遇和升迁机会、贪污腐败形式、监督和约束模式，等等。然后，第七、八、九三章，是分析州县地方政府的职能及其执行方式。因为地方政府的职能以刑名、钱粮为典型，所以各专用一章来探讨司法和税收。第九章大致介绍了地方政府除司法、征税以外的各项次要职能（如户口登记、治安、邮政、公共工程、公共福利、教育教化、祭祀，等等）。最后一章，探讨中国特有的半官半民或作为官民中介的地方精英群体——士绅对地方政治的参与和影响，把他们作为地方政府的非正式组成人员或附属影响力量来探讨。这种研究构思，的确令我们耳目一新。

（一）本书的内容重心在于政治或政府体制中的个人及其行为，重心在于对政治制度体制传统的完整性认识。这对于我们完整地认识中国古代地方政府的特质有着十分重要的意义。

首先，本书以州县官作为地方权力的化身，以其为州县地方政府的主干或本体。瞿老说，州县政府的所有职能都由州县官一人负责，州县官就是"一人政府"，分配到地方的一切权力都无可分割地被确定为州县官这一职位的独享权力，其他一切僚属显然只扮演着无关紧要的角色。除非得到州县官的委派，否则都没有任何规定的权力。州县官职位或其个人，是把地方一切事务或政治职能整合起来的关键或枢纽，透过他的行为可以考察地方政府的一切。州县官的这种"一人政府"属性，瞿老给我们做了多方面的阐释。例如，州县官是地方一切事务的唯一受托人和责任人，税收、司法、治安、教育、福利、公共工程等等，归根结底由他一人承担,一人负责任。税收完不成,官库有亏空,盗匪未抓获,堤坝遭毁坏,司法有错案,人口有逃漏,驿站死了马,科考有舞弊,理论上都由州县官一人负责并受罚,除非法律特别规定其他僚属或书役要一同负责。轻则罚俸、包赔、降级,重则革职、受笞杖,直至判处徒流刑罚。

其次,本书通过对四类助员自身功能及其与州县官关系的探究,也同样阐明了古代政府体制的"混沌整体"特色。这种特色进一步说明了"一人政府"属性:这几类个人在政府中的地位与作用,实际上就体现为他们与州县官的关系。他们随一人进退而进退,他们与州县官权力之间的依附关系的程度决定了他们的地位和作用。瞿老的研究告诉我们,他们不是现代意义上的政府成员,仅仅是州县官行使权力的走卒或工具,但又有着不可忽视的作用。在州县官和他的四个辅助群体(书吏、衙役、长随和幕友)之间,没有任何中间权力,四类人都直接向州县官负责。他们共同协助州县官行使的是同一个州县混沌一体的权力。对于这种权力,我们不可能用现代的职能分类、权力制约的眼光去观察。这四个群体之间实际上不存在行政权力或职能的分工分类,只有在一人政府或一人权力思路下的事务分派。幕友是州县官的私人秘书或顾问,干的是脑力方面的活儿;书吏是州县官的文字方面的工役,干的是起草、抄写之类的文字手工活儿;衙役是州县官的体力方面的工役,干的是缉捕、行刑、抬轿、传递、守卫之类的力气活儿;长随是州县官用来监督前三者并在三者之间传达州县官指令,还兼跑腿、跟班并照顾州县官生活的角色。他们都围绕着州县官这一个中心转动。他们之间只有分派活儿之粗细,受州县官信任委托之轻重,与州县官关系之亲疏等差别,没有实质的权责分工差别。他们都是州县官行使那个混沌一体的权力的工具而已。这一点,用曾为师爷三十多年后出仕为州县官的清人汪辉祖的话说,叫作"官须自做":"事无巨细,权操在手,则人为我用。若胸无成见,听人主张,将用亲而亲官,用友而友官,用长随吏役而长随吏役无一人非官。人人有权即人人做官，势必尾大不掉……故曰官须自做。"（丁日昌：《牧令书辑要》卷一引汪氏《通论居官》）只能允许一人做官，以保证政府是一人政府。

再次，四类助员之间职能的严重重叠，更说明了"一人政府"及州县政府的"混沌整体"属性。例如，关于税收事务，幕友中有"钱谷""征比""钱粮总"等负责，书吏中有户房书吏、"总书""里书""柜书""漕书"等负责，长随中又有"钱粮"或"钱漕""杂税"负责。关于刑名（司法）事务，在幕友中有"刑名""案总"负责，在书吏中有刑房书吏和"招书"负责，在长随中有"案件""呈词""管监""值堂"等负责，在衙役中有捕快办事。关于仓库事务，幕友中有"廒友"负责，长随中有"司仓"负责，书吏中有"库书"或"仓书"负责，衙役中有"库丁""库卒""仓夫"等负责。关于警卫、保安或及文书命令传递事务，衙役中有"门子""禁卒（子）"等负责，长随中又有"司阍""门上"或"门丁"（"门上"中又细分为多种差事）负责。关于挂号、登记、收发事务，幕友中有"挂号"，长随中有"签押""号件"，书吏中有"承发房"书吏，都负责此类事。关于通信，幕友中有"书启"或"书禀"，书吏中有"柬房"书吏，长随中也有负责通讯的"书启"。关于文书起草誊抄，幕友中有"朱墨"或"红黑笔"，书吏中各房皆有起草、誊抄公文任务（特别是低级书吏"帖写"）。这种叠床架屋的职位设置，清人谢金銮评论说："凡此头上加头，脚下添脚，直以官场为戏场，自取纷淆而增弊窦，以虐民害官，求其必败而已。"（丁日昌：《牧令书辑要》卷二引谢氏《居官致用》）谢氏当然无法理解：这是一人政府的必然。既然权力高度集中于一人，被视为一个囵囫整体，那么就不能对政府职能进行全面横向分工分权，而只能由四类人分别去办理同一类事务的不同阶段。每一阶段派一类人办理，后一类人有监督前一类人的责任，甚至同一类人中的每个人也有互相监视的责任。每人"螳螂捕蝉，黄雀在后"般盯住别人，最后所有人都被州县官本人盯着。黄宗羲在批评三代以后的专制之法时说:"后世之法,藏天下于筐箧者也。利不欲其遗于下,福必欲其敛于上;用一人焉则疑其私,而又用一人以制其私;行一事焉则虑其可欺,而又设一事以防其欺。"(《明夷待访录·原法》)黄氏的这一批评,也适用于地方官权力高度集中时的情形。皇帝的权力是一个大筐箧,州县官的权力是一个小筐箧,都必须"以人制人,以事防事"的方式来看护。顾炎武说:"郡县之失,其专在上。……君人者……人人而疑之,事事而制之,科条文簿日多于一日,而又设之监司……"(《亭林文集·郡县论一》)这也适用于州县机构或职员设置情形。瞿老说,幕友、书吏、长随之间的这种职责重叠,实即在政府职员之间推行隔绝政策——亦即不让他们有机会相互接触——的必然结果;作为一种控制方法不仅使得有效的监管难以实现,这种思路造成的组织不善和缺乏协调必然导致地方政府的效率低下(见本书结语部分)。

最后,州县衙门没有法定的财政收入,没有正常的经费预算和决算制度。理论上讲,州县官个人的薪俸要支付州县衙门的行政开支及职员薪金,这也充分说明了"一人政府"及其政府体制的"混沌整体"属性。瞿老在引言中说:"一些读者可能会期望有专门章节论述地方财政,但他们很快就会发现本书无此项内容的原因是显而易见的:中国的地方政府并没有自己的岁入;州县官们必须用他自己的收入来支付办公费用和个人开销。公务开支和私人开支之间是没有什么界限的。因此,在州县官薪给的标题下讨论地方财政也许更妥当。陋规制度亦将在此标题下讨论。"瞿老这一处理,是用社会学方法认识中国古代政府财政问题的一个典范。在第二章"州县官的收入与地方财政"一节中,瞿老总结了清代州县官的全部收入为两者:一是朝廷规定的薪俸(包括常俸和养廉银),二是陋规收入。瞿老的研究向我们展示,这两种收入虽然来源有区别,但它们共同构成了州县官的个人收入及一个州县政府的财政收入。这也是州县官给衙门职员支付薪金和满足一切办公费用的经费来源。他要用这些收入来解决或满足以下一切费用（耗费）：幕友和长随的工资，衙门办公文具的费用，上级衙门名目繁多的摊捐（或为弥补政府经费赤字，或为政府的特定活动费用，或为填补"历年亏空"），接待到访或过境的各种官员的费用，为上司装修房舍、添置家具和薪炭的费用，各种节庆时给上司的礼敬费用，给上司衙门的职员送"门包""茶仪""解费"等费用，还有最重要的税银、税粮的熔铸或储运的损耗，赋税的征收和转运过程中必要的费用，等等。我们看到，这些多半应该由政府财政支付的费用，是维持地方政府行政运转所必需的办公费用。但是，这些费用，都要州县官一人去支付。本来是地方政府的正常行政费用，现在都变成了州县官的私人负担。朝廷不为此拨付专门经费，那么只好容许地方官员利用"陋规"筹措这些经费。因为在政治理念上把州县官假设为一人政府，这些费用当然就要由州县官自己解决。

此外，书中关于州县的司法、税收和其他职能如户口登记、治安、邮政、公共工程、公共福利、教育教化、祭祀等等的研究，也是以官员的权限、责任及其权力行使方式为着眼点，是以人（包括官员、助员、士绅）的地位作用和活动模式为中心的制度史研究，而不是像过去那样以机构和权力关系为中心的研究。瞿老在这些研究方面也给我们以出色的示范。

（二）本书的研究视角特别注重非正式的、私人性的因素对传统地方政府和政治行政的重要影响，这给我们的中国传统政制史研究以重要的启发。

本书的另一个重要的特征或贡献是：非常独到而全面地阐释了非正式的、私人性的因素在地方政府和政治过程中的重要地位，或阐明了它对地方政府体制和运行的深刻影响。瞿老通过以下几个方面揭示了这种地位和影响：

第一，士绅对地方政府或政治的非正式或私人性参与。瞿老的研究揭示，士绅作为地方精英，其代表地方社区的权利，是得到政府和公众普遍认可的。他们可在地方官与百姓之间充当斡旋者，向地方官员提供咨询，受官员个人委托主持慈善机构和事业，等等。但是，他们在地方行政方面扮演的角色，完全是非正式的、私人性的。他们作为百姓的某种意义上的代表，既非百姓选举，也非政府任命，只不过凭借特权地位而被习惯上接纳为地方社群的代言人而已。但是他们参与政府事务和代表地方社群说话的权利或义务，并没有像西方民选议员那样在法律上正式明确下来。如果说有什么权利或义务的话，那主要是道德义务，并且主要是依据自觉的和非正式的标准去履行的。法律并没有规定哪个士绅成员应该被咨询或应被邀请参与行政事务，这些都主要是州县官的自主行为。尽管士绅可以且实际上常常干预政务，但却没有他们可以用来质疑或否决官员所作决定的合法程序。实际上，士绅的介入主要是基于私人标准或因素，其效力也主要依赖于特定士绅个人所具有的影响力——个人社会地位的高低及与官员私交的深浅。根据美国学者C.E.梅里亚姆的观点，所谓政府，应视为"统治过程的参与"或"决策过程的参与"，因而它既包括"正式的"政府，也包括"非正式的"政府（参见本书引言部分）。瞿老认为中国的士绅群体实为中国地方的"非正式政府"，地方权力只在官吏（正式政府）和士绅（非正式政府）之间进行分配。这种分配也是非正式的。

第二，衙门职员的私人性任用。衙门里的四类职员中，最重要的是幕友和长随，但他们只是州县官私人聘用的参谋和私仆，通常不作为政府雇员来看待。他们虽与州县官之间只维持着一种私人的、非正式的关系，但又确确实实操作着地方政府的部分权力。他们的聘用，都不需经政府的正式考试考核选拔，而是凭着与州县官的特殊私人关系——或为朋友同窗，或为出仕前的家仆，或为子弟、宗党、亲戚，或为上司私人推荐的人。其总的任用原则是"任人唯亲"，总之必须是私人关系亲近，有强烈私人信任为基础。用亲属（特别是"三爷"）为幕友可能是当时最普遍的情形，所以清醒的官员如汪辉祖者就大声呼吁革除这一积弊：

"谚曰莫用三爷,废职亡家。盖子为少爷,婿为姑爷,妻兄弟为舅爷也。之三者,未必才无可用,第内有蔽聪塞明之方,外有投鼠忌器之虑……总不若择贤友而用之。友以义合,守义则尊而礼之;苟其负义,何嫌乎绝交?"(丁日昌:《牧令书辑要》卷二引汪氏《用亲不如用友》)。汪辉祖虽反对用亲,但并不是主张通过正式的、官方或公义的关系及标准来任用幕友。他所主张的用友,仍是凭非正式的、私人的关系及标准。"友以义合"的"义",仍旧是私人恩义,不是公义和法律。此外,长随的工作模式,基本上是以私人方式监督衙门的其他职员(甚至包括幕友),在监督问题上完全充当州县官的鹰犬的角色,以保证州县官个人不被书吏衙役欺骗蒙蔽。这与政府公务中的分工负责、互相监督制约是完全不同的思路。

第三,地方政府靠介于合法非法之间灰暗的"陋规"方式建立其财政岁入,州县官和衙门职员也多以陋规取得薪酬,这些途径都是私人的、非正式的途径。瞿老告诉我们,州县官及其助员取得陋规收入有着五花八门的途径。首先是税收时加收"火耗""余平""耗米""耗羡",这是朝廷基本认可或半正式认可的陋规收入,这可以看成是地方政府的财政收入。因此,以弥补熔铸、储运中损耗的名义预先加收这样一个增额(折扣额),实际上变成了地方官"搭车"加收的某种"地方税"。不过,这一征收的最初立意,并不是为了地方建设或公共福利,而是用于保证朝廷规定的税收任务的足量完成(为足量完成备好必要的耗费或损耗)。至于地方官们可能将这些收入的一部分事实上用于衙门办公费用、地方公共工程和福利救济,那都是体制外临时的、随机的安排,完全出于地方官个人炒作名声之需要或出于道德责任感。此外,地方官员们还直接或通过衙门职员之手间接得到各种陋规收入(或其中一部分)。如管理银库或粮库的书吏衙役、被任命为头领的衙役、值勤的衙役、担任负责催税的"里长"或"催头"的百姓、想逃避看守州县仓库之杂徭的富户百姓、为官府或公共节庆提供商品或服务的行户、请领保甲门牌户册的民户、接受土地面积勘测或领取赋税定额凭单（由单）的花户、到公堂接受审讯的两造及证人或仅仅参与办案的书吏衙役、申请灾害勘查和救济的百姓，等等，官员们都可以索要习惯上被承认的种种陋规。这些与前者不同，大概是不会正式进入可在前后任官员之间移交的衙门收支账册记录的，这纯粹是私人性的灰色收入。这些收入，既可以看作是地方财政收入的一部分——因为其中的确有一部分会用于本当由正式预算经费满足的公事需要，也可以看作是官员的个人收入或者欠额薪俸的变相补偿。至于衙门职员的薪金，朝廷正式预算解决的只有书吏和衙役（书吏薪金曾被取消），但那仅仅是象征性的，如衙役每年六七两银子，书吏每年十几两银子，这只够他们及其妻、子每天吃一顿或两顿最粗简的饭食。于是，他们只好借助陋规和更出格的贪婪伎俩谋取收入，例如仅仅在诉讼过程中，衙役就可以向当事人索要"鞋袜钱""酒饭钱""车船钱""招解费""解锁钱""带堂费"等，书吏可以向当事人索要"纸笔费""挂号费""传呈费""买批费""出票费""到案费""铺堂费""踏勘费""结案费""和息费"等，任何官员对此都不能不默许，顶多稍加约束而已，因为有时的确是解决薪金不足的需要。有的官员甚至公开主张，可以委托书吏办理一些偶发的讼案，以便他们从中搞到一些"纸笔钱"；还主张对那些勤勉尽职的衙役可以多签发一些传（捕）票，以便他们从中多收点"草鞋钱"（方大湜《平平言》卷二）。这纯粹是私人的、非正式的解决方式。至于幕友、长随的薪金，完全由州县官自己从个人薪金或其他收入中支付，就更不必说了。他们通过获得各种委派差事向百姓索取名目繁多的陋规收入，其中相当一部分就是州县官有意安排以补充薪金的方式。瞿老提醒我们，应该把陋规与贿赂或其他形式的贪污区分开来，因为陋规是在法律的默许之内的，而贪贿是法律禁止的。但是，在某些情况下，二者之间并没有一个明确的分界线（见本书第二章第三节）。这正揭示了私人性非正式因素在古代中国政治中的一种实际作用——混淆了公与私、合法与非法。

第四，其他行政方式或过程中也充满了非正式的、私人性的因素。比如，作为地方政府的最重要公务——税收，并不是仅仅依靠国家官吏完成，很多情况下是依靠民间非正式途径或力量去完成的。先是依靠家中成年男丁最多的里长、甲首，令他们运用其个人影响力催税。然后又搞"催头制"，由五户或十户人家中欠税最多者为"催头"，代替政府衙役向欠税人（首先是自己）催收赋税。"催头"交纳完自己的欠税后，这一苦差事就转给别的欠税最多的"花户"。又如，政府为督催交税而采取的"比责"笞惩，最能反映非正式的私人性因素在政治过程中的运用。如果有花户拖欠赋税，首先是所属区域的里长、甲首要受讯笞，其次是派到乡下催税的衙役（"图差"或"里差"）要受讯笞，最后是欠税花户本人要受讯笞。里长、甲首和衙役因为别人欠税而受笞惩，这显然旨在迫使他们为逃避笞惩创痛而不择手段地去逼花户缴税，甚至迫使他们自己掏钱代欠税花户缴税。只要能完成税收任务，一切正式的、公义的、官方的规则可以暂且不管。再比如，在办案衙役超期未能捕获罪犯时，法律甚至允许州县官将办案衙役的家属拘禁起来，以示惩罚和督促。将衙役的亲属拘禁来催促衙役尽力追捕罪犯，这做法简直有些滑稽，这无疑是法律正式允许在行政中利用私人情感恐惧等因素。还有，州县官向省城和府城派驻"坐省家人"和"坐府家人"从事上下级之间的感情联络工作，也是运用非正式的、私人性的因素之典型事例。这种在上司衙门附近设办事处的做法，与我们今天的下级地方政府向上级政府驻地派设办事处有些相似，但也有着关键的不同。首先，派驻的办事人员是"家人"即长随，是州县官的私人仆役，不是政府的正式工作人员。其次，其经费由州县官私人支付，不是政府经费预算。最后，其所做的事情基本上是私事——与上司的师爷、长随、书吏沟通或拉关系，帮主人打探上司的好恶、动向，每逢节庆时代主人向上司送礼、帮上司添置家具或装修房舍，贿赂上司的师爷、书吏以避免上呈报告被驳回等。

（三）运用了从前政治制度史研究者们易于忽视的大量丰富而生动的史料，揭示了书面规定的制度与实际运作的制度之间的巨大差异，揭示了在许多行政场合法律并未被执行的严重事实，向我们展示了一套更加活生生的制度模式。

瞿老在本书中运用的史料之广泛，是我所读过的著作中罕见的。其所运用的资料，包括官员或幕友记载自己为政或辅政经历、体会的各类札记、笔记、杂录，或其奏疏、公牍、判牍的汇编，还包括各类民间人士编撰的野史、述闻，更包括衙门或官员编制的各类统计册簿、办公指南手册，以及各地方编制的地方志、赋役全书，等等。当然，还包括为了各种各样的具体政事问题的解决而发布的皇帝谕令、朝廷则例。其中就个别具体行政问题而发者，也是从前政治制度史研究最易忽视的。

据统计，瞿老在本书中共引证了中文史料三百七十种（此外还参考了西文著作资料六十六种，日文著作二十五种）。首先，引用最多的是官员或幕友的笔记、杂记类，有《学治臆说》《学治体行录》《学仕录》《刑幕要略》《庸吏庸言》《从政遗规》《从政录》《病榻梦痕录》《不慊斋漫存》《公门要略》《办案要略》《樊山判牍》等一百六十余种。其次，引用各种册簿、全书或办公指南、办事手册者，如《鄂省丁漕指掌》《各行事件》《海州交代驳册》《阜邑款目簿》《律法须知》《补注洗冤录》《门务摘要》《牧令须知》《晋政辑要》《钱谷备要》《荒政备览》《审看拟式》《河南赋役全书》《缙绅全书》《户部漕运全书》《津门保甲图说》《浙省仓库清查节要》《湘阴县图记》《六部成语注解》等三十一种。再次，引用地方志如《安徽通志》《长汀县志》《番禺县志》《东平州志》《华阳县志》等六十八种。复次，引用各种政书、律令、条例、诏谕汇编，如《大清会典事例》《大清十朝圣训》《定例汇编》《江苏省例》《吏部铨选则例》《粤东省例新纂》《责成州县条规》《钦颁州县事宜》等二十三种。最后，还引用《漫游野史》《河北采风录》《海虞贼乱志》《金坛见闻记》《嘉定屠城记》等野史十五种。此外还引用了其他史料或著作七十余种。一本正文字数仅仅十三万字（汉译字数）的著作，其注释所引据史料或著作多达四百六十余种，注释多达一千六百八十五条之多，注释文字达十五万二千多字，这的确有些让我们叹为观止了。在政治制度史类著作（他们通常主要是引用正史、律例）中引用如此丰富多彩的札记、手册、野史、方志类史料，这还是我第一次见。

瞿老引用如此广泛丰富的实际政治生活史料，当然不是为了炫示史料丰富，而是一位娴熟于社会学研究方法并受美国实证主义研究方法熏陶的学者，为总结阐明传统社会生活中实际存在和运作的真实政治制度，自然而然、得心应手地运用这些以作为自己的论述依据而已。瞿老的研究，让我们看到了文字上的制度与社会生活中实际运行的制度之间的巨大差异。

为何会有如此巨大的差异？瞿老在书中的分析中让我们明白，清代地方政府的行政是由中央统一行政法典严格控制或调整的。这些法典非常详密，格外追求一致、准确、服从和集权。但是，在一个幅员辽阔、民族众多的大国里，这种单调统一的规范，必然带来操作上的巨大困难，且必然导致效率非常低下。法律条文过于严苛、僵化，不允许州县官有个人判断或主动性，也不给悬殊的地方性差异留下变通的余地，从而妨碍了州县官根据本地的任何特殊情况调整行政方法。这样一来，必然导致地方实际运作的政治制度向表面上合法但实际上非法，或虽非法但因多少有些情理依据而不得不允其存在的方向发展。从这一视角出发，瞿老要求我们将考察视野超出法律法令的范围。他说："法律法令总是关于政治行为的考查资料的一部分，因为它们规定并在某些情况下制约了官吏及其管辖下的民众的行为。但是，对一个政治体制的研究，如果仅凭据法律法令，总是不全面不充分的。法律法令并不总是被遵守，文字上的法与现实中的法经常是有差距的。因为这一缘故，我力图超越法律及行政典章来勾画实际运作中的地方政府之轮廓。"（见本书引言）瞿老告诉我们："许多法律法规并未真正被实施，或多或少流于形式。这一问题几乎在行政的各个方面都显露出来。举例而言，关于书吏、衙役的服务期限问题及关于衙门陋规问题的法条就是如此。但这并不意味着官员及其僚属可以随心所欲。如果规范某些程序的正式法规无法操作时，他们就不得不遵循成规。对成规的任何改动都可能遭到人们的反对。因此，全体衙门职员都渐渐形成了一套自己乐意且当地百姓也接受的行为规矩。"这样发展的结果，就会造成这样的情形："政府和公众看作越轨或腐败的行径，也许被他们看作遵循约定俗成的行业行为规范而已。"（见本书结语部分）

地方政府行政中的实际做法与法律规定有着明显差异，这种实际做法成为当时地方行政制度的实际构成部分，或对朝廷制定的行政制度构成修正或补充，其具体情形在本书中用了较大的篇幅进行揭示和分析。这体现在以下许多方面。

例如，在第一章中，瞿老告诉我们：虽然《清会典》《吏部则例》中明确规定佐贰官不得受理诉讼，州县官也不得让佐贰官受理诉讼，违者要受降级调用的处分。但实际上，许多州县官都允许其佐贰官受理一些轻微诉讼案件，以期方便他们捞到一些额外收入，也没有谁因此受处分。在第二章中，瞿老介绍，虽然《大清律例》明文禁止地方官员在迎送上级官员过境时大事铺张并致送金钱礼物，但现实中这种奢侈招待和大肆送礼（包括给上司的随从人员送礼）几乎成了惯例；法律明确禁止官员向百姓摊索或以低于市价的官价"购买"生活用品或其他财物，但现实中以官价向百姓购物也成了惯例，一些廉洁有名的州县官公然在自己的书中主张保留这一惯例。在第三章中，我们看到，法律禁止以任何形式买卖书吏职位，但是皇帝也无可奈何地感叹，继任书吏向离职书吏交一笔购买岗位的价金（缺底）几乎成了牢不可破的惯例。在第四章中，我们看到，法律禁止设挂名衙役或额外增雇衙役，违者州县官降二级调用；但是即使是廉洁有能的官员如刘衡等人也承认这种规定不可兑现，并说增雇的做法只能"瞒上不瞒下"。关于书吏衙役的服务期，法律规定分别是五年和三年；期满继续留任者，州县官要受惩处。但事实上，许多书吏衙役期满后改名换姓留在岗位上，也没有受什么处罚。在第五章，我们看到，法律禁止州县官向上司驻地派驻家人，但事实上派驻"坐省家人"和"坐府家人"专事给上司操办房舍装修、采买季节性消费品以加强感情沟通成了惯例，已经无人反对了。在第六章，我们看到，法律禁止雇用本地人为幕友，但事实上官员们并不执行此一禁令。在第七章，我们看到，法律规定州县"自理词讼"必须在二十日之内审结，违者罚俸或降级。但是，官员们常常无视这一期限，随意拖延。我们还看到，法律规定了命盗重案破案及捕获罪犯的几个严格期限，最后期限届满尚未破案者要受降职处罚。然而各省督抚常常是在最后期限届满之前就将该州县官调任他职，以解除实际降职的危险。在第八章，我们看到，《户部则例》明确规定，在花户以铜钱代替银两交纳赋税时，必须按照省督抚依市场一般兑换率确定的折算率交纳，擅自抬高折算率盘剥百姓的官员将受惩罚。但是，事实上，各地官员无视规定比率，而按高出市场42%—75%的比率收取铜钱，并且不被视为违律，未遭禁止。在漕粮的征收中也是如此，花户必须多交40%—50%的粮食作为"耗米"，远远超出朝廷规定的"耗米"加收额度，且几乎成为惯例；法律规定不得强迫花户用银钱代替交纳漕粮，但官员们则无视禁令，总是强迫百姓用远高于市场粮价的比例交钱代替漕粮……

这类情形不胜枚举。瞿老的书中随处可见这样的举证和分析，这些丰富的实例向我们展示了一套丰富多彩的实存实用行政制度。这些情形，当然不仅仅是对国家成文制度的破坏，实际上也可以看成是对那些制度进行某种更加务实的补充完善。因为即使是破坏也是有明确限度的，这些限度为州县官和百姓共知共守。瞿老说：朝廷对陋规的失控，"这并不是说州县官可以随意征收陋规；收费多少仍不得不受当地人所共知的习惯之规限。交费人愿意交纳在目的及数额上与既定规矩相符的陋规；如果官员或衙门职员们需索过高或巧立名目，他们也会拒绝交纳"。在某些地方,"人们总是按一个固定的换算率交纳赋税,哪怕市场换算率已发生变化。如果州县官提高换算率,通常会引起骚乱。显然,习惯是使陋规保持在某一限度之内的制约力量;聪明的州县官当然会简单地依既定惯例行事"(见本书第二章第三节)。这些实际惯例尽管没有书面规定的制度那么美妙,但却是现实中形成的实际有效制度,或者构成了无论如何努力也难以革除的实际有效的坏制度——这时可能就不便用好坏来评价了。这无疑使我们更进一步认清了中国古代地方政治制度的真实性。

三

瞿老在本书中所进行的政治制度史研究,有以上三个方面的出色创新,是一种"行为分析"类型的研究。这与从前偏重于政治行为的结果分析或偏重静态制度(文物典章)的分析的政治制度史研究有着典型的区别。瞿老说:"所有行为分析必须放到特定的情境中进行。也就是说,我们必须按照任何行为在具体社会和政治条件中实际显示的情形来思考分析它。从这种意义上讲,在特定政治环境中的中国官僚的行为模式,一般说来也应阐明中国行政管理及官僚行为的一般规律。"(见本书引言)瞿老的研究,已经通过州县地方官员在特定社会和政治条件下遵守或超越法律执行职务的行为方式的分析,出色地阐释了中国古代实际行政制度或官僚行为的一般模式或规律。这一阐释势必对中国政治法律制度史的研究产生重要的影响。

关于这本书的理论贡献,哈佛大学出版社在出版按语中说:"这是第一本系统、深入研究清代地方政府的专著。此前从未有过类似的著作,不论是中文、日文还是西文。这本书系统分析了清代州县官的职能及其运作,包括征税、司法、长随和幕友的使用,对于书吏和衙役的依赖,以及公堂或衙门内的办事程序等。作者通过各种手本和札记,同时参考大量的官方资料，全面考察了在清代地方政府正式体制中的非正式人事因素的运作，特别考察了地方精英或士绅对政府管理过程的参与，深入考察了地方利益对政府政策的影响，为我们提供了迄今为止最为完整的关于中国地方行政运作的图解。"该按语说，在本书出版之前，"关于中国政府的整个传统，关于它长于权衡利害的大量做法和设计，一直没有人以现代的方法进行过分析"，而该书的出版已经初步弥补了这一缺陷，它正是以现代方法分析中国古代政府传统的典范。这里分析的清代地方政府，实际上是汉代以后二千余年间中国地方政府的一般模式或缩影。

美国《亚洲研究学报》（*Journal of Asian Studies*）第23卷（1963年）认为《清代地方政府》"是一本极为重要的书，其目的在于描述、分析并解释清代州县地方政府的结构和功能；作者也希望此书有助于政治制度的比较研究，并且为官僚政治与行政学提供资料。他的目的和希望都出色地达到了"。

《美国历史评论》（*American Historical Review*）第68卷第2期（1963年）也发表专文评论《清代地方政府》一书。评论说，在中国政府及行政的研究领域中，"此书前进了一大步。由于对资料拥有广泛的知识，并具有洞悉内幕的见解，他提出了关于中国基层政府的第一部有意义和可靠的研究"。

海外学者评论本书贡献或引用本书成果的情形甚多，来不及一一细述。我在这里也用了万把字的篇幅介绍这本书。由于我对社会学研究方法不熟悉，也许会对瞿老在书中的更重要的成就或贡献视而不见。不过，我的这篇译序的主旨并不是要评价这本书（我自认为没有资格去评价），而是要给年轻的研究生读者们一些阅读参考或导读而已。当然，作为读者和译者，我感到瞿老这本书也有不足。比如书中没有关于佐杂官员（僚属）法律地位和在地方行政中的实际地位的专章研究，不能不说是一个缺憾。一个州县的佐贰官，有州同、州判、县丞、主簿等辅佐官,有吏目、典史等首领官,有巡检、驿丞、税课司大使、仓大使、闸官、河泊所官等杂职官,合起来可能有几人、十几人乃至几十人之多,他们都是朝廷任命的有官阶品级或虽未"入流"(无品级)但有专门职责的官员。瞿老在本书中的篇章安排——仅在第一章"州县政府"概说中有一千多字的简介——易于给人们造成一种误解:为数不少的佐杂官员,似乎仅仅是州县官的无足轻重的徒附;虽然有官员身份,但其在地方行政中的实际作用影响还没有不具官员身份的幕、仆、书、役四者那样值得关注。应该说,州县地方政府是由州县官和他们的五种(而不是四种)助员——佐杂官、幕友、书吏、长随、衙役——共同组成的,忽视其中也许是最重要的一种是不妥的。全面系统研究佐杂官员的法律地位及其在地方行政中的实际作用模式,也是非常重要的。其他方面的缺憾或许也还有,这里暂不讨论。应该说,那些缺憾是一本正文仅十三万字的著作(哪怕出自大师手笔)难以避免的。我们总不能指望这么一本小篇幅的著作能够面面俱到、无一遗漏地阐明清代地方政府和行政中的一切特征和规律吧。

2003 年 3 月 10 日星期一

两次修订联合说明

《清代地方政府》是瞿同祖先生自己最看重的一本书。先生一生著作，质量虽堪称典范，但数量并不算多。1949年前在中国大陆出版的，只有《中国封建社会》和《中国法律与中国社会》两本；1949年以后在美国出版的，仅《清代地方政府》和《汉代社会》两本。此外数十年学术生涯中，他还有几篇论文在美国和中国发表。1996至2007年间，在接受王健、赵作栋两位青年学者采访时，当被问到对自己著作如何评价时，先生均坦承《中国封建社会》和《汉代社会》两书有明显不足，《中国法律与中国社会》和《清代地方政府》两书更好。不过，就我所知，先生对《清代地方政府》评价更高。有次拜访中，先生曾告诉我，《清代地方政府》这本书很费了些功夫，只因无中文本，国内学人多不知道而已。学术巅峰时期哈佛大学东亚研究所专任研究员多年精雕细琢而成的作品，当然是刚刚硕士毕业颠沛流离于战火中的青年学人作品（《中国法律与中国社会》乃抗战时期流寓西南时写成）无法比拟的。

本书的中译本，自2003年由法律出版社首版，至今已近十九年，其间经历了两次修订。第一次是2011年法律社修订版。第二次即本次修订，自2020年底开始，应新星出版社邀约再次修订，现在总算完成了。

由于史学功力、英语功力双重不足，也由于认真细致程度不够，初版译本存在着很多错误，一定程度上损害了原著形象，我也一直深感愧疚。于是，自初版面世时起，我就时常留意与本书翻译有关的知识细节，随手做了很多手记，为初版修订做准备，并在多位朋友的帮助下，于2011年推出了修订版。此后至今，又是十年，又是在各方朋友的帮助下，完成了第二次修订版。

（一）

两次修订得以完成，除了译者自己的长期努力，还应特别归功于多位朋友的帮助，必须特别铭记和感谢。

在第一次修订时，三位年轻朋友提供了特别帮助。在2011年法律出版社的修订版中，我特别列举了这三位朋友的贡献。作为学术批评史上的一段佳话，本次修订本不能不再次列举，以彰显学术批评之珍贵，以表达感激之殷切。

第一位是中国人民大学清史研究所的董建中博士。本书初版两年后，2005年5月27日，董建中博士从北京打长途电话到武汉，告诉我他开始阅读《清代地方政府》，发现了书中多处翻译错误，表达了严肃而诚挚的批评。我当即表示感谢，并恳请他拨冗通读全文，帮我清理出所有翻译错误。随后，6月中下旬，董博士先后两次给我发来了他发现的翻译错误列表，指出了约一百二十处错误（或疑似错误），包括人名、地名、职衔的翻译错误，史料原文回译错误，字词缺漏或衍出之错误，数字序号使用错误，古籍书名错误，等等。经再次核对原书及相关史料，我发现除了约二十处不属于明显问题或原文如此不必改动以外，还有近百处显系错误，是一个认真译本所不应有的。虽然其中约三分之一问题仅仅是漏或衍一字，或数字和年代前后不一，或标点符号不妥之类的小问题，但对于一部严肃史学译作而言也是不应有的。细读他的批评意见，我惭愧自责不已，一直亟思尽快修订补正。

第二位是现在广州市白云区工作的胡聪同学。大约2005年6月，作为我讲授《中国法律思想史》课堂的研究生，胡聪同学认真通读了本书初译本。随后，他给了我一份《通读〈清代地方政府〉后的一些疑问和建议》，这份三页意见书指出了译本中的翻译错误（或疑似错误）三十多处。他不仅指出错误，还就每处错误做出了考订说明。尽管所指问题与董建中博士所指问题泰半重叠，但仍为我发现了从前未发现的多处错误。他的考订，甚至纠正了英文原书中的多处统计数字错误或人物生卒年代错误。

第三位是我的博士生（后来成为我的同事）罗鑫同学。早在2005年5月，尚在武汉大学读硕士的罗鑫同学就向我提交了一篇题为《名从主人：几种海外中文法学研究译著中的人名汉译指瑕》的批评文章，直言不讳地批评了邓正来、朱勇、黄风和我等四人在翻译西文著作时都犯了一个共同错误，即不查对采用某些早有著作被译为中文本并为中国学界熟知的西方汉学家自取的中文名字或习惯译名，硬是重新将其姓名翻译为一个不为人知的陌生名字。他指出了原译本的人名译名的此类错误二十多条。

根据上述批评，我在2005至2006年间就对全书进行了全面检查，又发现了一些错误或不谨之处。随后，我又叫何鹏同学对全书进行更加严格的审读查错。做完这些工作后，大约在2006年底，我就与法律出版社商量修订再版事宜。2008年10月3日瞿老不幸逝世，促使我更想尽早修订再版以为缅怀。但直到2010年底，法律出版社才将再版事宜列上日程。

第一次修订版得以完成，必须特别感谢和铭记董建中、胡聪、罗鑫三位青年朋友的帮助和贡献。因为他们的批评订正，本书翻译质量得以提升，他们也是我的良师益友。此外，还要特别感谢胡荣明君。2010年开始来杭州作我学术助手的小胡，为本书修订出力不少。拿到出版社清样后，他最后通读了全书，检视了所有疑似错误，提出具体修订建议。

此外还要特别感谢法律出版社编辑丁小宣和吴昉两位朋友。小宣是我的老朋友，早在他任职中国政法大学出版社时，我们就有多项很好的合作。本书初版列入"法学研究生精读书系"，修订版列入"法学家书坊"，就是他慧眼识玉的结果。在清样审订中，吴昉君的认真细致，也使我们避免了一些错误。

（二）

本次修订，我们所做的具体修改，主要体现在三个方面。

第一，再次核对订正了瞿老原书所译引的中国古籍部分文句。有些古文，一旦译成英文后，再要回查古籍原文，相当艰难。前两版尚遗留了一些问题。比如有的古文文句实在找不到，只好摘来同书同卷中意思相近的文句暂代；比如有的段落或语句并非原文，仅系瞿老浓缩古文后意译，只好从英文直译为白话；比如在"译者注"中所列找回的浓缩并意译之前的古文原文节录多处有误……。前两版的这类问题，这次修订时大多予以纠正了。

第二，对原译本中两种"译者注"加以调整。原版的"译者注"，有的是在正文中加星号（*）引出脚注式"译者注"，有的是在原脚注各条之后附加"译者注"。这次修订，凡不必出"译者注"或原"译者注"有误的，都直接删除；凡保留的"译者注"，一律改到原注释各条中以夹注方式出现，并以"【　】"号标明。

第三，对全书逐字逐句进行以加强顺畅通达程度为目的的修订。凡译文读起来比较拗口或不符合汉语表达习惯者，特别是不合国史论著一般语句风格者，尽力修改、润色。此前两版，因严格循守原文句式，更多以直译为主，因而读起来像外国学者著作。这次修订，在严格保持原意的基础上，几乎每一自然段都进行了文字加工，工作量比原估计大好几倍。

除这三项修订之外，我们还做了以下几项补充。一是将原附录五《本书重要名词索引》改为按照中文原词首字拼音顺序排列，以便读者检索。同时，因原附录四《本书重要名词中英文对照》所收词汇与附录五基本重叠，故将两个附录合并。二是将原书所附《瞿同祖先生年表》加以扩充完善，补充了先生自1976年调入中国社会科学院近代史所至2008年10月去世之间三十二年的经历，也对先生在1976年以前多年的学术经历稍加补充完善。三是对原书前四章七个附表在不改变原意的前提下加以适当调整或重画，以更方便读者阅读。

这次修订，其工作量远远超出我的预估。当郭世佑兄介绍新星出版社编辑孙立英女士电话邀我再次修订本书时，鉴于在法律出版社合约已到期且未获美方新授权，我就爽快地答应了。起初以为不过就是在2011版基础上逐字逐句理顺一下而已，具体做起来才发现远非那么简单。本次修订，以法律出版社最后PDF文本为工作基础，但这个文本一转换成word文本就简直无法使用了：或者正文与注释互串，或者表格内容错乱，或者上页内容窜入下页。尤其是，正文中注释序号（数字）与脚注文字之间已丧失自动呼应自动调整关系了。因此，我们在正式进行修订前，实际上要先重新在word录入排版一遍。这一文本重排还原工作，我花了三个月时间才完成不到三分之一，只好请三位学生帮我完成剩下七章的word复原，他们是上饶师范学院魏文超教授（第四至六章）、三峡大学政法学院陈秀平副教授（第九至十章）、时在阿里巴巴总部工作，今年9月考入中南财经政法大学攻读博士的可晓同学（第七至八章）。因为他们的帮助，我才得以集中精力逐字逐句审核修订全书。在这里，我要特别感谢魏文超、陈秀平、可晓三位同学的辛劳！

此外要感谢福建师范大学专门史专业博士生庄恒恺同学的指正。2012年8月间，庄同学来信指出，本书附录七《瞿同祖先生学术著作与演讲目录》的第七项，美国学者Theodore de Bary（中文名狄百瑞）名字被误译为"德巴里"，其主编的 *Sources of Chinese Tradition*（一般译作

《中国传统研究资料集》）被误译为《中国传统资料》。根据他的指正，我们进行了相应修订。

最后还要特别感谢新星出版社编辑孙立英女士——尽管她一再强调，编辑纠错是她的本职工作，不必鸣谢。她对本次修订稿所进行的严格审核纠错，是本次修订版在质量上显著提升的关键。她所做的纠错及优化，主要表现四个方面：第一，她查核了多部西文著作的中译本和多位西方学者的中文译名，以通行译名替换了我原译文中多处不准确甚或错误的译名。第二，她对译稿中因迁就原著西文句式形成的不合国人阅读习惯的部分句式进行了加工，直接改为更加直白通顺的句式，使原文更加易于理解。第三，她重新查核了原著所引部分古文原文，纠正了原译稿中多处古文抄录或排印错误。第四，她就多处西文词汇的对应译名是否准确进行重新审核，做出了纠正或优化。

（三）

除了详细说明两次修订内容和过程外，还有必要对本书初版及再版时的具体任务分工情形再加适当说明。

本书翻译和修订工作具体分工是：范忠信翻译引言、第一至七章正文、第七章注释（第六章仅译第二节正文和注释）；订正全书译文并统稿，回查少数中文引文；2011年修订版全部核对、勘误、订正工作。晏锋翻译第六章（第二节除外）、第八至十章、结语之正文，翻译第一至五章、第六章（部分）、第八至十章、结语之注释。何鹏校对全书，回查大部分中文引文；翻译第六章第二节部分，翻译或制作附录一、二、四、五，以及2011修订版的部分校订工作。2011修订版时，鉴于何鹏为校订本付出了更多的劳动，我将译者署名顺序做了一点调整，把何鹏的名字放到晏锋之前，本次修订本仍保持这个署名顺序。

还要特别感谢好友王健教授！他在1996年秋即向瞿老建议编辑《瞿同祖法学文集》，得到瞿老首肯和授权。编辑该文集时，瞿老同意将《清代地方政府》第五章的"刑名幕友"一节和第六章"司法"全章先行翻译出来收入该文集。我趁机主动请缨翻译这两部分，译稿经先生亲自修改认可后收入文集，后更进一步获先生授权翻译《清代地方政府》全书。正是王健兄的编书构想和行动，使我与《清代地方政府》结缘。此外，王健兄屡次惠允他所撰瞿先生访谈录收入本书为附录，还拨冗审读补充了本书《瞿同祖先生生平简表》等有关附录，更应特别致谢！

（四）

瞿老这本史学名著，中文译本至此已有三版了；加上哈佛大学出版社1962年英文版，本书总共已有先后四版。就当代历史学人的纯粹史学研究论著而言，这种令人艳羡的再版频率，是该书获得知识界高度认同、广受读者欢迎的典型标志。这些年里，借着翻译这一名著，我似也被同仁们更多关注了。这种情形，正如《史记·伯夷列传》所言"颜渊虽笃学，附骥尾而行益显"。因翻译名著得以"附骥尾"，虽倍感荣幸，但也仍然惭愧。先生将本书翻译托付给我，我虽花费五年时间断断续续完成翻译，又于初版后十九年间陆续完成两个修订译本，但至今仍不敢保证充分展现了原作的学术和文采水准。这不是谦虚，而是要表达在这次修订版基础上未来更进一步修订完善的期待，要表达与过去十九年一样再获批评指正的期待。

经过两次修订，本书中的翻译问题应该有所减少，但无疑仍会在一定程度上存在。我真诚期待读者诸君：一旦发现问题，及时记录下来，立即以电子邮件（fzx59@vip.sina.com）告知我！这种批评指正，既是对我们的重大帮助，也是参与学术薪火传承事业！

我会一如既往，在下次修订版中，记录和鸣谢每一位批评指正者的珍贵教益！

范忠信

2021年12月16日

于杭州余杭古镇凤凰山北麓参赞居

致　谢

作者非常感谢费正清（John K. Fairbank）教授和杨联陞教授对本书手稿的审读，特别是他们在本书构思期间所给予的非常有益的建议和批评。萧公权、哈罗德·拉斯韦尔（Harold D. Lasswell）、刘子健、史华兹（Benjamin I. Schwartz）和芮玛丽（Mary C. Wright）诸教授也审阅了手稿；莫里斯·兰比（Morris B. Lambie）教授审阅了第三至第六章；周策纵博士审阅了第二章；周舜莘教授审阅了第八章；朱迪丝·施克莱（Judith N. Shklar）教授审阅了第十章。对于他们的评论及宝贵建议，谨表谢忱。此外，还要感谢伊丽莎白·马西森（Elizabeth Matheson）夫人和 S. Ch'eng 小姐在编辑手稿时的高度耐心，使本书更加明晰易读。最后，作者还要感谢伯莎·埃泽尔（Bertha Ezell）夫人录入手稿及编制术语词汇表的辛劳。

目 录

引　言 ……………………………………………………………… 1

第一章　州县政府 ………………………………………………… 5
　第一节　作为最小行政单元的州县 …………………………… 5
　第二节　各级政府之间的行政关系 …………………………… 8
　第三节　州县政府的组织 ……………………………………… 11
　第四节　佐杂官员的卑微 ……………………………………… 12

第二章　州县官 …………………………………………………… 25
　第一节　州县官的角色 ………………………………………… 26
　第二节　任职资格 ……………………………………………… 29
　第三节　州县官的收入与地方财政 …………………………… 33
　第四节　晋升、降级与免职 …………………………………… 42
　第五节　考　绩 ………………………………………………… 43

第三章　书　吏 …………………………………………………… 56
　第一节　组　织 ………………………………………………… 58
　第二节　职　能 ………………………………………………… 60
　第三节　录用、服务期限及升迁 ……………………………… 62

第四节　经济待遇 …………………………………………… 63
　　第五节　贪赃形式 …………………………………………… 68
　　第六节　纪律控制 …………………………………………… 71

第四章　衙　役 …………………………………………………… 82
　　第一节　组　织 ……………………………………………… 83
　　第二节　职　能 ……………………………………………… 86
　　第三节　地位、征募及服务期限 …………………………… 87
　　第四节　经济待遇 …………………………………………… 89
　　第五节　贪赃形式 …………………………………………… 91
　　第六节　纪律控制 …………………………………………… 95

第五章　长　随 ………………………………………………… 106
　　第一节　长随的种类 ………………………………………… 108
　　第二节　职　能 ……………………………………………… 109
　　第三节　地位和招募 ………………………………………… 117
　　第四节　经济待遇 …………………………………………… 117
　　第五节　贪赃形式 …………………………………………… 118
　　第六节　纪律控制 …………………………………………… 121

第六章　幕　友 ………………………………………………… 131
　　第一节　对行政专家的需求 ………………………………… 131
　　第二节　幕友的种类及其职能 ……………………………… 134
　　第三节　地位和招募 ………………………………………… 144
　　第四节　服务期限 …………………………………………… 148
　　第五节　经济待遇 …………………………………………… 149

第六节 监管控制 ………………………………………… 150

第七章 司 法 ……………………………………………… 163
第一节 州县官的司法权 ………………………………… 164
第二节 民事案件 ………………………………………… 165
第三节 刑事案件 ………………………………………… 166
第四节 审理和判决 ……………………………………… 171
第五节 错判之惩罚 ……………………………………… 173

第八章 征 税 ……………………………………………… 184
第一节 地丁银 …………………………………………… 185
第二节 漕 粮 …………………………………………… 192
第三节 杂 税 …………………………………………… 196
第四节 盐 税 …………………………………………… 197
第五节 茶 税 …………………………………………… 199

第九章 其他行政 …………………………………………… 212
第一节 户口编审 ………………………………………… 212
第二节 治 安 …………………………………………… 214
第三节 邮驿服务 ………………………………………… 217
第四节 公共工程 ………………………………………… 219
第五节 公共福利 ………………………………………… 220
第六节 教育和教化 ……………………………………… 224
第七节 祭祀仪式 ………………………………………… 226
第八节 杂 务 …………………………………………… 228

第十章　士绅与地方行政 …………………………………… 241

第一节　作为非正式权力的士绅 ……………………………… 241

第二节　士绅的定义 …………………………………………… 242

第三节　士绅的声望和特权 …………………………………… 245

第四节　士绅发挥影响力的渠道 ……………………………… 247

第五节　士绅家庭 ……………………………………………… 249

第六节　士绅在地方行政中的地位 …………………………… 252

第七节　营私和不法行径 ……………………………………… 256

第八节　官绅间的合作与冲突 ………………………………… 261

结　语 ………………………………………………………… 283

参考文献 ……………………………………………………… 291

附录一　重要名词中英文对照及章节索引 ………………… 315

附录二　瞿同祖先生生平简表 ……………………………… 332

附录三　瞿同祖先生学术著作与讲稿目录 ………………… 337

附录四　瞿同祖与法律社会史研究

——瞿同祖先生访谈录（王健　撰）………………… 340

图表目录

表一　行政单元数 ································· 6
表二　各省行政单元分布状况 ······················· 6
表三　州县佐贰官在各省分布情况 ··················· 14
表四　州县官的出身 ······························· 30
表五　州县官的族群出身 ··························· 33
表六　各省州县官的养廉银额 ······················· 34
表七　十州县衙役名额 ····························· 84

图一　省内各级政府行政关系 ······················· 10

引　言

这本书打算描述、分析和诠释中国清代州县级地方政府的结构与运作。

清代的州县是实际执行政令,直接管理百姓的地方政府层级。了解它们如何运作,也就能了解,在中华帝国,普通百姓如何被政府统治。关于这一主题,至今没有系统综合的著作出版,无论是中文、日文还是任何西方语文。从前虽有少量关于中国政府的研究论著,但仅仅讨论到对地方政府执行着监管职能的中央政府或省级政府为止。

有志于中西政府比较研究的历史学家和社会学家们,其研究一直因为缺乏中国方面的资料而受阻。我希望本书有助于人们理解清代中国政治制度,从而有助于未来关于政府问题的比较研究。

虽然本书并不直接讨论官僚的行为,但我希望它能为官僚政治与行政的研究提供一些资料。在社会科学界,研究官僚政治的兴趣正日趋强烈。然而,迄今为止,这一领域的大多数著作只是理论性的或纯推理性的。正如默顿所言,在关于官僚政治的学理性研究和经验性资料之间,有着一定差距。[1] 无疑,所有行为分析必须放到特定的情境中进行。也就是说,我们必须按照任何行为在具体社会和政治条件中实际显示的情形来思考分析它。从这种意义上讲,在特定政治环境中的中国官僚的行为模式，一般说来也应能说明中国行政管理及官僚行为的一般规律。[2]

本书的某些基本概念可以作如下概述。

在讨论地方政府的功能时，必须将它们由行政法典及政府命令规定的功能与它们实际执行的功能区别开来。将后者作为主要着眼点，就有了下列问题：地方政府的实际功能是什么？如何执行并由谁来执行这些功能？谁是决策人？

州县官的重要性久已被承认。但他们的幕友的重要角色功能，总的来说，一直被忽视。他们值得我们特别注意。作为州县官的主要顾问，他们是我们理解地方政府运作的关键。

法律法令总是关于政治行为的考查资料的一部分，因为它们规定并在某些情况下制约了官吏及其管辖下的民众的行为。但是，对一个政治体制的研究，如果仅凭据法律法令，总是不全面不充分的。法律法令并不总是被遵守，文字上的法与现实中的法经常是有差距的。因为这一缘故，我力图超越法律及行政典章来勾画实际运作中的地方政府之轮廓。

读者将会看到，本书并不单独讨论正式构建的政府。按照梅里亚姆的观点，所谓政府，应视为"统治过程的参与"，因而它既包括"正式的"政府，也包括"非正式的"政府。[3] 毫无疑问，非正式政府存在于不同的社会和政治结构之中。在中国，它在被称为"士绅"即地方精英的权力群体的掌握中。因为士绅参与地方行政，影响甚至决定了地方政策，所以本书专用一章考察他们的角色，以便我们认识非正式政府是如何运作的，是如何与正式政府发生关系的，以及两者间是如何相辅相成的。撇开士绅阶层去研究中国地方政府，就像撇开政党和其他压力集团来研究西方政府制度一样，是不全面不完整的。

当然，不可否认，在中国的行政和社会实践中，地域差异是存在的。但我相信，那些差异是次要的。清代地方政府的主要特征具有一致性，这是由其中央集权制所决定的。因此，我选择将中华帝国作为一个整体来考察——除了国家有特别体制加以统治的满洲和某些由当地部落酋长（土司）统治的地区以外。这样做，相当程度上仅仅是因为资料不足，无法对这些区域进行详细的研究；更重要的考虑是，对前人很少问津的中国地方行政这一课题，从一种更广阔的途径去研究，在我看来似乎更有意义。

最后，我选择以整个清代为研究对象，而不是仅研究它的一个时期。虽然，在整个清朝的不同时期，就像它的历次谕令及法规修纂变更所表明的那样，制度屡有变革；但大多数变化仅是技术性的、程序上的，因而并不重要。况且，只有通过对一个相当长的时段里的情形进行系统考察，我们才能发现清代行政统治的一般模式、特征以及它们是否显示了连续性或非连续性。

本书的计划是：首先开放性地描述地方政府的结构，为读者提供一个关于州县在地方政府体系中的地位作用以及不同层级的地方政府之间的行政关系的大背景或轮廓。接着各用一章分别讨论州县政府中的五类职员：州县官、书吏、衙役、长随、幕友。为了让读者了解政府里的这些职员分别由谁充任，他们做什么及怎样做事，我们将主要围绕着他们的征募、社会地位及法律地位、职责、薪给、升迁、监督和纪律控制之类问题展开讨论。第七章到第九章讨论地方政府执行的职能。州县官是其他一切因素都关联集中的焦点，通过他们我们才能够看清作为一个完整过程的地方政府运作。

一些读者可能会期望有专门章节论述地方财政，但他们很快就会发现本书无此项内容的原因是显而易见的：中国的地方政府并没有自己的岁入；州县官们必须用他自己的收入来支付办公费用和个人开销。公务开支和私人开支之间是没有什么界限的。因此，在州县官薪给的标题下讨论地方财政也许更妥当。陋规制度亦将在此标题下讨论。

最后一章讨论士绅阶层在地方行政中的角色。通过对他们在乡村社会中的身份地位状态、他们与政府官员以及与普通百姓的关系的考察，我们可以看到正式的和非正式的政府是如何运作，如何互动，如何被整合在社会和政治秩序之内的。

关于我使用的资料,应当略加说明。基本资料来自法律、法令、行政典章(则例)、官修政书(如《大清会典》和《会典事例》),以及各类"全书"。但是,更有价值的资料来自州县官本人或他们的幕友、长随们撰写的官箴书或指导手册。这些材料,旨在为后继者的工作实务提供指导,包含作者根据自己在衙门任职经验提出的忠告。另一些有价值的资料是官方档案、记录、函牍及官员、幕友或其他熟谙行政事务的人写的笔记。这些材料就地方政府的行政运作及其难题、官僚体制外附属群体的活动、其各类成员之间的关系(包括紧张关系或别的心理表现)等问题提供了有价值的信息。此外,传记、地方志、随笔、杂记等也为我们的考察提供了一些适宜的资料。

注释:

1　R. K. 默顿:《社会理论与社会结构》(伊利诺伊州格伦科,1949 年),第 118 页。
2　这一观点的含义是:对官僚体制的历史性研究,不仅对于历史学者是重要的,而且,用 C. J. 弗里德里希的话说,也"作为关于那被抽象为官僚体制的社会现象的实证性资料的唯一基础。关于一个正在运用的概念,究竟应该强调它的哪个方面或标准,这一问题必须解决,但只能依靠相关历史文献,而不能仅凭直觉蒙猜"。(《韦伯官僚体制论的几点观察》,载 R. K. 默顿等编《官僚体制的解读者》,伊利诺伊州格伦科,1952 年,第 29 页)
3　C. E. 梅里亚姆:《系统政治学》(芝加哥,1945 年),第 18 页。

第一章 州县政府

在清代中国,各级地方政府都是按同样的原则组成的。所有行政单位,从省到州县——后者是我们的研究目标,都是由中央政府设计和创建的。中央政府供给经费,任命官员,指导并监督其活动。所有地方官员,包括州县长官,都是中央政府的代表。州、县或组成州县的市镇、乡村,都没有自治权。实际上,在州县级以下没有任何类型的正式政府存在。

第一节 作为最小行政单元的州县

州和县,作为一省之内的最小行政单元,合而组成更大的单元——府、直隶厅或直隶州(直隶州下仅有县)。[1] 直隶厅和直隶州不能混同于普通的厅和州。前者是在布政司直接监管之下,[2] 有着与府相等的地位。[3] 因此之故,它们将不包括在我们的研究范围之内。本书所论及的州县仅是指普通州县。

如表一所示,作为地方政府的行政单元数量在不同时期是有变化的。清帝国有一百个以上的散州(即普通州)和一千二三百个县。表二所示是按1899年版《清会典》列出的各省州县及更高一级行政单位的分布状况。

表一 行政单元数

时期	府	直隶州	直隶厅	(散)州	(散)厅	县
康熙	177	—	—	267[a]	—	1261
雍正	167	65	—	149	—	1211
乾隆	187	67[b]	—	154	—	1282
嘉庆	182	67	22[c]	147	74	1293
光绪	185	72	45[c]	145	75	1303

a. 康熙朝《清会典》并未注明这些州是散州还是直隶州。然而，我们应该注意，这一总数中有19个是不隶属于府的州。
b. 乾隆朝《清会典》卷四在"四川"栏下提到19个直隶州，这显然是誊抄之误。这一数字应是9（见该书卷八，第21页、第22页b—23页；《缙绅全书》，1793年，册四，第1页。）
c. 包括京城顺天府的四个厅，即"四路厅"，它们直接隶属于直隶布政司。《清会典》（1899年），卷四，第6页。

资料来源：《清会典》（1690年），卷十八、卷十九；同名书（1732年），卷廿四、卷廿五；同名书（1764年），卷四、卷八；同名书（1818年），卷四、卷十；同名书（1899年），卷六，第13—16页。

表二 各省行政单元分布状况

省	府	直隶州	直隶厅	(散)州	(散)厅	县
盛京	2	—	1	5	2	14
吉林	2	—	—	1	4	2
黑龙江	—	—	2	—	—	—
直隶	10	6	4	17	4	123
山东	10	2	—	9	—	96
山西	9	10	—	6	7	85
河南	9	4	—	6	1	96
江苏	8	3	1	3	2	62
安徽	8	5	—	4	—	51
江西	13	1	—	1	2	75

省	府	直隶州	直隶厅	(散)州	(散)厅	县
福建	9	2	—	—	6	58
浙江	11	—	1	1	2	75
湖北	10	1	—	7	—	60
湖南	9	4	5	3	—	64
陕西	7	5	—	5	7	73
甘肃	8	6	1	6	6	47
新疆	2	4	11	—	—	11
四川	12	8	4	11	8	112
广东	9	5	5	6	1	78
广西	11	2	2	15	2	49
云南	14	3	5	26	10	39
贵州	12	1	3	13	11	33
总计	185	72	45	145	75	1303

资料来源:《清会典》(1899年),卷十三至卷十六。

州县的大小规模,通常按其方圆来描述,从大约一百里到几百里不等。[4] 它包括一个州县治所(有围墙的城),[5] 环布在它四周的一些市镇和几十或数百个村庄;[6] 村镇规模大小不等。[7] 州县的人口,从几万到几十万户不等。[8]

每个乡都有"乡长",镇有"镇长",村庄有"村长"或"庄头"。[9] 这些人系由当地百姓"推举"以负责地方事务,但这种首领推举从未进化到自治。实际上,镇和村都没有什么法律地位。政府常设立一些非自然的行政单元,其大小规模与镇和村的规模并不一致。首先是税赋和徭役单元(里甲)。一般来说,在乡村地区,每十户人家组成一个"甲",每一百一十户人家组成一个"里"或"图"(乡村地区)。在衙门驻地,其单元称为"坊"。在近郊地区,其单元是"厢"。[10] 州县官任命甲的首领(甲长、甲首)和里的首领(里长)作为代理人负责办理征税、户口登记和徭役等事务。[11]

政府还将百姓组织成治安单元（保甲）：十户为一"牌"；百户为一"甲"；千户为一"保"。州县官任命首领（牌头、甲长和保长）作为自己的代理人。[12]

州县官也在每个厢坊或乡村委任一位"地保"或"地方"（即地方治安员或地段监守人）作为自己的一般代理人。[13]地保也为州县官充当信差，把州县官的命令传达给乡民或厢坊居民。他还负有监视可疑的人，报告盗劫、杀人、私盐、纵火失火等案件的责任。他也应上报轻微纠纷，如关于田土的争讼或亲属间的争讼，但他无权加以裁决。[14]

地保有责任督办特定公事（如为案件调查）所需物品，并须保证有徭役义务的百姓可随时听差遣。[15]然而，务须记住，地保仅仅是为衙门服差役的人，因此社会地位非常低。[16]他们经常因为没有及时报告或迅速执行差使而遭州县官笞惩。[17]我们绝不应像马士误解的那样，把地保看成村民的代表或参与地方政府者。马士曾猜测，地保是由州县官从村民长老中选任，经村民同意的。[18]显然，马士将"地保"与"耆老"混淆了。耆老是州县官从德高望重的村民中选出，并授予官员顶戴之荣宠者。[19]耆老的主要活动是出席宣讲"圣谕"的讲座（乡约）。然而，《清朝文献通考》清楚地指出，耆老与村社的官方事务无关；[20]他们仅仅因其年高德劭而充当一种敬耆德的象征。

简言之，在由官府设立的各类乡村单元中执行特定行政职能的首领，仅仅是官府的代理人，由州县官任命，受州县官控制。不能把他们当成代表村民的乡间领袖。自治在城乡都是不存在的。[21]

第二节　各级政府之间的行政关系

中国地方政府的行政是高度集权的。在一省之内，每一级政府都在上司控制下；所有层级都在省级最高长官的统一管理监督之下。知县

(县长官)在知府（府长官）或直隶州知州（直隶州长官）、直隶厅同知／通判（直隶厅长官）的管辖之下。散州知州（普通州长官）受知府或直隶厅同知／通判管辖。散厅同知／通判（普通厅长官）受知府管辖。知府、直隶州知州、直隶厅同知／通判都受道员（巡回监督官）的管辖。道员可能为常驻官（称"分守道"），也可能仅是巡察官（称"分巡道"），或是被委以一个或多个特别职责的监督官。例如，河道（河务监督官）[22]，督粮道或粮储道（粮谷监督官）[23]，盐法道（盐务监督官），驿传道（邮政监督官），驿盐道（邮政及盐务监督官），盐茶道（盐茶监督官）。

在道员之上是布政使（省级民政长官或副省长）[24]、按察使（省级司法长官）和盐运使（省级盐务官）[25]。按察使负责一省司法及邮驿事务。布政使负责一省税赋及其他财政事务，还有考核、评估各类文职官员政绩的职责。[26]

每个省都有一位巡抚（省长），仅直隶省[27]、甘肃省、四川省是例外。在这三个省，这一职位则均由总督兼充。巡抚，一省之内最高文官，受总督节制。总督统辖一省、两省甚至三省，[28] 受其节制的包括全体文官和武官。一般说来，在未设总督的省份（河南、山东、山西），或在总督衙门驻地之外的省份，巡抚均实际扮演一省最高长官角色。在总督、巡抚同驻的省份，一切行政均在前者的控制之下。[29]

行政命令由总督、巡抚发出，下达给各级官府。每一级官员都有责任监督这些政令在其辖下执行情况。下属官员有责任定期向上级报告政令执行情况。分巡道常巡行地方以检查地方政府的实绩，特别是检查讼案处理情况。[30] 布政使经常派员对各类地方政府掌管中的钱粮收支情况进行审计。[31]

集权化向上延伸，从地方政府直到中央政府。中央政府控制所有地方官员的任免。一省之内的所有官员，从总督、巡抚到州县官，都由吏部任命。虽然省级长官可以就下属官员的晋升、降级、免职提出建议，

图一　省内各级政府行政关系

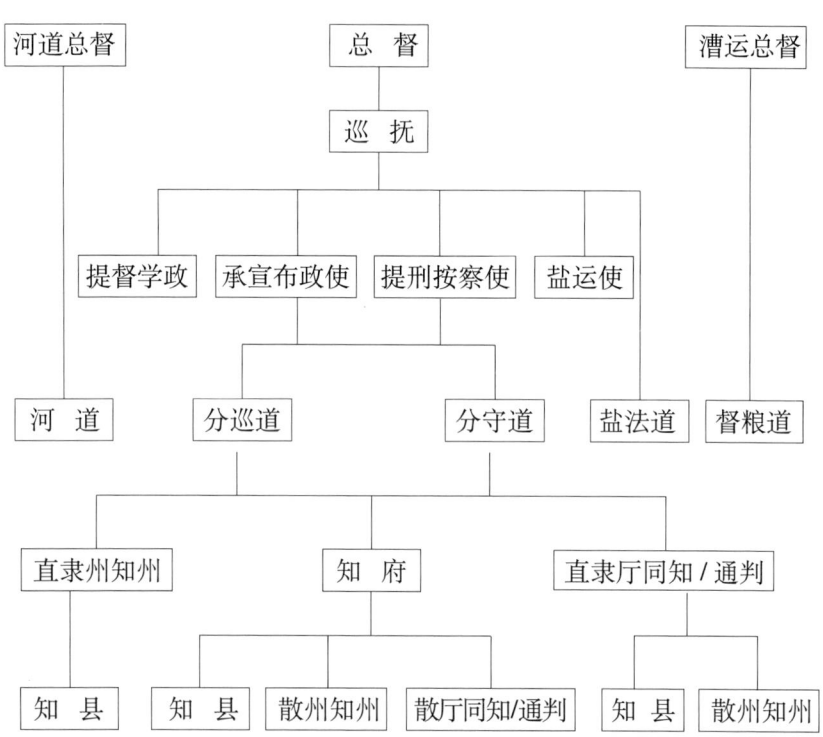

但建议必须按吏部确定的规则和程序提出，且研拟每一人事案并作出正式决定的只能是吏部。

最为重要的是，地方官员，无论高低，都必须遵守中央政府颁布的行政规章。皇帝或吏部发出的命令传到省里后，总督、巡抚就马上传达给下属。督抚必须向皇帝奏事，向各部呈交报告；若有需要，朝廷会派钦差调查地方事务。

中央政府也完全控制着地方政府的财政事务。实际上，布政使及其他地方官仅是中央政府的征税代理人。地方政府的预算和支出，包括薪水和办公费，都由户部规定。司法事务也受中央政府监管。虽然每一级地方官都有一定范围和程度的司法权，但下级官员所作的判决都必须经上级长官复审并批准。³² 所有涉及徒刑³³以上刑罚的案件都必须由省级最高长官上报刑部，判决必须得到刑部批准。³⁴ 如果判决为刑部否决，则案件必须重审，或者由总督巡抚改判，或由刑部直接改判。³⁵

所有死刑案必须上报刑部，由中央官员依法定程序研商审理，然后上奏皇帝作最终判决。皇帝是帝国最高司法官。³⁶ 如果有案件上诉到京师高级衙门，且指控原审地方官不公正，皇帝也可能命令该省总督巡抚亲自审理此案，或派遣钦差到该省重审此案，或交刑部重审。³⁷

第三节 州县政府的组织

在知州（从五品）和知县（首府知县六品，一般知县七品）即"正印官"（印信掌握官）或称"正堂"（官衙正堂主持官）³⁸之下，还有三种属官：佐贰（助理知事）、首领官（书吏首领）和杂职（杂务官）。

知州下属的官员有：

1. 知州助理官：（1）州同（一级助理官），从六品，也称为"州贰守"（一州副知州）；（2）州判（二级助理官），从七品，也称为"分州"（副州）。³⁹

2. 书吏首领官：吏目（典狱官），从九品，也称为"右堂"（官衙右厅主持官）。因为吏目也负有缉捕职责，所以其办公处也称为"捕厅"或"督捕厅"。⁴⁰

3. 杂职官：（1）巡检（分区守官），从九品，又称为"分司"（分辖区负责）、"少尹"（次级州县官）或"巡宰"（治安特派员），⁴¹负责其分辖区内的治安或河道管理、盐务管理；⁴²（2）驿丞（邮政官），未入流；（3）税课司大使（税收官），未入流；（4）仓大使（粮仓监守官），未入流；（5）闸官（水闸看守官），未入流；（6）河泊所官（渔税征收官）。⁴³

知县属下的官员有：

1. 知县助理官：（1）县丞（知县助理），八品，又称"二尹"（即副知县）、"分县"（分辖区守官）或"左堂"（官衙左厅的主持官）；（2）主簿（簿记官），九品，又称"三尹"（第二副知县）。

2. 书吏首领官：典史（典狱官），未入流，又称"右堂"、"少尉"或"廉捕"（侦查和缉捕）。他的办公处也称为"捕厅"。县丞（二尹）或主簿不在时，典史也可以代行其职责。[44]

3. 杂职官：与知州属下的杂职官相同。[45]

上述三类总称为"佐杂"[46]，我们可以将其称为"僚属官员"。

第四节　佐杂官员的卑微

首领官和杂职官的特定的头衔指明了各自的职责，但佐贰官也可能负有一般性行政责任，或负有赋税①、治安、河道管理或水利工程等方面的特定责任。[47]他的头衔可能是一个没有前缀的简单头衔，也可能是一个指明了特定任务的头衔，例如，管河县丞（或州同、州判）[48]、水利县丞（或州同、州判）[49]、赋税县丞（或州同、州判）[50]。有时，一个头衔指明两种以上职责，例如管河和水利[51]，赋税和水利[52]，赋税和治安[53]，或赋税、治安和水利[54]。应该说明，负责河道管理的佐贰官或主簿官治所（称为"汛"）及负责河道管理的同知治所（称为"厅"），都隶属于"河道"（河运监管官，道员）。河道受河道总督的领导。[55]我们不应将这样的佐贰官与负责一般行政事务的佐贰

---

① 原文为 land tax，应该译为"土地税"或"田赋"。但是，清朝的正税是"地丁银"，实际上是土地税和丁税的合一，习惯上并不称为"土地税"或"田赋"。但若处处翻译为"地丁银"，如译为"地丁银书吏（长随、师爷）"或"地丁银县丞"之类，显然不妥。且与当时习惯上笼统称为"赋税""钱粮"的历史事实也不相符。清代史书所称"赋税""钱粮"，可以笼统指一切赋税，但主要是指地丁银，只有在少数场合包括漕粮和其他杂税。所以，在本书中，除了需要特别指称"地丁银"的场合以外，凡遇"land tax"之处，均译为"赋税"。——译者

官混淆。

每一僚属官都有自己的办公所。常驻分辖区（分防）的"巡检"通常只起治安特派员之作用。[56]"驿丞"和"闸官"常驻守于驿站及水闸所在的特定地点。州县"吏目"或"典史"则总是在监牢附近设立自己的办公所。[57]负责河道管理的佐贰官总是驻守在河堤上。[58]一般佐贰官或在州县治所有自己的办公所[59]，或驻守于另一地（分防）以利守备[60]。

除了这三种僚属官以外，每一州县还有两个教育官员（教职或学官）：学正（州教学指导官）或教谕（县教学指导官）和训导（教学指导助理官）。他们受提督学政的领导，负责监督指导州县学校的学生。[61]然而，他们有时也被委以一定的行政职责，例如负责开拆纳税人交来的银两封包。[62]州县官在处理涉及生员（学生）的行政事务时常指名要求学官参与。例如，学官有责任督促没有纳税的生员缴纳税赋。法律还要求他与州县官一起听审需要对生员施以惩戒的案件，因为州县官无权对生员施以笞惩。[63]

上述三类僚属在地方行政中仅占非常次要的地位。首先，除了首领官即"吏目""典史"在所有州县均有设置之外[64]，别的僚属官实际上很少设置。据1899年《清会典》统计，在全国的"杂职"官员中，共有925个分辖区佐贰官，[65]65个驿丞，45个闸官（闸官只在有水闸需控制的地方才设置）。[66]在某些县，有两个以上闸官，例如山东汶上县有5个，江苏清河县有4个。[67]仅在4个县可找到税收官，[68]仅广东的南海、番禺两县设置了渔税官。[69]

佐贰即助理知事官数量之少更引人注目。按1899年《清会典》统计，全国仅设有31个州同（一级知州助理）和35个州判（二级知州助理），343个县丞（知县助理），54个主簿（簿记官）。[70]表三显示了他们在各省的分布状况。

表三 州县佐贰官在各省分布情况①

省份	州同	州判	县丞	主簿
直隶	—	5	10	—
山东	4	4	31	2
山西	—	—	6	1
河南	1	3	17	1
江苏	—	—	29	14
安徽	3	1	15	4
江西	1	—	48	2
福建	—	—	23	1
浙江	—	1	45	11
湖北	2	5	18	4
湖南	1	1	14	1
陕西	2	1	18	3
甘肃	1	2	9	2
新疆	—	—	1	—
四川	2	2	18	3
广东	—	—	20	2
广西	11	5	9	2
云南	1	3	3	—
贵州	2	2	9	1
总计	31	35	343	54

资料来源:《清会典》(1899年),卷五。

值得注意的是,江苏、山西、广东三省没有设州同、州判。[71]直隶没有设州同,在直隶、云南、新疆三省均未设置主簿。事实上,仅不足一半的州(63个)设有同、判,不足三分之一的县(370个)设有丞、簿。在表三中,知县助理官数量之少,在拥有县数很多的下列省份特别值得注意:直隶、四川、山东、山西、陕西、河南、云南、广西和贵州(参见表二县分布情况)。显然,许多州县并没有设置佐贰官。[72]

许多州县仅设一种佐贰官。即是说,有的州仅设州同或仅设州判,

---

① 本表原文有误。州同、县丞、主簿总数分别误为32、345、55。——译者

有的县仅设县丞或仅设主簿。只有很少的州县两者均设置。按1899年《清会典》，仅有三个州同时设置州同、州判，[73] 仅三十一个县同时设置县丞、主簿。[74]

虽然《清朝文献通考》曾提到在公务特别多的县设有几个县丞和主簿，[75] 但这种情况很少见。况且，这些佐贰中，有些仅是负责河道管理的。例如，在涿州，有四个州同、州判，其中三个是负责河道管理的。[76] 在霸州和通州，均设有一个州同和两个州判，他们也都是负责河道管理的。[77] 祥符有两个县丞和两个主簿，除一个县丞外，其余均是负责河务的。[78] 良乡有三个县丞，就有两个是负责河务的。[79] 在武清县，三个县丞和两个主簿全部是专管河务的。[80] 仅有三个地方设有两个以上一般性佐贰官：贵州的定番州，两个州判；[81] 江苏的元和，两个县丞和一个主簿；[82] 四川的富顺，两个县丞。[83]

不只是数量少，僚属官在地方政府中也只扮演着卑微的角色。除了那些被委以特定职责（如河务、邮驿、治安、典狱）的僚属官员外，他们大多仅有一些琐碎有时甚至不确定的职责。例如，佐贰官或杂职官可能被派往偏远地区去收税，并现场向纳税人开具收据。[84] 在州县官主持将征收到的赋税钱物进行统计时，佐贰官也常被委以开拆封包，清点纳税人交来的银两之责。[85] 佐贰官和杂职官有时也被派遣去督办漕粮征收，[86] 或监督以低价售卖官仓储谷给百姓（平粜）。[87]

法律不允许佐贰官和杂职官受理诉讼。允许他们这么做或委派他们听审案件的州县官则要受惩处。[88] 然而，事实上，许多州县官允许其佐贰官受理诉讼，以期给他们一些额外收入。[89] 当然这种情形仅限于处理像殴骂之类的轻微案件，仅仅指望佐贰官通过两造（原告和被告）质辩或要求两造的有关亲友作为调解人解决这些案件。[90] 换句话说，佐贰官不会被允许受理刑事案件及较重大民事案件。[91] 驻守在与州县官不同地的分辖区的佐贰官，常被授以对盗窃、赌博、卖淫等罪嫌加以逮捕的权力，但他无权审讯被告，只能将其押送到州县官那里审判。[92] 有时，如果州县官太忙，会将贼盗案的听审委托给僚属官。在这些情况下，所审获的供证必须呈送州县官审查；僚属官不得起获盗赃或逮捕罪嫌。[93] 另一些可能委授给僚属官的职责是：涉案当事人所受伤情的验查，[94] 受自然灾害破坏之地区的灾情勘查，[95] 田土或墓地之争讼的调查。[96] 州县官不在时，佐贰官或典狱官也可能被委派主持贼盗案的调查讯问或现场勘验。[97] 但是，许多州县官不愿将调查勘验之事委托给僚属，因为后者可能接受贿赂，或者没有足够的威信获得百姓敬重，而且百姓更愿意接受州县官的审判。[98] 甚至负有特别职责的僚属官，如狱官（吏目、典史），有时实际上并不负其头衔所标明的职责。狱官，虽然是以负责警狱之名而任命的，但有时实际上可能在警狱事务上没有发言权。[99]

所有这些都说明了一个事实：僚属官，特别是佐贰——常被称为"闲曹"（闲散官员）或"冗官"（多余的官员），[100] 在地方政府中仅具有极少的功能。[101] 为了减轻州县官一人独任征收赋税之类劳累负担，有政治家才识的知县① 陆陇其（1630—1692年）建议，从科举考试入选者（举人）中选拔佐贰和主簿，委派他们做征收赋税的实务助理。[102] 鲁一同（1805—1863年）鉴于僚属官甚至比书吏权力更少，建议一个州县官应增聘两三个以上僚属官，并给他们更多授权，以便能真正获得他们的佐助，从而使书吏数量减少或便于控制。[103] 僚属官闲置，必然导致州县官成为"一人政府"（one-man government），百事躬亲而不堪重负，很少得到或者根本得不到僚属的辅佐。

这一点是最重要的，值得我们特别注意。这有助于我们更好地理解

---

① 原文中用 Magistrate 一词概称所有知州、知县，我们将其译作"州县官"。在具体提到特定官员的知州或知县职务时，原作者都是用 Magistrate 一词，这使得我们难以翻译，因为很难一一查明每个被提及者具体职务到底是知州还是知县（况且一个特定的官员可能此时当知县，彼时当知州），我们又不能简单译为"州县官张三""州县官李四"。因为县多于州，所以在下文中，我们只好对提到具体姓名的州县官一律译成"知县（某某）""县官（某某）"等，也就是将"a magistrate"译成"一位县官（知县）"，除文中已经点明其任职地为"某州"的情形必须译为"知州"以外。——译者

州县官所扮演的角色、公务在其衙门里被执行的方式途径，以及他所面临的行政难题等。这也解释了他的幕友和长随所扮演的角色，二者是由他私人雇用并直接对他负责的。僚属官的卑微无权，使州县官不得不依赖这两类助手。

注释：

1 府可以分成若干个更小的行政区划：属厅（或散厅）、属州（或散州）和县。一个直隶州下辖数个县。也有些直隶厅下辖属州、属县。（根据《清会典》卷四第3页的记载，当时，所有的直隶州都下辖若干个县，但只有两个直隶厅领有属州和属县，这两个厅是奉天的凤凰厅和四川的叙永厅。）
2 《清会典》卷四，第3页。
3 《清朝文献通考》（以下简称《清通考》）卷八十五，第5610页。
4 《清高宗实录》卷四十七，第6页b；《经世文续编》卷二十一，第2页。按照陆陇其（1630—1692年）的说法，北方的州县比南方的州县要小一些（《灵寿县志》卷十，第25页b）。
5 不过，也有两县共驻一城的实例。当某县一分为二时，会发生这种情况。当江苏长洲等11个县和1个州在1724年各自被分为两个行政建制后，每个新成立的州县都被指令与老州县共驻一城。例如长洲与元和、常熟与昭文就是如此（《清世宗实录》卷二十四，第4—6页）。县衙与府衙同驻一城，上下两级衙门共驻一城也是常事。
6 举例来说，直隶深泽、栾城两县，前者辖79个村庄（《深泽县志》卷一，第32页），后者辖156个村庄（《栾城县志》卷二，第25页b）；河南内黄县辖407个村庄（《内黄县志》卷二，第19页b）；山东东平州辖894个村庄（《东平州志》卷二，第7页）；山西寿阳县辖411个村庄（《寿阳县志》卷一，第13页b）；陕西咸阳县辖400个村庄（《咸阳县志》卷一，第5页b）；湖南武陵县辖41个村庄（《武陵县志》卷七，第2页）；江西南丰县约辖1000个村庄（《南丰县志》卷二，第16页）；江苏溧阳县辖1560个村庄（《溧阳县志》卷二，第6页及其后诸页）；浙江平湖县辖73个村庄（《平湖县志》卷一，第85页a—b）；福建长汀县辖510个村庄（《长汀县志》卷二，第26页b及其后诸页）；广东新会县辖511个村庄（《新会县志》卷二，第57页及其后诸页）；广西怀集县辖242个村庄（《怀集县志》卷一，第10—11页）；云南呈贡县辖79个村庄（《呈贡县志》卷一，第25—26页b）；四川彭水县辖26个村庄（《彭水县志》卷一，第30页）。
7 普通村庄由百十户人家组成，但是有的小村庄只有几户人家，而有的大村庄则有几百户人家（《福惠全书》卷二十一，第6—7页）。举例来讲，咸阳县辖下村庄的大小从四五户人家到超过200户人家不等；最大的村庄有270户之多（《咸阳县志》卷一，第5页b—19页）。关于村庄的大小及其他具体问题，更详尽的资料，参见萧公权：《中国乡村：十九世纪的帝国控制》（西雅图，1960年），第14页及其后诸页。
8 《小仓山房文集》卷十五，第6页；《躬耻斋文钞》卷四，第1页b；《牧令书》卷一，第18页；《保甲书》卷三十三，第3页a—b。

9 《福惠全书》卷二，第 14 页 b；卷二十一，第 6 页 a—b。

10 《大清律例汇辑便览》（以下简称《清律例》）卷八，第 47 页 b—48 页。江南和浙江地区将"里"称作"图"（《嘉定县志》卷一，第 28 页；《松郡均役成书》册九，第 340 页；《山阴县志》卷六，第 1 页 b；《日知录集释》卷二十二，第 15 页）。一个州或县通常是由几百个里或图组成的。江南省的一位布政使所提供的资料显示，该地区的一个小县辖有三四百个图，一个大县辖有六七百个图（《江南通志》卷六十八，第 4 页 b）。例如，江苏娄县辖有 183 个图（《娄县志》卷三，第 2—4 页）；浙江山阴县辖有 23 坊、186 图（《山阴县志》卷六，第 1 页 b—3 页 b）。

11 《清律例》卷八，第 47—48 页提到里长要负责催收赋税以及涉及政府的其他事务（"勾摄政事"），这些事务就包括人口登记和徭役。参见《清律例》卷八，第 3—4 页；《清会典》（1764 年）卷九，第 4 页 b；《清会典事例》（1818 年）卷一百三十三，第 1 页 a—b；《清通考》卷十九，第 5024 页；同前书卷二十一，第 5045 页；《石渠余记》卷三，第 10 页 b。有关明代类似情况的研究，参见《明律集解附例》卷四，第 2 页 a—b、第 20 页；《明史》卷七十八，第 4 页 a—b、第 7 页 b—8 页 b；梁方仲：《一条鞭法》（哈佛大学东亚研究中心，1956 年），王毓铨译，第 5—6 页。

12 参见后面第九章第二节的内容。

13 《清通考》卷二十一，第 5043、5045 页；《松郡均役成书》册二，第 60 页 a—b；《覆瓮集·刑名》卷一，第 13 页；《校邠庐抗议》卷上册，第 13 页。章学诚（1738—1801 年）所编纂的直隶永清县地方志中载各地地保的分布如下：县城设有两个地保，城外四个郊区各设一个地保，每一个村庄或每两三个村庄设一个地保。东部地区的 78 个村庄共设地保 66 人，南部地区的 74 个村庄共设地保 61 人，西部乡村的 63 个村庄共设地保 60 人，北部乡村的 63 个村庄共设地保 61 人（《永清县志》卷十三，第 2—5 页；《章氏遗书外编》卷九，第 132—137 页）。

14 《清通考》卷二十一，第 5043、5045 页；《清律例》卷二十三，第 68 页 b—69 页；《吏部则例》卷四十二，第 41 页 a—b；《六部处分则例》卷四十七，第 19 页；《覆瓮集·刑名》卷一，第 13 页；《平湖县保甲事宜》第 9 页 b—10 页、第 28 页 b；《办案要略》第 31 页 a—b；《经世文编》卷三十三，第 3 页。法律允许地保和乡约（乡首）向州县官汇报纠纷案件，由州县官做出裁决；但是州县官不得授权给乡约或地保裁决争讼。不允许州县官授权乡约、地保调查抢劫、杀人或其他重大的案件（《清律例》卷三十，第 33 页 b—40 页；《吏部则例》卷四十二，第 41 页 a—b；《吏部处分则例》卷四十七，第 19 页）。在《经世文编》卷二十三第 13 页 a—b 和卷七十四第 11 页 b 中，"乡约"被确认为乡的首领（乡长）。这里指称个人的"乡约"一词，不能与作为讲约制度的"乡约"混为一谈。在讲约的"乡约"中主持讲座或主讲礼教的人，通常叫"约正"和"约副"，他们是学者（参见第九章第六节）。依照《梓潼县志》卷一第 14 页和第 17 页的记载，在每一个乡区，都有一个乡约。他与保长和里长一样有向州县官报告罪案的责任。据说在四川、贵州和云南，特别是偏远地区，当老百姓发生纠纷时，他们常常诉请乡约解决（《牧令书》卷八，第 44—45 页）。

15 《清通考》卷二十一，第 5045 页。

16 因而冯桂芬把地保描述成了"比普通百姓身份还要低"、提供"卑贱服务"的人（《校邠庐抗议》卷上册，第 13 页）。参见王凤生在《平湖县保甲事宜》第 10 页所作的类似评价。

17 《清通考》卷二十一，第 5045 页；《覆瓮集·刑名》卷一，第 13 页 b。

18 马士：《中华帝国的贸易与行政》（上海和香港，1908 年），第 48 页、第 73—74 页。

19 庶民中的长者，其年龄在八十岁以上的，朝廷授予其八品顶戴（《清律例》卷八，第 47 页 a—b；《清通考》卷七十六，第 5556—5557 页）。关于耆老的研究资料参见根岸佶：《中国社会的统治阶层——耆老绅士之研究》（东京，1947 年），第 25—31 页、第 69—72 页；张仲礼：《中国绅士：关于其在十九世纪中国社会中作用的研究》（西雅图，1955 年），第 15—17 页；萧公权：《中国乡村》，第 553—555 页。

20 《清通考》卷二十一，第 5044 页；《清会典》卷三十，第 13 页；《吏部则例》卷四十九，第 4 页 b—5 页。

21 萧公权在其《中国乡村》一书中（第 267 页）恰当地把"地保"和其他乡村首领定位为："实际上主要是为政府控制乡村的目的服务的准行政代理人"。萧公权认为，政府试图对乡村在各方面进行控制——治安控制、意识形态控制以及其他类似的控制。他得出结论说（第 263 页）：就政府放弃干预的事务而言，乡村享有一定程度的自治。不过，乡村享有的自治，并不是政府有意要赋予它类似于自治的权利，而是因为当局无力完全控制或监督其活动。这种"自治"，换句话说，就是中央集权化不彻底的结果。所以，只要认为有必要或适宜时，政府干预乡村的生活时从来就没有犹豫过。

22 河务道员在河道总督的监管之下。控制黄河、大运河的河道总督（总河）一职设立于 1644 年，副河道总督（副总河）的职位设立于 1724 年。后来总河职衔改成了总督江南河道（负责江南河政的总长官），副总河的职衔于 1729 年改为总督河南山东河道（负责河南山东河政的总长官）。

  在随后的几年里，直隶专设了负责河道、水利的总督（河道水利总督）一职。这一职位于 1749 年裁撤，其主管事务由直隶总督接管。总督江南河道一职于 1858 年裁撤，其主管事务由负责粮食运输的总长官（漕运总督）接管。最后，总督河南山东河道一职也于 1902 年裁撤，其主管事务相应地分别由山东、河南两省的巡抚兼掌。参见《清会典》卷六，第 16 页 a—b；《清朝续文献通考》（以下简称《清续通考》）卷一百三十二，第 8616—8617 页；《清史稿》卷一百二十三，第 6 页；H. S. 卜内特、V. V. 哈盖尔斯特罗姆：《当代中国政治组织》（上海，1912 年），第 399—400 页。

23 除了山西、甘肃、四川和广西四省以外，各省都设有督粮道（其中江苏设有两个）。在这四个未设督粮道的省份，属督粮道的事务由布政使兼管。督粮道隶属于漕运总督，漕运总督负责八省漕粮储运：山东、河南、江苏、安徽、江西、浙江、湖北和湖南。不归漕运总督统辖的各省的漕粮事务，由各省总督和巡抚负责（《清会典》卷六，第 14 页 a—b；《清史稿》卷一百二十三，第 12 页）。

24 每省均设一个布政使，但江苏例外。该省在 1760 年后设有两个布政使：一个设在江宁（南京）；另一个设在苏州（《清史稿》卷一百二十三，第 9 页 a—b）。

25 盐运使设置在以下各省：直隶（长芦盐运使）、山东、江苏（两淮盐运使）、浙江（两浙盐运使）、广东和山西（河东盐运使，但该职位于 1792 年撤销）。其他地区的盐政由盐法道主管（《清会典》卷六，第 15 页；《清史稿》卷一百二十三，第 10 页 b—12 页；卜内特、哈盖尔斯特罗姆：《当代中国政治组织》，第 414—415 页、第 422—423 页）。

26 《清史稿》卷一百二十三：第 8 页 b 和 9 页 b 提到布政使督导知府和州县官，考核其业绩，评定等级，上报巡抚和总督。在"大计"期间，按察使也考评州县官的政绩。

27 最初直隶设有三个巡抚，不过在顺治年间相继被撤销（《清史稿》卷一百二十三，第 3 页 b—4 页）。

28 除了直隶总督和四川总督，其他总督都管辖不止一个省份：江苏、安徽、江西（两江总督）；陕西、甘肃（陕甘总督）；福建、浙江（闽浙总督）；湖北、湖南（湖广总督）；广东、广西（两广总督）；云南和贵州（云贵总督）。总督职衔、职位设置数及其管辖的省份，时常有变化。例如，一度设有同时管辖直隶、山东和河南三省的总督。在下列省份曾短期设置过只管辖一省的总督：江南、江西、福建、浙江、广东、广西。详细资料参见《清史稿》卷一百二十三，第 3 页 b—5 页 b。【括号内总督职务通行简称，系译者所加。——译者】

29 关于总督权力高于巡抚的富有启发性的论述，参见郭嵩焘（1818—1891 年）在《清续通考》

中的奏折。《清续通考》卷一百三十二，第8915—8916页。

30　《培远堂偶存稿》卷四十，第20—23页；《清史稿》卷一百五十五，第2页。

31　此类实例参见《浙省仓库清查节要》。

32　因此，一宗涉及徒刑以上刑罚（参见下注33）的罪案，必须由上级衙门复审；由知县、散州知州或散厅同知初审的案件，由知府、直隶州知州、直隶厅同知复审；知府、直隶州知州、直隶厅同知初审的案件，由道员复审（有些地方是由按察使进行复审）。流刑罪案或涉嫌杀人的徒刑案件，一律归按察使审查。涉及死刑的罪案，由总督、巡抚会同按察使、布政使和道员一起复审。在上述任何情况下，都由总督或巡抚负责将案件向刑部上报。详细资料参见《清律例》卷三十七，第44b页及其后诸页，第60页及其后诸页；《清会典》卷五十五，第2页b—3页b；《清史稿》卷一百五十五，第1、2、5、6页a—b；另见本书第八章第一节。

33　我不同意斯当东和鲍莱对徒刑的理解，他们把"徒（刑）"翻译为"临时性的流刑（temporary banishment）"或"短暂的放逐（exil temporaire）"。因为，该刑罚不是通常意义上的流刑。事实上，"徒"是一种劳役刑，刑期分为一年、一年半、两年、两年半和三年。在明代，被判处此刑的囚犯会送去制盐或炼铁；在清代，徒刑犯会被发派到省内的驿站服役，或作挑水夫，或作伙夫。没有驿站的州县就发派到衙门充当其他苦力（《清律例》卷五，第105页a—b、第114页b—115页；《定例汇编》卷三十四，第3—4页；《清史稿》卷一百五十四，第1页）。云南省是当时唯一将犯有重罪而被处以徒刑的犯人发配去制盐和炼铅的地方，但这一做法在1787年取消了（《大清律例案语》卷一，第154页b—155页、第158页b—159页；《定例汇编》卷三十四，第3—4页）。因此我把"徒"英译为"刑事劳役（penal servitude）"。仅留下banishment用来指称真的"流"刑。[关于"流刑"，斯当东和鲍莱将其译为"永久性流放（permanent banishment）"和"永久性放逐（exil perpetual）"。]

34　因此，在刑部之内设有若干个分支部门（清吏司）。每司负责一个省份的司法事务，专门审查该省上报的司法案卷，草拟关于原判是否妥当的判决建议，呈交刑部尚书或侍郎认可（《清会典》卷五十七，第1页a—b；《清史稿》卷一百五十五，第1页b）。

35　《清律例》卷三十七，第31—33页；《清会典》卷五十三，第1页b—3页；《清史稿》卷一百五十五，第2页b—3页b。

36　死刑立决案件，必须由刑部会同都察院和大理寺复审，并奏请皇帝批准。绞监候案件和斩监候案件，在秋审时再予以考虑是否执行。这些案件必须由总督和巡抚上报朝廷，由刑部会同大理寺、都察院审核，再由九卿和其他官员会审。最后，连同会审结果奏请皇帝最后裁决（《清律例》卷三十七，第31—33页；《清会典》卷五十三，第1页b—3页；卷五十七，第13—15页；《清史稿》卷一百五十五，第2—3页）。

37　《清律例》卷三十七，第26—28页b；《六部处分则例》卷四十七，第31页及其后诸页；《清会典》卷五十四，第11页b；《清史稿》卷一百五十五，第5页。1824年发生了一个与此相关的案件：一名男子被控犯强奸罪，但原审知县仅判为通奸罪。该判决致使受害人自尽，其家属上告到京师。皇帝下令山西巡抚邱树堂亲自重审此案，而邱树堂奏请维持了原判。某御史弹劾邱树堂没有亲自审案。于是皇帝下旨将此案交刑部重审。最后，经查实，原审知县贪赃枉法，被发配伊犁充军。知府和两个知州被判流刑，按察使被革职，巡抚邱树堂被贬为按察使（《清律例》卷三十七，第25页b—26页b）。

38　《宦乡要则》卷三，第45页。

39　《清会典》卷五，第1页；《宦乡要则》卷三，第45页b。

40　《清会典》卷四，第3页b；《六部处分则例》卷四十九，第2页a—b；《清史稿》卷一百二十三，第14页b；《宦乡要则》卷三，第45页b；卜内特、哈盖尔斯特罗姆：《当代中国政治组织》，第435页。

41 《宦乡要则》卷三，第45页b；同前书卷七，第13页；卜内特、哈盖尔斯特罗姆：《当代中国政治组织》，第435页。
42 《清会典》卷六，第15—16页；《清史稿》卷一百二十三，第15页b。
43 《清会典》卷六，第18页b—19页；《清史稿》卷一百二十三，第15页b—16页。我在这里没有采用卜内特和哈盖尔斯特罗姆著作中（第439页）的译法。他们将河泊所官译成"河警督察员"。然而，河泊所官的主要职责是征收渔税而不是河道治安。【《清史稿·职官三·外官》有"河泊所大使"。——译者】
44 《清史稿》卷一百二十三，第14页b；《宦乡要则》卷三，第45页b；同前书卷七，第13页。
45 《清会典》卷六，第18页b—19页；《清史稿》卷一百二十三，第15页b—16页。
46 《清会典》卷三，第14页b。
47 《清通考》卷八十五，第5页b；《清史稿》卷一百二十三，第14页b。
48 比如在通州、德州和东平州就有管河州同（负责河政的一等知州助理）（《大清缙绅全书》，以下简称《缙绅全书》，1899年，册二，第22页b、第77—78页）；在通州、涿州、霸州和东平州设有管河州判（负责河政的知州二等助理）（同前书，册二，第22页b、第24页、第78页b）；在良乡、永清、武清、祥符、中牟设有管河县丞（负责河政的知县助理）（同前书，册二，第21页b、第22页a—b、第111页、第113页）；在武清和吴县设有管河主簿（主管河政的簿记官）（同前书，册二，第23、48页）。
49 例如，在滨州设有水利州判（负责水利的知州二等助理）（《缙绅全书》，1899年，册二，第80页）；在泾阳和华阳设有水利县丞（负责水利的知县助理）（《缙绅全书》，1899年，册三，第3页b；册四，第2页b）。
50 例如，在长洲、元和、秀水、嘉善和平湖设有管粮主簿（负责赋税的簿记官）（《缙绅全书》，1899年，册二，第48页b，第49页；册三，第48页a—b）。
51 例如，在郑州设有管河水利州判（负责河政、水利的知州二等助理）（《缙绅全书》，1899年，册二，第112页b）。
52 例如，涿州和禹州设有粮务水利州判（负责赋税和水利的知州二等助理）（《缙绅全书》，1899年，册二，第24页、第113页）；在鹿邑和高安设有粮务水利县丞（负责赋税和水利的州县官助理）（同前书，册二，第115页b；册三，第69页b）；在吴江设有粮务水利主簿（负责赋税和水利的簿记官）（同前书，册二，第48页b）。
53 例如，在西龙州设有粮捕州同（负责赋税和治安的知州一等助理），在高唐州设有粮捕州判（负责赋税和治安的知州二等助理）（《缙绅全书》，1899年，册二，第79页b；册四，第46页）。
54 例如，在江宁设有粮捕水利县丞（负责赋税、治安和水利方面事务的知县助理）（《缙绅全书》，1899年，册二，第46页b）。
55 《清会典》卷六，第16页a—b。
56 同上书，卷四，第3页b。
57 实例参见《磁州志》卷一，第4页；同前书卷五，第3页；《娄县志》卷二，第6页b、第8页。
58 例如：在霸州，负责河政的州同和州判驻劄于永定河边。武清县负责河政的县丞和主簿驻劄于永定河堤上。在祥符县，负责河政的县丞和主簿驻劄于黄河岸边（《缙绅全书》，1899年，册二，第23页、第24页a—b、第111页；《清会典》卷六，第17页a—b）。
59 《清会典》卷四，第3页b。
60 同上注。例如，霸州州判驻劄于龙关镇（《缙绅全书》，1899年，册四，第7页b）。在定番，一个州判驻劄于大塘，另一个州判驻劄于长寨（同前书，册四，第69页b）。宛平县县丞驻劄于门头沟（同前书，册二，第21页）。在富顺，一个县丞驻劄于自流井，另一个县丞驻劄于邓井关（同前书，册四，第 10 页）。吴县县丞驻衙于木渎镇（同前书，册二，第 48 页 b）。香山县县丞驻衙于澳门（同前书，册四，第 25 页）。归安县丞驻衙于菱湖（同前书，册三，第 49 页）。

61 《清会典》卷六，第 1 页；《清史稿》卷一百二十三，第 15 页 a—b。

62 这是县丞的职责之一。但是如果某县没有县丞，则将该职责委派给县教谕（《户部则例》卷九，第 10 页 a—b）。

63 《吏部则例》卷二十八，第 19 页 a—b；《六部处分则例》卷三十，第 26 页。

64 根据 1764 年《清会典》(卷四，第 12 页 a—b、第 13 页 a—b)，共设有 164 个吏目（在 221 个直隶州和散州中），设有 1282 个典史（在 1282 个县中）。根据 1818 年《清会典》(卷四，第 28 页 a—b)，设有 219 个吏目（在 214 个直隶州和散州），设有 1294 个典史（在 1293 个县中）；1899 年《清会典》卷五第 13 页给出的数字是：共设有 221 个吏目（在 217 个直隶州和散州中），设有典史 1296 个（在 1303 个县中）。

65 这个数字仅仅包括常设分区专门职司治安的佐贰官。此外还有 11 个分管河政的佐贰官，5 个分管盐政的佐贰官（《清会典》卷五，第 5 页；卷六，第 15 页、16 页 a—b、第 18 页）。

66 《清会典》卷六，第 19 页。

67 同上书，卷六，第 20 页 b—21 页。

68 江苏的六合、仪征和浙江的钱塘、仁和（《清会典》卷六，第 19 页 b）。

69 《清会典》卷六，第 19 页。

70 同上书，卷五，第 1 页。这些数字并不包括管理河政的州同、州判、县丞和主簿。负责河政的官员包括 5 个州同、13 个州判、317 个县丞和 42 个主簿（《清会典》卷六，第 16 页 a—b）。

可能是因为 1646 年在各县裁撤主簿的结果，主簿的数量显得很少（《清会典事例》，1818 年，卷二十七，第 1 页）。关于县丞、主簿和其他僚属官员的职位在不同时期设裁的详细资料参见《大清会典事例》(1818 年)，卷二十七、卷二十八和同书 (1899 年)，卷三十、卷三十一。

71 在新疆和福建没有州一级建制。

72 《清通考》卷八十五，第 5617 页。

73 湖北的沔阳州，广西的西龙州和云南的镇雄州（《清会典》卷五，第 2 页 b—3 页）。

74 同时设有县丞和主簿的县在浙江有九个（钱塘、仁和、嘉兴、秀水、嘉善、平湖、乌程、归安和长兴）；在江苏有八个（吴县、长洲、元和、吴江、宝山、娄县、上海和青浦）；山东有两个（历城和泰安）；湖北有两个（江陵和监利）；江西有两个（南昌和新建）。下列各省各有一个同时设立县丞和主簿的县：安徽（宣城），湖南（霸陵），陕西（长安），甘肃（平乐），四川（平武），福建（闽县），广东（南海），贵州（镇远）（《清会典》卷五，第 3—5 页）。

75 《清通考》卷八十五，第 5617 页。

76 在涿州，由一个州同两个州判负责河政，一个州判负责赋税和水利（《清会典》卷五，第 3 页；卷六，第 17 页）。

77 《清会典》卷六，第 17 页。

78 同上书，卷五，第 3 页 b；卷六，第 17 页。

79 同上书，卷五，第 3 页 b；卷六，第 17 页 a—b。

80 同上书，卷六，第 17 页 a—b。因此直隶总督李卫（1687？—1738 年）曾提到：尽管在他管辖的省内设有许多佐贰官，但绝大部分都是负责河政的，与当地的地方行政没有关系（《朱批谕旨》，《李卫奏折》第六册，第 11 页 b）。

81 《清会典》卷五，第 3 页。

82　同上书，卷五，第 3 页 b。此处记载元和县只有一个县丞，但在 1899 年的《缙绅全书》册二第 49 页中却记载元和县有两个县丞。
83　《清会典》卷五，第 4 页。
84　《培远堂偶存稿》卷四十六，第 37 页；《牧令书》卷十一，第 27 页 b。
85　《户部则例》卷九，第 10 页 a—b。
86　同上书，卷十九，第 1—2 页 b；《牧令书》卷十一，第 43 页 a—b。
87　《学治体行录》卷下，第 13 页。
88　《清会典》卷五十五，第 2 页 b；《清宣宗实录》卷三百二十三，第 28 页 a—b。受理诉讼的县丞或杂职官将贬官一级或者调任他职，当亲自审案而疏忽未审的州县官将被夺俸一年。如因受理诉讼而引起被告人死亡（如自杀），该僚属官员将被免职，州县官则将降二级留任。如果州县官委托僚属官审理案件，将受降二级调用之处分；具体审案的僚属官则降二级留任。如果该诉讼过程中有当事人死亡，则州县官必须免职，审案的僚属官则降三级调用。《吏部则例》卷四十二，第 39 页 b—40 页 b；《六部处分则例》卷四十七，第 23—25 页；《学治说赘》，第 2 页 b—3 页；《学治体行录》卷上，第 10 页。
89　受理诉讼时通常会向原告收取一定数额的金钱（《福惠全书》卷三十一，第 9 页；《忠雅堂文集》卷八，第 28 页；《学治体行录》卷上，第 9 页；《牧令书》卷十八，第 3 页 b—4 页）。
90　《福惠全书》卷三十一，第 9 页。
91　《于清端公政书》卷五，第 99 页 b—100 页；《张文襄公全集·公牍》九十五，第 15 页 b；《经世文续编》卷二十二，第 20 页。
92　《六部处分则例》卷四十七，第 23 页 b。
93　《学治续说》，第 10 页 b；《学治体行录》卷上，第 20 页 b。
94　因县官公务太忙，或因距离太远时，佐贰官或典史/吏目可以对受害人进行验伤（《六部处分则例》卷四十三，第 4 页；《学治体行录》卷上，第 5 页）。
95　《荒政备览》卷上，第 5 页。
96　《学治体行录》卷下，第 2 页。
97　详细情况参见本书第七章第三节。
98　《学治体行录》卷下，第 2 页；《学治臆说》卷下，第 7 页 b—8 页。
99　正如 1759 年某按察使所指出的：尽管通常人们将监狱官（典史或吏目）理解成捕快头领，但他并不能指挥捕快，捕快们由州县官亲自统领指挥。发生窃盗案件时，州县官并不通知典史或吏目；只在发生重大窃盗案件时，才会要求典史或吏目协助。因此该按察使向刑部建议，赋予典史或吏目以统管、监督捕快的职责。不过，刑部考虑到：一则典史或吏目职小位卑，不足以统御捕快；二则一旦由典史或吏目委以此一职权，他很有可能会滥用其权力。于是，刑部规定统领捕快的职权仍然归州县官执掌。不过，典史或吏目应被允许协助州县官监督捕快。这样一来，一旦捕快被查出犯有受贿罪或非法殴打囚犯的罪行，典史或吏目将和州县官一起受惩处（《定例汇编》卷三，第 1—3 页）。
100　《小仓山房文集》卷十五，第 28 页；《忠雅堂文集》卷八，第 28 页。
101　李卫认识到了州县官僚属的地位是如何无足轻重。他在奏折中写道："因其不能分任而但知营私，故禁其受词理事，专令尽本分之职掌而已。"（《朱批谕旨》，《李卫奏折》第四册，第 25 页）
　　蒋士铨（1725—1785 年）将家乡的佐贰官描述成"徒尸其位"的冗官，并将这种情况总结为："名为佐宰，擅受（诉讼）则获罪；名曰粮厅，收粮弗与闻。"（《忠雅堂文集》卷八，第 28 页）鲁一同的结论是：佐贰官对于法律、税收、重大盗窃案件或重大的民事诉讼案件受理都没有发言权（《经世文续编》卷二十二，第 2 页 a—b）。王侃（生于 1795 年）也说，所有的权力都掌握在州县官手中，州同、州判、县丞、主簿、巡检和典史或吏目都无事可做（《放言》，第 47 页 b—48 页）。

102 为了确保该职位由良善、能干的人来充任，陆陇其也曾建议给予佐贰官和主簿以晋升的机会（《灵寿县志》卷十，第 25 页 b）。

103 《通甫类稿》卷一，第 15 页 a—b。

第二章　州县官

州县官（知州、知县），在地方官系列中虽然品秩较低，但扮演着地方行政中极其重要的角色。正像鲁一同曾指出的那样，州县官才是真正执行政令之官（治事之官，意即"负责实际事务的官员"）；而他们的上司——知府、道员、按察使、布政使、巡抚或总督——都只是职司监督之官（治官之官，意即"负责监管官员的官"）。[1] 换句话说，那些上司（上级官员）只是向州县官发号施令并向更上一级长官直至中央各部汇报工作而已。他们监管州县官的工作，当然主要是通过书面方式。具体担负常规行政事务、执行上司命令的，只是州县官。这一点，方大湜（卒于1886年）早就注意到了：

> 然兴利除弊，不特藩、臬、道、府能说不能行，即督、抚亦仅托空言，惟州县则实见诸行事，故造福莫如州县。[2]

因此之故，州县官总被人们称为"亲民之官"（直接接触百姓的官员）或"地方官"。他们管治下的百姓则称他们为"父母官"。简言之，毫不夸张地说，地方行政全在州县官们手中。没有他们，地方行政就会停滞。曾任县学教谕的谢金銮（1789年举人）早已指出：在帝国，只有两种官员最重要,即京师的内阁大学士和京外的州县官。正如谢氏所看到的,州县官更为重要,因为他们对民间疾苦及施政成败有着更直接的了解。[3]

第一节 州县官的角色

当然,州县官的公务负担在各地并非都一样重。州县在幅员、人口、耕地面积、赋税额、交通条件等方面各有差异。要冲之地的知县,因常有外地官员过访,不得不花大量钱财和时间于迎送招待。[4]在北部省份,百姓徭役征调远比南方省份频繁。在长江下游及大运河两岸的一些州县,还有征收和转运漕粮①的额外责任。鉴于此类种种因素,人们将地方官岗位做如下分类:冲(即交通枢纽)、烦(即公务烦多)、疲(即赋税拖欠多)、难(即民风暴戾犯罪多发)。[5]

不同州县官岗位的重要性程度,有人用以下几个词来描述:(1)最要缺(最重要的岗位)——当上列四种条件皆备时;(2)要缺(重要的岗位)——具备三个条件时;(3)中缺(一般重要的岗位)——具备两个条件时;(4)简缺(容易的岗位)——仅有一个条件时。前两个通常被称为繁缺(繁忙岗位);后两个则被称为简缺。[6]曾任知县的汪辉祖(1730—1807年)指出,在事务较少的偏远州县为官,更易尽责尽职、亲近百姓;而在交通要冲、事务繁多的州县为官,则很难有时间"亲民"。[7]方大湜也提出过类似的观点,他坚称"繁缺难为",特别是在要冲之地。[8]

无论如何,所有州县官或多或少总有某些共同的职责。作为一州一县的行政首脑,州县官必须熟悉当地各方面的条件和情况,[9]并对其辖界内的一切公共事务负有责任。尤其重要的是,他必须维持辖区的秩

---

①八省征收的贡粮,通过运河送往京师,称为漕粮。——译者

序。他是法官、税官和无所不管的行政官。他对邮驿、盐政、保甲、治安、公共工程、仓储、社会福利、教育、宗教和礼仪事务等都负有责任。他的全部职责在《清史稿》里是这样概括的：

> 知县掌一县治理，决讼断辟，劝农赈贫，讨猾除奸，兴养立教。凡贡士、读法、养老、祀神，靡所不综。[10]

一名州县官，虽为文官，也必须在发生叛乱或外寇入侵时守卫城池，否则会被黜革或刑惩。[11]

州县官的各类职责并非不分轻重，这无须赘言。除了维护治安这一首要职责以外，最重要的是征税和司法。[12]他在这两方面的实绩，是其政绩考核评估（这一过程称为"考成"）的依据。如果他息忽了这些职责，可能会受惩戒。"考成"也要考察他是否完成了售盐的定额。此三者之外的那些职责，因并不影响"考成"，如果不是有意忽视的话，州县官一般只会用很少精力去应付。

衙门每天的日程是以敲击"梆"（一种竹筒）、"点"或"云板"（一个小铁棒）的声音来发布和限定的。黎明前[13]，在内衙（州县官宅邸）敲云板七遍，外衙敲梆一遍，衙门大门打开。此时，书吏、衙役、长随都必须到岗。清晨[14]，敲云板五遍，竹梆两遍，案牍分给书吏，衙门职员均开始办公。接着，州县官主持"早堂"，接受并分派案牍，接受衙门职员们所呈的书面或口头报告，讯验被捕系的罪嫌或将要解送到别的衙门的囚犯，接受任何诉讼。然后，州县官回到他的办公室（"签押房"，意即"签批文件的房间"），在那里接受或签批文书，包括有关当日须听审之案件的各种书状。

通常，下午的时间专门用于听理诉讼。[15]大约四点钟，[16]云板敲七遍，竹梆敲一遍（"晚梆"，下午的信号），这即是公堂要关门的讯号。然后，在云板敲五遍、竹梆敲两遍时，文书案牍都须从书吏们手中收回送到签押房。如果在"午堂"上案件多得审不完,那么可以在晚上再开庭(称为"晚堂",夜间法庭)。对那些拖欠赋税者施加"比责"① 有时也是在夜晚进行。

大约晚七点,书吏、衙役和被安排值夜班以守卫监狱、钱库和谷仓的"壮丁"都点名报到,衙门正门及州县官宅邸大门均被锁闭。[17]

每个月有几天被正式安排用于接受百姓告诉(称"放告"),州县官必须在开"早堂"时接受诉状。[18] 从二月到十月②,即赋税征收期间,每月有几天专用于"比责"③,也就是对那些没有按时完成征收赋税任务的衙役或没有按时完成赋税缴纳的纳税人进行讯问笞惩。[19]

每月初一和十五,[20] 州县官必须到孔庙和城隍庙祭拜。这种例行仪式一般要求一年之内无间断地定期履行。唯一的法定假日是新年,开始于腊月十九、二十或二十一日。[21] 在这一时期里,不得使用印信(称为"封印"),不得处理公事。直到正月十九、二十或二十一日,即"开印"时间,[22] 才能重新使用印信。除了新年外,农民农活繁忙季节(农忙)里也停止受理一切民事案件。当然,并非所有州县官都同样勤勉地遵守这些规例。有些勤勉的州县官每天亲理所有公务、阅读所有官牍和诉讼案卷,从不拖延。例如王凤生(1776—1834年)记述,他通常每天早晨要阅读和修改案牍公文,下午升堂听审前要检阅案卷,退堂后要阅读当天送到他案上的全部卷宗。在不得不出衙迎送钦差或路过该地的其他上司时,他总是携带案卷在舟车旅途中阅读,然后一回到衙门就连夜进行审判。[23] 然而,也有些州县官自己并不阅读案卷,而是留给书吏或幕友们去处理。[24] 曾任总督的田文镜(1662—1733年)告诉我们,虽然州县官们都无法回避主持"午堂"和"晚堂"的任务,但许多慵懒不愿起早的州县官并不遵守每日"早堂"问案的例规。他说只有十分之一二的州

---

① 原文为 deadline punishment,与下文不同。
② 本书所提及的月日,除有特别说明外,均为农历。——译者
③ 原文为 deadline hearing。

县官会升"早堂",并且每十天中只开一两次。[25]

第二节 任职资格

州县官职位的获得,可通过正途(常规途径),也可通过异途(非常规途径)。正途包括进士(殿试中式者)[26]、举人(乡试中式者)[27]、贡生(资深秀才被选获入国子监资格者)[28]、荫生(以父祖功勋官爵受朝廷恩荫获入国子监资格者)[29]。出任州县官的非常规途径是先捐得贡生或监生(国子监学生)头衔,然后再凭此头衔捐得官职。[30] 低级官员(僚属)通常不是州县官职位的候选者,只有在根据其德行政绩获得上司特别推荐(保举)时他们才有可能获此职位。[31]

为了使我们就上述各组人员出任州县官职务的比率获得一个总体的印象,我使用了《缙绅全书》(官员总名录)。我选择两个版本作为例子:1745年(乾隆十年)的版本和1850年(道光三十年)的版本。前一个版本代表了清初的情形,其时政府和官僚体系都被认为是比较有序的。后一版本代表晚清时期在太平天国起义及其他叛乱发生之前的情形。读者应注意,从咸丰时期开始情形已有所不同,因为更多候选人是通过捐买学衔或因军功保举的途径获得官职的。

表四显示,在这两个名录中,知州的出身,最多的一类是通过捐纳获得国子监生头衔的庶民[32](1745年为27.8%,1850年为28.6%),其次一类是进士(分别是22.9%和25.9%)和举人(分别是13.9%和13.3%)。

从知县出身途径来看,进士占主导地位(1745年44.6%,1850年34.7%);其次一类是举人(分别是22.3%和26.2%);最后是庶民监生(分别是12.7%和13.4%)。值得注意的是,在知州中,出身于庶民监生者比出身于进士者更多,尽管出身此两类者各自所占比例的差别并不很大。

表四　州县官的出身[a]

	背景	1745年				1850年			
		知州		知县		知州		知县	
		人数	百分比	人数	百分比	人数	百分比	人数	百分比
1.科目者	进士	33	22.9	573	44.6	37	25.9	444	34.7
	举人	20	13.9	287	22.3	19	13.3	336	26.2
	拔贡	8	5.5	60	4.6	1	0.7	50	3.9
	优贡	—	—	6	0.5	—	—	7	0.5
	副榜	1	0.7	21	1.6	1	0.7	19	1.5
	恩贡	—	—	2	0.2	—	—	—	—
	岁贡	—	—	—	—	—	—	1	0.1
	生员	4	2.8	7	0.5	7	4.9	24	1.9
	教习	—	—	1	0.1	—	—	—	—
	誊录	—	—	—	—	1	0.7	9	0.7
	小计	66	45.8	957	74.4	66	46.2	890	69.5
2.捐纳者	廪贡增贡附贡	4	2.8	16	1.2	11	7.7	48	3.7
	贡生	10	6.9	27	2.1	8	5.6	25	2.0
	廪监增监附监	—	—	6	0.5	3	2.1	4	0.3
	监生	40	27.8	163	12.7	41	28.6	171	13.4
	小计	54	37.5	212	16.5	63	44.0	248	19.4
3.其他途径	荫生	1	0.7	3	0.2	4	2.8	10	0.8
	书吏[b]	—	—	1	0.1	—	—	14	1.1
	议叙[c]	7	4.9	38	3.0	4	2.8	42	3.3
	保荐	4	2.8	27	2.1	2	1.4	22	1.7
	荫袭	1	0.7	—	—	1	0.7	—	—
	孝廉方正[d]	—	—	—	—	—	—	1	0.1
	小计	13	9.1	69	5.4	11	7.7	89	7.0
	不清楚者	11	7.6	48	3.7	3	2.1	53	4.1
	总计	144	100.0	1286	100.0	143	100.0	1280	100.0

a. 土知州知县除外。
b. 包括供事、书吏、职员。
c. 议叙，即吏部考核政绩议升。
d. 为知县冯震东而设的这一条目，在史料中作"召试"（征召应试）。《缙绅全书》，1850年秋季本，册四，第50页。滁州地方志记载，冯被推荐的类别是"孝廉方正"（孝顺的、纯洁的、正直的），然后通过了殿试——这使他获得了出任州县官的资格。《滁州志》卷六《选举志·科贡表》，第33页；卷七《列传·文苑》，第37页。关于"孝廉方正"之制，参见《清史稿》卷一一六，第3页b—4页b。

资料来源：《缙绅全书》（1745年秋季本和1850年秋季本）。

如果我们把所有有正规功名者归为一类——包括进士、举人、拔贡（经选拔成为国子监生者）、优贡（经荐举成为国子监生者）、副榜或副贡（补录举人）、恩贡（皇帝恩诏选为国子监生者）、岁贡（以年长被选为国子监生者）、生员、教习和誊录[33]，把他们与所有捐纳出身者——包括廪贡（官学廪膳生捐得贡生头衔者）、增贡（官学增额学生捐得贡生头衔者）、附贡（官学候补学生捐得贡生头衔者）、捐得贡生头衔的庶民监生[34]、廪监（捐得监生头衔的廪膳生）、增监（捐得监生头衔的增额官学生）、附监（捐得监生头衔的候补官学生）、捐得监生头衔的庶民——加以比较，我们会发现，在知州中，出身于前一类的比率仅稍高于后一类：1745年表中是45.8%和37.5%；1850年表中是46.2%和44.0%。在知县中，有正规功名者的数量远远大于后一类异途者，且两类出身之间的差距在两个年份里都非常明显：1745年表中是74.4%和16.5%；1850年表中是69.5%和19.4%。

此表也显示：在1745年到1850年之间，由纳捐进入仕途者稍有增长；这一增长率在知州中比在知县中更大。在知州中，纳捐者从37.5%增长到44.0%；而科目正途者增幅较小，仅从45.8%增至46.2%。在知县中，科目正途者自74.4%减至69.5%，而纳捐者从16.5%增至19.4%。应该注意到，生员（府州县学学生）捐得贡生头衔（即廪贡、增贡和附贡）者的数量仅有轻微增长；而庶民监生的数量或多或少保持原状。最引人注目的变化发生在科目正途类中。进士从44.6%减至34.7%，举人从22.3%增至26.2%。这可能是朝廷有意任命更多的举人资格者为州县官的结果（见注27）。

荫生（因父祖荣耀荫获国子监生资格者）是高官的子孙，他们缘其父祖的官位或缘其父祖因公亡故而获得此一头衔。正如表四所示，在州县官出身中这一类别并不重要，由此途出任州县官的比率几乎可以忽略不计。表中也显示，书吏晋升为州县官的可能性微乎其微。

由于州县官一职既可任用汉人，也可任用旗人特别是满人，是以有这样一个问题必须回答：多少州县官是汉人，多少来自其他族群。同样依据前述1745年和1850年版两本缙绅录，我列出了表五。该表显示当时绝大多数州县官是汉人。旗人，包括满洲旗人、蒙古旗人、汉军旗人，在1745年和1850年分别仅占知州的16.7%和14.7%，仅占知县的6.2%和7.8%。注意，旗人被任命为知州者比知县多。此表还表明，在出任州县官的旗人中，满洲人为主；而在州县官中，汉军旗人又比蒙古旗人多。

有一条与州县官任用相关的法律规定值得注意。像所有别的地方官一样，州县官既不允许在本省任职，也不允许在距其家乡五百里以内的邻省任职。还有一个"回避法"，禁止同宗和外亲姻亲在同一省任职。特别是，州县官不得与其祖孙、父子、伯叔、兄弟在同一省内任职，也不得与堂兄弟及"例应回避"的外姻亲族①在同一省任职。而且，如果某省下列官员——总督、巡抚、布政使、按察使或巡行全省的道员——中有一个是他的同宗或外亲姻亲，他就不得在该省任职。[35]

---

① 这里原文为 clan and maternal relative。但 maternal relative 似乎仅指"外亲"（母系亲属）。查《户部则例》原文，一般称为"宗族外姻"或"外姻亲族"，即包括宗亲、外亲、姻亲。——译者

表五 州县官的族群出身

族群出身	1745年				1850年			
	知州		知县		知州		知县	
	人数	百分比	人数	百分比	人数	百分比	人数	百分比
满洲旗人	14	9.7	39	3.0	11	7.7	54	4.2
蒙古旗人	5	3.5	4	0.3	4	2.8	12	0.9
汉军旗人	5	3.5	37	2.9	6	4.2	34	2.7
汉 人	120	83.3	1206	93.8	122	85.3	1180	92.2
总 计	144	100.0	1286	100.0	143	100.0	1280	100.0

资料来源:《缙绅全书》(1745年秋季本和1850年秋季本)。

第三节 州县官的收入与地方财政

在顺治、康熙年间,州县官仅能得到一份常俸(常规的薪俸)。从雍正时代开始,在常俸之外,还发给州县官一份实质性的津贴(养廉银,字面意思即"用以滋养廉洁的钱")。[36] 知州每年常俸是80两银子。知县在首府者年俸60两,在外地者年俸45两。[37]

知州的养廉银在各省有别,从500两到2000两不等(见表六)。在云南云龙州,知州能获得养廉银2000两,为全国最高。在其他地方,1400两是最高限度。最低养廉银(500—600两)属于直隶、陕西、甘肃、四川、广东、贵州等省的知州。在江西、浙江、福建、湖南和陕西等省,省内所有知州的养廉银相等,其他省份的则并不一致。

知县的养廉银在各省也高低有差,从400两到2259两不等(见表六)。除陕西外,在其他省份,同一省内不同县之间也有显著差别。在山西、安徽、陕西、四川和贵州等五省,知县的养廉银相对较低,只有400—1000两。其他省份均突破了1000两。直隶、湖南、甘肃和云南等省,最高为1200两。山东、河南、江西、浙江、湖北、江苏、福建、广东和广西九省,超过1400两。但除了山东、河南以外,在其他各省,高

表六　各省州县官的养廉银额

	银两数	直隶	山东	山西	河南	江西	浙江	湖北	江苏	安徽	福建	湖南	陕西	甘肃	四川	广东	广西	云南	贵州
知州	500—599																		✓
	600—699	✓									✓	✓	✓	✓					✓
	700—799														✓		✓		
	800—899	✓			✓				✓	✓		✓					✓		
	900—999			✓					✓		✓						✓	✓	
	1000—1099	✓		✓	✓	✓	✓		✓								✓	✓	
	1100—1199																		
	1200—1299		✓						✓	✓				✓					
	1300—1399															✓			
	1400—1499		✓		✓	✓								✓					
	1500—1599																		
	1600—1699																		
	1700—1799																		
	1800—1899																		
	1900—1999																		
	2000																	✓	
知县	400—499																		✓
	500—599					✓								✓					✓
	600—699	✓				✓	✓	✓	✓	✓	✓	✓	✓	✓	✓				✓
	700—799											✓				✓			
	800—899	✓	✓	✓	✓	✓		✓		✓		✓				✓	✓	✓	
	900—999	✓	✓	✓	✓										✓		✓	✓	
	1000—1099	✓	✓	✓	✓	✓	✓	✓	✓			✓		✓			✓	✓	
	1100—1199							✓		✓				✓					
	1200—1299	✓	✓		✓	✓		✓	✓			✓		✓			✓	✓	
	1300—1399							✓	✓										
	1400—1499				✓	✓													
	1500—1599															✓	✓		
	1600—1699							✓		✓									
	1700—1799						✓									✓			
	1800—1899						✓												
	1900—1999																		
	2000—2259		✓			✓	✓									✓			

资料来源：《户部则例》卷七十五。

薪仅限于各自省内的少数县份。[38] 据此可见，高薪是少数；大多数知县的养廉银在 500—1200 两之间。这大致与周镐（1754—1823 年）所言知县年俸最高 1000 两，最低 500 或 600 两的情形相一致。[39]

这些薪俸能满足州县官的私人及公务费用吗？除了养家，他还需要支付其岗职所需的繁重费用。他要给他的幕友、长随支付报酬。而幕友的报酬，正如我们将要看到的，是非常高的。周镐曾指出，一个州县官的全部薪俸几乎不够给幕友付酬。[40]

州县官收入的另一种繁重开销是"摊捐"（指令性捐献），即在政府经费不足时，布政使命令州县官及省内其他官员捐俸支持政府用度。[41] 这种摊捐通常是由布政使直接从官员们的津贴（养廉银）中扣除。一般说来，州县官必须交纳的摊捐额度，按他的收入情况估定为三个级差加以摊派；唯最低一等可免摊捐。[42] 还有一种常规捐献，即对一些行政费用的捐助，诸如对科举考试费用、秋审费用、军费等的捐助。[43] 州县官还不得不定期捐助上级官衙的办公费。[44]

更有甚者，所有地方官还可能被迫捐钱填补若干年来的累积亏空（历年亏空）。此种情形常常发生在钱粮存储量审计（盘查）之后。例如，在 1800 年的浙江，所有钱粮存储盘查之后，发现竟亏空 1,942,337 两。于是，各州县官被指令在十六年内捐钱填平此亏空。另一次审计于 1819 年举行，地方官们被限令于十年内填平 954,085 两的亏空。再一次是 1822 年，官员们被限令于十三年内捐献出 1,701,003 两银子。[45] 据报，山东的地方官在 1803—1804 年间，在一次钱粮审计后，曾共捐献 1,100,000 两银子填补亏空。[46] 这些"捐献"当然大大减少了官员们的收入。[47] 一个县官曾抱怨，他的常俸只够交罚俸，[48] 他的养廉银只够交摊捐。[49] 在有些官员们看来，这种摊捐又是州县官衙经常发生经费赤字的主要原因之一。[50]

州县官们还有接待途经该地的上司及其随行人员方面的经费负担。他必须为他们提供住宿、用具、膳食。在上司离境时，照例须致送赠别礼物，[51]尽管法律并不允许。[52]此外，上司的僚属、衙役、长随等还经常索要钱财，这类仆从人数可能上百。[53]此外，依惯例，州县官们还得在省城里设一个办事处①，以便为新到任的总督、巡抚或别的上司修缮官舍、供给家具薪炭等。[54]这些费用，皆由所辖州县官们为上司共同负担。州县官们还必须在上司到任、寿庆、过年及其他节日时向上司致送规礼。[55]

　　州县官们在与上司衙门职员打交道时，还不得不向他们致送各种各样的陋规。他必须给上司的门房送"门包"，给上司的衙役和长随送"茶仪"。[56]还有在其他各种场合给上司的书吏们送陋规。这些场合主要有：审计钱粮时，呈交报告或解递官钱给上级衙门时（解费），或在离职前转交官银及文书档案时。[57]

　　当然，所有此类陋规的具体额度，在不同地区是有差别的。但毫无疑问，它远远超过了州县官的全部薪俸。按周镐所言，这些费用比一个州县官得到的薪俸总额多几倍。[58]曾任御史的谢振定（1753—1809年）估计，一个州县官的全年费用（包括付给幕友的修金、伙食费、日费、招待费）约在五六千两到一万两以上。[59]聘雇幕友每增加一人，付给幕友的修金还会再加一到三千两。[60]

　　州县官们有限的收入怎样才能满足如此巨大的开支需要呢？答案就在被称为"陋规"（惯例性收费，其字面意思就是"丑陋的规矩"）的惯例之中。通过在每一个能想到的场合收费，中国官僚体系每一层级的成员们都能补充他们的收入。虽然这种惯例是"不正常的"，是"贱鄙的"，正如"陋规"一词本身所表示的；但它仍然被确立和承认，并成为广泛接受的事实。因此，它也在法律的默许之内。[61]我们不要把陋规

---

① 此即"坐省家人"的办事处。此外，还有府城的"坐府家人"。见第五章第一节。——译者

与贿赂及其他贪污腐败混为一谈，后者是非法的、被禁止的。然而，在某些情形下，在收取陋规与贪污贿赂之间并没有明确的分界线。

中国官衙的这种惯例值得我们特别注意。它必须被看成一种制度，并须把它与政府的财政制度放到一起来考察，这当然不同于西方的财政制度。在中国，基本的财政原则是：每一类支出须由一项特定税源去满足；特别经费限定用于政府的特别用途。[62] 如果没有特定经费去供给某一项特定开支，官员们就不得不寻找其他途径去筹措敛取。例如，州县官不得不按上级确定的总额完成赋税征收并全数上交布政使；其征收和递送费用不得从税金中扣除。列入办公费目录中用于公务支出的经费数字极小。[63] 衙门职员们的薪金也常常不够维持生计。实际上，在某种情形下，他们甚至一点薪金也没有。于是，所有这些经费欠缺，只有靠陋规来填补。换句话说，正是这种陋规收入，才使州县官们及其僚属们得以维持生计及满足各种办公费用。

许多官员认为，陋规不能革除，因为它是满足各种行政费用的唯一途径。[64] 汪辉祖强调，从百姓那里敛聚的陋规只应用于公事，不能用于官员致富。[65] 马士曾精辟地指出，中国的陋规制度并不是独有的，类似的惯例在欧美也有过。[66] 不过，陋规在中国可能更普遍，它一直原原本本地保持到了清末；朝廷并未做什么废除陋规的真正努力。因为朝廷明白，除非像郑观应（1842—1922年）曾建议的那样将办公经费列入政府预算，[67] 否则这种陋规制度就是不可缺少的。然而，增列预算就可能减少朝廷的岁入，除非政府相应地提高对百姓征税的税率，但它又不愿这样做。

于是，政府所能做的，就只能是力图将陋规适当规范化，但并不成功。要确定哪些费用构成合法的行政费用，以及各自实际上需要多少，是相当困难的。一旦规范化了，地方官及其衙门职员们就会马上滥用陋规制度，给政府制造更多严重的行政难题。收费的种类增加了，数量也增加了；事态发展超出政府控制，特别是超出中央政府控制之外。中央政府甚至无从知道各地实际通行的陋规到底有多少种类,更不必说用什么方式去监督它的用途了。[68]

因此,监控陋规的责任就只能落到省级长官们头上。他们中的一些人,像巡抚陈宏谋(1696—1771年)一样,曾试图通过列出允许收费项目表、同时禁止其余收费的方式来规范陋规。[69]但是,因为各级地方政府都依赖陋规维持行政费用,所以每一级官府不得不向下一级官府索要陋规。显然,只要上级官员不能约束自己及其属僚们从下级衙门索受陋规,就不可能对陋规加以有效控制。[70]

州县官们处在一个相当为难的位置上。他们必须找到财路,以便自己既能向上级衙门交纳陋规,又能满足自己衙门的行政费用。按老规矩,衙门职员们可以与州县官分享陋规收入。要知道,州县衙门作为地方政府的最低层级,它只能直接或间接地(通过"庄头"之类乡间代理人这一中介)从百姓手中征敛陋规。显然,如果百姓被过度索取陋规,他们就会更穷以致交不起正税;而州县官又有责任足额征齐所有赋税。既要监督控制衙门职员,又不得不依赖他们从乡间代理人或百姓手中收取陋规,这又成为州县官们的另一个严重问题。我们将在后文关于书吏、衙役、长随等章节中讨论这一问题。

政府容忍陋规体制,却又缺乏制度上的控制,这就意味着整个陋规之事几乎全部取决于州县官们的个人选择;人们只能寄望于他们能合理地、有节制地收取。当然,这并不是说州县官可以随意征收陋规;收费多少仍不得不受当地人所共知的习惯之规限。交费人愿意交纳在目的及数额上与既定规矩相符的陋规;如果官员或衙门职员们需索过高或巧立名目,他们也会拒绝交纳。冯桂芬(1809—1874年)曾指出,在江苏句容,人们总是按一个固定的换算率交纳赋税,哪怕市场换算率已发生变化。如果州县官提高换算率,通常会引起骚乱。[71]显然,习惯是使陋规保持在某一限度之内的制约力量;聪明的州县官当然会简单地依既定惯例行事。[72]

名目繁多的陋规在不同地区征收，随后又不断扩大。最常见的名目之一是1724年以前向纳税人加收的"火耗"（熔铸费）。[73] 这是一种为补偿银子在熔铸（征税时收到的散碎银两必须熔成银锭）过程中的损耗而收取的定额费用。[74] 这一定额占征税总额的10%—15%不等。[75] 仅要10%定额作为火耗的州县官，常被认为是一个清官。[76] 另一种做法是用高于市场兑换率的标准去征收铜钱以代替税银。[77] 在纳税人交纳漕粮时，一般也要征收一笔额外费用。而且，如果征收代替税粮的现金，所定价格肯定要高于市价。[78]

仅来自赋税征收过程的这些收入，正如我们在第八章里将要看到的，数额是惊人的。这当然大大有助于满足州县官的公私费用需要。它满足了银两熔铸之损耗、谷物储运之损耗、办公文具费、赋税征收及解递之费用等。[79] 此外，按何士祁（1822年进士，曾任同知）所言，州县官还能通过漕粮征收过程中所得火耗收入满足他每年各种公私需费。[80]

无论如何，我们不应忘了，许多额外收入，并不仅是州县官独享，而须与其衙门其他人员分享。例如，在赋税征收中加征的溢额银两（余平），[81] 在某一地方衙门中可能是按下列比率分配的：60%归州县官，10%归长随，30%归书吏。[82]

一些州县官坚持认为，永远不应从书吏和衙役们那里接受陋规，因为这样一来就无法控制他们。[83] 但事实上，许多州县官都常从衙门职员那里收取各种献费；也常从虽非衙门雇员但却与衙门有业务往来的百姓那里索取献费。新到任的州县官还常向书吏、代书、衙役们强索"礼金"。[84] 有时，他们也向负责守护银库或漕粮的书吏及被任命为头役（衙役头领）的衙役索要礼金。[85] 甚至有这样的情形：州县官要求头役按当班天数交纳陋规。[86]

州县官们还从担任"里长"（一里之长）或"催头"（被委以催督百姓纳税之差使的人，每五至十户出一人）的百姓那里索取陋规。州县官及书吏们还常向企图逃避这类苦差的百姓（里长或催头，合称"里催")那里索要礼钱,[87]也常从企图逃避仓库看守差役的乡民那里得到礼钱①。[88]此外,他们还可以从为官办新年节会庆典提供祭品、娱乐商品或人力服务的商家(行户)那里索取陋规。[89]州县官们还可在负责执行下列公务时获得另一些陋规:在办理与保甲管理有关的门牌和籍册时,在拟制赋税定额公布榜单(由单)时,在经管灾荒调查、户口清查、土地丈量等公事的费用时。[90]

我们还应注意到另一种惯例,即州县官不付分文地向百姓强索财物,或以低于市场价的"官价"向百姓强买。衙门每日必需的消费品——大米、肉类、薪柴、炭、棉布、丝绸等,或向商人无偿索取,或以官价购买。[91]根据法律,借用百姓财物或低于市价向百姓购买商品,均构成坐赃之罪;州县官们经常被上司告诫要杜绝此种行径。[92]也有这样一条规定,大意是:地方衙门在其辖区内只能购买食品;棉布、丝绸及其他物品只能从家里带来或在邻近州县购买。[93]这一规定的可行性值得怀疑。

对司空见惯的官价采买行为州县官们持不同态度值得玩味,这显示了他们在注重正当还是注重实用这两者之间的选择冲突。有些州县官,例如王植(1721年进士),不允许以官价采买,总是以市价购买货物。[94]汪辉祖承认,虽然以官价采买不正当,但如果全行禁止,则会有很多事情办不成。[95]另一个知县方大湜认为,虽然这种惯例并不完全合理,但既然已成习惯,还是接受为好,这样做总比索要陋规好一些。他主张州县官们在做出任何改变之前,应针对开支需要检查一下自己的收入情况;如果入不敷出,那么最好保持此种惯例;不过应有一个限度,而且不应允许长随等仆役向百姓索取物品。[96]像汪辉祖和方大湜这样正直的州县官都公然在其笔记里为官价购买制度辩护,这一事实表明:绝大多数州县官都是这样做的。

---

① 这种陋规叫作"买免钱"。见本书第三章注38。——译者

显然，几乎所有不能由政府预算供给的衙门费用，都必须以这种或那种形式的陋规，实即通过当地百姓付费的方式来满足。当一个村长（庄头）或衙门雇员被州县官索要陋规时，他就会转而向普通百姓索取；自己先扣留一部分，其余上交州县官。因此，地方百姓有着双重负担——政府征收的常规税费、州县官及其衙门雇员索取的陋规。无论在哪种事件或情形中，真正支付各种各样费用的总是当事百姓。赵申乔（1644—1720年）对此种情形曾作如下概括：

> （州县官及衙门中人的）公私一切费用，皆取给于里民。……使费陋规，难以更仆枚举。总之，无事不私派民间，无项不苛敛里甲。[97]

尽管陋规在整个帝国普遍盛行，但其收费名目、类型以及数额等，在不同地区各不相同。[98]为何很多州县官在其任职期间都不得不常为寻找可行收费名目和数额而焦虑，原因正在于此。州县官之间也有个人区别，并非所有州县官的做法都一致。有的州县官会充分利用惯例，尽力索取现存每种可能的陋规。百姓常控诉说，官员们在应当征收一百钱时动辄向百姓征敛上千钱。[99]有时，他们甚至巧立新收费名目。[100]另一方面，一些正直而有良心的州县官则对哪些能收、哪些不能收加以区别。他们也试图通过认可某些收费同时禁止或减少其他收费的方式对陋规加以规范。[101]从书吏和衙役那里收取陋规，以及收取与审判活动有关的陋规诸如坐堂礼（开庭酬谢金）或出结钱（在两造签押服判时收取的费金）等，通常都被视为是不正当的。[102]有的州县官会捐出自己的私房钱去支付本应由陋规支付的费用，以期废止陋规。[103]

现在我们也许要问：收取陋规是否能满足一个州县官的全部开支所需？由于具体陋规的收费额各地不同，因而州县官们的财政状况也各不相同。陋规源额较大的地区，其地方官职位通常被视为"好岗位"（美缺）；居其职位者不必担心财政问题。[104]通常，几乎所有地区的官缺都有适当盈余。[105] 甚至在一个"差岗位"（丑缺）上似乎也能够有盈余。谢金銮曾说，一个州县官即使不爱钱，也不会受穷。[106] 只有在个人消费及社交上挥霍无度者才会有用度不足之虞。[107] 洪亮吉（1749—1809年）曾记述，在他年轻时，州县官们就已经能携带着足供几代人鲜衣美食的积蓄告老还乡了；到他年长时，州县官们的这种积蓄已十倍于从前。[108] 因为州县官的薪俸一直没变，那么这一记述暗示州县官榨取的陋规与日俱增。

第四节 晋升、降级与免职

像帝国其他所有官员一样，有政绩的州县官，会受到功绩记录（纪录）、提加品级（加级）或职务晋升之类的奖赏。依政绩考核结果，一个州县官可能会得到一至三次纪录。加级则是更高奖赏，一般是加一至三级；加级一级等于四次纪录。职务晋升，一般是现职任期届满而升（俸满即升），有时是任期届满前即升（不论俸满即升）。[109] 在前一种情形下，要求晋升前任现职达到特定的最低年限。这一年限，依各州县官官缺为内地缺（腹俸）还是边疆缺（边俸）而有所不同。后一类包括极遥远地区的官缺（烟瘴缺）[110] 和少数民族聚居地区的官缺（苗疆缺）两者。[111] 居腹俸缺的州县官须服务五年以上才可晋升；在边俸缺则只须三年。然而，在空气和水土被视为有毒（水土恶毒）的边疆缺上的州县官，可能不到三年就会获晋升。在沿海地区（沿海缺）[112] 或沿河地区（沿河缺）[113] 任职的州县官，也与边疆地区州县官享同等待遇。[114]

所有官员，在其怠忽职责、办事错谬、滥用权力、贪污或犯有其他罪行时，可能受到纪律惩处。法律将公务过程中犯法（公罪）和私人犯罪（私罪，诸如受贿或侵贪等）区分开来。然而，非故意而犯的私罪也被列为公罪。同时，虽事涉公务，若属故意而犯，仍被划为私罪。[115]

通常，公罪之罚轻于私罪之罚。[116] 而且，在公罪情形中，一个官员可以用他的考绩"纪录"或"加级"来抵消其应受的罚没或降级处罚，但此种特权不适用于私罪情形。[117] 因为一般认为，私罪表明个人道德堕落，而公罪则多系因《吏部处分则例》等行政规章规定繁苛难以避免。有的州县官曾表达这样的观点：虽然一个人永远不应犯私罪，但也许谁也无法避免触犯公罪。[118]

当州县官因违犯某一法规或律例而被上司或御史弹劾时，该案就会交给吏部按照《吏部则例》或刑法典（《大清律例》）中的有关条款议处。[119] 其处罚可能是夺俸[120]、降级[121]或革职。

在更严重的案件中，违法官员也可能被永久褫革（永不叙用）。[122] 当他所犯为依《大清律》应受笞杖刑之轻罪时，可能会代之以夺俸、降级或革职，因为官员有免除笞杖的法定特权。[123] 因革职是《吏部处分则例》（该则例仅适用于犯笞杖刑罪的官员）规定的最高处罚，所以官员若犯应受更严重惩罚之罪，则应交给刑部并按《大清律例》审判。[124]

第五节 考 绩

在所有省份，每三年进行一次"大计"，对所有地方官的政绩进行考察评估。[125] 关于每一州县官的考核评估报告，均由其直接上司——知府、直隶厅州同知或分巡道初拟，然后呈交布政使和按察使；藩臬二司审阅后附加评语（考语）再呈交总督和巡抚。督抚复审这一报告后，直接批准或提出修正意见，然后上交吏部。[126] 在考查复审过程中，州县官们以政绩被分成三类。

其政绩显著者列为第一类，评为"卓异"（突出而特殊）向吏部推荐。获此推荐的官员，有资格谒见皇帝（引见），通常也能被吏部加级。一个州县官，只要他没有增加税费或滥用刑罚，只要在其辖区没有盗贼大案、赋税拖欠、官帑官粮亏空，只要该地百姓生活安定且在任期内地方秩序环境有所改善，就能获此荣耀。[127]

事实上，最为重要的评荐标准是官员们的收税才能。如果他不能按照规定总额完成赋税征收，那么就没有资格获推荐。未完成征税额的州县官仅在下列情形下可能被推荐：(1) 如果他正直有才能，其官缺是符合四个困难特征（冲、烦、疲、难）中三个及以上的"繁缺"，他在此地任职满三年；(2) 他虽不是居此种官缺，但在这类省份任职达到五年。[128] 在浙江，有这样的规定：只要曾受到与盐政相关的纠劾和处罚，此州县官就不能获推荐。[129]

每一省份都有确定的推荐名额，这依各省规模大小及官缺数量多寡而定。各省地方官（从州县官到分巡道）可以被评荐为"卓异"的名额如下：贵州五名，安徽、福建、广西和甘肃各六名，江苏、湖北、湖南、陕西和云南各七名，江西、浙江和广东各八名，山东、山西和河南各九名，四川有十一个名额。直隶最多，有十三个名额。[130] 由此可知，州县官们跻身此一考绩类别中的机会是非常少的。

第二类包括所有无能或腐败的官员。在大计制度中，有八种情形或罪错可导致纠劾，称为"八法"（八种禁令）：贪、酷、疲软无为、不谨、年老、有疾、浮躁、才力不及。自嘉庆朝以后，被评定为贪、酷的地方官会立即受到纠劾，结果这两条就从"八法"中取消了：仅剩六条，故称为"六法"。[131]

犯有贪、酷两罪的官员，除了依《大清律》受刑罚外，还受革职并永不叙用之处分。[132] 依《大清律》，监守自盗者应受笞杖刑或徒刑，这要依其侵占数额而定。[133] 对于受贿者，其刑罚自杖至绞，依受贿数额及是否枉法而定。[134] 纠劾贪酷州县官的责任在他们的所有上司——从知府到督抚。如未及时上报弹劾州县官的此类犯罪，上司们自己也要受惩处。[135] 与六法相应的惩罚是：不谨、疲软无为者革职，才力不及者降二级，浮躁者降三级调用，年老、有疾者劝退。[136]

那些既未列入推荐名单又未被纠劾的州县官则留任原职，并由督抚分别报告吏部。大多数官员归入此类。他们的政绩通常依四个标准来评估:"守"(操守)、"才"(能力)、"政"(行政品质)、"年"(年龄)。这一考绩报告也注明该州县官所掌官府钱粮是否有亏空。[137]

大计制度,主要通过对州县官从政作为的描述性评语进行,其设立初衷就是为了清除不称职官员,留任有能力且正直者。政府希望以加级或晋升来鼓励奖赏最有效能的官员。由于全国地方行政实际上寄托于一千多个州县官之手,所以,在朝廷看来,把德才兼备的人补充到这些职位,并使他们受到各级地方长官的有效督察,是保证行政效率的逻辑前提。

注释:

1. 《通甫类稿》卷一,第 11 页 b;另见郑观应(生于 1841 年)在《盛世危言》卷一第 18 页中的类似评价。
2. 《平平言》卷一,第 10 页。
3. 《牧令书》卷一,第 51 页 b。
4. 《小仓山房文集》卷十五,第 27 页 a—b;《学治体行录》卷上,第 2 页 b—3 页。
5. 《清通考》卷五十五,第 5367 页;《平平言》卷一,第 25 页 b;参见卜内特、哈盖尔斯特罗姆:《当代中国政治组织》,第 426—427 页。
6. 《平平言》卷一,第 25 页 b;《缙绅全书》多处;参见卜内特、哈盖尔斯特罗姆:《当代中国政治组织》,第 426—427 页。
7. 《学治臆说》卷上,第 10 页 a—b。
8. 《平平言》卷一,第 25 页 b。
9. "知州""知县"头衔本身就蕴涵了一个州县官应当通晓(知)当地所有情况的意思。参见《钦颁州县事宜》,第 41 页。
10. 《清史稿》卷一百一十六,第 14 页 b。
11. 《清律例》卷十九,第 266 页及其后诸页;《六部处分则例》卷三十七,第 25—26 页;居伊·鲍莱译:《中国法典手册》(《汉学文集》,上海,1923 年),第 421—422 页。
12. 《钦颁州县事宜》第 42 页 b 提到:"一州县所司不外刑名钱谷。"黄六鸿在其官箴书《福惠全书·凡例》第 3 页 b 说道:"有司以刑名钱谷为重,而刑名较钱谷为尤重。"不过在同一本书的卷六第 1 页他又说:"夫有司之职,大要钱谷为重。"这一矛盾似乎表明,两大职能的重要性,取决于一个人处理问题的态度和方法:究竟他是从司法还是从政府税收的角度来考虑问题。
13. 按照惯例,一天始于黎明之前。根据何耿绳的衙门作息表,夏秋两季作息始于凌晨 3 点 45 分;冬春两季作息始于凌晨 4 点 45 分(《学治一得编》,第 62 页)。
14. 以何氏的作息表为例(见前注 13),夏秋两季每日清晨敲击云板、竹梆的时间为 5 点 10 分,冬春两季每日清晨敲击云板、竹梆的时间为6点45分。参见1941年10月《中和月刊》第2卷第10期第73页引述的《公门要略》。
15　《学治体行录》卷上，第3页。汪辉祖在《病榻梦痕录》（卷十三，第41页b）中讲述他自己白天常常从巳时（上午9点到11点）升堂审案，直到酉时（下午5点到7点）；而且往往审案到戌时（晚上7点到9点）或亥时（晚上9点到11点）还不能结案。
16　根据何氏的作息表（见前注13），夏秋两季在下午3点45分敲晚梆，冬春两季在下午4点45分敲晚梆（《学治一得编》，第62页）；参见《中和月刊》第2卷第10期第73页对《公门要略》的引述。
17　《福惠全书》卷二，第8页及其后诸页；《学治一得编》，第62页a—b；《学治体行录》卷上，第3页；《牧令书》卷二，第3页b—4页、第17页；《宦乡要则》卷二，第11页及其后诸页；《中和月刊》第2卷第10期第73—74页对《各行事件》《公门要略》《长随论》的引述部分。
18　详情参见本书第七章第二节。
19　例如，黄六鸿每个月要留十天专门进行"比责"：从初一到初五，再从廿一到廿五（《福惠全书》卷七，第4页a—b）。汪辉祖将其日常工作以十天为期进行安排如下：七天听讼，两天进行比责，一天用来准备呈送上级的公文（《病榻梦痕录》卷下，第9页b）。
20　《福惠全书》卷二十四，第9页。
21　《清稗类钞·时令类》，第44页。具体的日期由钦天监宣布。
22　《清稗类钞·时令类》，第34页。
23　《学治体行录》卷上，第3页。
24　曾在多个省份担任巡抚之职的陈宏谋提及：许多州县官都尽量避免批阅文牍，理由是文件可以由书吏草拟，由幕友审读。他们宣称，一个州县官的职权如此众多，公务如此繁忙，他不可能亲自批阅每一份公文（《培远堂偶存稿》卷十三，第31页及其后诸页）。
25　《钦颁州县事宜》，第24页a—b。
26　进士可以在翰林院或在中央机关任职，也可以担任州县官[根据1646年的一个条例，进士可以被委任为知州、推官（知府下属的司法官）或知县。1667年，推官一职被裁撤，1659年又谕令进士不得任命为知州；于是"二甲""三甲"——殿试名列第二榜、第三榜的中式者——就被授予知县之职]。那些担任了三年庶吉士（进士被录入翰林院"庶常馆"者）的进士，要参加称为"考散馆"的除授考试，最优秀的仍然留用，其余的出馆并被任命为主事（各部二级秘书）、内阁中书（内阁秘书）、知县，或委派为州县两级教官等（《清会典》卷七，第9页b；《清会典事例》卷六十和卷七十二；《清史稿》卷一一五，第12页）。离开翰林院担任州县官的翰林，就是当时所谓的"老虎班"，他们在获得职位时享有很大的优先权。

　　清初，每逢双月才给进士安排五个州县官缺。据说一个进士要等上十年才会得到一个官缺。1724年，根据吏部侍郎沈近思的建议，每逢单月又为进士增加四个州县官缺，并成为定例。这样，一个进士只需要等待两到三年就可以得到一个实缺（《清史稿》卷一一七，第12页a—b；《清通考》卷五十，第321—322页）。
27　清朝早期有所谓"拣选"法。参加会试落榜的举人，如果精力和年龄仍然允许他充任州县官之职的话，可以在吏部登记为州县官候补。边远省份的举人可以在参加会试后立刻注册，邻近省份的举人则需在参加过五次会试后才有资格注册（1698年后改为三次）。总督和巡抚有权决定申请人的年龄、精力是否胜任这一委派，并可以向举人签发举荐文件使有资格者到吏部注册。年老的举人可以注册为教官（学官）候选人（《清会典》卷七，第9页；《清会典事例》卷四十三和卷七十三）。

　　因为州县官缺有限，举人得到铨选的机会很小。据说他们往往要等到三十年以上才有机会得到委任。1752年引入的"大挑"制度加快了任用进度。大挑每六个月举行一次，边远地区参加一次会试、内近地区参加三次会试落榜的举人,由皇帝派钦差进行挑选。通常,参加过最近四次会试(1800年后改为最近三次会试)落榜的举人被排除在大挑候选人之外。最初,各省都有规定名额。后来,改为在百分比的基础上进行。大挑原则上以状貌和年龄作为标准。被选拔为"一等"的举人,将被委任为候补州县官;年老的举人被列入"二等",并委派为县学的教谕或训导(《清会典》卷七,第13页;《清会典事例》卷七十三;《清通考》卷五十,第3321—3322页;《清史稿》卷一一七,第12页b;《皇朝政典类纂》卷二百,第8页)。

28 拔贡(经选拔成为国子监生者)和优贡(经举荐成为国子监生者)通过"朝考"后可以得到县官或比县官品秩更低的地方官职或教职(学官)的任用(《学政全书》卷五十,第10页a—b、第14页b—16页b、第23页;《清会典事例》卷六十;《清史稿》卷一百一十三,第5—6页)。

29 被外放任职的荫生可以得到下列职位中的一个:(1) 一品官荫生,(授予)府同知(知府一级助理官);(2) 从一品官荫生,知州;(3) 二品官荫生,通判(知府二级助理官);(4) 三品官荫生,知县。

难荫生——一种以父祖因公殉职而获授的资格称号——也可委以官职:若(死难)父祖为三品以上官职,则可授予知州之职;若父祖为四品以下官职,则可授予知县之职(《清会典事例》卷七十四)。

30 《清会典事例》卷七十一。

31 保举可以是基于军功,基于主持水利工程或赈灾募捐等方面的政绩(《清史稿》卷一百一十七,第14页b)。御史刘汝骥曾说,以兴修水利富有成效为举荐理由,是高级地方官员经常用以补偿其僚属官员出色服务的手段。因此,知县的僚属官员可以被举荐为知县或知州。另据御史张仲炘的说法,在山东,某省省内水利工程竣工论赏过程中,有五六百人得到举荐(《清史稿》卷一百一十七,第14页a—b)。

32 国子监的监生包括:(1) 恩监(因皇帝恩典进入国子监的学生);(2) 优监(经举荐入国子监的学生);(3) 荫监(荫生,因父祖荣荫而准入国子监的学生);(4) 例监(捐买的国子监学生资格,包括官学生捐买监生资格者(廪监、增监、附监)和庶民捐买监生头衔者](《清会典》卷七十六,第5页;《清史稿》卷一百一十三,第1页b及其后诸页);参见本书第十章注20关于这些头衔的解释。但在《缙绅全书》中,在监生一栏里,只将庶民监生列为监生;其他各类监生被列在其各自分类名目内【盖即列于廪监、增监、附监等类。——译者】。

33 教习(负责八旗中皇族子弟或内务府官员子弟教育的师傅)只能在进士、举人或五类通过常规科考入选的贡生中遴选录用。誊录[在玉牒馆(记录和管理皇族族谱的机构)、实录馆(修史委员会)和国史馆(国家历史编纂室)供职的抄写员]从举人、贡生、监生和生员中遴选录用。因此,这里把他们也归入有正常功名者一类。

34 通常意义上讲,不论是正途贡生(即恩贡、拔贡、附贡、岁贡和优贡)还是例贡[即捐买贡生头衔的,包括官学生捐买贡生头衔者(廪贡、增贡、附贡)和庶民监生(俊秀监生)捐买贡生头衔者],都被称为贡生。(《清会典》卷三十二,第12页b—15页b;同前书卷三十三,第2页b;同前书卷七十六,第4页b—5页;《清史稿》卷一百一十三,第1页b、第6页;《学政全书》卷五十一,第28页及其后诸页。参见本书第十章注19关于各类贡生的解释。不过在《缙绅全书》中,只有庶民捐买贡生者才被列入贡生一栏,所有其他类型的贡生都被列入其各自具体类别内。)

35 《吏部则例》卷一,第4—5页b;《六部处分则例》卷三,第30页b—35页b。

36 朝廷由于意识到常俸不足以让地方官员维持生计并满足公务开支,于是开始发放补贴性的薪俸(养廉银)。养廉银的资金来源与常俸不同:它来自地方政府征收赋税的附加额(火耗、熔铸费,或耗羡,字面意思就是"作为允许损耗额的附加费"),这些附加额与正常的赋税一同征收，费率由中央政府确定（见后注第73），并上交布政使。这一附加费为各级官吏提供了补贴性薪俸和某些行政开支来源。这一制度由山西巡抚诺敏于1724年首开先河。1728年在雍正皇帝的首肯下，其他省份纷纷仿效。从此，这一制度就被确立下来，养廉银作为补贴性的薪俸已成为帝国官员薪俸的一个正常组成部分。[《清通考》卷九十，第5648—5649页；《钦颁州县事宜》第45页a—b；《石渠余纪》卷三，第47—48页b；另见岩见宏：《对雍正时代公费的一点考察》，载《东洋史研究》第15卷第4期（1957年3月），第65—99页。]

附加费（火耗），有政府公开正式征收的，也有州县官私下征收的。因此，我们有必要将正式附加费（火耗）与官员们的"惯例性"收费（陋规）或额外附加费区分开来。

37 《户部则例》卷七十三，第22页a—b。

38 在山东，有四十个县的知县的薪俸为1400两，河南有三十八个州县官得到类似数目的薪俸。在所有其他省份中，高额薪俸极为少见：广东有两个县（南海和番禺），广西有两个县（宣化和马平），县官薪俸为1500两；浙江有四个县（嘉兴、秀水、乌程和归安），湖北有一个县（江夏），福建有两个县（闽县、侯官），县官薪俸为1600两；江西有一个县（新建），广西有一个县（苍梧），县官薪俸为1700两；浙江有两个县（仁和、钱塘），江苏有六个州县（江宁、上元、长洲、元和、吴县和清河），州县官薪俸为1800两。帝国境内薪俸最高（2000两以上）的四个县为：山东历城，河南祥符，江西南昌和广西临桂。其中又以临桂的薪俸为最高，数额为2259两。

39 《牧令书》卷二十三，第19页。谢振定也提到，一个州县官的薪俸只是略高于1000两白银而已（同前书，卷二十三，第39页b）。

40 同上书，卷二十三，第19页。

41 《经世文续编》卷十六，第26页；《张文襄公全集·奏议》卷二十七，第30页。

42 《清宣宗实录》卷一百二十，第28页a—b；《耐庵奏议存稿》卷一，第27页；《经世文续编》卷十六，第3页a—b。在1803年浙江省布政使制定的摊捐额列表中，根据州县官的养廉银和当地的赋税收入，将七十七个州县分为三级：二十个州县被确定为"大缺"；二十八个州县被确定为"中缺"；十六个县被确定为"小缺"。每100两摊捐中，大缺的官员每人要分担2.273两；中缺的官员每人要分担1.515两；小缺的官员每人要分担0.757两。有十三个州县的州县官因收入低，被豁免摊捐义务（《治浙成规》卷三，第47—48页b）。根据张之洞（1837—1907年）的估计，州县官要承担的与摊捐相关的负担，在山西和广东每年从几百两到约两千两不等（《张文襄公全集·奏议》卷五，第1页b—2页；卷二十七，第30页b）。

43 张之洞列出了山西省十七项、广东省十五项常规摊捐项目（《张文襄公全集·奏议》卷五，第1页b—2页；卷二十七，第30页b—31页）。他提到，摊捐额可以由布政使或者按察使、道员、知府编制决定，分别称为司摊、道摊、府摊（《张文襄公全集·公牍》卷九十五，第15页b；参见下注44）。

44 江苏省阜宁县衙的一本账簿（《阜邑款目簿》）记录了该知县向其上级衙门捐献经常性办公费的金额：向按察使捐60两、向道员捐240两、向知府捐720两。他还要捐献某些特殊的行政费用，比如向府试和院试（由知府和学政主持的考试）、考场修葺、秋审活动等捐款。此外，州县官要为其上司雇用的人提供资助。例如，他要向知府的幕友们付费，以酬谢他们在案件上报到府衙后分发给他们审查（发审）过程中的"照顾"。以"辛工银"（工资）或"纸工银"（文具和办事费用）等一般名义，向上级衙门的各种书吏支付各种各样的陋规，以酬谢他们在各种官务中的照顾。这些陋规具体包括：对州县官呈布政使的赋税征收册进行定期检查的检查费，在其制作粮价报告、保甲事务报告、参与办理刑事案件、制作月度或年度报告时支付的小费，等等。根据同一资料来源，各种"捐纳"累计金额达到2800两白银以上。在江苏省的另一个县，即如皋县，摊捐的总数（除去州县官为自己衙门经费所做的捐献）超过了2700两白银，其中500两捐给了通州直隶厅衙门（《如皋交代册》）。

只要州县官未能如数交纳摊捐金额，就会在交代册（衙门经费移交记录）中进行记载，其继任者会要求他予以填补（参见《海州交代驳册》《山阳交代驳册》《清河交代驳册》《杨邑交代驳册》《阜宁交代驳册》）。

45 《浙省仓库清查节要》，第 16—18 页。
46 《耐庵奏议存稿》卷一，第 24 页；《经世文续编》卷十六，第 3 页。
47 《政闻录》卷二，第 5 页。关于嘉庆和道光年间的摊捐及与州县政府经费赤字相关的讨论，参见铃木中正：《清末的财政和官僚的性格》，载《近代中国研究》第 2 卷（1958 年），第 246—248 页。
48 《平平言》卷一，第 41 页。
49 《不慊斋漫存》卷五，第 127 页；1820 年的一道上谕也提到，由于摊捐是从州县官的养廉银中扣除的，所以州县官们实际上根本就领不到薪俸（《清宣宗实录》卷四，第 18 页 b）。
50 《清宣宗实录》卷一百二十，第 28 页；《耐庵奏议存稿》卷一，第 23 页 b；《经世文续编》卷十六，第 2 页 b；《牧令书》卷二十三，第 19 页。因此，当时普遍认识到，有必要减少摊捐以防止州县官衙出现经费亏空以及随之而来的贪污勒索现象。贪渎勒索往往是消除亏空的常用手段（《清穆宗实录》卷四十，第 18 页 b—19 页 b；《张文襄公全集·奏议》卷五，第 1 页 b—2 页；《张文襄公全集·公牍》卷九十五，第 15 页 a—b）。
51 《清仁宗实录》卷一百七十，第 19 页 b；《清穆宗实录》卷四十，第 18 页 b—19 页 b；《六部处分则例》卷十五，第 8 页；卷三十五，第 10 页；《福惠全书》卷二十八，第 2 页 b—4 页；《张文襄公全集·公牍》卷九十五，第 17 页。
52 《清律例》卷三十一，第 11 页 b—12 页；《吏部则例》卷十三，第 8 页 b；《六部处分则例》卷十五，第 14—15 页。
53 《六部处分则例》卷十五，第 8 页；《福惠全书》卷二十八，第 2 页 b—4 页。
54 《六部处分则例》卷十五，第 8 页。《阜邑款目簿》记载阜宁县知县在某年为知府衙门添置冬季家具捐助了 66.43 两白银，而夏季又为知府修建凉棚捐助了 52.54 两白银。
55 《六部处分则例》卷十五，第 9 页 b；《户部则例》卷一百，第 21—22 页。《牧令书》卷二十三，第 8、19 页；《经世文续编》卷十六，第 15 页；《张文襄公全集·奏议》卷四第 31 页 b，卷二十七第 30 页；《张文襄公全集·公牍》卷九十五，第 17 页；《上海研究资料》第 535—536 页。值得一提的是，有一条律例明确禁止州县官向其上司送生辰贺礼（《六部处分则例》卷十三，第 15 页）。
56 《牧令书》卷二十三，第 8 页 a—b；《经世文续编》卷十六，第 15 页。
57 《朱批谕旨》，《田文镜奏折》第五册，第 55 页 a—b；《清穆宗实录》卷四十，第 18 页 b—19 页；《六部处分则例》卷十五，第 9 页 b；《牧令书》卷二十三，第 19 页、第 39 页 b。
58 《牧令书》卷二十三，第 19 页。
59 谢振定列举了州县官年度费用中的主要几项：摊捐、上级衙门办公费贴捐、解递（押）费、册簿费、考棚修缮费（《牧令书》卷二十三，第 39 页 b）。根据两广总督张之洞的说法，在广东省，一个州县官的支出（包括摊捐、向上级衙门交纳的陋规、迎送上级官员和专员接待费、为军队捐助给养等），从 300 两到 5000 两不等，视乎该州县官的收入而定（《张文襄公全集·公牍》卷九十五，第 16 页）。
60 这一估计是基于 1750 年到 1780 年间的资料做出的，这一期间也正是谢振定据以进行推算的时间段。19 世纪的修金要高得多（参见本书第九章第五节）。
61 道光皇帝在一道上谕中将这一情况总结为："此次议存之款（即陋规——引者），因其相沿已久，名为例禁，其实无人不取，无地不然。"（《清宣宗实录》卷五，第 2 页 b）在另一道上谕中他写道："上司心知通省官吏莫不皆然，岂能概行纠劾，遂阳禁而阴纵之。"（《清宣宗实录》卷四，第 19 页）

62 马士：《中华帝国的贸易与行政》，第 80、82 页。

63 清政府直到 1724 年至 1728 年间才开始向各级官衙正式提供行政经费。正是这一期间，朝廷开始要求州县官悉数解送火耗到布政司，以便为该省"各官养廉及地方公事之用"（《清会典事例》，1818 年，卷一百四十三，第 14 页 b；另见本章注 73。在 1724 年至 1728 年之间及以前，州县官可以征收并留存火耗）。但是，应当指出的是，火耗所聚敛的经费只能保证州县衙门行政经费开支的一小部分。这可以从朱云锦（1789 年举人）所提供的详细资料中看出。朱云锦参阅了河南省的官方文件，并列出了该省所有由"火耗"支付的行政开支清单。河南省每年的火耗收入为 421,117 两，其中 64.39%（即 271,150 两）被拨出专门用于养廉银支出；余下的用作该省各项开支。在这些开支中包含了下面几项：(1) 向各部书吏支付的饭食银，总计 10,842 两；(2) 巡抚衙门办公文具购置费，1500 两；(3) 巡抚衙门及布政司衙门所有书吏的薪金，4892 两；(4) 拨付各州县衙门行政办公经费，总计 23,480 两，具体分配如下：

    4 个直隶州　　　　1200 两
    43 个大州县　　　10,320 两
    49 个中等县　　　9800 两
    12 个小州县　　　2160 两

这表明，在河南省，只有巡抚衙门和布政司衙门的办公经费是充足的，而拨给各州县和直隶州衙门的份额或多或少是微不足道的。因为向下级衙门划拨的办公经费，只占火耗费总额的 5.57%；每个下级衙门平均只得到 180 两至 300 两之间（具体细节参见《豫乘识小录》卷上，第 10 页 b 及其后诸页）。根据《永清县志》（卷十，第 53 页）所罗列的直隶永清县所收赋税耗羡额可以看出，拨给该县衙门的办公经费比河南更少——只有 100 两。

64 《学治续说》，第 2 页 b—3 页；《平平言》卷一，第 39—40 页；《牧令书》卷十一，第 52 页 a—b；《经世文续编》卷二十一，第 14 页。道光皇帝也认识到了陋规对于地方行政之不可或缺。他在 1820 年的一道上谕中说，即使是一个正直的州县官也不能为无米之炊，他必须依靠陋规来弥补亏空（《清宣宗实录》卷四，第 18 页 b）。

65 《学治续说》，第 2 页 b—3 页。

66 马士：《中华帝国的贸易与行政》，第 80、82 页。

67 《盛世危言》卷二，第 9 页 b—10 页。

68 道光皇帝在 1820 年登基后不久，就试图控制索取陋规的行为。他认为，制定条例限定陋规收取数额，总比全由地方官员各行其是要好。基于这一认识，他下令总督、巡抚调查各省的实际征收情况，以决定哪些陋规应该保留，哪些陋规应当废止（《清宣宗实录》卷四，第 18 页 b—20 页；卷五，第 1 页 b—3 页；卷七，第 37—38 页）。然而，许多官员认为通过律例将陋规公开化、合法化极为不妥，反对这一旨意。皇帝承认自己对行政和社会实际尚不了解，仅仅根据英和（1771—1839 年）的建议做出了上述错误决定，并随后发布另一道上谕取消了成命（《清宣宗实录》卷十，第 25—26 页 b）。

69 《培远堂偶存稿》卷二十四，第 36—37 页。

70 《牧令书》卷二十三，第 8 页 a—b。

71 《显志堂稿》卷五，第 32 页。

72 《牧令书》卷三，第 12 页 b。

73 火耗，又被称为耗羡。在明朝的行政实践中出现过（《清通考》卷三，第 4872 页），在清代早期被确认为非法行为。1644 年的一道上谕明确规定，收取火耗视同受贿处理。不过，收取火耗的做法遍及帝国全境。很少有高级官员打算以此弹劾州县官，因为他们自己也依赖这一收入来源。甚至连康熙皇帝对此也持视而不见的态度，他曾经对一个巡抚说：如果州县官在正常税收额度上加征一成火耗，是可以容许的。该巡抚则回答说：这是皇上的恩典，只是不能公开告诉州县官这种做法是许可的(《石渠余纪》卷三,第46页b—47页)。

在1724—1728年间,火耗征收得以合法化。其收入充作地方官员的养廉银,以及补贴地方衙门的部分行政开支。火耗与正常税收一起解送到布政司(见本章前注36)。雍正皇帝在一道上谕中提到,他也希望州县官不要向百姓聚敛陋规,但这种政策实际上难以坚持,因为一个省的养廉银和行政开支就有赖于此项收入。起初,他以火耗征收额应该由地方官根据当地实际财政情况自行调整为由,对某些官员要求给火耗确立官方限额的建议予以拒绝,并且希望这种征收项目将来能够取消(《清世宗实录》卷二十二,第3—6页;《清通考》卷三,第4871—4872页)。不过后来,征收火耗的数量限额还是正式规定了,各省各地数额不同(《孙文定公奏疏》卷八,第44—50页;《清会典》,1818年,卷十一,第23—25页b;《清会典事例》,1818年,卷一百三十九,第9页及其后诸页;《石渠余纪》卷三,第48页;《清史稿》卷一百二十八,第5页b)。关于火耗的论述,参见安部健夫:《耗羡提解之研究》,载《东洋史研究》第16卷第4期(1958年3月),第108—251页;岩见宏:《对雍正时代公费的一点考察》,载《东洋史研究》第15卷第4期(1957年3月),第87—97页。与耗羡相关的行政开支的详细资料见本章前注63。

74 《牧令书》卷三,第12页b。

75 钱陈群(1686—1714年)在一道奏折中报告说,康熙年间许可加收火耗率为每两税银收一钱至二钱不等。但是在小的县城,其税收定额只有一二百两,火耗率就可能高出正税的几倍(《经世文编》卷二十七,第5页)。

田文镜说,在河南省和山东省,火耗率在一钱以上至二钱之间变动(《朱批谕旨》,《田文镜奏折》第一册,第80页b;卷六,第84页)。

王庆云(1798—1862年)确定一钱为全国的火耗率平均值。但是他又指出,河南的火耗率是二钱到三钱;陕西的火耗率为四钱到五钱(《石渠余纪》卷三,第46页b—47页)。这一说法与1723年的一道上谕内容相吻合,该上谕提到在某些地方,火耗率高达每两税银四钱到五钱(《清世宗实录》卷三,第14页)。

76 《石渠余纪》卷二,第46页b;《牧令书》卷二十三,第8页b。

77 参见本书第八章第一节。

78 参见本书第八章第二节。

79 《牧令书》卷三,第12页b。

80 同上书,卷十一,第48页b。

81 人们纳税时通常是用碎银,交来的银子常常比应纳量略重一些。然而,州县官在将其解送到国库时,是将税银封成大包称量的。于是在总金额上就出现了差额。这一差额被称为"余平"(由于衡器不同造成的溢额)。这并不是故意操纵衡器造成的(参见《清律例》卷十一,第44页眉的注释;《朱批谕旨》,《田文镜奏折》第一册,第20页;同前书,《石麟奏折》第一册,第37页a—b)。根据田文镜的说法,这种溢额,每千两税银少则有二三两,多则有六七两(《朱批谕旨》,《田文镜奏折》第一册,第20页)。

82 《牧令书》卷十一,第52页b。

83 《学治续说》,第2页b—3页;《平平言》卷二,第26页b。

84 《平平言》卷二,第26页b。

85 《牧令书》卷八,第19页b—20页、第37页b。

86 《学治体行录》卷上,第8页b。

87 《牧令书》卷八,第37页b—38页;《福惠全书》卷三,第22页b。

88 《福惠全书》卷三,第22页b。

89 《福惠全书》卷三,第22页b;卷二十四,第16页b—17页。关于新年庆典参见本书第九章第七节。

90 《牧令书》卷八，第 24 页 b。
91 《钦颁州县事宜》，第 30 页 b—31 页；《牧令书》卷八，第 20 页 b、第 23 页 b、第 24 页；《张文襄公全集·公牍》卷八十六，第 32 页 b、第 35 页 b。
92 《清律例》卷三十一，第 31 页 a—b；《吏部则例》卷二十一，第 7 页 b—8 页；《六部处分则例》卷二十二，第 24 页；《户部则例》卷一百，第 34 页；《钦颁州县事宜》，第 31 页 a—b；《牧令书》卷二十八，第 20 页、第 23 页 b—24 页；《资治新书》卷十三，第 26 页及其后诸页。
93 《清律例》卷三十一，第 37—38 页。
94 《牧令书》卷十一，第 40 页。
95 《学治续说》，第 4 页 b。
96 《平平言》卷一，第 38 页 b—39 页 b。
97 《赵恭毅公賸稿》卷六，第 8 页。
98 《清宣宗实录》卷四，第 19 页 a—b；同前书卷五，第 2 页；《学治续说》，第 2 页 b—3 页；《平平言》卷一，第 39 页。
99 《牧令书》卷八，第 24 页。
100 有一个典型例子，在平远县，由于没有钱发养廉银，官吏们就要求所有纳税人在上交漕粮时超额交纳多达 1600 两白银。这一做法一直持续到新知县王植上任后才被废止（《牧令书》卷十一，第 40 页 a—b）。
101 《学治续说》，第 2 页 b—3 页；《平平言》卷一，第 39 页 b—40 页。关于废止陋规和减少陋规金额的例子，参见《牧令书》卷十一，第 41 页。
102 《学治续说》，第 3 页；《平平言》卷一，第 39 页 b—40 页。
103 《庸吏庸言》，第 12 页 b—13 页；《牧令书》卷十一，第 41 页。
104 《学治续说》，第 3 页 b；《平平言》卷一，第 43 页 b。
105 《平平言》卷一，第 41 页 b。
106 《牧令书》卷三，第 10 页 b—11 页。
107 《平平言》卷一，第 41 页 b。
108 《卷施阁文·甲集》卷一，第 20 页 b。
109 《清会典》卷十一，第 2 页—3 页。
110 属于"烟瘴缺"的地区，如广东的崖州、感恩、昌化、陵水；广西的百色、太平、宁明、明江（《清史稿》卷一百一十七，第 12 页）。
111 属于"苗疆缺"的地区，如云南的镇雄、恩乐、恩安、永善、宁洱；贵州的永丰、荔波（《清史稿》卷一百一十七，第 12 页）。
112 属于"沿海缺"的地区，如江苏的太仓、上海；浙江的仁和、海宁；山东的诸城、胶州；广东的东莞、香山；福建的闽侯（《清史稿》卷一百一十七，第 12 页）。
113 属于"沿河缺"的地区，如直隶的良乡、通州；河南的祥符、郑州；山东的德州、东平州；江苏的山阳、邳州（《清史稿》卷一百一十七，第 12 页）。
114 《清会典事例》卷五十九；《清史稿》卷一百一十七，第 12 页。
115 《清会典》卷十一，第 4 页 b—5 页。
116 见本章后注 123。
117 《清会典》卷十一，第 4 页 b、5 页；《吏部则例》卷二，第 10 页 b—12 页；《六部处分则例》卷一，第 6 页—7 页。
118 《学治臆说》卷下，第 20 页 b—21 页。
119 《清会典》卷十一，第 4 页 a—b；《六部处分则例》卷一，第 3 页 b。
120 夺俸包括剥夺一个月、两个月、三个月、六个月、九个月、一年乃至两年薪俸（《清会典》

卷十一，第 1 页）。
121 降级有程度不同，包括：（1）留任原职，降一级、二级或三级；（2）迁任他职，降一级、二级、三级、四级或五级不等（《清会典》卷十一，第 1 页 a—b）。
122 《清会典》卷十一，第 1 页 b—2 页。
123 同上书，卷十一，第 4 页 b—5 页。附加于身体刑（笞杖）的政纪处罚如下：
(1) 渎职罪（公罪）的处罚：
　　笞十　　夺俸一月
　　笞二十　夺俸二月
　　笞三十　夺俸三月
　　笞四十　夺俸六月
　　笞五十　夺俸九月
　　杖六十　夺俸一年
　　杖七十　降一级留用
　　杖八十　降二级留用
　　杖九十　降三级留用
　　杖一百　削爵留用
(2) 私罪的处罚：
　　笞十　　夺俸二月
　　笞二十　夺俸三月
　　笞三十　夺俸六月
　　笞四十　夺俸九月
　　笞五十　夺俸一年
　　杖六十　降一级调用
　　杖七十　降二级调用
　　杖八十　降三级调用
　　杖九十　降四级调用
　　杖一百　革职
（参见《吏部则例》卷二，第 1 页 a—b；《六部处分则例》卷一，第 3—4 页 b；《清律例》卷四，第 48、60 页）
124 《清会典》卷十一，第 2 页。
125 "大计"通常逢寅、巳、申、亥年进行（《清会典》卷十一，第 8 页 a—b）。
126 同上书，卷十一，第 10 页。根据黄六鸿的说法，尽管上报考绩结果的奏章是由总督、巡抚连署的，但是实际的考绩评语是由各自隶属的知府、分巡道拟定的。知府、分巡道将初拟的考语呈交布政使和按察使，后两者共同做出正式"考语"推荐（《福惠全书》卷二十四，第 3 页）。
127 《吏部则例》卷四，第 7 页 b；《六部处分则例》卷六，第 7 页；《清会典》卷十一，第 10 页 b。黄六鸿说，诸如宣讲圣谕、兴建义学或者修葺孔庙等也经常被视为"卓异"的政绩。下列语句是绝大多数推荐"考语"要套用的："清廉爱民""教化兴行""革除火耗""并无贪刑黩货"（《福惠全书》卷二十四，第 2 页 a—b）。
128 《六部处分则例》卷六，第 7 页 b—8 页 b。
129 《吏部则例》卷四，第 18 页。
130 《六部处分则例》卷六，第 3—4 页 b。
131 "八法"在《康熙会典》（卷十，第 15 页 a—b）、《雍正会典》（卷十五，第 21 页 b）、《乾隆会典》（卷六，第 1 页 b）都有记载。《嘉庆会典》（卷八，第 14 页）和《光绪会典》（卷十一，第 4 页 b、第 10 页、第 11 页）中只有"六法"。另参见《六部处分则例》卷六十一，第 1 页 a—b；《福惠全书》卷二十四，第 2 页 b；《石渠余纪》卷二，第 23 页；《平平言》卷一，第 27 页 b—28 页。

132 《六部处分则例》卷六，第 16 页。

133 与侵吞公款或贪污赃款数额相应的刑罚如下：

不到一两	杖八十
一两到二两五钱	杖九十
五两	杖一百
七两五钱	杖六十，徒一年
十两	杖七十，徒一年半
十二两五钱	杖八十，徒二年
十五两	杖九十，徒二年半
十七两五钱	杖一百，徒三年
二十两	杖一百，流二千里
二十五两	杖一百，流二千五百里
三十两	杖一百，流三千里
四十两	斩立决

应当注意的是，流刑和斩首在侵占罪案中实际上没有真正适用过，而是相应地代之以四年或五年的徒刑（《清律例》卷二十三，第 48—49 页）。

134 与枉法赃（受贿并执法不公）相对应的刑罚为：

不到一两	杖七十
一两到五两	杖八十
十两	杖九十
十五两	杖一百
二十两	杖六十，徒一年
二十五两	杖七十，徒一年半
三十两	杖八十，徒二年
三十五两	杖九十，徒二年半
四十两	杖一百，徒三年
四十五两	杖一百，流二千里
五十两	杖一百，流二千五百里
五十五两	杖一百，流三千里
八十两	绞监候

与不枉法赃（受贿但尚未执法不公）相对应的刑罚是：

不到一两	杖六十
一两到十两	杖七十
二十两	杖八十
三十两	杖九十
四十两	杖一百
五十两	杖六十，徒一年
六十两	杖七十，徒一年半
七十两	杖八十，徒二年
八十两	杖九十，徒二年半
九十两	杖一百，徒三年

一百两	杖一百，流二千里
一百一十两	杖一百，流二千五百里
一百二十两	杖一百，流三千里
一百二十两以上	绞监候

[《清律例》卷三十一，第2—5页b。参见G. T. 斯当东译：《大清律例：中国基本刑律和补充性成文法令选集》（伦敦，1810年），第379—382页；鲍莱译：《中国法典手册》，第654—656页。斯当东将"枉法赃"与"不枉法赃"误解为"为了非法目之赃"和为了"合法目之赃"。受贿是不可能有合法原因的]。

135 如果总督或者巡抚参劾某个州县官，布政使以下官员将因未能尽纠劾之责而受到降级或夺俸的处罚。法律将州县官的上级官员分为两个不同的种类：与州县官同在一个城池；与州县官不在同一个城池。如属第一种情况，直隶州知州或知府将降二级调用，分巡道道员、按察使和布政使将降一级留用。如属第二种情况，直隶州知州或知府将降一级留用，分巡道员和按察使、布政使则夺俸一年（《六部处分则例》卷四，第42页。参见《吏部则例》卷三，第15页a—b）。如果分巡道员、知府、直隶州知州收到了总督、巡抚、布政使、刑按使关于调查某个州县官贪污案件的指令，或者某个州县官被当地百姓控告，而上述官员仍然未能上报案件，他们就会受到降三级调用的处罚（《六部处分则例》卷四，第42页b；参见《吏部则例》卷三，第15页b—16页）。

如果贪污的州县官是由御史纠劾而非总督或巡抚纠劾的，后者将因玩忽职守受到降一级或夺俸一年的处罚。假如总督、巡抚纵容贪污腐败的行径，就会受到降三级调用的处罚（《六部处分则例》卷四，第42页b）。

136 《清会典》卷十一，第14页b；《六部处分则例》卷六，第16页。

137 《清会典》卷十一，第10页b；《吏部则例》卷四，第15页a—b；《六部处分则例》卷六，第1页b；《福惠全书》卷二十四，第3页a—b；《平平言》卷一，第28页。关于报告的格式，参见《福惠全书》卷二十四，第4页a—b。

第三章　书　吏

书吏，州县衙门中的四种佐助人员之一，在地方行政中有着独特的地位。书吏的重要性，只有了解他们活跃于其中的那个制度性架构之后才能真正理解。

所有书吏都是在供职衙门所在省份招募的，与州县官的供职情形正好相反。州县官，作为一个外来人，并不熟悉该地方的情况和问题，甚至连方言都听不懂。这就解释了为什么州县官易于受书吏们蒙骗。[1] 况且，书吏们有家人、亲戚、朋友，他们世世代代生活在本乡本土。在税收、徭役、诉讼等事务上，在涉及亲戚朋友个人利益的场合，他们必然倾向于偏私枉法。与此相反，州县官们除了可能与当地士绅们有往来之外，几乎与当地百姓没有什么私人关系。

虽然书吏的服务期限仅为五年，但实际上，在期限届满之后，他们中许多人仍常常改名换姓保留职位。即使自己不能保留职位，他们也会竭力使家人或亲戚获得此类职位。[2] 另一方面，一个州县官则可能被免职、调迁或晋升。此即所谓"官有调迁而吏无变更"。[3] 于是，州县地方政府便形成了一种特殊格局：不断更替且缺乏经验的州县官"领导"着一帮久居其职、久操其事且老于世故的当地书吏。

这种情形，对于地方行政，有两大重要影响。缺乏经验的州县官不得不依赖书吏执行公务。等到他稍有经验之时,即任职几年之后,他又该调离了。然后,下一个取代其职位者不得不经历同样的尝试和同样的错误。至于书吏,任职时间越长,对行政事务越是熟谙。但与此同时,他在应付差事和滥用权力方面也变得更为娴熟。州县官们因此处于一种不幸的困境之中:一方面,他们不得不依赖书吏们的知识和经验;[4]另一方面,他们又不得不面对书吏们的贪渎顽症。

州县官们任期短暂且职位不稳定,使得他们极难有效地监督控制书吏。他们要花好几年时间才能熟悉行政,了解当地情况,觉察书吏奸猾。[5]即使有经验有能力的州县官能觉察并撤换奸猾书吏,但他也管不了猾吏们在他离任后又"杀回来"到新任州县官手下为吏。

书吏的重要性与现存行政制度及实践密切相关。在这种制度下,作为行政官员,州县官受其上司监管。[6]这种监管主要通过公文往来方式进行:命令通过公文发布给州县官,州县官又通过公文回应。[7]由于拟制和接收公文的都是书吏,[8]所以他们显然居于地方政治的战略性位置。[9]鲁一同观察到,拟制并发出公文之类例行公事烦琐不堪,使得州县官很少有时间去执行更实质性的行政职能。这对地方行政虽非好事,但是对书吏却相当有利。[10]

使书吏得以操纵衙门事务的另一个因素是,政府规章及先例十分复杂。官员无法知悉所有的规章,因而必定要依赖书吏的丰富知识。[11]这一点,冯桂芬看得非常清楚。他指出,书吏问题的根子,在于先例太多且包含极其琐碎的细节,互不相关,有时甚至自相矛盾。这使得书吏有机会为谋求私利而玩弄规章先例。他把"吏"和"例"视为政府的两大不幸,并对国家纵容"吏"以"例"谋私表示痛憾。[12]

最后,书吏常能接近官府公事档案,这些档案包含许多对行政有价值的信息。为了独占这些资料信息,他们常竭力使档案秘而不宣。赋税簿册(钱粮册)即是一例。出现在官方钱粮册中的仅仅是"户名",而纳税人的真实姓名、地址则仅记录在由税吏自己制作并私自存留的名册中。他们把这种秘册视为私财奇货,不愿向州县官和其他人出示。[13]

第一节 组 织

书吏服务于州县官衙及其僚属官员办公场所。[14] 各类州县衙门雇用常年书吏都有规定名额,少则几个,多则近三十。[15] 有时也允许官员雇一些抄写员,称为"帖写",专门帮助常年书吏抄写文件。[16] 各类衙门额外增雇书吏的数量,由督抚按每一衙门的实际需要来决定,并将数字报告吏部。地方官员不得擅自在核定名额之外增雇。[17]

然而,这种规定从未被严格执行过。众所周知,在中国官衙公务中无法避免的巨量公文案牍,迫切需要远远超过定额的书吏去处理。有人曾建议,书吏数量应大幅精简,每个常年书吏只许雇一名额外书吏佐助。对于这一建议,两位以勤能闻名的总督——田文镜和李卫(1687?—1738年)——都认为不切实际。李卫指出,每一"房"(办公室)需要十名以上书吏处理日常公事。[18] 广东的一位知县报告说,除了正常的文书报告即所谓"禀详"(正式或非正式的报告)[19] 以外,每年还有一百种以上报告和保结书(册结)必须拟制,且呈交各级各类上司的每一份报告必须同时制作六七个副本。因此,在官员公务繁多的县,须雇用百名以上书吏来完成这些工作;甚至在官员公务相对轻松的县也需要几十名书吏。此外,有时需要一些额外的"帖写"做一些零活,其报酬按其抄写的字数付给。[20]

然而,并非所有列入书吏名册的人都真的会到衙门供职,有一些只是"挂名书吏"。知县袁守定(1705—1782年)写道,"典吏"(负责文书档案的书吏)职位通常被那些喜慕冠带荣耀却不愿受公事劳累的人占据着。[21] 按田文镜所述,这种挂名书吏通常是殷实人家子弟。他们愿意出一笔钱,二至四两银子不等,买一个挂名书吏位置,用以保护自身及家财,[22] 或逃避徭役。[23] 他们所出的这笔钱,通常用于衙门购买文具。[24]

一个县衙雇用书吏（包括常年书吏、额外书吏和挂名书吏）总数，似乎是依辖区规模大小而变化。按侯方域（1618—1655年）记载，一个县衙雇用的书吏可能超过一千名。[25] 据洪亮吉估计，大县有一千名书吏，中县有七八百名，小县最少也有一二百名。[26] 游百川（1862年进士）的估计则更多：大县二三千名，小县三四百名。[27]

由于县衙雇用书吏的数量远远超过衙门公事的实际需要，因而人们曾做过各种各样的精简尝试。1826年，因直隶总督那彦成奏请，道光皇帝下旨裁减各省书吏及衙役；一个州县衙门雇用书吏最多不能超过80名。这一奏请导致的结果，仅直隶一省就有23900名以上书吏、衙役被解雇。[28]

按传统中国官衙公务分类，州县衙门的书吏队伍被编为六房——吏、户、礼、兵、刑、工。于是各房书吏分别被称为"吏书"（吏房书吏）、"户书"（户房书吏），等等，分别办理与其各房相关的事务及公文。

吏房保管人事档案，包括县丞等僚属以及任职于该州县衙门的书吏、帖写们的个人档案。这些档案记载他们的姓名、入衙日期以及是否因绩优获荐或因过错被罚，等等。[29]

户房负责收税及所有与钱粮仓储相关的事务。它也保管赋税档案册籍，这些档案记载各类赋税数额、已收数额、输送布政司及其他官府的数额、存于钱库中的现金数额、储于仓库中的粮食数额，等等。该房还保存里长（征税代理人）、柜书（赋税收据专责书吏）的名册档案及花户（纳税人）名册。[30] 通常还会再委任一名钱粮经承（负责赋税征收的书吏）；这一职位通常只许户房书吏中家财殷实者担任，且任期不超过一年。然而，某个书吏久居此职多年也不以为奇。[31]

礼房负责祭祀仪式、寺观、学校、考试及旌表（荣誉授予）等。[32] 兵房保管门军（城门警卫）、皂隶、马快、民壮、铺兵（邮差）的档案及驿站档案。[33] 刑房保管讼案、囚犯、捕快、仵作和狱卒的档案，并负责保甲管理事务。[34] 工房负责维修官舍、谷仓、监狱、驿站、桥梁、渡

口、道路，等等。³⁵

除六房之外，州县衙门里还可能设置一些负责特别事务的办公室或书吏：(1)"承发房"（收发室），负责分发文案给六房，并从六房收回文书草稿。与负责给州县官传递公文的门丁直接接触的就是此房。³⁶ (2)"柬房"（通信室）。³⁷ (3)"库房"（财务室），这里储存税钱、官物、盗赃及凶杀案之凶器等，要求库吏保存每一存入或取出款物项目的详细记录。³⁸ (4)"仓房"（仓储室）。³⁹ (5)"总房"或"总书"，负责准备征比册（限期督催赋税的名册）的办公室或书吏。⁴⁰ (6)"里书"，也称"册书"或"扇书"，负责给每一里绘制地籍图及赋税册的书吏。⁴¹ (7)"柜书"，管理存储税银的金库的书吏，其职责是给纳税人开收据。⁴² (8)"漕书"，负责征集漕粮的书吏。⁴³ (9)"招房"或"招书"（供证室或书吏），负责录写招供，亦即录写州县官讯问及原告、被告、证人的陈述、供述及证词，等等。⁴⁴ (10)"驿书"（邮政服务书吏），其职责是保管关于邮差、马夫、船夫、马匹、船只数及其用费数额的记录档案。⁴⁵

第二节 职 能

各房的工作，必定包括许多公文、公事的准备和处理，主要落到书吏身上。这些职责可以概括如下：

1. 草拟公牍。因为有许多书吏，而且正如我们将要看到的，草拟公文总要给他们带来些好处，所以书吏总是轮流起草公牍。因此，这些差事便按书吏在"卯簿"（点名册）中的排名顺序进行分配。⁴⁶ 一旦轮到某人起草公文，该书吏必须在一个合理的时间内完成。有时专门规定了准备草稿及完成文书的确定期限，该期限依文书的性质及起草该文书所需劳动量大小而定。通常，起草文书的书吏必须在文书草稿末尾写上自己的名字，⁴⁷ 以便一旦有什么问题出现就能追究执笔人。草稿完成后要交给州县官或幕友修改审定。被审定的公文稿发回原房誊抄。然后，誊定

的文本再次送州县官复查并盖印加封。此后便是派人送出或付邮，这要按事情的性质而定。⁴⁸

由于大多数书吏仅受过非常基础的读写训练，因此没法指望他们写出高水平的公文。谢金銮指出："吏虽出稿，不过取其初具规模间架而已。……凡初识文理，知文稿间架者，皆充为吏。"⁴⁹

2. 准备例行报告。州县官须定期向上司呈报各种各样的报告，而准备此类报告全是书吏的职责。⁵⁰这些报告包括各类年度报告及保结书（册结）等。⁵¹

3. 拟制备忘录。在案件的审判开庭前或在答复上司询问前，有时需要参考以往的公文案牍材料。于是，研究与待审案件或待处理事务相关的档案并提出一个报告，又是书吏的职责。通常的做法是在一张纸上写下基本要点，附在案卷上，以便州县官对该案有一个清晰的轮廓。⁵²

4. 填发传票。填发授权衙役逮捕罪嫌、传唤证人或拖漏赋税者的公文（捕票、传票），也是书吏们的职责。因为逮捕和传唤之间有区别——受捕罪嫌需要锁系，所以书吏在发出票状时须特别注明该票是用于逮捕还是仅用于传唤，这是很重要的。有的州县官常命其书吏在传唤票上盖上一个印戳："不用锁系。"如有这样一个程序启动，书吏必须在票状打上这样一个印记。有的州县官还要求书吏在"票稿"上注明执行送达的衙役应去往目的地的距离，以便能确定其完成此一差事的期限。⁵³

5. 填制赋税册籍。我们已经提到过，书吏既要填制赋税册（实征册），又要填制限期催征登记册（比簿）。按规定期限检查花户缴税情况，并在比簿上记录花户的拖欠数字，以便能对欠税人、征税代理人、负责督催税收的衙役进行确认并传唤。这种册籍是"比责"答罚的依据。⁵⁴

6. 整理档案。作为任何官衙必办的基本业务，整理档案是书吏们最重要的职能之一。⁵⁵一旦有档案误置、丢失或抽换，要追究当事书吏的责任。⁵⁶

关于书吏职能的上述介绍已经说明，书吏们在地方行政中，特别是在掌理文书案牍方面，扮演着不可缺少的角色。在讨论书吏的实际权力时，鲁一同曾作过如下评论：

> 胥吏犹未可遽减者，何也？官不亲事，事不在官也。……催科问胥吏，刑狱问胥吏，盗贼问胥吏，今且仓监驿递皆问胥吏矣。[57]

在某些少有的场合，书吏的话甚至比州县官更有权威。正如冯桂芬所言："州县曰可，吏曰不可，斯不可也。"[58]

同时，在行政的其他方面，书吏也负有一定责任。例如，如果州县官未能完成赋税征收任务或未及时将税粮税银输送至上司，布政使可能会派遣其衙役来传唤负责征税的书吏进行讯问或加以答惩。[59]

第三节 录用、服务期限及升迁

前文曾经提及，家境殷实之人，为获取社会地位、保护家财、逃避徭役等目的，常常占据一个挂名书吏职位。但是，实际在衙门服务的大多数书吏，都出身于无产阶层，获得经济报酬是他们的基本动机。袁守定曾说，那些实际在衙门服役的书吏都是穷人。由于他们既不能享受正式薪俸，又没有头衔，所以他们常常通过非法手段从百姓那里榨取钱财以满足自己及家人。[60]至于那些稍有家资又实际服役的书吏，其寻求此类职位的动机可能与挂名书吏非常相似。

法律规定书吏的正式资格之一是：所有书吏必须来自良善人家（身家清白），即无人从事"卑贱"职业的人家。在申请这一职位前，求职者须从邻佑获取一份关于身家清白的联名具保书。然后，地方官必须向吏部呈交一份盖印信的证明书。如果未事先查实书吏是否来自良善人家，该官员将受降二级之处罚。[61]

因为书吏的职责主要是掌管文书案牍，所以读写能力自然是基本资格之一。为履行某些职责，一点基本的计算知识也是必要的。据说，有些未登科甲（即未能通过最低级别的科举考试）的士子，常放弃学业进入书吏生涯。[62]

是否对书吏求职者进行考试，由地方官自行决定。有的地方官仅在书吏上岗时稍做一点测试。黄六鸿的做法是，留下那些能写出文理清晰的公文者及书法较好者，淘汰那些不合此类要求者。他发现，在应命试写公文时，许多书吏在写下开头几句套语之后就再也写不下去了。[63]王植在进行这样的测试时也有类似的经历。他通常淘汰年老者及无能者；对那些服务时间长、有家产、熟悉衙门公事或口头表达能力较好的书吏，则从宽留用或录用。[64]另一种普遍的做法是，将已在衙门服务多年的帖写提升到常年书吏岗位上。[65]

书吏的任期为五年。[66]如果将任期届满或已被黜退的书吏留用，州县官要被追究责任。如果纵容书吏改名换姓或伪冒籍贯再次在衙门任职，州县官将会受革职处分。如果对此种欺骗情形疏忽不察，州县官会受降二级调用之处罚。[67]

任职满五年的书吏有资格进入官场。每年秋天，总督或巡抚都要主持一场任用考试（考职）。考试内容包括写一份"告示"（官方通告）及一份"申文"（给上司的报告）。[68]答卷呈送吏部。通常，一省之内录取率不超过50%。[69]通过考试者被授予品级或任以适当官职。成绩一等者授予从九品职位，二等者则授以流外官职。[70]

一名书吏获得吏部颁授的品级及资格证书（文凭）以后，即获得了新的地位，并有了按品级佩戴顶戴的资格。[71]

第四节 经济待遇

大多数史料都记载，各类衙门中的书吏都没有薪金，[72]他们还不得不自备办公用具——毛笔、墨汁和纸张等。[73] 但是，必须指出，以"饭食银"名义获得薪金，在清朝初年是有的。《清朝文献通考》说，在最初确立薪级标准时，各类地方衙门都用银子支付了书吏和衙役的薪金，但后来其薪金逐渐减少。[74] 按直隶《赋役全书》的资料记载，服务于州县衙门的各类书吏薪酬如下：

十二房书吏　　10.8 两 / 人

金库书吏　　　12 两 / 人

官仓书吏　　　12 两 / 人

同一资料也记载，顺治九年（1652 年）就进行了一次大规模减薪：各房书吏的薪金减为 4.8 两，金库书吏减为 6 两，官仓书吏也是 6 两。康熙元年（1662），各类书吏薪金全部取消。[75]

据地方志所引《赋役全书》中列举的数字来看，在湖南湘潭县衙中，十二房书吏及另两种书吏的最初薪金，与直隶相同。这一资料也记载，1652 年该地也曾与直隶一样减薪，1662 年也全部取消薪金。[76] 在陕西咸宁和浙江会稽，有关方志也列有类似的薪金标准及类似的减薪，也是在 1662 年全部取消各房书吏薪金。[77] 因为在上述不同的省份书吏薪金的减少及取消都发生在同一年份，我们有理由推测这是当时全帝国的统一行动；也可推测在全国取消书吏薪金，大约也发生在同一年即 1662 年或康熙初年。按直隶灵寿县知县陆陇其（1630—1693 年）记述，书吏和衙役的薪金是在"军事征伐"①耗尽了国库之后取消的。陆陇其也提到，1681 年以后，衙役的薪金恢复了，但书吏则没有。[78] "军事征伐"显然是指清剿在南方的明朝残余势力。

既然只有服务而没有薪酬，那么书吏为何还对此职位有兴趣呢？换句话说，是什么刺激着他呢？正如我已经提到的，一是因保护家财的需

---

① 1661—1681 年间，清政府进行了一系列军事行动，包括派兵入缅甸清剿南明永历帝所率明朝残余势力，与郑成功所代表的明朝残余势力多次交战于闽浙地区，调川陕鄂三省军队攻川东十三家抗清义军，以及后来平定吴三桂等"三藩之乱"。这里所言"军事征伐"显然是指这些事件。——译者

要，另一种动力是通过"考职"进入官场的可能性。但对于大多数书吏来说，最大的吸引力是经济收获，这解释了为什么许多人在服务期届满后还竭力争取保住职位。

如果得不到薪酬，那么书吏以什么为收入来源呢？其主要来源之一，类似于州县官的陋规。事实上，书吏及其他衙门职员收取陋规的整个模式，不过是在较低一些的标准上重复州县官的所作所为。

由于书吏的服务没有报酬，其自备办公用具也没有补偿，所以他索受陋规被认为是正当的。怎么能指望他只做事不吃饭呢？[79] 王凤生坦承，书吏不得不靠陋规生活。[80] 汪辉祖曾指出，州县官不应绝对禁止实际上行之已久且已成为书吏必要生活手段的陋规，但一定不要纵容书吏公然贪污腐败。[81] 按刘衡（1776—1841年）的观点，禁止以"纸张费"及"饭食费"名义收取陋规是很难的，但也不应允许书吏超过惯例数额去索取。[82] 显然，实际情形常在州县官的控制之外，除非他愿意而且能够自掏腰包支付各种各样的费用。刘衡正是这样做的，他规定：纸张、油及夜审时需要的蜡烛等，都由他掏钱购买；书吏不得在此种场合向百姓索要一文钱。[83]

况且，由于陋规在各级官府——从京师到地方——中都是不可动摇的惯例，而且人们已经接受它并视为行政制度的必要特征之一，所以书吏们不法索取陋规的问题，仅靠控制低级衙门书吏是不能解决的。就事实而论，上级衙门的书吏一般都要向下级衙门书吏索取陋规，1736年的一道上谕曾提到这一事实。[84] 知县徐赓陛（1874前后在世）曾指出，在向上司呈交各种报告时如果不附上陋规，那么上级衙门就会以文书中有抄录错误或未按规定的格式拟写为借口退回。[85] 如果不交陋规，没有一份文书能过得了上级衙门书吏这一关。因此，上级衙门的书吏为州县官所"敬畏"。州县官自己的书吏也利用一切可能手段寻求收入，以便在有文书需要上呈时可以随时献上陋规。[86]

现在，问题已变得非常清楚：如果不允许索取这样的陋规，州县衙门的书吏又怎么付得起给上级衙门书吏的陋规？没有办法，除非州县官能跟上司挑明此事并要上司确保真能禁止向其书吏交陋规。王植就是这样做的。作为知县，他在向自己的书吏明令取消某些陋规之前，就与布政使达成了这样的协议。[87]

正因为认识到陋规不可避免且只能控制在合理限度内，所以有些州县官探索出了一种实用的解决办法。例如，河南山东总督田文镜曾对两省书吏、衙役享有的各种陋规进行过调查，然后颁布了一个目录，列明了许可的收费项目及分别可收取的数额。[88]于是，陋规得到公开授权并编入规章，且是由地方最高机关而为。王植主张，既然陋规在各府、县间多少不一，那么最好把这种列出许可表并加额度限制之事留给州县官自己去做。他每到任一县，总是要他的书吏列出所有陋规项目，并宣布都纳入考虑；然后决定哪些应保留，哪些应取缔。[89]

陋规有多种多样。有些是书吏独享（通常称为"纸笔费"），但大多数是由书吏和衙役共享。

多种陋规是从诉讼当事人那里索取的。首先是"挂号费"（登记文档费）和"传呈费"（递交诉状费）。[90]然后，原告必须交费以求得一个"批"（即州县官就受理或拒驳该案诉讼所作的批示），此费被称为"买批费"。因为通常诉讼程序要求在诉状的末尾有官员批示作为案件受理标志；而且在诉状呈递上去后，官员写批语要花很多天，所以书吏和衙役可以利用此种情形向原告索取催促批语的酬金。[91]此外，书吏开列涉案人名单要收费（送稿纸笔费或开单费），[92]开传票也要收费（出票费）。[93]无论对原告被告都要收陋规，包括两造到衙门接受审理要收取的"到案费"或"带案费"[94]，以及在州县官升堂问案时要给书吏衙役交出堂费（铺堂费或铺班费）[95]等。两造还须承担州县官及其书吏现场勘查所需的费用（在涉及田土疆界争议的讼案中，称为踏勘费）[96]、诉讼终结费（结案费）[97]，以及两造间达成和解协议时的撤案费（和息费）[98]。杀人案的嫌犯还得给衙役书吏提供伙食费及差旅费，以及与审讯相关的文具费、灯油蜡烛费和多种其他费用（命案检验费）。[99]

负责征收赋税的书吏，通常向花户勒索文具账簿费。[100] 在颁发"易知由单"（即根据各乡村特定土地种类及等级情况确定其应缴纳赋税额度通知单）[101] 时，在开出赋税收据（串票或粮票）[102] 时，他们都要收取陋规。后一种收费从三文到十文钱不等。[103] 串绳钱也要从交纳铜钱（代替税银）的花户那里索取。[104]

在漕粮征收过程中，花户也须向书吏衙役交纳各种各样的陋规：搬运谷米进仓之费（进仓钱或进廒钱）[105]，开收据之费[106]，仓吏的文具费，茶果钱，掌秤（斗级）钱，仓库看守（看仓）之钱，修仓钱及量器检校（较斛）费[107] 等。

在渔税、酒税及其他杂项税的征收中，花户也同样不得不交纳陋规。按王植所记，其收费额竟高达纳税总额的 30%—40%。他也承认，花户名单由一房书吏制作，而收税又由另一房书吏具体执行，两者都从花户那里索取陋规。[108]

在征收契税时也是如此。在一所房屋或一份地产易主时，业主或买主为取得一份盖有官印的契书，必须向官府交纳契税。一个盖有官印的证书，附在契据之后以确认转让合法，这被称为契尾。[109] 然而，又是一房书吏盖印，另一房书吏办过户手续（过割或推收），因而又是就同一事情遭遇双重勒索性收费。[110]

一个经纪人（牙行或牙户）必须向官府申请许可证（执照），为此，每年要进行一次考试，书吏也常借此索取陋规。[111]

上述陋规仅仅是我们已知的一些。正如知县徐赓陛所指出的，陋规多如牛毛。[112] 况且，尽管陋规在各省甚为普遍，但收费名目及收取数额，也因地而异。每一地区都遵循着自己的模式。[113]

第五节　贪赃形式

　　陋规仅仅是书吏、衙役及其他服务于地方官府的人员之收入来源的一部分。为了获取更多的收入，书吏从事各种各样的非法活动。这些非法活动，与得到认可的陋规不同，可以统称之为贪赃。

　　我们已经提到过，陋规大多由书吏、衙役两者共同分享。这一事实表明，两者为着共同利益目标相互合作。这种合作，延伸至共同的贪赃行为，包括共同勒索。[114]在两者被差派一起办事的场合，合伙贪赃最为明显，就如仓吏和掌秤串通作弊的情形一样。由于衙役有机会与百姓直接接触，所以他们经常为书吏充当索贿中介。例如，被差派做现场勘验先期准备工作的衙役，通常会与刑房书吏进行私下交易。另一方面，因为书吏也负责监督衙役并向州县官报告衙役未按期完成差事等失职情形，所以很显然衙役也需要书吏帮助以便逃避责罚。尤为重要的是，由于书吏居于掌管文书案牍特别是掌管传票及赋税收据的重要位置，所以他们的入伙在绝大多数贪赃勾当中是必不可少的。更多的贪赃，只有在掌管文书案牍的一伙人与执行传唤逮捕的一伙人密切合作的前提下才有可能完成。

　　许多贪赃情形都与司法活动相关。如果被告向书吏行贿，案件的开审可能被故意推迟，[115]或者负责记录被告供述的书吏（即"招书"）可能会在笔录上做某些变动。[116]书吏常常竭力将尽可能多的人牵扯进案件中，以图对他们勒索钱财。在传唤名单上将州县官或其幕友已经划去的名字予以恢复，此种事情并不少见。[117]黄六鸿曾指出，书吏通常使用的伎俩之一是搞到一张盖有印信的白票，然后凭借白票去威胁勒索百姓。因为盖有印信的白票可以填制成官府令状加以使用。[118]1736年的一道上谕曾指出："故有狱讼尚未审结，而耗财于若辈之手，两造已经坐困者矣。"[119]

　　书吏常常在文书案牍上做手脚。甚至在幕友草拟的公文上，书吏仍能借誊抄机会加以篡改。[120] 汪辉祖说，所有要呈交查验的书契，应该由州县官本人亲自保管，不应让书吏来保管。因为他们很可能会从原始文档中抽出一张，通过粘贴修补进行某些改变，以此篡改整个书契的内容。[121] 有人记载，原始文书有时被他们从案卷中抽走，代之以假文书。[122]

贪赃行径大多与征税相关。掌管银库的书吏，通常在秤上作弊以图超额征收。[123] 依照法律规定，在向银库书吏交纳税银时，花户应亲手将税银放进一个密封盖印的袋子里。然而，经常有人抱怨说，实际上，银子常常并未直接进库，书吏常常以不足量银袋混入以换取花户交纳的足量银袋。即使银子已经进柜，书吏还可用揭掉柜面投银孔中滚筒的办法把银袋取出来。[124]

交税收据每百张编为一本，每张都编有连续号码或盖有官印。在呈送收据盖官印时，书吏常故意将几份收据重复编号，这也是作弊贪赃的惯伎之一。如果对此无人觉察，且编号重复的收据都加盖了官印，那么书吏就会用这种收据去征收税金装入私囊。这一伎俩不易为官府觉察，因为在收据票根里一张不缺。[125] 有的书吏甚至直接用伪造的收据去私收税钱。[126]

负责征税的书吏经常使用的另一种贪赃手法是：他们常与花户达成一种秘密协议——以不催逼交税作为收受贿赂的回报。在此种交易下，他们竭力帮助花户推迟纳税，或竭力阻止该花户名字列入"比单"——即因拖欠赋税应予传唤责罚者名单。花户们为了逃避纳税，也愿意向书吏纳贿。[127]

另外一些贪赃行为与漕粮征收相关。在征收期间，几个户房书吏被委派到各个仓库。理论上讲，他们的职责仅仅是记录花户交纳谷米数量并开具收据而已。[128] 但实际上，他们也负责验收，因而极易滥用权力。他们向花户敲诈钱财的手法之一，就是故意拖延验收。由于守着谷米等候验收很麻烦，所以花户愿意向书吏衙役行贿以求早点交完谷米赶快回家。[129]

书吏有时还以花户送来的谷米达不到验收标准——或者称谷粒太小，或者嫌米不够白——为借口进行勒索，强迫花户对谷米反复过筛扬糠。[130] 然而，只要给书吏纳贿，就不会有这些麻烦。"仓书"与"斗级"合谋设法从花户那里多收些谷米也是常见的。[131]

对于书吏贪赃及其弊恶，朝廷早已有充分认识。1736 年的一道上谕指出，"额粮尚未收纳，而浮费于催征，中饱于蠹胥，已什去二三矣。"[132] 1736 年的一次调查显示，仅山东一省，在高达 3,000,000 两的拖欠（未完成征收）税银巨额中，就有 8000 两系被书吏衙役所侵吞。[133] 另一个例子是在江苏句容县，书吏侵吞了 3700 两税银及 800 斗漕粮。[134]

许多书吏还与粮行老板及所谓"保歇"（客货栈店主兼担保人）有着特别的勾结。通常，许多粮行靠近官仓。花户常常发现，从粮行买粮纳税，远比从家里挑粮送到官库更方便。但是，花户并非总是心甘情愿做此等交易。粮行老板通过向仓书、斗级及州县官派来监管粮仓的长随行贿，以保证获得他们的合作。于是，自己运粮到官仓的花户就会受到百般刁难，以致不得不转而向粮行买粮，或委托粮行老板代替自己交粮。粮行老板能从这种安排中获得很高利润。[135]

有时，客栈"保歇"也充当纳税中介人。保歇向来县城交粮的农人提供住宿，[136] 因而常常以与书吏衙役熟识为由劝诱农人委托他们经手交粮。因为大多数乡下人害怕见衙门的人，又因为这种安排能简化手续使农人大大缩短在城逗留时间，所以他们很容易接受这种劝诱。客栈保歇常常并不真的代替花户交税，而是将税款侵吞后给花户一份假收据。一旦官府追查欠税人，"保人"（保歇）就溜之大吉，于是花户只好自认倒霉，被迫加额缴纳所拖欠的税钱了。[137] 王又槐（18 世纪的一名幕友）曾指出，在衙门任职多年的书吏，常会安排自己的父兄充当"保歇"。反过来，后者又总是靠其在衙门做书吏的子弟做这种生意。衙役也常常是书吏的亲戚或朋友。[138]

特别值得注意的是，书吏从陋规及各种非法途径获取不义之财如此之多，以至于继任书吏不得不向退职书吏交一笔钱，作为获得此一岗位之酬谢。这一事实，在1800年的一道上谕中曾被提到：内外大小衙门充当书吏之人，遇事需索使费，日久竟成陋规；所得陋规逐渐增加。因而书吏役满，继受之人出钱顶补，名曰"缺底"。[139]

后来，朝廷颁布了禁止吏职买卖的法令。[140] 法令规定：州县官纵容此种违法勾当者一律革职，对此种勾当疏忽不察者降一级调用；总督巡抚明知下属州县有纵容或疏忽吏职买卖之事不加举劾者，降三级调用。[141]

也有证据表明，在某些个案中，为求得书吏职位，这些钱都得交给州县官本人，[142] 数额从几十两到几百两不等。[143] 由于"柜书"（掌管税银出纳的书吏）及"漕书"（掌管漕粮征收的书吏）都是便于勒索花户的肥缺，故这类职位的竞争也是非常激烈的。向州县官的长随或幕友行贿[144]以求获选是常见之事。有时为了此一目的，也会直接向州县官送礼。[145]

第六节　纪律控制

法律将对书吏的监管责任全部放到了州县官及其上司的身上。法律规定：分巡道和按察使对府、州、县衙的书吏负有首要的督察责任。[146] 他们负责及时查处书吏的下列恶行：操纵地方官衙、玩弄法规字句、假冒官名诈骗、介绍贿赂并转递贿金、包揽词讼、盗用税单（票）、将甲花户税赋转嫁给乙花户、受贿私放盗贼及诬告诬捕无辜百姓等。若对此类恶行疏忽不察，道员、按察使要受夺俸一年之处罚；对此类恶行明知故纵，府、州、县官要受革职之罚。[147]

犯有受贿罪的书吏将依法惩处。[148] 无论是与书吏共同受贿还是仅故意纵容，州县官都要被革职。无论贿额大小，处罚相同。即使仅系疏忽不察，州县官也要受惩，从罚俸到革职不等。[149]

然而，监管书吏并非易事。众所周知，书吏极为狡猾。正如有的地方官所言，他们仅为求利而来，不会被仁慈感动。[150] 因而有人说，应把他们视为"奸类"严加提防。[151] 关于这一问题，几乎所有的忠告都是强调：对书吏衙役应当严厉，只应冷面相对；[152] 除涉公务事外，州县官与书吏之间不应有私下言语交谈。[153]《钦颁州县事宜》（皇帝对州县行政的训令）忠告，州县官不应让自己的外在言行显露出自己的真实态度；不应对书吏有笑脸，因为那可能会被书吏理解为鼓励的信号。[154]

州县官最关心的是防止书吏贪渎。[155] 各种各样的办法建议被提出来，例如有人建议禁止书吏与州县官的长随接触，至少不应允许他们从长随那里打听消息。[156] 最重要的是，不应给书吏任何操握权力的机会。有人强调，仅可让书吏抄文书，任何公文都不应让他们草拟。[157] 能干的县官刘衡曾设计了一套控制书吏的规则。[158] 还有一条法律明确规定，任何把审判委诸书吏的官员，将视同渎职而受到革职处罚。[159]

汪辉祖建议，赏罚应当严明。[160] 顺便提一下，值得注意的是，虽然书吏的地位高于衙役，[161] 但是他们在受体罚时的待遇差不多与衙役一样。[162]

关于书吏的奖励问题，行家们的意见不一。曾有官员主张，勤勉守职的书吏应当奖以金钱或酒食，不应奖以有利可图的差事。[163] 另一官员持不同观点，认为州县官根本无力给在衙门里服役的每个人发钱，要养家糊口的书吏衙役并非仅仅需要酒食。所以，他主张，应该把一些偶发讼案分配给书吏，以便他们借机谋点"纸笔钱"；但绝不应允许他们随意过度勒索百姓。[164]

正如我们已经看到的，州县官要控制书吏极其困难，因为大多数州县官上任前并没有多少行政经验，所以很容易受精通各种伎俩的书吏欺骗。[165] 此外，州县官也没有时间监管在衙门里进行的所有例行公事。[166]

即使某个州县官具有监管衙中所有活动的经验和精力，他仍然不可能完全控制局势。这一点，袁守定已清楚地指出："（监管书吏）缓之则百计营私，急之则一纸告退。既有日办百为，势难任彼皆去。此当官者不可明言之隐也。"[167]

州县官在监管书吏问题上的无能为力，不过是反映了一个更大的问题——朝廷在控制从省到中央各类高级衙门书吏问题上的无能。接触文档及熟悉公务，使书吏有能力操纵衙门事务。总的说来，关于控制书吏的政府规章，虽甚为复杂详密，但终归无效。

注释：

1 《清宣宗实录》卷一百九十一，第15页；《经世文续编》卷二十一，第13页b。
2 《壮悔堂文集·遗稿》，第12页b；《亭林文集》卷一，第12页；《盛世危言》卷二，第8页。由此，顾炎武（1613—1682年）将州县官比作该地的匆匆过客，而把书吏比作当地的主人（《菰中随笔》，第53页）。
3 《经世文编》卷二十四，第7页。【此为清人周镐《上玉抚军条议》之语。——译者】
4 黄六鸿指出，由书吏所准备的地方"须知册"，包括地方官不可不知关于当地社会情况的所有信息（《福惠全书》卷二，第11页及其后诸页）。
5 《菰中随笔》，第53页。
6 参见本书第一章第二节。
7 《经世文编》卷二十四，第1页b。
8 《通甫类稿》卷一，第11页b。
9 《经世文编》卷二十四，第6页b。
10 《通甫类稿》卷一，第11页b—12页。鲁一同建议，要解决这一问题，办法之一就是减少对州县官有督察权的官员数量，以便州县官可以集中精力于行政事务处理及约束书吏（同书，卷一，第13、15页）。
11 同上书，卷一，第11页。
12 因此，他建议将所有先例繁文付之一炬，然后编制一部简洁的"例"。这一部简编的例，应当让一个即使不谙政事的官员也能熟悉和执行。冯桂芬对朝廷各部的书吏尤其"耿耿于怀"：他们处于有相当权力的位置，因为他们能够拒驳地方官员上呈中央各部的文书。他对中央书吏权力的这一评价也适用于权力小一些的地方衙门书吏。在地方官衙中，州县衙门书吏比较高衙门的书吏权力更小，后者又处于可以拒驳州县官员上呈公文的位置上。参见《校邠庐抗议》卷上册，第17—18页。参见寇永修在《经世文编》（卷二十四，第6页b）中的评价。
13 《平平言》卷四，第60页b；《幕学举要》，第20页。

14 《清会典》卷十二（第 13 页 b）提到，凡是在司（布政司或按察司）、道、府、厅、州和县供职的书吏统称为"典吏"（另见《清会典事例》卷一百四十八至卷一百五十一）。每一房配备一至两个典吏，他们属于定额书吏：姓名被登记于吏部的名册上（《永清县志》卷九，第 3 页 b—4 页；《章氏遗书外编》卷九，第 4 页 b—5 页）。钱库粮仓的书吏和州县僚属官衙书吏被称为"攒典"（《清会典》卷十二，第 13 页；《清律例》卷五，第 97 页 a—b；《永清县志》卷九，第 3 页 b；《章氏遗书外编》卷九，第 4 页 b）。

15 常年书吏限定名额的规定，在 1668 年首次提出并实施。《康熙会典》和《雍正会典》都提到在州衙门服役的书吏定额为六至十二人，在县衙门服役的书吏定额为二至十二人（《清会典》，1690 年版，卷十五，第 1 页、第 17 页、第 18 页 a—b；同前书，1732 年版，卷二十一，第 16 页、第 17 页 a—b）。根据 1899 年版《清会典事例》，绝大多数县有十至十四名书吏定额；有一些县有十六名以上的书吏定额；甘肃的中卫县一个县竟有二十五名书吏定额（详情参见该书卷一百四十八至卷一百五十一）。

16 《清会典》卷十二，第 13 页 b；《清会典事例》卷二十一，第 4 页；《清通考》卷二十一，第 5045 页；《福惠全书》卷四，第 23 页 b。根据田文镜的说法，"帖写"是刚刚开始学习誊写公文的新手（《朱批谕旨》，《田文镜奏折》第六册，第 114 页）。

17 超额的书吏将被解散，（因超额雇用书吏而）触犯条例的官员将受到降一级的处分（《清会典事例》卷一百四十六；《六部处分则例》卷十六，第 1 页 b、第 2 页 b、第 7 页）。

18 《朱批谕旨》，《田文镜奏折》第六册，第 114 页 b—115 页；同前书，《李卫奏折》第四册，第 23 页。

19 "禀"和"详"都是州县官呈报上司的公文类型。"详"指"详文"（正式公文）。"禀"指"禀帖"，即不太正式的公文。在所呈事情复杂需要详细解释但又暂时不愿以"详文"匆匆讨论之时，州县官们就会倾向于采用"禀"的形式。关于两类公文的使用情况和格式参见《福惠全书》卷五，第 1 页及其后诸页。

20 《不慊斋漫存》卷五，第 123 页。

21 《图民录》卷二，第 26 页。

22 《朱批谕旨》，《田文镜奏折》第六册，第 115 页 b—116 页；同前书，《李卫奏折》第四册，第 22 页 b；《牧令书》卷八，第 23 页。

23 《牧令书》卷八，第 23 页；同前书卷十，第 6 页；《经世文编》卷三十三，第 10 页 b；《六部处分则例》卷十六，第 14 页。

24 《朱批谕旨》，《田文镜奏折》第六册，第 114 页 b。

25 《壮悔堂文集·遗稿》，第 13 页 b—14 页。

26 《卷施阁文·甲集》卷一，第 22 页。

27 《经世文续编》卷二十二，第 16 页 b。

28 《清续通考》卷二十七，第 7791 页。

29 《福惠全书》卷二，第 12 页；《永清县志》卷九，第 3 页 b 及其后诸页；《章氏遗书外编》卷九，第 4 页及其后诸页。

30 《福惠全书》卷二，第 12 页 b；《永清县志》卷十，第 3 页及其后诸页；《章氏遗书外编》卷九，第 10 页 b 及其后诸页；《学治一得编》，第 25 页及其后诸页。

31 《培远堂偶存稿》卷四十六，第 42 页。一名书吏往往须服役十年以上才有资格成为"经承"——一个有特委职事的书吏。（《清续通考》卷八十九，第 8483 页）。

32 《福惠全书》卷二，第 12 页 b—13 页；《永清县志》卷十一，第 2 页 b 及其后诸页；《章氏遗书外编》卷九，第 108 页及其后诸页。

33 值得一提的是，官府衙役中只有皂隶、快手和民壮的册籍（参见第四章第一节）被保存于兵房之中；捕快和仵作的册籍被保存于刑房之中（《福惠全书》卷二，第 13—14 页；

《永清县志》卷十二，第 1 页 b 及其后诸页；《章氏遗书外编》卷九，第 119 页 b 及其后诸页）。

34 《福惠全书》卷二，第 14 页 a—b；《永清县志》卷十三，第 1 页 b 及其后诸页；《章氏遗书外编》卷九，第 112 页及其后诸页。

35 《福惠全书》卷二，第 14 页 b—15 页；《永清县志》卷十四，第 1 页 b 及其后诸页；《章氏遗书外编》卷九，第 132 页及其后诸页。

36 《福惠全书》卷十一，第 9 页；《宦乡要则》卷二，第 12 页；《钱谷必读》；《中和月刊》第 2 卷第 10 期（1941 年 10 月）第 73 页中引用《公门要略》的部分。

37 《福惠全书》卷四，第 12 页 b—13 页 b。

38 《福惠全书》卷三，第 9 页 b；《永清县志》卷十，第 77 页 b；《章氏遗书外编》卷九，第 104 页 b；《宦乡要则》卷二，第 4 页 b；《钱谷必读》。这里应当指出的是，官库（仓）管理员一职并不总是由书吏来担任。由于在书吏中难以挑选出一个正直的人，监守自盗又是一个常常发生的"顽疾"，州县官发现，让"里"或"图"即乡村地区推荐的人充任此一职务更好。不过，多数人不愿意接受这一职位，因为州县官常常会向"库书（吏）"无偿索要丝绸、家具和其他东西。因此当地百姓往往会支付贿赂以避免充任此职（这被称作"买免"）。推荐本身就演变为各"图"或"里"乘机向该地殷实人家勒索钱财的机会。通过逐一将本地殷实人户上报为库书候选人的做法，衙门往往迫使每一富户都支付一笔钱来"买免"。根据黄六鸿的说法，推举库书的做法在东南地区最不规范。他建议在可能的情况下，库书应当从各房书吏中遴选。只有在书吏中找不到合适的人选时，才可以考虑选拔当地的居民担任这一职务。同时他还建议，州县官不要向库书（吏）索要任何东西（《福惠全书》卷三，第 22 页 b；卷六，第 3 页 a—b）。

39 《福惠全书》卷三，第 10 页；《永清县志》卷十，第 72 页 b 及其后诸页；《章氏遗书外编》卷九，第 97 页 b 及其后诸页；《钱谷必读》。

40 《福惠全书》卷六，第 2 页 b；同前书卷七，第 3 页 b—6 页 b；《钱谷视成》，第 20 页 b、第 23 页。

41 《江南通志》卷七，第 11 页 b；《陶云汀先生奏疏》卷十，第 42 页。之所以叫"扇书"，是因为在江苏和浙江的某些地方，若干个"里"组合成"扇"，两个"扇"构成一个"区"，"区"上面又有"乡"（《嘉定县志》卷一，第 28 页 b）。《江南通志》中引用的柯耸的奏章提到，在江苏和浙江聘有"里书"。不过，里书的聘用并不局限于南方。比如《宁远县志》卷二第 8 页提到，在甘肃宁远有十四个里，相应设置了十四个里书。

42 《牧令书》卷八，第 27 页；《钱谷备要》卷一，第 7 页 b—8 页；《钱谷必读》。根据王又槐的资料，这一职务并不总是由户房书吏充任。由于在征税期间需要几个银柜，所以会指派几个书吏来负责保管它们。这些书吏都是从各房中挑选出来的（《钱谷备要》卷一，第 7 页 b）。

43 《刑钱必览》卷六，第 14 页。

44 《福惠全书》卷二，第 9 页 b—10 页；《庸吏庸言》，第 13 页；《钱谷必读》；《学治偶存》卷四，第 18 页 b—19 页；《学治体行录》卷上，第 6 页 b—7 页。

45 《福惠全书》卷二，第 13—14 页。

46 《学治体行录》卷上，第 7 页 b。

47 《学治偶存》卷四，第 17 页 a—b；《平平言》卷二，第 27 页 b；《牧令书》卷四，第 30 页 b。

48 参见《福惠全书》卷四，第 11 页 b；《经世文编》卷二十二，第 19 页 b、第 20 页；《牧令书》卷四，第 30 页 b—31 页；《学治偶存》卷四，第 19 页 a—b；《学治体行录》卷上，第 6 页 b。

根据《学治体行录》的记载，各类衙门所采用的实际做法如下：每房都有一个木制的印章，印章的上半部横刻着该房的名称，下半部纵向依次刻着五个条目：发房（将公文发送某房）、送稿（呈送出草稿）、判发（审查认可草稿）、送签（呈送公文定本盖印）、发行（发出该公文）。按规定书吏们应当在公文上盖上该印章，并在五个栏目内填上相应的日期。

49 《牧令书》卷四，第31页。
50 《学治偶存》卷四，第17页b。
51 《经世文续编》卷二十一，第14页b。
52 《学治偶存》卷四，第17页。
53 同上书卷四，第18页a—b；《庸吏庸言》，第11页b。
54 详细情况参见本书第八章第一节。
55 《清会典事例》卷一百四十六。
56 《学治偶存》卷四，第18页。
57 《通甫类稿》卷一，第15页。
58 《校邠庐抗议》卷上册，第15页。
59 《资治新书》卷十二，第24页。一个命案或盗案，若州县官久拖未能审结，按察使也可能派其衙役传唤州县衙某个书吏（《培远堂偶存稿》卷十，第34页b）。
60 《图民录》卷二，第26页。
61 《六部处分则例》卷十六，第1页。
62 《资治新书》卷十二，第29页b。《学政全书》卷二十六第2页记载：一个生员（有初级功名者或者官学学生），只要在学政主持的岁考中达到了最低合格等级（第六级）成绩，便可充任书吏。不过这对于生员来讲是很偶然的选择。据章学诚说，没看见一个官学生通过这一途径成为书吏（《永清县志》卷九，第4页；《章氏遗书外编》卷九，第5页）。实际上，法律是禁止生员和监生（国子监的学生）进入书吏行当的（《吏部则例》卷五十七，第5页b；卷五十九，第4页b）。按照惯例，欲当书吏者必须向州县官具结无犯罪前科以及不是生员或监生的保证书（《永清县志》卷九，第4页b；《章氏遗书外编》卷九，第5页）。
63 《福惠全书》卷三，第20页b—21页。
64 《牧令书》卷四，第32页a—b。
65 《清会典事例》卷一百四十六；《经世文编》卷二十四，第4页b。
66 《吏部则例》卷十四，第3页b；《六部处分则例》卷十六，第5页b—6页，第7页a—b。一个书吏，如果在任期届满后继续留任，将被革职并杖一百（《清律例》卷六，第117页b—118页）。因此法律要求新受聘的书吏上交一份声明，保证以前没有担任过书吏一职，也不是改名换姓后重新受聘为书吏的。州县官也要准备一份盖有官印的具书（《吏部则例》卷十四，第3页b；《清律例》卷六，第117页b—118页）。
67 《吏部则例》卷十四，第5页b；《六部处分则例》卷十六，第13页。
68 《福惠全书》卷四，第14页b—15页；《宦乡要则》卷一，第16页a—b。
69 《清会典》卷十二，第13页b—14页；《清通考》卷二十一，第5044—5045页。
70 这是1790年的规定。在较早即1655年和1664年的规定中，书吏可以获得上至八品下至流外杂职官的职位。参见《清会典》（1690年）卷十五，第20页b—21页；同前书（1732年）卷二十一，第23页b；同前书（1899年）卷十二，第13页b—14页；《清会典则例》卷十，第16页、第17页a—b；《清会典事例》（1818年）卷五十八，第8页、第10页、第11页b—12页；《吏部铨选则例》卷四，第88页b—89页b。
71 《清会典事例》卷九十七和卷一百四十六。
72 《经世文编》卷二十四，第4页b；《佐治药言》，第5页；《学治体行录》卷上，第7页b；《平平言》卷二，第29页；《牧令书》卷四，第33页b；《畿辅通志》卷八十七，第75页。
73 《经世文编》卷二十一，第14页b。

74 《清通考》卷二十一,第5045页。理论上讲,充当书吏,被视为百姓向衙门提供的一种徭役(《清通考》卷二十一,第5044—5045页),不过多数百姓实际上是以交纳一定数额的金钱来代替服役的。这笔钱被政府用以雇用书吏(参见本书第四章第四节)。在取消"饭食银"后,政府再也没有试图恢复书吏的薪金(《三鱼堂外集》卷一,第16页)。

75 《畿辅条鞭赋役全书·顺天府·大兴县》,第101页b—102页b;同前书《顺天府·霸州》,第44页b、第48页b;《顺天府·良乡县》,第74页、第77页b—78页b;《保定府·清远县》,第111页a—b、第115页a—b;《保定府·定兴县》,第56页a—b、第60页a—b;《深州》,第31页b、第35页b;《定州》,第74页a—b、第78页;《霸州赋役册》,第44页a—b、第47—48页。

76 《湘潭县志》卷十,第6页b—7页b。

77 《咸宁县志》(卷三,第7—8页)记载了完全取消书吏薪金的年份是1662年,但是未记载削减薪金的年份。《会稽县志》(卷十一,第13页b、第14页b)记载削减的年份为1652年,并提到十二房书吏的薪金在1662年取消,库吏和仓吏的薪金在1663年完全取消。

78 《三鱼堂外集》卷一,第16页b。《吴江县志》(卷十八,第14页b)记载书吏的薪金在康熙年间完全取消,但未给出具体的日期;该书还说当时取消薪金是为了保证军队的给养。

79 《经世文编》卷二十八,第3页;《牧令书》卷四,第33页b;《不慊斋漫存》卷五,第123页a—b。

80 《学治体行录》卷上,第7页b。

81 《佐治药言》,第5页。

82 《庸吏庸言》,第12页b。

83 同上书。江苏巡抚丁日昌曾命令下属州县官捐钱以满足审理案件过程中必需的各种费用(《抚吴公牍》卷三十四,第3页)。

84 该上谕提到,当地丁银、漕粮解送上级衙门时,州县衙门的书吏不得不向上级衙门的书吏支付陋规;向上级衙门呈送公文时也要支付陋规;接收公文的书吏照例应当草拟一份回复,并送交批示。于是他就处于一种便于勒索的地位:他可以控制该公文是否被批准以及何时处理这一公文(《清高宗实录》卷二十一,第5页a—b;《清会典事例》,1818年,卷七十七,第9页)。

85 《不慊斋漫存》卷五,第123页a—b。

86 《经世文编》卷二十四,第7页。

87 《牧令书》卷四,第33页b—34页。

88 《牧令书》卷四,第34页。

89 同上书,卷四,第33页。

90 《平平言》卷二,第36页b;《政闻录》卷二,第21页b—22页。

91 《经世文续编》卷二十一,第3页。一般而言,原告还不得不向书吏和值堂(见第五章第一节)交纳在诉状上盖印戳的"戳钱"(《梁山县志》卷三,第18页a—b)。

92 《平平言》卷二,第36页b;《梁山县志》卷三,第17页a—b;《井研县志》卷四,第25页。

93 四川梁山县某知县于1877年发布了一项关于书吏、衙役收取规费标准的规定(书役条规)。该规规显示,为签发捕票,原告和被告原来都必须支付陋规(《梁山县志》卷三,第16页a—b)。

94 《平平言》卷二,第36页b;《经世文续编》卷二十一,第3页。

95 《曾文正公全集·杂著》卷二,第63页b—64页;《平平言》卷二,第36页b—37页;《抚吴公牍》卷三十五,第9页b;同前书卷三十六,第5页a—b、第7页b;《政闻录》卷二,第21页b—22页;《牧令书》卷八,第38页b—39页;《经世文续编》卷二十一,第3页;《梁山县志》卷一,第16页b—17页;《井研县志》卷四,第25页b。

96 《平平言》卷二，第 36 页 b—37 页；《梁山县志》卷三，第 19 页 a—b。

97 《蜀僚问答》，第 13 页 b；《平平言》卷二，第 36 页 b—37 页；《经世文续编》卷二十一，第 2 页 b。

98 《曾文正公全集·杂著》卷二，第 64 页；《平平言》卷二，第 37 页；《经世文续编》卷二十二，第 7 页 b；《梁山县志》卷三，第 16 页；《井研县志》卷四，第 25 页 b。

99 《庸吏庸言》，第 12 页 b；《蜀僚问答》，第 13 页；《平平言》卷二，第 37 页；《经世文续编》卷二十二，第 8 页 b；《幕学举要》，第 14 页；参见本书第四章第四节。

100 《牧令书》卷八，第 37 页 b。

101 同上书，卷十一，第 35 页 a—b；《显志堂稿》卷五，第 37 页。

102 《牧令书》卷八，37 页 b；《经世文续编》卷二十二，第 8 页。

103 参见《培远堂偶存稿》卷二十一，第 18 页 b、第 19 页 b；同前书卷二十五，第 44 页 a—b；《病榻梦痕录》，第 35 页 a—b、第 38 页；《牧令书》卷十二，第 19 页 b。

104 《钱谷备要》卷一，第 7 页 b；《学治偶存》卷三，第 12 页。

105 《牧令书》卷十一，第 42 页。

106 《培远堂偶存稿》卷二十二，第 2 页 a—b。

107 《福惠全书》卷八，第 2 页；《培远堂偶存稿》卷二十五，第 43 页 b。

108 《牧令书》卷四，第 34 页；卷十一，第 41 页。

109 《六部成语注解》，第 64 页。

110 《牧令书》卷四，第 34 页；卷十一，第 41 页。

111 《蜀僚问答》，第 13 页 b；《平平言》卷一，第 39 页 b—40 页。

112 《牧令书》卷十一，第 45 页。

113 同上书，卷十一，第 41 页。

114 《学治偶存》卷四，第 16 页。

115 《学治体行录》卷上，第 6 页 b。

116 同上书，上，第 15 页 b；《小仓山房文集》卷十八，第 7 页；《钱谷必读》。

117 《学治体行录》卷上，第 6 页 b；《小仓山房文集》卷十八，第 7 页。

118 《福惠全书》卷四，第 11 页。加官印空白票状的其他获取手段，参见《宦乡要则》卷二，第 12 页 b—13 页。

119 《清高宗实录》卷二十一，第 4 页；《清会典事例》卷一百四十六。

120 《经世文编》卷二十二，第 20 页。

121 《学治臆说》卷上，第 17 页。

122 《钦颁州县事宜》，第 26 页；《培远堂偶存稿》卷四十六，第 31 页 b。

123 《培远堂偶存稿》卷二十一，第 18 页 a—b。

124 《刑钱必览》卷五，第 8、21 页；《牧令书》卷八，第 37 页 b；《钦颁州县事宜》，第 12 页 b。于此处尤应明确，尽管法律允许花户自己将税银放入封袋中（见本书第八章第一节之二），但由于担心封袋里的银两可能少于封袋标明数额，绝大多数州县官会授权书吏在银两入柜前进行检查（《清高宗实录》卷五十，第 6 页）。这一程序，自然就给想在银两上做手脚的书吏以可乘之机了。

125 《刑钱必览》卷五，第 7 页 a—b；《钦颁州县事宜》，第 44 页 b。书吏常用的另一个手段就是，谎报发到自己手上的赋税单据本册数目，用超领单据本册私自征收赋税（《中和月刊》第 2 卷第 9 期第 54 页引用《长随论》部分）。

126 《清会典事例》卷一百七十二；《培远堂偶存稿》卷四十六，第 35 页 b。

127 《培远堂偶存稿》卷四十六，第 8 页、第 35 页 b；《钱谷视成》，第 20 页。关于这一交易，据 1671 年松江官学学生和百姓向知府呈交的请愿书所控，花户不得不分别向衙役和书吏交纳10%的贿银（《松郡均役成书》册八，第300页b）。
128 《刑钱必览》卷六，第14页a—b。
129 《培远堂偶存稿》卷十四，第22页a—b；卷二十一，第14页；卷四十五，第37页b—38页。
130 同上书，卷二十一，第14页；《钦颁州县事宜》，第47页a—b；《牧令书》卷十一，第46页。
131 参见本书第四章第五节。
132 《清高宗实录》卷二十一，第4页；《清会典事例》（1818年）卷七十七，第8页b。
133 《清高宗实录》卷十七，第1页b。
134 《清续通考》卷一，第7501页。
135 《牧令书》卷十一，第42页b。
136 《福惠全书》卷六，第18页。
137 《牧令书》卷十一，第46页；《刑钱必览》卷五，第23页b—24页；《江南通志》卷七十六，第11页b。王又槐认为，官府难以知悉赋税征收相关准确资讯，主要就是因为书吏捣鬼；官府难以完成赋税征收任务，主要就是因为客栈保歇捣鬼（《刑钱必览》卷五，第23页b）。
138 《刑钱必览》卷五，第23页。
139 《清会典事例》（1818年）卷七十七，第19页。据郑观应的说法，这一职位的价格从一百两白银到几千两白银不等（《盛世危言》卷二，第8页）。
140 出卖自己职位的书吏，将比照办案中"枉法受财"情形加以处罚；刑罚的轻重程度，从笞杖到绞监候不等，这取决于贿银的金额（如果贿银达到五百两以上，就可处以死刑立决）。贿买书吏职位的人，将比照"以财行求"之罪加以处罚，如果贿金达到五百两以上，将受徒一年刑加杖一百的处罚（《清律例》卷三十一，第10页a—b；对照第4页a—b）。
141 《六部处分则例》卷十六，第9页。
142 《牧令书》卷八，第20页。
143 《经世文编》卷二十四，第3页b。在有些地方（如广东的东莞、顺德），获得这样一个差事所需贿钱，在银数百两到二千两之间（《牧令书》卷四，第34页）。
144 《牧令书》卷八，第37页b；卷十一，第31页。
145 同上书，卷八，第19页b，第37页b，第45页b；《钦颁州县事宜》，第26页b。
146 《吏部则例》卷十四，第3页a—b；《六部处分则例》卷十六，第5页a—b。
147 假如有罪书吏当处笞、杖和徒刑，则相关官员将受到降一级留任的处罚；如果有罪书吏当处流刑，相关官员将受降一级调用的处罚；如果有罪书吏当处斩或绞刑，相关官员将受到降二级调用的处罚（《吏部则例》卷十四，第3页b；《六部处分则例》卷十六，第5页a—b）。
148 惩治受贿行为的有关律例，对官和吏中的两类人区别对待：（1）有禄人，即那些每月俸禄在一石大米以上的人；（2）无禄人，指那些没有俸禄或者每月俸禄不足一石大米的人。在犯有相同程度的受贿罪行时，对于无禄者的处罚要比对有禄者的处罚轻一个等级。对属于第二类人（即无禄）的书吏，其有关处罚规定如下（参见《清律例》卷三十一第7页对相关条款的注解）：
（1）对于枉法赃（收受贿赂并有枉法行为者）处罚：
受贿额（以两为单位）　　处　罚
不足一两　　　　　　　　杖六十
一至五两　　　　　　　　杖七十
十两　　　　　　　　　　杖八十
十五两　　　　　　　　　杖九十
二十两　　　　　　　　　杖一百
二十五两　　　　　　　　杖六十，徒一年
三十两　　　　　　　　　杖七十，徒一年半

三十五两	杖八十，徒二年
四十两	杖九十，徒二年半
四十五两	杖一百，徒三年
五十两	杖一百，流二千里
五十五两	杖一百，流二千五百里
八十两	杖一百，流三千里
一百二十两	绞监候

(2) 对于不枉法赃（收受贿赂但未枉法办事）：

受贿额（以两为单位）	处 罚
不足一两	杖五十
一至十两	杖六十
二十两	杖七十
三十两	杖八十
四十两	杖九十
五十两	杖一百
六十两	杖六十，徒一年
七十两	杖七十，徒一年半
八十两	杖八十，徒二年
九十两	杖九十，徒二年半
一百两	杖一百，徒三年
一百一十两	杖一百，流二千里
一百二十两	杖一百，流二千五百里
一百二十两以上	杖一百，流三千里

  在上述任何一种情况下，犯罪书吏都将被革职，并且永不得再行聘用（《清律例》卷三十一，第 2—6 页；参照斯当东译：《大清律例》，第 379—382 页；鲍莱译：《中国法典手册》，第 654—656 页）。

  如果书吏恫吓穷苦百姓勒索钱财，处罚会更加严厉：

不足一两	杖一百
一至五两	杖一百，枷号一月
六至十两	杖一百，徒三年
十两以上	充军近边
一百二十两	绞监候
勒索钱财致人自杀	绞立决
拷打致死人命	斩立决

  [《清律例》卷三十一，第 7 页 b—8 页 b。该条文仅适用于"蠹役"（巧取豪夺的衙役）。不过，根据《清律例》中引用的刑部的解释，该法律也适用于书吏。另见《定例汇编》卷五，第 126—128 页 b。]

149 如果违法书吏当处笞、杖或徒刑，相关官员则夺俸六个月；如果违法书吏当处流刑，相关官员将夺俸一年；如果书吏当处斩或绞，相关官员将降一级留任（《六部处分则例》卷十六，第 11 页）。

150 《壮悔堂文集·遗稿》，第 12 页 b；《学治一得编》，第 31 页。

151 《牧令书》卷一，第 45 页 b。然而，这并不意味着书吏中完全没有良善之辈（《学治续说》，第 13 页 a）。在娄县，有一位书吏因为有良知而得到了信任，被县官委任为自己的助手，参与制作新的赋税簿册以平衡百姓徭役的负担。他的认真态度引起了同衙书吏和衙役的极大不满。详细情况参阅《松郡均役成书》册三，第 116 页 a—b；册八，第 288 页及其后诸页、第 301—307 页。但是这种情况十分少见。在绝大多数资料来源中，包括通俗的文学作品，一般书吏都被描述成奸猾、贪腐之徒。如李伯元（1867—1906 年）的一部名为《活地狱》的小说，主要就描述了书吏和衙役的腐败行为。他在小说的楔子（第 1 页）中说：尽管不能说没有正直的官员，但却可以肯定没有良善的书吏和衙役；不可能期望他们饿着肚子听差；除了从老百姓那里榨取钱财之外，他们还能从哪里获得钱财呢？

152 《学治臆说》卷下，第 10 页；《学治一得编》，第 31 页。
153 《图民录》卷二，第 22 页 b。
154 《钦颁州县事宜》，第 26 页 b。
155 同上。
156 《牧令书》卷二十三，第 32 页。
157 同上书，卷二十三，第 32 页；《经世文编》卷二十二，第 20 页。
158 《庸吏庸言》，第 11 页 b—13 页。
159 《吏部则例》卷十一，第 2 页 b—3 页。书吏篡改公文会受到法律制裁。有一条律文规定，篡改公文的书吏，应比非政府雇员篡改公文者加重一等处罚；而且如果他收受钱财，将根据金额大小给予相应的处罚。另一条则规定，经州县官允许起草公文的书吏，如果篡改公文，将比照办案"受财枉法"之律予以惩罚；如果未收受贿赂，则将受到杖八十的处罚（《清律例》卷三十一，第 11 页）。
160 《学治臆说》卷下，第 10 页。
161 因此刘衡说，尽管书吏是在衙门中当差的百姓，但他们因享有一定的声望而有别于衙役。由于这一原因，刘衡常常对公事失错的书吏宽大处理。他希望借此可以唤醒他们的廉耻之心和恻隐之心（《庸吏庸言》，第 11 页）。
162 《福惠全书》卷二，第 10—11 页；《学治一得编》，第 41 页。
163 《牧令书》卷四，第 24 页 b。
164 《平平言》卷二，第 28 页 b—29 页。
165 《经世文编》卷二十三，第 2 页 b。
166 《佐治药言》，第 5 页。
167 《图民录》卷二，第 26 页。1728 年，直隶总督汇报说，某县所有的书吏和衙役都因县官惩罚过苛而逃离衙门（《朱批谕旨》，宜兆熊奏折，第 116 页 b）。

第四章　衙　役

衙门差役，通常称为"衙役"。他们服役于官府，充当信差、门子、捕役或其他卑贱职役。与书吏一样，他们在本省本州县服役，都是当地人。与书吏一样，他们也在规定服役期届满后竭力久据职位。这些事实，引起了跟书吏现象一样的问题。

正如我们已经看到的，州县官与他们的上司之间的文牍往来，是地方政府例行公事中极其重要的一部分。然而，在执行上司所发政令的过程中，州县官不得不直接与百姓打交道，因为使百姓知晓政府的政令是任何地方衙门的基本职能之一。因许多州县幅员广阔，境内许多村庄僻远分散，[1] 于是，政府与各村首领或与一般百姓间的联络便是一个难题。那时的联络手段是极为有限的，在乡村地区，将州县官的命令传达给百姓的唯一方法是派信差送达。于是，衙役就不可缺少。

进一步讲，衙役构成了一种有组织的力量，州县官依靠他们推行法律和政令。没有这些人供其驱使，州县官可能无法完成赋税和漕粮征收，也无法征调百姓从事修筑城墙、铺设道路、兴修水利之类的力役或为官府供办车马及别的交通工具。承担治安职能的衙役也为政府所依赖，用于执行传唤或拘捕及其他经常性的治安职能。

看守谷仓和牢狱，执行惩戒，以及进行地方行政的其他基本事务，也需要许多衙役。因此，有位知县说："书差为官之爪牙，一日不可无，一事不可少。"[2]

第一节 组 织

衙役通常被编为四班：皂班、快班、民壮和捕班。[3]第一班由"皂隶"，即穿黑衣的差役组成。第二班即所谓"快手"，他们又被分为"马快"和"步快"。[4]第三班"民壮"（民兵），是被征调来在地方官府中服役的健壮百姓。第四班是"捕役"或"捕快"。[5]每一班都有一个"头役"作领班。[6]

在这四班之外，还有一些衙役，分别充任"门子"（门卫）、"禁卒"或"牢役"（狱卒和看守）、"仵作"（法医）[7]、"库卒"或"库丁"（金库看守）、"仓夫"（谷仓看守）、"斗级"（收粮掌斗人）、"轿夫"（抬轿人）、"伞扇夫"（撑伞持扇人）、"鸣锣夫"（打锣人）[8]、"吹鼓手"（吹号击鼓人）、"灯夫"（持灯笼人）、"更夫"（巡夜人）、"伙夫"（炊事员）、"马夫"（养马人）及"铺兵"（驿邮兵丁）等职役。

一州一县衙门可雇用各种衙役的名额，在各省《赋役全书》中有明确规定。直隶、河南、江西、湖南及江苏等省州县的衙役定额如表七所示。

《赋役全书》中并没有规定充任捕役的衙役名额。[9]在江西是每县八人。[10]通常，在县城和乡下都驻有捕役。例如，在浙江平湖，设一个"押捕总头役"（大头领）、三个"捕班头役"（小头领）、十二坊捕役[11]及许多看守"翼房"（即关押盗贼之所）的捕役。[12]按曾在陕西任知县的何耿绳（1822年进士）所述，在州县城郊乡村也有许多捕役。在斥退了数十名年老、无能或贪渎的捕役后，他手下仍有八十名捕役。[13]

表七　十州县衙役名额

衙役种类	大兴[a]	清苑[b]	祥符[c]	安阳[d]	建昌[e]	鄱阳[f]	衡阳[g]	茶陵[h]	嘉定[i]	宝山[j]
门子	2	2	2	2	2	2	2	2	2	2
皂隶	16	16	16	16	14	12	16	16	16	16
仵作	—	4	—	—	1	3	—	—	—	—
仵作学徒	—	—	—	—	2	2	—	—	—	—
马快	12	8	8	8	8	8	8	8	8	8
禁卒	8	8	8	8	7	8	8	8	8	8
轿夫及伞扇夫	7	7	7	7	7	7	7	7	7	7
灯夫	4	4	—	—	—	—	—	—	—	—
库卒	4	4	4	4	4	4	4	4	4	4
仓夫	4	4	4	4	4	4	4	4	4	4
民壮	50	50	50	50	15	29	50	50	30	35

a.《畿辅赋役全书》，顺天府大兴县，第103—106页b。
b. 同上书，保定府清苑县，第111页b—116页。
c.《河南赋役全书》，开封府祥符县，第70—72页。
d. 同上书，常德府安阳县，第48—90页。
e.《江西赋役全书》，南康府建昌县，第19页a—b。
f. 同上书，饶州府鄱阳县，第25—26页。
g.《湖南赋役全书》，衡州府衡阳县，第13—14页。
h. 同上书，长沙府茶陵州，第5—6页。
i.《太仓州赋役全书》，嘉定县，第44—45页b。
j. 同上书，宝山县，第64—66页。

然而，正如王植和方大湜所言，衙役的名额太少，实际上需要更多的衙役供驱使。[14]事实上，额外多雇衙役在各省是一个普遍现象。1736年的一道上谕对此加以认可，该上谕说：如果规定名额不能满足需要时，地方官可以增雇额外衙役。[15]这种额外衙役称为"白役"或"帮役"，即姓名未列入政府档案的衙役。[16]据王植讲，一名常年衙役手下通常有三四名白役。[17]胡林翼（1812—1861年）曾记述，仅在贵州石阡府，就有数千名白役。[18]当正式衙役被派遣下乡时，总是有几十名白役跟随，参加对百姓敲诈勒索钱财的活动。[19]也有许多"白捕"，即额外捕役。人们曾抱怨他们引起了江南百姓的痛苦,因为他们经常借口缉捕盗贼拘捕无辜百姓、掠夺百姓财产。[20]

还有挂名衙役。他们虽列在官府名单中,但不实际服役。[21]其动机亦与挂名书吏的动机相同:当一个挂名衙役,就能逃避徭役[22]和保护身家财产。[23]某省巡抚曾说,在该省,为了当挂名衙役,得向州县官纳一笔钱,为白银二至四两。[24]另一方面,许多穷人也愿意顶替挂名衙役的职位,因为这是个捞钱的机会。[25]

因此,在一州县衙门中的实际衙役人数,包括常年的、额外的、挂名的,远远超过政府规定的数额。例如在湖南,一县衙中的衙役一般是数百人。[26]据一位御史奏报,在浙江仁和县和钱塘县,衙役总数达一千五六百人,包括常年衙役和额外衙役。[27]另一位御史在1827年上呈的一份奏章也表明,山东的情形也是如此。这份奏章提到,大县有衙役千人以上,小县甚至也有数百人。[28]四川的衙役甚至更多。巴县知县刘衡曾言,在他的县衙里曾有七千名衙役。他到任一年后,有六千七八百人因为在此位置上无法捞到足够的钱财养家而辞职;仅有大约一百人留了下来。[29]

为裁减衙役人数,朝廷曾做过多次努力。朝廷曾颁布过这样的则例:纵容挂名衙役存在的官员,降三级调用;即使不知情,也要降一级留任。[30]朝廷也颁布过禁止雇用额外衙役的法令。州县官超过规定名额雇用增额衙役(称为"额增帮役")者,将受降一级留任之处罚。[31]州县官将传票交给增额帮役,或者委派增额帮役办理其他公务者,将降三级调用。[32]对常年衙役与增额帮役结伙办差之事未能觉察的州县官,将罚常俸半年。对增额帮役以冒名窃据衙役差职情形,监临之官若明知故纵,则降三级调用;若疏忽不察,则降二级调用。[33]法律要求州县官向其上司呈交一份盖印信的文书,具结保证自己的衙门里没有虚假登记之事。他也须在每年年终向吏部呈交一份报表,开列常年衙役姓名、进衙日期及其任职时限届满日期等。[34]

然而，这些规定及处罚，显然很少真正兑现。刘衡曾主张，州县官只应按定额雇用衙役；即使在交通要冲、公务繁多之州县，其雇役也不应超过定额"几十"人；所有冗余的衙役应一律斥退。但是，刘也承认，这并非易事。因为即使被正式斥退后，有些衙役仍能留职。此种情形，他称之为"瞒上不瞒下"。[35]

第二节　职　能

在各种衙役之间，有着公衙差事分工。皂隶于州县官出席公众场合时作前驱，廓清道路。[36]他们总是在州县官出巡或主持勘验时簇拥左右。在后一种场合，正如我们在前面已经提到，许多衙役被提前派到现场做准备安排。皂隶在审讯过程中还须到庭，其职责是拷答嫌犯逼取供词以及执行笞杖刑。[37]

马快或步快的职责是巡夜、[38]执行传唤及逮捕。[39]在审讯中，他们也须到庭，随时供州县官驱使。[40]他们也常被派到乡下去催征赋税。[41]

捕役的职责主要与缉捕盗贼有关，[42]有时也作巡夜人。他们也常在官银押运中充当护卫。[43]在北方省份，捕役在一般诉讼中也有其角色，但这在南方不被允许。[44]

民壮为军事训练而召集，[45]常被差派去守卫粮仓、金库、监狱，或护送官银、罪囚。他们也充任守御城池的后备力量。[46]此外，他们也执行与其他衙役相似的某些职责。他们也奉命催征赋税、[47]执行民事传唤，[48]也给各种各样的地方官员充当护卒。[49]

其他各种衙役的职能均由其名衔所标示——仵作（验尸员）、禁子、仓夫、更夫等。仅有一些需要解释。门子，除了其常规职责，他还须于升堂审案时到堂。他掌管衙门的一个门[50]及存放现审案件卷宗之柜子的钥匙，立于大堂中呼叫将被讯问者的名字。他还掌管官员发令用的竹签。[51]铺兵则奉命驻在"铺"（驿站）中传递公文。[52]

现在让我们来看看给衙役分派差事的标准程序。通常的做法是让衙役在一名头役的率领下，轮流当差，每次五天，这被称为"坐差"。[53]由于每个衙役在轮值时都急于获得差事或传票，因此他们会用尽手段以谋取好差事。通常的做法是，将差事派给头役，再由他分派给手下衙役。[54]但是，一个有能力的州县官，既不会容忍别人对他派差之事施加影响，也不会允许衙役将自己的名字写到票状上。相反，他会按衙役名册中的排序分派差事，以便每个衙役都能依次获得差遣。[55]有的州县官则选择按过去办差功绩分配新的差事。其中一位即是王凤生。他设置一本记功簿，常将差事委派给名字上了记功簿的衙役，哪怕按点名册还不应轮到此人。[56]

第三节　地位、征募及服务期限

应当指出，虽然四班（皂班、快班、民壮、捕班）都被视为衙役，但他们的社会地位和法律地位并不相同。民壮，还有库丁、斗级、铺兵，具有普通百姓之地位身份。但皂隶、马快、步快、捕役、仵作、禁卒、门子[57]、弓兵等，法律上将其列为"贱民"，其地位相当于妓女、戏子或奴婢。[58]与别的"贱民"一样，他们是"负权利"（negatively privileged）阶层。他们被禁止参加科举考试及进入官场。法律规定，他们中任何人若参加科举考试或谋求官衔，都将受到斥退并杖一百的惩罚。他们的子孙，也同样被剥夺了此权利。[59]按何耿绳所言，在所有衙役中，捕役的地位最低。[60]这可能是因为他们中大多数与盗贼有来往。[61]

因为职业卑贱及法律地位低下，衙役通常受到士绅及百姓歧视。《清朝文献通考》曾说"快手常为士绅所不齿"；在衙门中从事其他杂役者，其地位甚至更低。[62]这种低下的社会地位，也反映在这一事实中：某些家族禁止其成员从事此种职业，因为这些职业"不光彩"；有的家族规定，家族成员有充任衙役者，将被革除族籍。[63]

既然衙役的社会地位处于社会最低层，既然居此职役者连同他的子孙们都没有腾达的指望，那么我们也许要问：为什么还有那么多人愿意充任此类贱役？

我们已经说过，挂名衙役通常是那些有产阶层的人们；他们谋求挂名衙役，是为了保护自己的家产。在实际执役的衙役中间，可能同样有这类人。他们有足以养家的资财并能保持中等生活水平，但为了同样的理由而谋求充任衙役。[64] 此外，"役户"（衙役之家）还可以免除衙门征派的徭役。因此，无法与士绅成员（"官户"，官员之家；或"儒户"，学者之家）一样享有徭役豁免资格的人，就只好谋求充任衙役以逃避徭役。[65]

有些拥有地产者，则利用衙役职位及与书吏的关系以逃避赋税。[66] 禁卒和弓兵之类也常为略有家财者充任。曾有法令规定：禁卒、弓兵必须从纳税额 2 石以上 3 石以下的民户中招募，不得从纳税更多的小康之家招募。[67] 然而，大多数人并不愿意充任禁卒，他们宁愿出钱代役以逃避征召。[68] 在门子的征募中类似的情形也很常见。[69]

无论如何，大多数衙役是贫穷的，他们充任衙役是为了糊口。[70] 这种情形，在捕役中尤为突出；他们没有财产，甚至缺衣少食。他们常被人们称为赤贫者；[71] 其中一些是昔时曾为盗贼而现在想开始新的生活的人。[72]

实际上，多数衙役的命运并不总像其法律及社会地位所标示的那样可怜。因为他们居于可以滥用权力之岗位，所以能使百姓敬畏。下面的事实可以引为恰当的例证。有个姓赵的人在山东青州府衙中充"快手"。在分巡道周亮工（1612—1672 年）的一份布告中曾提到，赵"自大傲慢，举止俨然乡绅体面"。在其赴宴时，竟可骑马并有一群扈从。他与许多人结盟并有些拜把子兄弟。他被人们尊称为"赵四太爷"，其妻也被人们尊称为"赵四太太"。[73]

衙役的服务期限是三年。[74] 如果在期限届满或被革退后继续留用，州县官是要负责任的。在此种情形下,州县官应受的处罚,与继续留用书吏的相当情形应受处罚相同。[75] 因此,官府一般会要求新受雇的衙役出具一个保证书,保证自己从前不是衙役,保证自己不是改名换姓重当衙役。州县官也须对此一保证之效力出具盖有印信的担保。[76] 然而,这一规定很少被严格执行过。许多衙役改名换姓久据其位。或者,即使自己不能,他们也会竭力将其职位转让给家人或亲戚。这样他们就能够年复一年地控制这些职位。[77]

第四节 经济待遇

各种衙役——包括皂隶、门子、步快、捕役、禁卒、斗级、仓夫、库丁、轿夫、伞扇夫、吹鼓手、更夫、仵作——的年薪,在大多数地区大约都是6两银子。[78] 在陕西、甘肃及别的某些省份,金额并不一致。同一种衙役的年薪,在不同州县有差别,从3两到7两不等。在甘肃,禁卒年薪是3至11两。[79] 在某些省份,马快可获更多的年薪,但他们需从年薪中拿钱自备马料。例如,在直隶和安徽,马快可拿到16.8两年薪;在山东则可得15.69两。在陕西和甘肃则分别可拿11两至16两多。[80] 有趣的是,虽然仵作必须具备某些基本的技术训练——他至少必须能阅读和援引《洗冤录》(仵作指南),但他得到的薪金仍与别的衙役一样。[81] 唯一的例外是在山东,该省仵作可获年薪为11.21两银子。山东的其他衙役,除马快外,年薪仅为5.6两。[82] 仵作学徒得到的年薪当然更少于正规仵作,仅有二三两银子。[83]

许多衙役的薪额很低,包括锣鼓手、铺兵、驿站守卒、弓兵等都是如此。他们的年薪低到只有1两银子,再高也从来没有超过6两的时候。[84] 在大多数省份,民壮的薪酬与皂隶、步快、捕役相同,为6两(尽管在有的地方会给到7—8两)。在浙江各地,其薪金为1—19两不等。[85]

我们可以得出结论:衙役的平均年薪是6两银子。其最高薪,除马快和民壮以外，不超过12两。在低薪组中，约为1—6两。显然，这样的低薪让他们无法糊口。正如傅维鳞（1646年进士）所指出的，一名衙役的年薪仅为7两2钱，最多不会超过12两。他每天仅有二三分银子的收入，这点钱仅可供他和妻子每天吃一顿饭。[86]方大湜也作过类似的评论。他说衙役的薪金仅有每天二分银子，这些钱他几乎不足以糊自己的口，更不必说养家了。[87]也有报告指出，衙役的薪酬全部花作办公费用了，一点也没剩下以供养自己及其家庭。[88]

衙役的薪金低，有历史的原因。在明代，充当衙役是人们必须供服的一种徭役（称为"均徭"，即"同等的力役"）。但是，也允许人们交一笔钱代替实际服役，官府再用这笔钱去雇人代役。这种制度沿至清代，于是一种非常低的薪酬率便逐渐固定下来。[89]像无薪的书吏一样，衙役也被迫依赖陋规生活，大多数陋规是由书吏和衙役分享的。事实上，有些陋规，特别是从诉讼当事人那里榨取的陋规，均是由衙役收取，然后分给有分享资格的书吏一份。[90]当一桩杀人案告到官府后，通常要提前派一些衙役到现场搭个草棚并为现场勘验做准备。在他们到达现场时，他们会向任何嫌疑人索要苦力、马匹、饭食及其他勘查费用。他们也常为刑房书吏和仵作介绍或索取贿赂。[91]州县官到达时，一大群衙役、长随及其他随员簇拥其后。[92]由于每种随员都要求分享一份陋规收入，所以就一桩杀人案收取的陋规，有时甚至高达几万或几十万钱。[93]虽然朝廷有规定，要求州县官支付随员的费用，并制止书吏衙役向百姓勒索陋规，[94]但只有一小部分州县官（如刘衡）遵守了。[95]

有些陋规为衙役独享。派往乡村地区（图或里）催收赋税的衙役，当然享有相关陋规收入。[96]一位布政使曾指出，赋税征收遇到拖欠，责任正在衙役；因为他们从百姓那里榨取的钱越多，交给官府的税钱就越少。[97]在官仓服役的衙役也享有陋规。[98]通常，衙役向被拘捕、传唤的人索要鞋钱或鞋袜钱、酒钱、饭钱、车船费及雇驴钱。[99]衙役也以引带到庭听审为由，向原告被告双方索取陋规。若不按谈定的数目付钱，原被告就无法见到州县官或不许回家。¹⁰⁰ 初审定罪的囚犯也须付费（招解费¹⁰¹），以求被带往上一级衙门重审。¹⁰²

由于州县官知悉衙役薪金不敷家人生活，所以他们一般都容忍衙役索取"船费"和"饭费"。然而，如果有衙役被百姓控以勒索敲诈之罪，他们也不得不依法处理。¹⁰³

由于在北方省份允许捕役介入普通诉讼程序，所以他们也能与皂隶、步快分享一些常见的陋规。在南方，捕役并无此类特权，他们每月只能从娼妓户及非法宰牲户那里索取陋规。¹⁰⁴ 有报道说，那些在狭小僻远地区的捕役因无法获得此类陋规，日子过得像乞丐。¹⁰⁵

捕役的待遇，在地方行政中是一个特别困难的问题。因为官府付不起侦查缉捕盗贼所需要的正常费用，捕役不得不自己支付告密报信者的酬金、自己的旅差费，以及在州县审结定罪之后将罪囚送往上级衙门复审所需的押送费用等。¹⁰⁶ 人们一般承认，在各类衙役中捕役最困窘。¹⁰⁷ 正因为认识到捕役若无资金帮助就没法指望他们履行职责，所以有的州县官试图掏自己的腰包来解决此一问题。有时候，他们也按月以现金或谷米方式给捕役发补贴，以便他们能养家糊口。¹⁰⁸ 有时，他们也给衙役支些钱，以满足打探消息、旅差及押送罪囚到上级衙门所需的费用。¹⁰⁹ 按何耿绳的估计，在盗贼案多发的州县，大约需要七八百两银子，才能满足上述费用及酬赏金；在盗贼案较少的州县，这类需费约为五六百两；在其他地区也许三四百两就够了。他指出，这笔费用，州县官并非绝对出不起；只要他个人生活适当节约，少雇些长随、幕友，且在衙中供养的亲属也较少。¹¹⁰

第五节 贪赃形式

像书吏一样，衙役也经常进行各种各样的贪赃。在中国人心目中，贪赃的衙役和书吏几乎成了一种固定印象。[111]这是可以理解的。尽管具有贱民地位且薪金极低，但衙役还是喜欢当衙役，主要就是因为有利可图。有位知县曾说："至若书差，本皆无禄之人，亦有家室之累，其供奔走而甘鞭扑者，皆以利来。以家口待哺之身，处本无利禄之地，受不齿辱贱之刑，而其甘如荠者，固明明以弊为活矣。"①[112]

衙役用以勒索钱财的最常见手段是未经欠税人同意就代其交纳税金，然后要求加息偿还。纳税收据（税单）上仅写明"由衙役代付若干钱"，没有注明纳税人姓名。于是衙役能持此收据向任何花户索钱。[113]据1827年的一道上谕披露，衙役索取的利息高达100%。[114]据汪辉祖说，这种伎俩，常常被那些派到乡下催税的衙役（图差或里差）使用；也被乡村治安员（地保）经常使用：他们常为孤寡者及登记为中等民户（中户）的人家预付税金。他们代纳一钱银子，受害花户就不得不向他们偿付230—250文钱；他们代纳一升漕粮，受害花户就得向他们偿付60—90文钱。[115]

派到乡下催收赋税的衙役，最有滥用权力向百姓勒索钱财的便利条件。[116]有时，衙役与税户间达成一个协议，内容是前者承担代后者向官府纳税的责任。这样的协议，经常会被那些希望免去亲自上县城纳税之劳苦的花户接受。事实上，正如陈宏谋所言，委托衙役转交的税钱，在这样一种安排下，总是进了衙役的腰包。[117]

在松江府，曾有一群生员和百姓向布政使呈控。控状说：衙役——包括皂班和快班——按其权势及向百姓敲诈钱财的能力来划分，可以分为三类。第一类，绰号为"大阿哥"，包括那些与兵房、工房、户房书吏勾结，以保证帮他人逃避各种杂役为交换条件，向各种各样的乡村居民索取钱财的衙役。以这一"保护"为条件，他们可以从每一个"里"搜刮到大约一百两银子。通常，在一个衙役"保护"之下的，有三四个

---

① 作者原文系就古文原文进行整合后的意译，我们翻译时只好将被整合的原文全部列出。——译者

或六七个里，有时甚至多达十余个。第二类，绰号为"皂隶抢手"，这主要指那些以跑腿送信（差钱）和在未按时收齐拖欠赋税时的比责中将要受拷笞为借口向乡民索取钱财的衙役。[118] 在每年秋收后，这些衙役还以"关照"该村、里各种事务为借口，索取谷麦。第三类，绰号是"顶图老虎船"，主要指那些被派到乡下征收赋税、漕粮的临时衙役。他们到村里后，向百姓索要地钱、酒饭钱、船钱等。此外，他们还向乡民索取一笔钱作为带信费（小里六七十两，大里一二百两）。[119]

斗级也用各种各样的伎俩向花户加额收取税粮，比如敲打斗斛使其能装下更多的粮食，或在斗斛刻度线上再堆高一些使其装得更多，等等。[120]

衙役总是竭力从他们逮捕和传唤的人身上榨取钱财。他们常常以使用锁链——甚至在未被授权用锁链时——胁迫敲诈他们的"猎物"：如果不交纳"解锁钱"，锁链就不会解去。[121] 若未从被拘捕者那里得到钱，衙役就会诉诸下列伎俩：他们自己撕毁传票，撕裂自己的衣服，然后向州县官报告说被捕者那伙人如何抗拒逮捕。这会使一个没有经验的州县官发怒并下令衙役拷打嫌犯。[122]

在被差派持"堂签"[123]出外执行传唤任务时，衙役甚至更肆无忌惮地滥用权力。汪辉祖说，他在乡居为百姓时，曾亲见许多家庭因衙役而亡破。他说，持堂签的衙役凶恶如虎狼，被传唤者常于到公堂之前已经倾家荡产。[124]

涉嫌命案的人也要遭受沉重的经济损失。除了书吏衙役们索取的数额巨大的陋规以外，衙役还竭力用别的手段榨取钱财。据报道，不仅凶手或嫌犯之家常被弄得倾家荡产，甚至居住在现场二三十里以内的富户都成了敲诈目标。如果这些人家不愿出钱，那么就会被诬告扯进该命案。[125]

衙役经常使用的非法手段之一是尽量延长嫌犯囚禁班房的时间。[126] 嫌犯通常被关在肮脏场所，置于夏日暴晒、冬日奇冷之中，直到同意向衙役交钱为止。汪辉祖曾记载，许多被囚禁的嫌犯常在官员下令释放前瘐死狱中。因此，他建议，除非绝对必要，不要轻易囚禁嫌疑人；如果要拘禁时，州县官应亲自察看拘禁场所。[127] 有时，衙役甚至在家中私设牢房，瞒着州县官非法囚禁他传唤的人；在向该衙役交钱之前，嫌犯是别想见到州县官的。[128]

由于执行传唤及下乡催收赋税等差事提供了勒索机会，因此衙役千方百计谋求这类差事。他们有时甚至"买"这些差事——例如，通过向负责花税的书吏行贿，使其指定他们为里差或图差。据说，这种情形下的行贿金额，按一个图或里的规模及产量而定。[129] 衙役也会为获取传票而向州县官的长随行贿。有时他们甚至竭力要求州县官给他们派差事作为恩赏。[130]

捕役在开始对盗贼进行任何调查活动之前，往往先向嫌犯索取差旅费、酒食费、给报信人的酬金以及一份"奖金"。如果赃物原主是有势之人，那么可望追回查获赃物的一半；如果不是势家，那么除了谎言和借口以外什么也要不回。[131] 事实上，几乎所有的捕役都与盗贼有勾结，也与窝赃分赃者有勾结，这几乎是常识。[132] 捕役依靠盗贼作为供给途径，盗贼则依赖捕役获得保护。[133] 据说，盗贼每月须向捕役交纳陋规，在大宗盗案中还要与捕役分赃。[134] 所以，捕役很少认真地捕盗，很少有盗贼案被侦破。[135] 汪辉祖认为，只有一种办法可以抓到盗贼，即在未按规定期限抓获盗贼时严厉拷笞办差的捕役。[136]

有盗贼前科者或无辜平民常常被捕并被迫承认一桩盗案。有时，还会制造一些"盗赃"作为被诬盗罪的证据。[137] 在有的案子中，捕役甚至指使被捕的盗贼诬指无辜者：或诬指他们收受或购买盗赃，或诬指他们是盗案的同谋。这是一种将更多的人扯进案子中的伎俩，旨在增加勒索钱财的机会。即使那些人后来被释放，他们也要不回钱。[138] 于是，有人建议，绝对不要让一名捕役单独监禁看守一名盗贼。[139]

捕役常常强入民宅，以搜查盗赃为借口，勒索钱币，攫取民财。[140]

真的盗赃被查获后，仅有少量被呈报并上交州县官，值钱的大多被捕役瓜分了。[141]

还有其他一些贪赃伎俩，常为其他种类的衙役所使用。仵作常被贿赂，然后对人命案做出虚假勘验报告。[142] 禁卒、牢役若没从囚犯身上榨到钱财，就会对其施以虐待。[143] 皂隶在收受贿赂后会在执行拷讯时尽量打轻些。[144] 总之，我们可以和田文镜一样断言：没有哪一种衙役不从事某种贪赃。[145]

第六节 纪律控制

与书吏管理情形一样，监管衙役的责任在州县官。如果纵容衙役长期留职，操纵衙务，充当贿赂中介，将一户税负转嫁他户，包揽诉讼，诬告良民或受财放盗等，州县官将受革职之处罚。[146] 衙役侵占税银，则勒令其全数退还官库；未能预防此类犯罪的州县官将被革职。[147] 收受贿赂的衙役将依法受刑惩；[148] 不管是仅仅默许其受贿，还是实际上与其分享贿赂，不管贿赂金额大小，州县官都将受革职之罚。州县官对衙役受贿疏忽不察者，其处罚轻则罚俸，重则降级。[149] 衙役如有拷打囚犯勒索钱财之事，州县官也要负责。[150] 法律要求州县官亲自验看囚犯，查明是否有被衙役非法虐待之事。如果他不进行这样的查验，后来发现有非法虐待情事，他将被降三级调用。[151] 法律进而规定：州县官故意纵容衙役生事刁难者，将受革职之罚。[152]

对手下的额外衙役（白役）[153]随同正式衙役下乡勒索之事疏忽不察，州县官也有责任；为此他将被罚俸半年。如果所雇白役有贪赃情事，州县官将按白役所得赃贿的数额大小受不同惩处。[154]

如对捕役与盗贼勾结分赃之事疏忽不察，州县官将受降二级调用之处罚。[155] 如捕役诬指良民为盗贼并施以非法拷打，州县官将受降三级（受害人幸存时）或革职（受害人死亡时）之罚。[156] 他的上司如不查究此事，也要受惩处。[157]

如明知囚犯被禁卒虐待致死而不加查究，或虽未致囚犯死亡但他纵容此种虐待行为发生，州县官也将被革职。如果对此种情事疏忽不察，他将受降二级（系囚死亡时）或降一级（系囚未死亡时）之处罚。[158]

州县官实际上是怎样监管控制其衙役的呢？跟书吏一样，衙役一般被视为狡诈不忠、利欲熏心之徒。[159]刘衡曾指出，所有衙役都是无赖恶棍，道理、情感、德行、仁慈都感动不了他们，他们只畏刑法。[160]关于如何对待书吏的那些典型忠告都可以延伸用于衙役：对他们应态度严厉，冷脸相对（只在有外人在场时）；[161]不应允许他们与长随交往。[162]尤为重要的是，不应给衙役滥用权势的机会。例如，在一般民事案件中不应允许使用锁链。[163]有位县官曾印制了一些关于拘捕传唤的规定，这些规定均与办案中派遣衙役的人数及是否使用锁链有关。这些规定附在捕（传）票之后，为的是让涉案人知道这些规定。如有人被衙役虐待，他可以鸣锣向县官控告。[164]

衙役常被勒令在规定的期限内将罪嫌或证人带到县衙。这一期限常写在传票上；若未在规定期限内将被传之人带到衙门，办差衙役将被查究并笞惩。[165]带回罪嫌或证人后，衙役必须马上报告州县官，不得私自羁留。[166]由于一份传票（如未被及时注销）可能被衙役再次使用为勒索之具，所以特别应强调的是：在差事执行完毕及案子审结时，传票必须交回。[167]

通常是几名衙役被一起派出执行拘捕传唤。有人记载，在湖北，一个民事案件中竟派多达七八名衙役一起执行拘唤。[168]正因为认识到派出更多衙役意味着更多地勒索钱财，有的州县官便试图以每次仅派一二名衙役的方式为百姓减轻负担。[169]基于同样的理由，他们也在出行勘查时尽量减少随从衙役人数。[170]

为有效控制捕役以防止其勒索，有的州县官试图制定一些特别规定。捕役不得无票捕人或无票搜赃，不得拘捕票上未列名之人。[171]通常会为一桩盗贼案规定破获期限;捕役未在规定期限内完成任务者,将被查究和笞惩。[172] 事实上,对未能按时完成差使或有贪赃行为的衙役,杖笞是标准的惩罚。[173]

必须承认,为鼓励衙役们完成任务,奖赏是必要的。通常对勤勉尽职的衙役奖以金钱或酒食。[174] 有的州县官也给捕获盗贼的捕役发奖金。[175] 对于是否应该以授予传(捕)票给衙役作为奖赏,州县官意见不一。有的州县官认为不应奖以传票,以免衙役用作勒索手段。[176] 尽管法律规定州县官敢以令状传票奖赏衙役者应被革职,[177] 但实际上此种情形并不少见,[178] 甚至有官员公然建议这样做。方大湜争辩说,像书吏一样,衙役也需要钱和酒食;没法指望州县官能给衙门中的每个人发奖金。因此他认为,虽然应当禁止衙役动辄向百姓敲诈勒索,但仍有必要对衙役奖以令票,以便他们能收点"草鞋钱"。[179]

虽然衙役仅操卑贱职事且在衙门中居于比书吏更低的位置,但与书吏一样难以监管控制。州县官不可能仅凭自己一双眼睛盯住手下成百上千衙役,因为这些人虽然在社会及法律地位上低于一般百姓,但其职责是直接与百姓打交道,且居于很容易对百姓滥用权势的位置。

注释:

1 参见本书第一章第一节。
2 《学治一得编》,第 31 页。
3 衙役习惯上被分为三班:皂班、快班和民壮(《福惠全书》卷三,第 6 页;《经世文续编》卷二十一,第 10 页 b)。然而,浙江省按察使制定的《缉捕章程》明确指出:州县衙门中的衙役通常分为四班:除了上面的三班以外,还有捕班(《治浙成规》卷八,第 66 页)。
4 《清通考》卷二十一,第 5045 页。根据《赋役全书》的记载,在知府衙门中既有马快,也有步快;但在州县衙门中就只有马快(参见《畿辅赋役全书》多处,《河南赋役全书》多处,《江西赋役全书》多处,《湖南赋役全书》多处,《太仓州赋役全书》多处)。不过在直隶学政呈给礼部的咨文中提到,在各省的州县衙门也使用步快,以作为马快的补充(《学政全书》卷四十三,第 10 页 b)。两种资料来源所表现出来的矛盾或许可以在《湘阴县图记》(卷二十一,第 23 页 b)的记载中找到解释,内容是:"民壮也称步快。"

5 《清通考》卷二十一，第5045页；卷二十三，第5053页；卷二十四，第5060页。

6 《福惠全书》卷三，第7页；《牧令书》卷四，第29页；《学治一得编》，第40页。

7 1728年确定的仵作定额为：大州县三个，中州县两个，小州县一个。此外还有两个仵作学徒。然而1740年的一道上谕指出，仵作的雇用并无定规，有的州县根本没有仵作，常常在需要勘验时向别的州县借调。该上谕警告说，每个州县都必须按照定额雇用仵作，州县官未能遵守这一规定的，将受到降二级的处罚（《清通考》卷二十三，第5055页；《清律例》卷三十七，第86—87页b）。

8 鸣锣夫和伞扇夫通常被称为"执事夫"。州县官外出时，他们就走在州县官轿子的前面（《六部成语注解》，第71页）。

9 有一份奏折提到，尽管州县常常要雇用捕役抓捕盗贼，但他们却未被列入《经制全书》（《赋役全书》也叫《赋役经制全书》），因此也就没有为他们划拨经费（参见《清通考》卷二十三，第5053页；卷二十四，第5060页）。故而当泾州知州新雇了八个捕役后，就从其他两班衙役——快班和民壮——的经费中分拨出来一笔充作捕役的薪金（《泾州志》卷下，第11页b）。

10 《培远堂偶存稿》卷十，第14页a—b；《西江政要》卷二，第19页b。直隶的《永清县志》（卷十三，第8页b）和山东的《蒲台县志》（卷二，第20页b）也都记载有八名捕役。按照《治浙成规》卷八（第65页b）记载，在浙江省，大的县有六个捕役，小的县仅有两个或四个捕役。袁枚（1716—1798年）报告说江宁县（属南京）雇用的捕役有三十个之多（《小仓山房文集》卷十五，第28页）。

11 "坊"是城市的城区单元。正如《西江政要》卷三十六（第6页）所云，每一个捕役指定了一个以上的"坊"作为其负责的治安区。虽然政府禁止这一做法，但是在江西省仍发现许多州县有坊捕。

12 《学治一得编》，第40页。关于"翼房"，见《学治体行录》卷下，第4页b。

13 同上书，第53页。

14 《牧令书》卷四，第35页；《平平言》卷二，第29页。

15 《清高宗实录》卷二十一，第4页b；《清会典事例》卷一百四十六。

16 《清高宗实录》卷二十一，第4页；《清会典事例》卷一百四十六；《清通考》卷二十一，第5045页；《福惠全书》卷三，第1页；《朱批谕旨》，《田文镜奏折》第六册，第114页。

17 《牧令书》卷四，第35页。

18 《经世文续编》卷二十一，第6页。

19 《六部处分则例》卷十六，第16页a—b。

20 《仕学大乘》卷八，第78页a—b。

21 田文镜指出，"挂名衙役"一般会挂名于门子、马夫、狱卒、斗级、城门守卫和其他一些类型的衙役职位上（《经世文编》卷二十四，第4页；《牧令书》卷三，第23页）。

22 《吏部则例》卷十四，第10页；《六部处分则例》卷十六，第14页；《牧令书》卷十，第6页。

23 《朱批谕旨》，《田文镜奏折》第六册，第114页a—b。

24 《牧令书》卷八，第22页。

25 同上书，卷十，第6页。

26 《培远堂偶存稿》卷四十八，第45页。

27 《清仁宗实录》卷一百七十一，第3页b—4页b。这一奏折是在1806年上呈的。

28 《清会典事例》卷九十八。

29 《蜀僚问答》，第10页。

30 《六部处分则例》卷十六，第14页。

31 同上书，卷十六，第17页。

32 同上书，卷十六，第 15 页。
33 同上书，卷十六，第 17 页。
34 《吏部则例》卷十四，第 6 页 a—b。
35 《庸吏庸言》，第 4 页 b。
36 《资治新书》卷二，第 6 页。
37 同上；《牧令书》卷二十，第 46 页 b。
38 《福惠全书》卷五，第 15 页。
39 马快和步快都有拘捕人犯的职责（勾摄人犯）（《资治新书》卷二，第 6 页）。不过，一般而言，拘捕盗贼是捕役的专门职责。《清朝文献通考》（卷二十一，第 5045 页；卷二十四，第 5060 页）明确地指出："快手"负责为州县官跑腿和随时听候吩咐；有拘捕盗贼职责的衙役称作"捕役"、"健快"或"应捕"。直隶定州向学政提交的报告中也提到，"步快"不应负责捕拿窃贼。他们只负责解送人犯或护送官银（充当护卫）、催收赋税以及在审理案件时听候调遣（《学政全书》卷四十三，第 10 页 b）。不过，根据浙江省会稽知县张我观（1727—1730 年）【原文疑有误，张我观生卒年不详。——编者】和两江总督沈葆桢（1820—1879 年）的说法，马快与治安事务有关，负责侦察、拘捕盗贼。张我观还制定了关于马快拘捕盗贼的奖惩条例（《覆瓮集·刑名》卷一，第 13 页 a—b；《沈文肃公政书》卷七，第 41 页 b）。这些记载显得有些自相矛盾，它们似乎表明，捕役平常主要是负责拘捕盗贼的衙役，而马快在某些地方可能也会被委以相同的职责。
40 《牧令书》卷八，第 39 页。
41 "催粮快手"（负责催收赋税的"快手"）一词出现在《福惠全书》（卷五，第 15 页）。《学政全书》卷四十三（第 10 页 b）也提到步快负有催收赋税的职责。被派到乡村执行这一任务的衙役被称作"图差"或"里差"，因为是向每个"图"或"里"差派一名衙役（《福惠全书》卷六，第 15 页 a—b、第 18 页 b；《学治臆说》卷下，第 7 页；《刑钱必览》卷五，第 6 页）。根据陈宏谋的说法，在江苏有三类催差：(1) 顺差：年年充当赋税"催差"，但并不真的下乡村去催收，(2) 图差：每年以抓阄的方式从衙役中遴选出来的"催差"；(3) 伴差：通过贿赂常年衙役获得伴随他们到各"图"催税并索取陋规机会的衙役。（《培远堂偶存稿》卷四十六，第 42 页 a—b）。
42 《清通考》卷二十一，第 5045 页；《福惠全书》卷十七，第 7 页 b；《覆瓮集·刑名》卷一，第 14—15 页；《培远堂偶存稿》卷十，第 15 页 b；《学治一得编》，第 39 页；《牧令书》卷二十，第 41 页 b；《治浙成规》卷八，第 66 页。
43 《牧令书》卷二十，第 41 页 b。
44 同上，卷二十，第 55 页 b；《治浙成规》卷八，第 66 页。
45 《户部则例》卷三，第 17 页 a—b；《六部处分则例》卷十六，第 22 页 a—b；《清通考》卷二十三，第 5053 页；《牧令书》卷二十，第 47 页，卷二十一，第 30 页。不过，清代的军事训练仅仅流于形式 [《牧令书》卷二十一，第 30 页；《经世文续编》卷二十一，第 10 页 b。另见佐伯富：《关于明清时代的民壮》，载《东洋史研究》第 15 卷第 4 期（1957 年 3 月），第 62 页]。
46 《六部处分则例》卷十六，第 22—23 页；《户部则例》卷三，第 17 页；《清通考》卷二十一，第 5045 页；同前书卷二十四，第 5060 页；《朱批谕旨》，《田文镜奏折》第八册，第 68 页 b；《牧令书》卷二十一，第 30 页；《经世文续编》卷二十一，第 10 页 b。
47 《牧令书》（卷十一，第 20 页 a—b）讲道，民壮通常是向户书行贿以保得到这一委派。
48 一般来讲，民壮负责传唤民事诉讼的被告和证人（《牧令书》卷二十一，第 30 页；《经世文续编》卷二十一，第 10 页 b；《资治新书》卷二，第 6 页）。不过他们也协助拘捕盗贼（《户部则例》卷三，第 17 页；《朱批谕旨》，《田文镜奏折》第八册，第 68 页 b）。

49 《清通考》卷二十三，第5053页；《朱批谕旨》，《田文镜奏折》第八册，第67页。
50 即仪门——衙门里位于正门与正厅（公堂）之间的一道门。一般，州县官在升堂办公时，仪门应当锁闭。
51 《福惠全书》卷二，第8页b、第9页b；《牧令书》卷二，第4页b。竹签被用作传票或拘捕令状（见本章注123），还可以用来发出施加刑讯的命令（见第七章注73）。
52 《学政全书》卷四十三，第18页b；《培远堂偶存稿》卷四十八，第47页。
53 《学治体行录》卷上，第8—9页；《治浙成规》卷八，第34页。
54 《牧令书》卷四，第35页b。
55 《福惠全书》卷十一，第11页；《庸吏庸言》，第15页a—b；《学治体行录》卷上，第7页b。
56 《学治体行录》卷上，第7页。
57 不过，在学政衙门听差的门丁——谕学头——地位比普通门丁要高一些。他们被视为庶民（《学政全书》卷四十三，第19页a—b）。
58 《清会典》卷十七，第4页b。关于"贱民"的类别和他们在清代社会中的法律地位，见瞿同祖：《传统中国的法律与社会》（"海外世界：过去与现在"丛书，巴黎和海牙，1961年），第129—132页。
59 《清律例》卷八，第16页；《学政全书》卷四十三，第1页、第5—6页b、第8—11页、第12页b—13页b、第26页b—27页；《吏部则例》卷六十，第6页a—b。
60 《学治一得编》，第36页b；《治浙成规》卷八，第66页。
61 见本书第四章第五节。
62 《清通考》卷二，第5045页。
63 刘王惠箴：《传统中国的宗规族法》（纽约，1959年），第164—165页、第256页。
64 《资治新书》卷十二，第27页。
65 《松郡均役成书》中记载了户的四个类别：（1）官户或乡绅（或绅），就是官宦人家；（2）儒户或衿，就是生员之家，或者更确切地说，是府州县官学学生（也就是初级功名的获得者）之家；（3）役户，衙役之家；（4）民户，普通百姓之家。前三类家庭通常是免于服劳役的（该书册一，第40页、第41页b、第42页b、第44页a—b；册二，第49页；册五，第174—175页）。
66 《松郡均役成书》册五，第174—175页。
67 《清通考》卷二十一，第5045页。
68 为了避免这类征召和勒索，娄县百姓最终捐了一块地，其地租用于雇用禁卒（《松郡均役成书》册二，第73页b—74页b）。
69 同上书，册二，第75页a—b。
70 《资治新书》卷十二，第27页。
71 《平平言》卷四，第20页；《学治一得编》，第36页b、第55页a—b。
72 《学治一得编》，第55页b。
73 后来，当周亮工下令拘捕他时，他逃跑了。其妻子被拘捕后死于牢中。其兄弟和一个儿子也被投入监狱（《资治新书》卷十二，第29页b）。
74 衙役服役期满后重新应征的，会被斥退并杖一百。不论是在原衙门还是在其他衙门重新服役的衙役，如果有侵占和贿赂劣迹，则杖一百徒三年（《清律例》卷六，第117页b—118页）。
75 《吏部则例》卷十四，第5页b；《六部处分则例》卷十六，第13页；见本书第三章第三节。
76 《吏部则例》卷十四，第3页b；《清律例》卷六，第118页。
77 《经世文编》卷二十四，第5页b。
78 直隶、山西、河南、江苏、安徽、浙江、湖北、湖南、四川、广东、广西、云南、贵州等省衙役的年薪为6两。福建为6.2两；江西为5.9两；山东为5.6两。不过在江苏、浙江、安徽、河南和湖北等省,吹鼓手、更夫、轿夫、伞扇夫的薪金并不整齐划一。在山东,禁卒的薪金较高(有11.21两)。在安徽,捕役的薪金较高(8.0两)(《户部则例》卷七十八)。根据袁枚的说法,在江苏江宁,捕役的薪金只有约2两(《小仓山房文集》卷十五,第28页a—b)。

79 《户部则例》卷七十八,第30页及其后诸页。

80 同上,卷七十八,第10页b、第13页a—b、第19页、第30页b—31页、第38页b—39页。在其他所有省份,只能拿到6两左右。

81 某份奏章中提到,仵作必须经过一段时间的训练才能掌握必要的技能。见习仵作(或仵作学徒),作为仵作的备选人,一般是通过实践来学习这些技能的。有一条章程规定,见习仵作应当人手一册《洗冤录》,跟随刑房书吏学习,每年由知府或直隶州知州进行考试(《清会典》卷五十五,第7页b—8页;《清律例》卷三十七,第86页b—87页;《清通考》卷二十三,第5055页)。尽管仵作的工作性质十分重要,但其社会地位低下、收入微薄。因此,显然难以吸引有才智的人选择这一工作(《洗冤录解》,第1页;《牧令书》卷十九,第3页b—4页)。

82 《户部则例》卷七十八,第14页。

83 在直隶、江西、甘肃和四川设有见习仵作的职位(《户部则例》卷七十八,第11页、第21页a—b、第41页、第46页b)。

84 不过,还是有一些例外:在江苏省,铺兵的薪金为7.2两;在安徽省,各地给铺兵派发的薪金在3到8两之间浮动;广西省各地铺兵的薪金在2到略高于2两间浮动;河南省,"铺"中更夫的薪金为6两到11两;在江苏,弓兵的收入从略高于1两到8两不等;在其他省份,上述三类衙役的收入为6两(《户部则例》卷七十八)。

85 在山东、山西、河南、江苏、安徽、江西和湖北等省,其薪金为7两到8两(《户部则例》卷七十八)。

86 《经世文编》卷二十四,第9页。

87 《平平言》卷二,第29页。王凤生也说衙役的收入不足以养家糊口(《学治体行录》卷上,第7页b)。

88 《牧令书》卷二,第56页。应当注意的是,衙役被委派押送罪犯或递送公文到另一衙门时,不仅要自理旅差费,还要向接受解送的上级衙门的书吏或衙役支付陋规(《不慊斋漫存》卷五,第123页b;另见本书第四章第四节关于捕役的财务负担的讨论)。

89 《明史》卷七十八,第1页、第7页b—8页;《清会典》(1764年)卷九,第4页b;同前书(1818年)卷十一,第15页b;同前书(1899年)卷十八,第1页b—2页;《清通考》卷二十一,第5044—5045页;《经世文编》卷三十三,第4页b;另见梁方仲:《一条鞭法》,第4—6页。因此,陆陇其指出:在《赋役全书》中列出的各项衙役的工资条目都是百姓交纳的"雇役钱"(《三鱼堂文集》卷三,第19页a—b)。

90 《培远堂偶存稿》卷十三,第18页a—b。

91 《钦颁州县事宜》,第20页a—b;《庸吏庸言》,第36页;《幕学举要》,第14页;《经世文续编》卷二十二,第8页b。

92 政府章程规定,到现场勘验的州县官只能携带一名书吏、一名仵作和两名衙役(《清律例》卷三十七,第81页b),但只有少数州县官(如刘衡、方大湜)遵守这一规定(《庸吏庸言》,第32、37页;《平平言》卷三,第58页a—b)。谭承祖报告说,跟随州县官的人员常常达到一百人以上(《经世文续编》卷二十二,第8页b)。据方大湜说,广济县某任县官,其跟随的衙役、长随的总数,包括厨子、火夫、轿夫和苦力在内,超过了九十人(《平平言》卷三,第58页a—b)。

93 《庸吏庸言》,第29页;《经世文续编》卷二十二,第8页b。江苏巡抚丁日昌报告说,在某

	个地区，与现场勘查相关向书吏、衙役支付的陋规，累计在一万文钱以上（《抚吴公牍》卷三十五，第9页b；卷三十六，第5页b）。
94	见《清律例》卷三十七，第81页b—82页。
95	《庸吏庸言》，第12页b、第32页b—33页、第37页a—b；《宦游纪略》卷上，第9页。
96	《牧令书》卷十一，第13页；《资治新书》卷一，第1页b。
97	《牧令书》卷十一，第20页a—b。
98	根据长安县知县程永言的报告，下列陋规是从缴纳漕粮（贡粮）者手中收取的：风扇夫向花户收取每石十文钱的陋规【借口谷子要扇去灰沙秕糠。——译者】；斗级以将谷子倒入仓中为借口，向花户收取每石一到三升谷子的陋规，搬运夫向花户收取每斛五文钱，或每斗一文钱的陋规。见《培远堂偶存稿》卷二十七，第21页。
99	《福惠全书》卷二十，第29页b；《经世文续编》卷二十二，第7页b。陈宏谋报告说，衙役常常以差旅费的名义向两造收取几两甚至十两银子的陋规（《培远堂偶存稿》卷十三，第18页a—b）。
100	《经世文续编》卷二十二，第7页b。四川梁山的《书役条规》显示，衙役每次将诉讼两造带至公堂接受审理时，都会向双方收取陋规。此外，还有值堂的衙役也有陋规（铺堂费、铺班费）。见《梁山县志》卷三，第16—17页。
101	"招解"是指将已经招供的罪犯解送到上级衙门接受复审（《六部成语注解》，第99页）。担任护卫、负责解送的衙役被称为"解差"。
102	《庸吏庸言》，第36页。
103	《学治体行录》卷上，第7页b。
104	《小仓山房文集》卷十五，第28页。
105	同上书。
106	《培远堂偶存稿》卷十，第14页a—b；《治浙成规》卷六，第21页b；同前书卷八，第65页b—66页；《学治体行录》卷上，第21页a—b；《学治一得编》，第36页b；《明刑管见录》，第31页a—b；《曾文正公全集·杂著》卷二，第65页b；《平平言》卷四，第20页。
107	《学治一得编》，第36页b。
108	详细资料见《学治一得编》，第40页；《平平言》卷四，第20页；《学治体行录》卷上，第21页a—b；《牧令书》卷二十，第46页b。
109	解送人犯的旅差费和其他费用，通常是根据解送人犯的距离远近来支付的（见《钦颁州县事宜》，第17页；《学治体行录》卷上，第21页a—b；《平平言》卷四，第20页；《学治一得编》，第40页，第55页b；《明刑管见录》，第31页；《牧令书》卷二十，第55页b）。将已决犯人解送上级衙门不可避免会产生花费，但同时又没有相应的行政经费支持，上级官员通常要求州县官自己出资作为捕役的旅差费（《治浙成规》卷八，第66页a—67页b）。
110	《学治一得编》，第56页a—b。
111	见本书第三章注第151。
112	《不慊斋漫存》卷五，第123页。
113	《培远堂偶存稿》卷四十六，第40页b—41页。
114	《六部处分则例》卷二十五，第51页a—b。
115	《梦痕录余》，第34页b—35页。
116	《福惠全书》卷六，第19页。
117	《培远堂偶存稿》卷四十六，第36页b—37页。
118	州县官在实行比责时，所笞责的常常是派往乡村催收税款的衙役，而不是拖延税款的花户（见第八章第一节）。这一做法导致衙役常向花户索要被杖责的补偿费——即所谓的"杖钱"或"比费"。实际上，衙役通常雇人代替自己受笞（《培远堂偶存稿》卷四十六，第39页b—

40 页)。
119 《松郡均役成书》册五，第 171 页 a—b。
120 《清高宗实录》卷四十六，第 5 页 b—6 页；《钦颁州县事宜》，第 47 页 b；《福惠全书》卷八，第 2 页 b；《培远堂偶存稿》卷二十一，第 14 页，同前书卷二十五，第 43 页 b。见《清律例》(卷十一，第 42 页 b) 关于这些伎俩的解释。
121 《图民录》卷二，第 23 页 b；《蜀僚问答》，第 6 页。
122 《佐治药言》，第 11 页 b；《学治续说》，第 14 页；《学治体行录》卷上，第 7 页。
123 堂签，是在审讯时用于发出传唤某人立即到堂之命令的竹签。
124 《学治说赘》，第 3 页。
125 《庸吏庸言》，第 36 页 b；《经世文续编》卷二十二，第 8 页 b。
126 《蜀僚问答》，第 6 页 b。班房是听候审讯期间存放物证和羁押轻罪犯人的场所。从法律上讲，只有重罪嫌犯才可以投入监狱；所有其他人犯或涉案人，在找到保人担保其审讯期间随时到堂并交纳保金之后，即予以释放。如果州县官辖下的书吏或衙役有私设班房非法羁押犯人或其他涉案人的行径，州县官本人会遭到处罚，从夺俸直到革职。上级官吏如果对此类违法事情有失察之过，也会遭到处罚 (《清会典事例》，1818 年，卷一百一十，第 9 页 b；同前书卷一百十一，第 22 页 b—23 页，同名书，1899 年，卷一百三十四，卷一百三十五；《六部处分则例》卷四十九，第 7 页 b—8 页)。
127 《学治说赘》，第 1 页 b—2 页。
128 《学治偶存》卷四，第 22 页；《清仁宗实录》卷一百四十六，第 9 页及其后诸页；卷三百六十五，第 16—17 页；《作吏要言·管监》，第 26 页 b。
129 《福惠全书》卷六，第 18 页 b；《牧令书》卷十一，第 20 页 a—b。
130 《钦颁州县事宜》，第 26 页 b—27 页、第 32 页 b。
131 《平平言》卷四，第 18 页；《资治新书》卷十四，第 35 页 a—b。
132 《福惠全书》卷十七，第 3 页 b、第 7 页 b、第 9 页 b；《朱批谕旨》，《李卫奏折》第四册，第 21 页 b；《钦颁州县事宜》，第 17 页；《培远堂偶存稿》卷十，第 14 页 a b、第 16 页 b；《庸吏庸言》，第 67 页；《学治体行录》卷下，第 5 页 a—b；《学治一得编》，第 36 页 b；《曾文正公全集·杂著》卷二，第 65 页 b；《平平言》卷四，第 17 页。正如高攀龙在《责成州县条约》(州县官事务指导) 所表明的，盗贼与捕役勾结，在明朝已经十分普遍 (《从政遗规》卷下，第 8 页 b)。
133 《平平言》卷四，第 17 页 b；《学治一得编》，第 39 页；《培远堂偶存稿》卷四十四，第 23 页 a—b；同前书卷三十五，第 30、32 页。
134 《资治新书》卷十四，第 35 页 a—b；《培远堂偶存稿》卷三十五，第 30 页。
135 《学治一得编》，第 39 页。
136 《学治臆说》卷下，第 5 页 a—b。
137 《钦颁州县事宜》，第 26 页 b；《福惠全书》卷十七，第 19 页；《平平言》卷四，第 18—19 页；《牧令书》卷二十，第 34 页及其后诸页；《刑钱必览》卷三，第 13 页 b。
138 《佐治药言》，第 8 页 b；《学治续说》，第 9 页 a—b；《庸吏庸言》，第 7—8 页；《平平言》卷四，第 19 页；《学治一得编》，第 36 页 b；《刑钱必览》卷三，第 13 页 b—14 页；《幕学举要》，第 10 页。
139 《刑幕要略》，第 22 页；《刑钱必览》卷三，第 17 页 b。
140 《平平言》卷四，第 19 页。
141 《幕学举要》，第 10、11 页 b；《刑钱必览》卷三，第 12 页 b。
142 《钦颁州县事宜》，第 26 页 b；《石香秘录》，第 9 页 b—10 页。
143 《钦颁州县事宜》，第 35 页 a—b；《培远堂偶存稿》卷十一，第 19 页 b；《牧令书》卷十八，第 40 页 b；《中和月刊》第 2 卷第 10 期，第 98 页引用《公门要略》部分。

144 《福惠全书》卷十一，第 29—30 页。
145 《钦颁州县事宜》，第 26 页 b。
146 《吏部则例》卷三十八，第 27 页 a—b；《六部处分则例》卷十六，第 18、19 页。
147 《吏部则例》卷二十五，第 16 页。
148 衙役收受涉案人员的贿赂或者向普通百姓敲诈勒索钱财，将受到与（犯相同过错的）书吏同等的处罚（《清律例》卷三十一，第 2 页 a—b、第 7 页 b—8 页；见前面第三章注 148）。衙役如因索取财物未获满足而非法羁押、责打或者用其他方法虐待被传唤人，将被判处枷号两个月并发配云南、贵州、广东或广西地区。衙役非法羁押受害人（当事人）但尚未施以其他虐待者，则杖一百徒三年（《清律例》卷三十一，第 14 页）。被判定为受贿罪的衙役将被刺上两个字："蠹犯"。刺字究竟是刺在脸上还是刺在臂上，根据其罪行轻重而定（《清律例》卷二十五，第 117 页 a—b）。
149 如果对犯罪衙役的处罚为笞杖或徒刑，负有督察责任的州县官将被夺常俸六个月；如果衙役被处以流刑，监临州县官将被夺常俸一年；如果衙役被处以斩刑或绞刑，监临州县官将受到降一级留用的处罚（《六部处分则例》卷十六，第 11 页；对照《吏部则例》卷十四，第 7 页 b）。
150 如果衙役滥用私刑致人死亡，纵容这种行为的州县官将被革职；如果私刑尚未致死人命，州县官将受到降三级调任的处罚。如果因疏忽而未查究衙役的此类违法行为，监临州县官将根据案件的后果分别予以处罚：拷打致死人命的，降二级；未致死人命的，降一级。如果因犯的任何一个家属因不堪衙役勒索钱财而自杀，州县官也将受到降二级的处分（《吏部则例》卷三十八，第 27 页 a—b；《六部处分则例》卷十六，第 18、19 页）。
151 《六部处分则例》卷十六，第 18 页 b。
152 同上书，卷十六，第 18 页。
153 一个常年衙役如果携带白役办差，将被革职并杖一百。如果白役收受贿赂，将受到与正式衙役同样的处罚（《清律例》卷三十一，第 8 页 b—9 页 b）。
154 在更早的律例中，如果贿赂的金额不足 1 两，州县官将受到降一级调任的处罚；如果贿赂的金额大于一两，他将受到降二级的处罚；如果贿赂的金额超过一百两，州县官将被革职（《吏部则例》卷十四，第 8 页）。后来制定了更为严厉的规定：州县官如果雇用了额外的衙役，州县官将被处以降三级调任的处罚；如果该衙役又涉足贪腐之事，州县官将被革职（《六部处分则例》卷十六，第 15 页）。
155 《吏部则例》卷三十八，第 29 页 a—b。
156 如果诬指良民为窃贼并施以非法拷讯的，州县官及负责监管捕役的官员（管监）将被降一级调任他职。诬指良民为劫匪并施以非法拷讯的，州县官和管监将被降三级调用。如果被指控者死于非法拷讯，则不论他是被诬指为窃贼还是劫匪，州县官和管监都将被革职（《六部处分则例》卷四十二，第 23 页 a—b；对照《吏部则例》卷二十八，第 27 页 b—28 页）。
157 如果无辜良民被诬指为窃贼并受到非法拷讯，知府、同知、直隶州知州将被降一级，分巡道将被夺俸一年，按察使将被夺常俸六个月，巡抚和总督将夺常俸三个月。如果无辜良民被诬指为劫匪并受到非法拷讯，知府、同知、直隶州知州将降一级调用，分巡道将降一级留任，按察使夺俸一年，巡抚、总督夺俸六个月。如果捕役非法拷讯致无辜者死亡的，不论其被诬指为窃贼还是劫匪，知府、同知或直隶州知州将被降二级调用，分巡道降一级调用，按察使降一级留用，巡抚、总督夺常俸一年（《六部处分则例》卷四十二，第 23 页 a—b；对照《吏部则例》卷三十八，第 27 页 b—28 页）。
158 《六部处分则例》卷四十九，第 7、8 页。
159 《钦颁州县事宜》，第 26 页；《学治一得编》，第 31 页。

160 《庸吏庸言》，第 20 页。
161 《学治臆说》卷下，第 10 页 b；《学治一得编》，第 31 页；《图民录》卷二，第 22 页 b；《庸吏庸言》，第 14 页 a—b、第 20 页 a—b。
162 《牧令书》卷二十三，第 32 页。
163 《学治偶存》卷四，第 21 页 b—22 页；《庸吏庸言》，第 8 页 b、第 17 页 b、第 18 页 b、第 22 页 a—b。为了防止衙役私自使用锁链，(知县)袁守定管着所有锁链，只有到了必须使用锁链时，才把锁链交给衙役(《图民录》卷十二，第 23 页 b)。
164 《庸吏庸言》，第 18—19 页。
165 《福惠全书》卷二，第 9 页 b；《宦游纪略》卷上，第 21 页。《学治偶存》卷四，第 21 页 a—b；《庸吏庸言》，第 15 页 b—16 页、第 18 页 b—19 页、第 45—46 页。有人强调，对故意拖延拘捕的衙役要严厉笞挞以示惩戒(《平平言》卷四，第 34 页 b)。下列条规是刘衡制定的：超过规定日期，拖延一天，受命缉捕的衙役记过一次；拖延两天，笞十；拖延三天，笞二十；拖延四天，枷号并革职(《庸吏庸言》，第 18 页 b)。
166 《庸吏庸言》，第 18 页 b—19 页；《学治偶存》卷四，第 22 页；《牧令书》卷十八，第 23 页 b。
167 《学治偶存》卷四，第 21 页 b；《吏部则例》卷四十一，第 29 页。
168 《平平言》卷二，第 37 页 b—38 页。
169 刘衡和陆维祺都规定一次只派一个衙役执行拘捕传唤(《庸吏庸言》，第 15 页 a—b、第 18 页；《学治偶存》，第 21 页)。方大湜将执行拘捕传唤的衙役人数限定为二人(《平平言》卷二，第 37 页 b—38 页)。刘衡还尝试过更为严苛的程序：他试图取消由衙役传唤民事案件的被告和证人的制度，代之以将传票签给原告，并要求原告将该传票交给乡长。乡长通知被告于特定日期到公堂候审。然后原、被告双方与证人达成协议，届时一起到公堂参加诉讼。发给原告的传票上明确注明，这样做就是为了防止衙役滥用权力(《庸吏庸言》，第 10 页 a—b、第 15 页)。
170 见本章前注 92。
171 《庸吏庸言》，第 7—8 页 b。
172 《覆瓿集·刑名》卷一，第 13 页 b；《平平言》卷四，第 20 页 a—b；《学治一得编》，第 37 页、第 40 页 b—41 页 b。
173 《福惠全书》卷二，第 8 页 b—10 页、第 11 页、第 57 页；《平平言》卷四，第 34 页 b。
174 《牧令书》卷四，第 24 页 b。
175 《钦颁州县事宜》，第 17 页 b—18 页；《覆瓿集·刑名》卷一，第 13 页 b；《治浙成规》卷六，第 21 页 b—22 页，卷八，第 66 页 b；《学治一得编》，第 37 页、第 41 页 a—b、第 55 页 b—56 页；《明刑管见录》，第 29 页 a—b、第 31 页；《牧令书》卷二十，第 55 页 b。
176 《牧令书》卷四，第 24 页 b。
177 《六部处分则例》卷十六，第 15 页。
178 《牧令书》卷四，第 24 页 b。
179 《平平言》卷二，第 28 页 b—29 页。

第五章　长　随

　　长随（意即"长年的随从"）是州县官的私人仆役。他们在地方行政中占有独特而重要的位置。虽然衙门中已有大量书吏和衙役，但仍有一些官方事务没有专人办理。于是，这些事务便留给地方官员的私人仆役来办，他们因此涉足地方行政事务——尽管他们并不是政府雇用的。[1] 单纯充当州县官生活及家务仆役的只是少数长随，大多数长随实际负担着这样那样的行政职责。

　　如果我们仅仅说，长随因参与办理公务才显得重要和不可或缺，这就与事实不相符了。因为这样就难以解释，他们承办的那些公务为何不能派给书吏和衙役办理。要解释这一现象，我们就必须从清代州县官固有职能框架中寻找根源。

　　正如我们所知，州县官初来乍到任职地之时，对于当地情况知之甚少，不可能相信作为本地人的书吏和衙役。但他又不得不依赖他们履行日常的行政职责。况且，他也意识到自己无法真正控制和监管本地书吏和衙役。这种情况可能至少导致下面两种结果之一发生：一是当地百姓成为书吏和衙役奸贪不法的受害者；二是州县官本人可能要自食对下属失察的苦果（因为依照国家律令规定，任何官员，如对书吏和衙役的违法行为疏忽不察，可能会断送仕途）。这种情形显然对州县官威胁极大，迫使他不得不依靠某种人来督察书吏和衙役；这种人就是长随。基于以下几点理由，他发现长随更可靠一些，危险性更小一些。

第一，由于长随通常不是州县官任职地区当地人，[2] 因而他们在当地社会没有私人利益，与当地人也没有私人交情。

第二，长随是由州县官私人雇用的，与他有私人的依附关系，一般会效忠他。而且，州县官被免职也意味着长随的失业。

第三，州县官非常了解长随。因为有些长随在州县官出仕前就是他的家奴，有些则是由他的亲戚朋友推荐的。举例来说，汪辉祖任用他的一个老资历的长随作门丁，就是意识到这个差事需要一个信得过的人来担任。这个长随给他的印象是：为人敦朴，在行政事务上谨小慎微，所以当有人控告这名长随行为不轨时，汪辉祖根本不相信、不理睬。直到一年以后，该长随的罪行败露，他才知道真相。[3]

州县官通常将他的长随视作可以信赖的人。曾为县教谕的谢金銮认为，州县官将长随视为可以信赖的人是对的。他相信，通常在五六个长随中可以找到一个可靠的人。[4] 任用长随督察书吏和衙役，可以明显地减轻州县官的压力。执掌官印这样一件最为机密的差事，通常也由长随充任。[5] 有个满人县官，因为觉得没有一个衙役可靠，曾派遣自己的心腹长随与捕役一道捉拿强盗。[6] 有的州县官甚至与长随商议公事。[7] 总而言之，长随不仅充当州县官的耳目，[8] 而且是他的"腹心"，信赖的助手。[9]

许多州县官觉得自己的政务繁重，倾向于委托给长随代做一些。这也使得长随的重要性更加突出。[10] 而且，州县官还依赖长随随时提醒他们哪些事应当做。

显然，对于打算收受贿赂的州县官来说，长随是不可或缺的。正如方大湜所说，没有哪个州县官会亲自索贿，必须由长随充当贿赂中介人。[11] 而行贿者接触州县官的长随要比直接接触州县官本人容易得多。

第一节 长随的种类

长随的数目取决于衙门的大小和职责的多寡。州和县或多或少一般都会有如下职能的长随：一两个负责把门的"司阍"或"门上"①，一个负责文书签转的"签押"（也叫"稿案"），一两个"司仓"，一个"管厨"，还有"跟班"。[12] 此外，长随还包括在公堂值勤的"值堂"、负责通讯的"书启"、掌管印信的"用印"、负责税收的"钱粮"或"钱漕"、负责监所的"管监"、负责驿站的"管号"和负责杂税的"税务"。[13] 曾任县官的何士祁吐露，在不少省份，每个州县官至少需要十名长随，在公务量很大的州县会聘用二十名以上的长随。在江南地区，由于漕粮的征收是地方政府的一项重要职责，往往会聘用二三十名长随。[14]

谢金銮的奏报展现了更为复杂的景象。他说，仅"门上"就被细分为几小类："案件"掌管诉讼，"呈词"管理诉状，"钱粮"主管赋税，"杂税"负责杂项税务，"差务"负责接待上级官员，还有"执贴传话"等。由此可见，仅仅"门丁"一类职事，就可以分门别类地雇七个、八个、十个或更多的人。

类似地，掌管文书签收批转的"签押"一职，也可以分成几个小类。此外还要加上两类：负责登记的"号件"②，以及负责填写令状的"书票"。[15] 常常还有一名长随不在衙门内办事，而被安排到省城或府城，专门从事联络工作——在省城的叫"坐省家人"，在府城的叫"坐府家人"。[16]

地方官员雇用长随的定额，直到1702年才确定下来。[17] 州县官可雇用二十名长随，县丞可以雇用十名。满族官员的雇用人数可以翻倍。超额雇用长随的官员，会受到降级（降一级）处罚。[18] 不过由于长随是州县官自己雇用的，工资也由他自己派发，因此超额雇用长随与超额

---

① 司阍、门上，实即门丁。后文均译作门丁。见本章第五节所引刘衡《庸吏庸言》。——译者
② 注意与幕友中的"挂号"（见第六章第二节）的区别。——译者

雇用书吏衙役的情况不同。正常情况下，一个州县官不会雇用不必要的长随。从前引资料看，在州县衙门当差的长随可以是 5 个到 30 个不等。

第二节 职 能

像处理文书案牍之类典型的衙门公务，常常派给几类人员来办理，这势必造成职务交叉重叠。因此，我们最好是通过考察长随参与其中的州县衙门职能来研究长随的实际职能。这一考察，不仅可以勾勒出州县日常行政的完整轮廓，还可以凸显不同种类的长随之间的相互关系、长随与衙门其他成员（书吏、衙役、幕友）之间的相互作用，等等。

一、与人员控制相关的职能

1. 监视进出衙门的人员。这是门丁的职责。衙门的长随、厨子和苦力，除非有差务在身，否则不得擅自出门。门丁的职责就是询问他们出门的原因并予以登记。若是在不寻常的时候外出，即使是州县官的随住亲属或幕友，也要接受盘问并被报告给州县官。[19] 拜访州县官的人，也要先经门丁查问和通禀，才会被允许入内。[20] 如果来访者是上级机关的公差、同城其他衙门的官员或者是当地绅士，那么就由"执贴传话"接贴传报州县官，并将访客引到客厅。[21]

2. 充当州县官与书吏衙役间的中介。门丁也可以承担向书吏衙役传达州县官命令的任务。[22] 当需要批阅公文、进行裁判或催办公务时，州县官总会签署一个批条给"稿案"，由稿案交给门丁，再由门丁交给书吏或衙役。通常，稿案不得与书吏衙役直接接触。[23] 同样，书吏衙役的报告，也必须经由门丁之手才能送达州县官。州县官向衙役签发捕票时，也是由门丁传达的。[24]

二、与公文传达相关的职能

1. 接收传来的公文。来自上级衙门或同级衙门的所有公文，首先交给门丁，由门丁开启并送交稿案；或是门丁直接送交稿案，由稿案来开启。[25] 不论哪种情况，稿案都要将公文注上日期呈给州县官。[26]

2. 在公文的处理程序中负责监督、汇总。州县官会将这一至关重要的职责指派给门丁、号件、稿案和用印。州县官或其幕友在批阅公文之后，[27] 会将公文交给号件；[28] 然后经稿案交给门丁，门丁再将公文转交"承发房"。承发房负责将公文分发给各房书吏，由他们根据批示的要求起草公文。

公文草稿准备好之后，由承发房在每日午后汇总转交门丁，门丁将其递送给稿案。稿案将草稿呈给幕友审读，审读完毕就交到州县官的书房等待审批。审批后的文稿仍送回门丁，由他转发给书吏，后者根据审批结果起草定稿。[29]

定稿完成后交给门丁，门丁将它交给稿案，稿案再将它交给用印盖上官印。[30] 然后，盖了印的公文又交给稿案。稿案负责检查公文是否符合官方格式，并根据固定格式用朱笔修饰，这一做法称作"标判"。[31] 最后，公文重新编号登记并送至门丁。如果属于外发公文，门丁负责检查和封装。他必须保证公文没有誊写错误且数量无误。[32]

由此看来，在准备公文的过程中，书吏是在长随的监督之下。第一，门丁负责监督书吏在准备公文时有无拖延；[33] 如果是紧急公文，稿案就有责任督促书吏尽速准备文稿。[34] 第二，所有文件都由主管文牍的长随负责仔细检查以防被书吏篡改，以保证文件准确真实有效。在处理重要公文诸如口供、判决文告、含有地契或本票的公文时，更是格外谨慎。[35] 文件盖章时，用印负责检查书吏是否篡改了文书。[36] 签发捕票时，常常把官印加盖在"行"字和被差派的衙役姓名上。这样一来，书吏就不可能在捕票上增加另一个衙役的姓名。[37]

三、与州县官审判相关的职能

1. 监督审判的准备工作。门丁接受诉状之后,即交给幕友。幕友拟写关于是否受理案件的"批词",随后送交州县官,由州县官审读认可后盖章。获认可的批词,由另一幕友誊写一份,随后令书吏撰写状榜。[38] 状榜用朱笔[39]做记号,交给门丁登记,并张贴到布告栏中。[40] 每天清早,门丁负责在布告栏查点当天应当听审的案件名目,召集书吏和衙役,并检查证人和其他须出庭受审的人员是否已经带到了衙门,以确保审判正常进行。若有更多的案件要听审,则同样的工作要在黄昏时分再做一次。[41] 在确认所有须出庭受审的人员到齐后,门丁在案卷文书后附一张"到单",表明原告、被告和证人均到堂;并将案卷交给"值堂",再由值堂呈给州县官,请示州县官升堂的时间及首先听审哪个案件。接着通知书吏、衙役升堂。衙役依令将自己看管的人犯(或人证)带齐。最后,启请州县官升堂。[42]

如果有人在衙门口击鼓控告要求官员听审,门丁就要负责询问缘由,查看是否有诉状。[43] 如果案情严重,就要请州县官出来升堂审理该案,并签发拘捕凶嫌的捕票。[44]

假如有杀人案举报,门丁就要在确认举报之后迅速呈报州县官,并通知刑房书吏、仵作和其他衙役准备升堂。勘验日期确定后,门丁要做一切必要的安排:先派衙役搭建一个临时的棚子,准备马匹和苦力,然后通知刑房书吏和仵作陪同州县官去勘验,并将口供和勘验表格交给陪同州县官勘验的"值堂"。[45]

2. 参加审讯。值堂掌管升堂审判的例行事务。他将法律文书置放在州县官的公案前。[46] 在整个审判过程中,他都要在场:仔细聆听证供,并确保口供未被书吏篡改。如果要勘验,值堂一般都要与仵作一齐到现场,监督仵作的每一个勘验行为,以确保不出现虚假报告。必要时,值堂可以询问受伤者的受伤状况和行凶者所用凶器等,然后令负责登录口供的书吏记下供词,令主管刑房的书吏誊写伤情清单。假如要在庭上用刑，值堂要在近旁监督，确保其正确执行。证人被释放时，值堂会提醒州县官将其从证人名单上删去；嫌疑人要投入监所（监押）时，值堂吩咐刑房书吏准备号牌，并呈请州县官批示号牌。假如有什么财产要归还原主，值堂必须取得由州县官批注日期的回执，并保存在案卷中。[47]

案件审结后，值堂须负责促令原告和被告在一份接受裁判的声明上画押。[48] 书吏誊写的口供，由值堂在验查无误之后呈请州县官审阅。口供、遵依或甘结（表示甘愿接受判决的声明）由州县官审阅完毕并加注"阅"字之后，值堂在书吏面前当面检查并将其放入卷宗夹，然后交给稿案。[49] 最后，案卷交给门丁，由门丁交还书吏并放回档案柜。[50]

值堂也负责参与勘验。他监督仵作的勘验行为，并填写勘验记录表格。勘验表格由州县官用朱笔作一些必要的记号。[51]

3. 处理与审理相关的细务。如果说值堂主要参与的是审判过程中的常规操作，那么门丁和稿案主要参与的则是审前的准备和审后的善后事宜。除了负责文牍的分发以外，办理与审判活动相关的常规事务也是他们的职责。不论是门丁还是稿案，都要负责记录原、被告的姓名，主办案件的书吏和衙役的姓名，以及其他与审判有关的情况。[52] 他们有责任提醒州县官签发捕票，提示刑房书吏给承办命盗案件的衙役立下结案限期令状。[53] 通常，稿案可以提请州县官将案件指派给另一个衙役承办，或者在必要时增派衙役。[54] 在江西省，按惯例，州县官可派长随一道押送重刑犯到上级衙门复审。[55]

四、与监狱相关的职能

监管在押人犯是门丁或者管监（如果有的话）的职责。[56] 两者都有权责令刑房上交每天正式收监的人犯名单，或羁押在班房（临时存放物证或关押轻罪人犯之所）的人员清单。他们还负责押送新犯入监；在刑房书吏点卯①时，他们负责检查犯人的镣铐是否完好；还要检查狱卒是否有保持牢房的清洁，是否有对生病和濒死的囚犯予以照料；等等。⁵⁷一位长随匿名撰写的一本手册——《各行事件》——提到，管监要每天检查人犯的进食量，以防狱卒克扣。另一本书名为《公门要略》的手册提到，狱卒常常会虐待不能向他们交纳贿银的囚犯，管监的职责之一就是要调查有无任何相关的虐待行为。⁵⁸

若有被解送的人犯路过某个州县，当地的管监要清点囚犯数量，吩咐刑房书吏查验囚犯手印，检查囚犯的镣铐，收押到监所。待解差启程时，管监要将囚犯与解送文牍⁵⁹一并交还给他。⁶⁰

五、与征税相关的职能⁶¹

1.督查书吏是否将税收资料表册准备齐全。新任命的州县官到任时，会授权其"钱粮"或"钱漕"督促税吏上交《赋役全书》；责令户房（掌管银钱的"柜书"和掌管财库的"库书"）制作一份明细表，列明土地税和其他各种赋税的税额，已收税款和已上交税款，库存及尚欠税额，等等；还可以责令掌管粮仓的"仓书"书面报告官仓中的粮食存量。如果税收账目中有亏欠，负责验查的长随可以责令掌管银柜的各书吏（柜书）作出书面保证，具结保证这些亏欠只是纳税人拖欠的应缴税银，而不是因为书吏贪污。"仓书"和"斗级"也要向长随交书面保证，保证官仓实存的谷物数量与账册记录一致；若有短少或潮湿发霉，则愿意承担相关责任。⁶²

《门务摘要》一书建议钱粮或钱漕查验所有的税务记录以便对已收、上缴和未收的税额有一个全面的了解。⁶³不过，正如我们将要知道的，这一责任主要属于钱粮师爷。大体上说，长随只要从各位书吏那里询问情况，有个大致的了解就可以了；好像更多的是由幕友在自己的办公室

---

①盖指刑房书吏对囚犯逐个点名查看相关情形。——译者

里仔细查验那些账册。长随的职责只是与书吏直接交涉，帮助幕友确定记录和报告的可靠性，因为幕友是不能与书吏直接打交道的。

钱粮或钱漕的重要性是不容忽略的。根据《公门要略》记载，户房只制作两份税册，一份上交州县官，另一份由钱粮或钱漕保管，以备查考。[64]

2. 催收赋税。在征比期限届满前，钱粮或钱漕有责任吩咐负责赋税的书吏开列一份拖欠赋税者名单，或一份催收不力应受比责的（下乡催税）图差名单。随后可以提请州县官在公堂上惩治有过错的衙役（图差）。[65]

3. 监督书吏和衙役。通过上述程序，州县官期望通过钱粮或钱漕确保书吏在签发税单时不搞营私舞弊。[66]钱粮或钱漕还负责监督柜书和图差将征收的税款每日如数上缴。[67]

4. 税款的解送。钱粮或钱漕常常被委派跟衙役、丁壮一道解送税银。[68]他负责清点从银库中取出的银两，并确认银两放进木桶中或凿空的圆木中。运送途中，由他负责保证木桶或圆木的安全。到达目的地后，在移交税银时，由他监督打开木桶或圆木。[69]

5. 监督漕粮的征收和上缴。钱漕或钱粮接受州县官委托，监督书吏和衙役征收漕粮，这在《钦颁州县事宜》中写得很清楚。该书提到，州县官不可能自己亲自掌秤收粮，不得不派书吏和衙役承办征收事务，因而不得不选派长随监督书吏和衙役，以防止舞弊。[70]长随有权检查漕粮质量，并拒收低质粮食。[71]押运漕粮是旗丁的工作。旗丁往往骄横跋扈、难以相处，因此与旗丁打交道应是钱漕的一个基本能力。[72]另有一条规定，允许长随在州县官上呈有关衙门的公文上注明船只到达和离开的日期，协助州县官监督漕粮船只运行速度。[73]

六、与官仓相关的职能

通常，"司仓"要常驻在官仓。[74]他的职责是确保仓门锁牢，并且用官方的封条封好。需要查验时，他可以打开仓门，协助到任的州县官查验仓中的存粮。司仓还有权监督斗级，《长随论》建议司仓不要斥责或惩罚斗级。相反，应当用仁厚赢得斗级的支持。因为如果激怒了斗级，斗级会故意制造官仓粮食亏损（嫁祸于司仓）。[75]

七、与驿站相关的职能

有些长随常驻在驿站，[76] 监督官方例行函件递送，监督马夫，并接待客人和信使。这一类长随就是所谓的"管号"。若有函件到达驿站，管号要查验文书的外观状况，在纸条上记下到达的日期、时辰，并将该纸条附贴在函件上；然后命令马夫备马将信函送至下一驿站，并将收条（回执）带回驿站。管号还负责接待因承办公务而有权享受驿站服务的往来官吏。他要根据该官吏的证件（勘合）的不同类别，安排不同档次的马匹和扈从。[77]

八、杂项职能

衙门中还有一系列长随，掌管支付衙役薪金、囚犯口粮、祭祀用品的公用资金，[78] 负责通讯，[79] 充当更夫，[80] 监督厨房，[81] 或做州县官的随从。[82]

长随中有一个叫"办差"或"差总"的职位，专门负责接待因公来衙或路过本地的上级官员。差总要为他们安排住处、用具、铺设和苦力。一般差总都有几个流差（使童）归他使唤。[83]

一名长随常常驻留在省城或府城作联络员（即"坐省家人"或"坐府家人"）。他的基本任务就是与上级官员的长随保持紧密联系。[84] 由此获得的内部消息，有利于州县官更好地应付上级官员。州县官有公函要上呈时，则通过上下两级官员的长随相互沟通并做恰当安排。[85] 尽管法律规定禁止州县官向省府两级衙门所在地派驻长随，[86] 但很少有人遵守。[87]

上述对长随职能的考察表明：除了执帖传话、跟班和管厨以外，其他长随基本上都与公务有着这样或那样的联系。"长随非在官之人，而所司皆在官之事。"[88] 长随中至关重要的几个职位是：门丁、稿案、用印、值堂、钱粮、税务、管号和管监。[89]

上述对长随各种职能的考察表明，长随一般服务于三个目的。

首先，他们协助日常公务以减轻州县官的负担。只要县丞和其他僚属官员（见第一章）消极怠工，州县官就成了衙门中唯一的办事员，必然被各种公务缠身。这就需要有一群助手协助他料理日常事务。显然，州县官精力和阅历越是不足，他对长随的依赖性就越大。一位长随撰写的手册上曾提及：一个稿案要查阅卷宗中所有的法律文书，但如果州县官精明能干的话，就不用劳烦长随了。[90]

其次，长随对衙门内不同部门间活动进行协调：书吏与衙役之间，幕友与书吏之间，幕友、书吏、衙役与州县官之间等。由于幕友、书吏和衙役各司其职，法律又不允许他们直接往来，因此长随的协调作用是必不可少的。正如王植所总结的，长随就是向书吏、衙役传达指令，对书吏和衙役分派工作并使之相互协调的中介。[91] 虽然州县官可以随时监管任何下属，但实际上他没有这个能力和精力，特别是面对一大帮书吏和衙役的时候。因而州县官就要依靠长随来充当自己和下属之间的中介。即使州县官与幕友来往紧密，长随仍然用来传递公文和信函。[92]

刘衡——一位很有能力的县官——曾尝试取消门丁处理公文及向书吏、衙役传达命令的职能。[93] 他的长随，仅仅作为私人跟班，或以其他卑微的身份侍候他。[94] 不过，刘氏的方式被当作是一种例外和不方便的做法，很少有官员愿意效仿这一创举。能力如此杰出的刘衡，也只是建议为官者自己斟酌是否采用他的做法，并不认为大家都该这样做。[95]

最后，长随被用来监督政府的雇员。这在州县官和长随的手稿中都有详细的反映。[96] 长随似乎也清醒地意识到了自己的这种职能，并认为自己是州县官的亲信，而将书吏视为低人一等的"奸胥"。[97]

第三节　地位和招募

在衙门里，长随地位很低，通常被归入"贱类"，[98]处境与皂隶、家仆和衙役相同。他们无权参加科举考试，也不能进入官僚阶层。[99]离职后三代之内子孙仍不得参加科举或进入仕途。[100]长随的社会地位也很低下。举例来说，在州县官或其幕友面前，长随不得坐下。[101]

州县官的长随，一部分是其原来的家仆，[102]其余则来自亲戚、朋友、同事乃至上级官员的举荐。[103]这些人中有些以前在衙门中当过长随，对公务较为熟悉。具备读写的能力是担任长随的一个基本前提。

长随的经济地位千差万别。大部分人都很贫穷，但有一些人却相当富有。据说有人出巨资求人荐介自己充任州县官的长随。[104]新任州县官缺少盘缠或其他费用时由长随垫付的事情也时有发生。[105]晚清时有位作家曾报道过京城经常发生的事情：银匠铺常常向试图捐买官爵的人提供贷款，一旦铺主成为债主，就会向债务人推荐一名长随；债务人有义务雇用其推荐的人。[106]贷款给州县官并谋求长随职位的意图很明显——试图通过日后索贿而获利。贷款的性质就相当于投资。[107]

由于长随是基于个人原因而雇用的，州县官可以根据自己的考虑来录用或解聘长随。他可以随心所欲地留用某个长随，但有一条规定必须遵守：每雇用一个长随，必须在三个月内将其姓名、原籍、出身以及所派职事等呈报上级官府；同样，解雇某个长随，也要提交类似的报告。[108]

第四节　经济待遇

一般来说，长随应根据其能力和工作的性质领取薪金（工食）。[109]不过这种收入只是常规性的，长随真正关心的是陋规——各种规费。因此汪辉祖发现，如果某个长随只被一般性地雇用而没有特别的差派，那么他就不能享有任何外快。[110]

许多陋规是由长随与书吏、衙役共享的。下面是《各行事件》中提到的陋规：呈递诉状费[111]，传唤（被告、证人）到堂费，撤诉费，甘结费，保释费，税单费，征收地契税、盐税、酒税和典当税时附加的规费，行纪证照费，船舶证照费。[112]这些规费，由值堂和稿案在审理活动中收取。[113]在江苏某地，除了要向书吏和衙役支付陋规之外，还分别要向州县官的"跟班"支付3000文，向"值堂"支付2200文。[114]

也有一些陋规只归长随所有。其中最有名的，莫过于要见州县官或欲向州县官送礼的人必须给门丁送的"门包"了。即使是同在衙中共事的书吏、衙役也不例外，也必须向门丁送门包。[115]通常向长随送陋规的有：库书、柜书、漕书、承办税银熔铸的银匠、代写诉状的状师、地保、社仓司仓、补廪（给予补贴的州县学生员）、贡生、捐买官爵的人。[116]长随还常常从衙役的薪金[117]、祭祀经费[118]和营造修缮经费[119]中克扣一定数目的银钱。此外，还有"到任礼"、"时节礼"和"年礼"等，[120]这些都是想与长随拉关系谋求利益的人们送给他们的。

虽然人们普遍意识到陋规是衙门中长随维持生计的必要手段，[121]仍有许多州县官认为有必要加以约束。陋规的种类和数额因地而异，[122]有些州县官通过考察当地情况，相应认可或删除一些陋规名目，[123]书面规定下来并使之合法化。通常陋规的一部分被留作门丁和稿案的办公费用，剩下的按季度或在三个主要节日期间分发给每个长随。[124]每份的金额高低取决于其资历的长短和勤勉程度。为了避免纠纷，这往往是由州县官来决定的。[125]如果在某地可取得的陋规不足以维持长随的生计时，州县官往往就只好自掏腰包予以补足。[126]

第五节 贪赃形式

本章提到的各类长随几乎都会介入这类或那类腐败勾当。由于所有文件和报告都必须通过门丁传递，所以门丁一职在应付各种情况及滥职权上就有着得天独厚的便利条件。[127] 他常常由于未得到陋规而故意拖延分发文书和捕票。[128] 曾有一个县官根据保甲长的请求签发了一份要求百姓清除蝗虫的官方告示,后来该县官发现,由于他未给门丁赏银,这份告示从未交到保甲长的手中。[129] 另一方面,书吏和衙役也常抱怨,自己上呈的报告,由于门丁从中作梗而没有交到州县官的手中。[130] 衙役带被告和证人到衙门候审时,如果交纳的陋规数额未满足索求,[131] 门丁就常常以证人不全为借口,拒绝向州县官禀报。下面是刘衡提供的实例:

> 本府前在广东,曾见一县奉文缉一要犯。选差勒限悬赏一千圆,差于限内获犯解县。门丁李某令差且押犯私馆,语官云:"犯已远扬,增三千圆则可。"官不得已,许二千圆,仍不得犯。欲比差,则门丁匿差,且为缓颊。竟如数予三千圆,始将所获之犯交出。[132]

很显然,门丁是州县官与书吏、衙役和百姓之间相互联系的一道障碍。[133]

最有意思的是,尽管长随被认为是州县官的亲信,而且被委托监督书吏和衙役,[134] 但许多长随恰恰是因为与书吏、衙役合伙贪污而被指控。王植指出,长随要依靠书吏和衙役才能办理公务,也要从书吏、衙役那里捞取外快。作为回报,他们就对书吏和衙役的贪污行为坐视不管。[135] 换句话说,长随将书吏、衙役视为自己的代理人,而书吏、衙役则将长随视为自己的庇护者。[136] 长随在州县官面前经常帮助书吏、衙役掩盖过失,必要时他们还会请求州县官延迟对书吏、衙役加以笞惩。[137] 而书吏、衙役也常常从长随那里得到有价值的信息。[138] 曾发生过这样一件事情:某书吏以每月向门丁付三万文钱的代价,换取了向各房分发前先行阅读该门丁经手的所有文件、官方布告和草稿的权利。[139] 长随还常常向书吏出售赋税税单。[140] 长随和书吏、衙役还常常狼狈为奸偷窃供词、证词并替换或篡改其中部分内容。[141]

监督粮仓的长随（司仓）常常被投诉，被控不仅对书吏、斗级的贪污行为熟视无睹，而且与他们合谋从漕粮征收中捞油水。[142] 冯桂芬估计，在江苏的一个县，长随、书吏从漕粮征收中通过陋规和贪占获取的银钱可达平均每人一万两之巨。[143] 这种合谋也可以发生在管监和牢头、禁卒之间。[144]

于是，州县官当作心腹助手的长随，实际上蜕变为其僚属、书吏、衙役的同谋。这里可以举一个实例加以说明：

> 一官到任，门丁曾某串吏为奸，佯语官云："此地频年短税，奈何？"官愕然，求策。则徐曰："盍令户书包办乎？不可则强之。"官领之。吏则佯为不受命也者。迟之旬日，门丁佯迫之，吏乃勉强应命。官以为幸免赔累也，待门丁有加礼，而不知所获乃倍蓰也。其后某官卒以挪缺挂弹章。[145]

长随最常用的伎俩就是博取州县官的好感，用高明的手段蒙骗他，假意忠诚以取得信任。[146] 当然，还有更直接和更歹毒的办法。正如方大湜所言，总有一些公务不能严格按照政府律令办理，因此一个贪狡的门丁可以利用这一点并与州县官保持亲密的关系，使州县官容忍其不法行为。[147] 同样，一个州县官也很难解雇一个曾借钱给自己、自己也对其心怀感激的长随。[148] 假如某个州县官本身就是个贪官，特别是如果他因为指派某项差事而从长随那里收受了贿赂，[149] 长随就更容易挟持他。[150] 如此一来，长随当然就有很大的自由去贪赃枉法了。实际上，两者为了共同利益往往相互勾结，狼狈为奸。可能正因为此，法律规定如果州县官因为收受贿赂而被查办时，他的长随也将被羁押和审讯。[151]

第六节 纪律控制

长随受贿或索贿,与犯有同样罪行的书吏、衙役的处罚一致。[152] 假如长随在主人被控贪污时逃跑,处罚将加重两级。[153]

与监管书吏、衙役的职责一样,法律将监管长随的职责加在州县官身上。因此,如果州县官放任自己的长随巧取豪夺,将被革职;如果对长随贪赃只是疏忽失察,将根据长随罪行轻重,对官员处以夺俸或降级的处罚。[154] 若对长随滥用职权并伤害他人的行为疏忽失察,州县官也将受到降级的处罚。[155]

正如我们所言,许多州县官都信任他们的长随,并靠他们监管书吏和衙役。不过,也有许多州县官意识到,很少有长随是可靠的,必须始终予以监管。[156] 由于书吏、衙役和长随在贪污活动中常常狼狈为奸,所以这种以长随来监管书吏、衙役的设计显然是行不通的。州县官的负担没有减轻多少,反而为他的工作增加了难度:因为监管长随的难度更甚于监管书吏和衙役。[157] 显然,除非像门丁这样的长随被约束好了,否则要想约束书吏和衙役就毫无希望。[158] 汪辉祖称,根据他的经验,确有一些书吏是遵纪守法的,但长随则没有一个是守规矩的,而且唯利是图。因而,假如州县官依靠他们来管理州县政务的话,将会使他的管理不堪收拾。[159] 刘衡——一位精明能干的知县,后来又升任知府——就曾建议他的下属不要任用门丁,并坦承自己也不能管束他们。[160] 由于司仓和管号驻守在衙门外面,对他们的监管就更加困难了。[161] 对于管束长随这一难题,通常给出的解决办法是:不要赋予他们什么职权,也不允许他们对公事做决断。[162]

门丁所处的位置,使其最容易为谋私而故意拖延文书函件递送。为了杜绝这种不良行径,有些州县官就责令:所有文件,每天必须毫不拖延地送达。[163] 王凤生规定,书吏、衙役必须在上交呈报时注明日期,门丁也必须立即上交州县官;州县官也会在公文报告上签署日期后交给幕友。假如州县官在公堂，书吏、衙役还被允许直接向他呈交报告。王凤生还规定，所有被同意发送的文书及给衙役签发的捕票，也必须由州县官注明日期。这样，由门丁故意造成的延误，就容易查出来。[164]

为了防止长随、书吏和衙役之间合谋不法，以杜绝这一腐败渊薮，有位县官在一本叫《署规》（专门约束长随行为的衙门规章）的条规中规定：禁止长随与书吏、衙役交游、饮酒和赌博。[165]他更进一步警告他的长随：不要在任何事件中与书吏、衙役勾结企求不法利益。[166]但是，这些仅仅是书面规定，实际情况往往是另一回事。

注释：

1 州县官委派给长随的公事，在绝大多数国家政府中都是由吏员承担的。可能正由这一缘故，英国驻上海总领事璧利南之类的外国观察者，才错把"长随"当作吏员来看待。璧利南因此将"书吏"翻译为"常职文员（permanent clerks）"（《中国州县官衙》，上海，1899年版，第5页）。

2 上级官吏推荐的长随中，有一些可能就是州县官任职州县当地人（《培远堂偶存稿》卷三十四，第28页b—29页）。不过，绝大多数跟随州县官的长随，要么来自州县官家乡，要么来自京城。因此，雇用本地人做长随，是十分少见的例外现象。

3 《学治臆说》卷上，第4页b—5页。

4 《牧令书》卷四，第13页b—14页。显然，并非所有的长随都是靠得住的，也并不是所有长随都能够得到其雇主的信任。以汪辉祖的叙述为证：长随并不终身跟随一个雇主，而且他们所申报的姓名、籍贯常常不是真实的。所以，忠诚可靠的长随，一百个里面难以挑到一两个（《学治臆说》卷上，第3页b—4页）。因此，州县官不仅不会因有"长随"便可稍稍缓解对书吏、衙役可靠性的忧虑，反而因为无法信任长随而陷入更为紧张焦虑的境地。这一问题，将在对长随的监管一节详加讨论。不过绝大多数情况下，州县官都会觉得长随要比书吏、衙役更可靠些。

5 有位名叫翁祖烈（1836年进士）的知县提到，门丁和签押两个职位，必须委派给几个正直可信的长随担任（《宦游随笔》卷三，第58页）。潘杓燦说，每天送来文件签押时，往往是由州县官最贴身的长随用印（《牧令书》卷二，第8页b）。

6 《明刑管见录》，第25页b—26页。

7 《平平言》卷二，第20页b。何耿绳，一位能干的知县，他在他的《署规》（给长随规定的规章）中告诫他的长随：不要自作主张，应当依照他的指示办事。但是如果他的指示不恰当，长随可以提出自己的观点并进行讨论，以避免错漏（《学治一得编》，第60页a—b）。

8 方大湜曾指出，由于州县官对本地情况不是很了解，所以常常依赖长随作为自己的耳目（《平平言》，第22页a—b）。

9 《庸吏庸言》，第42页b；《平平言》卷二，第15页。
10 《蜀僚问答》，第2页；《平平言》卷二，第20页b、第21页b—22页。
11 《平平言》卷二，第22页。
12 例如，汪辉祖任湖南省宁远知县时，只雇用了五个长随：一个门丁、一个签押、一个司仓、一个管厨和一个跟班（《学治臆说》卷上，第4页b）。在直隶担任过知县的王植，雇用了两个门丁（一个是门丁的助手），两个司仓，两个签押、一个管厨和一个专门跑腿的。管号（监管驿站的长随）只在设有驿站的州县才会雇用（《牧令书》卷四，第14页b）。谢金銮认为一个能干的州县官雇用的长随不应超过五六个（《牧令书》卷四，第13页b）。
13 《牧令书》卷四，第12页b—13页b。
14 同上书，卷四，第12页a—b。
15 《牧令书》卷四，第13页b。《平平言》（卷二，第22页b—23页）中还提到了其他两种负责文书的长随：一类与门丁相关，称作"稿案门丁"；另一类与签押相关，称作"稿案签押"。
16 《清世宗实录》卷四，第19页b；《清高宗实录》卷九十四，第2页a—b；《牧令书》卷四，第14页b；同前书卷二十三，第41页。
17 1685年朝廷曾讨论对地方官雇用长随的数量加以控制，但是礼部认为固定编制的做法十分不方便（《定例全编》卷十五，第55页）。
18 该规定直接采用了"家人"这一通用名词，而家人既可以指称家庭成员，也可以指称家中的仆役（《清律例》卷三十一，第41页）。不过该规定也指明，定额只适用于官员的妻、子、兄弟以外的人。妇女也包括在这一定额限制内（《定例全编》卷十五，第55页a—b；《户部则例》卷四，第2页）。
19 《学治一得编》，第30页、第61页a—b；《学治臆说》卷上，第4页b；《中和月刊》第2卷第10期（1941年10月），第72页引用《长随论》的部分。
20 《学治一得编》，第61页b；《中和月刊》第2卷第10期，第72页引用《长随论》的部分。
21 《中和月刊》第2卷第10期，第79页引用的《各行事件》和《公门要略》的部分。
22 《学治臆说》卷上，第4页b；《学治一得编》，第62页b—63页；《平平言》卷二，第19页；《庸吏庸言》，第23页a—b、第26页。
23 《学治一得编》，第62页b。
24 《平平言》卷二，第19页b；《学治体行录》，第4页b—5页。按照方大湜的说法，门丁实际上只是令其助手告知官员宅邸卫兵去召唤书吏、衙役来领文书或捕票（《平平言》卷二，第19页b）。
25 见《中和月刊》第2卷第10期，第85页引用的《各行事件》部分。有些能干的州县官不许长随开启公文，也不许长随应答信函（《平平言》卷一，第58页；《学治一得编》，第61页）。不过这在很大程度上属于个人的喜好问题。根据《公门要略》记载，公文可能由门丁、签押开封，也可能由州县官自己开封。只有用印章封缄的信封是长随不得开启的（《中和月刊》第2卷第10期，第87页；对照《中和月刊》第2卷第10期，第75页引用《各行事件》的部分）。事实上，门丁常被授权开启印章缄封的信（封）函，并校验里面的公文份数是否与封面标示的数字相符。如果有短少，就会质询信差。在衙门大门关闭之后送达的所有公文，均由门丁接收、开启（《中和月刊》第2卷第10期，第72页、第85页引用的《公门要略》部分）。上述两本手册都强调门丁或者签押开启公文以确保紧急事件在第一时间上报州县官的必要性（《中和月刊》第2卷第10期，第72页、第85页引用《公门要略》和《各行事件》的部分）。
26 《中和月刊》第2卷第10期，第75页、第86页引用《各行事件》和《公门要略》的部分。
27 根据《公门要略》记载：公文可能先送交州县官，然后再送交幕友；也可能反过来，先送交幕友，再送交州县官。也有公文不经州县官或幕友批阅而直接制作的情况（《中和月刊》第 2 卷第 10 期，第 86—87 页引录）。

28 "号件"被委派对所有的法律诉讼案（原告、被告、证人和主管此案的书吏、衙役的姓名以及对该案件的简短总结）、公文、布告、捕票的收发进行记录，以及进行其他记录工作。一般来说，每一份公文都要被记录三次：在送交幕友"拟批"前后各登记一次，在誊录稿被标判（用红笔作标记，见本章后注 31）后再登记一次。见《中和月刊》第 2 卷第 9 期（1941年 9 月）第 58 页，第 2 卷第 10 期第 86、88 页，第 2 卷第 11 期（1941 年 11 月）第 95 页引用《各行事件》和《公门要略》的部分。《公门要略》提到，尽管幕友在号件登记公文之前也对公文进行了登记，但是他们的登记只是一种形式，负责登记的长随（号件）所做的登记显得更为重要（《中和月刊》第 2 卷第 11 期，第 95 页）。登记（挂号）对于衙门的重要性在《钦颁州县事宜》（第 28 页 b）也强调如下："……乃百事之条目，庶务之纲领。必择其熟练精细者为之职掌，分门别类，眉目毕清，然后事之应行应复、应比应催者，一览可查，均得依期完结，按限督销。而书役混蒙之弊技无所施。"关于登记的程序和各类登记制度的详细资料，见《中和月刊》第 2 卷第 11 期，第 92—96 页引用《各行事件》《公门要略》《长随论》的部分；《偏途论各司事》。

29 《中和月刊》第 2 卷第 9 期第 58 页，第 2 卷第 10 期第 73 页、第 88 页引用《各行事件》《公门要略》《长随论》的部分；《平平言》卷二，第 19 页 b。

30 《中和月刊》第 2 卷第 9 期，第 58 页、第 86 页、第 88 页和第 92 页引用《各行事件》和《公门要略》的部分。一般来说，所有的公文、记录、保状、税单、盐照和捕票都必须加盖官印。这一工作通常由"用印"承担。在盖印之前，用印有责任检查该公文是否已由州县官批准以及幕友是否已经在上面盖了自己的私章。见《中和月刊》第 2 卷第 10 期第 92 页引述《各行事件》的部分。关于印章使用的详细情况见《偏途论各司事》及《中和月刊》第 2 卷第 10 期第 92—95 页引述《各行事件》《公门要略》《门务摘要》的部分。

31 《中和月刊》第 2 卷第 9 期第 58 页，第 2 卷第 10 期第 86 页、第 88 页引述《各行事件》《公门要略》的部分。一般而言，在下发公文、告示、捕票、证照和解送囚犯、银两的文书上要用朱笔写上某种标准的编码符号。公文中的一个或几个关键字也用朱笔做记号标识。这一做法称为"标判"。例如，在绝大多数官方告示中，都有"遵"字；在祭祀文告上有"敬"、"诚"或"虔"字；在解送官银的文书上有"慎"或"护"字；捕票上有"速"字；在授权捕拿劫匪的捕票上有反写的"获"字；证照上有"照"字；在责令立即发送函件的文书上有"飞"字；等等。要求注上以红色标记的关键字有："为"（为……之故）、"扎"（下行文）、"告示"（官方文告）、"示"（命令）、"谕"（指导）、"限"（时间期限）、"实贴"（须张贴），等等。在官方告示上使用的规范标记有：在"为"字上点一红点；在"懔遵"（敬畏地遵守）或者"无违"（不要触犯）上圈一红圈；沿"右仰"（上述命令须遵守）旁画红线。日期以朱笔写出，在告示末尾圈一红圈；并用红笔写一行书体的"行"（执行）字（详细资料见《宦乡要则》卷一，第 20—24 页；《中和月刊》第 2 卷第 11 期，第 89—92 页引述《各行事件》部分）。

《公门要略》称，"标判"常常由州县官的亲属、幕友或"用印"做出。该书还提到，被委派担任这项工作的长随，要以州县官的名义作标判。因此，若未得到州县官的授权，他就不得使用朱笔（《中和月刊》第 2 卷第 10 期，第 95 页；第 2 卷第 11 期，第 92 页）。

32 《中和月刊》第 2 卷第 10 期，第 75 页、第 88 页引述《各行事件》《公门要略》的部分。

33 《中和月刊》第 2 卷第 10 期，第 73 页引述《公门要略》的部分。

34 同上书，第 87 页引述《各行事件》的部分。

35 同上书，第 73—74 页引用《公门要略》《门务摘要》《各行事件》的部分。

36 《中和月刊》第 2 卷第 10 期，第 92 页引述《各行事件》的部分。

37 同上，第2卷第10期，第88页。
38 状榜，是公布州县官已受理的诉状的布告。被驳回的诉状，连同被驳回的理由，公布在另一个单列的布告上（《福惠全书》卷十一，第7页、第8页a—b）。
39 在有关案件审理的布告上会用朱笔写上"遵"字（《中和月刊》第2卷第11期，第89页引述《各行事件》的部分）。关于标判的其他做法见本章前注第31。
40 《中和月刊》第2卷第10期，第85—86页引述《公门要略》和《长随论》的部分；《学治一得编》，第63页；《福惠全书》卷十一，第7页。
41 《学治一得编》，第62页b。
42 《中和月刊》第2卷第10期，第75页、第81页、第85页引述《各行事件》的部分。
43 如果没有书面诉状，原告就会被要求准备一个口头陈诉（《中和月刊》第2卷第10期，第76页引述《各行事件》的部分）。
44 《中和月刊》第2卷第10期，第73页引述《各行事件》的部分。
45 同上。
46 《平平言》卷二，第23页b—24页。
47 《中和月刊》第2卷第10期，第81页引述《各行事件》的部分。
48 原告所签押的口头陈述（声明）被称为"遵依"，被告所签押的类似口头陈述被称为"甘结"（《中和月刊》第2卷第10期，第81页引述《各行事件》的部分）。
49 《平平言》卷二，第24页；《中和月刊》第2卷第10期，第81—82页引述《各行事件》的部分；《偏途论各司事》。何耿绳在为其长随制定的衙门条规中，告诫负责文书的长随要当着书吏面检查供词或其他文件，以防书吏偷窃或更换（《学治一得编》，第63页b）。
50 《中和月刊》第2卷第10期，第75页引述《各行事件》的部分。
51 《中和月刊》第2卷第10期，第81—82页引述《各行事件》的部分。
52 《中和月刊》第2卷第10期，第74页、第78页、第84页、第89页引述《各行事件》和《政余杂记》的部分。
53 被派遣执行拘捕任务的衙役，如果在限期届满前未能完成任务，将会被传唤讯问开受责罚（《中和月刊》第2卷第10期，第74页、第84页引述《公门要略》和《各行事件》的部分）。
54 《中和月刊》第2卷第10期，第89页引述《各行事件》的部分。
55 康熙年间（1788年）制定了一项规定：招认罪行的重罪犯解送上级衙门复审时，州县官应当派遣一名长随与两名解差一道解送囚犯。同样，与案情有关的法律文书，也应当委托该长随上交上级衙门，以防衙役私自开拆公文。根据江西按察使向巡抚所作的报告，派长随一同押送犯人的做法（这一做法在几年前被确立下来）已经被州县官执行了好几年了（《西江政要》卷二十七，第2—3页）。
56 《学治一得编》（第32页b）提到：有一个门丁掌管过牢房和囚犯，在别的长随接管牢房后，该门丁甚至仍然介入这些事务。因此，《各行事件》提到，当晚上例行巡查牢房时，"管监朋友"在牢外把守，门丁与刑房书吏一道进入牢内点卯，查验镣铐，查点值班的禁卒和门卫（《中和月刊》第2卷第11期，第97—98页引述）。不过门丁与管监的分工不是十分清晰，因为《各行事件》《公门要略》《长随论》都没有就门丁和管监的具体职能进行过界定（《中和月刊》第2卷第10期，第74页、第87—88页；第2卷第11期，第97—98页引述）。
57 《中和月刊》第2卷第10期，第87—88页；第2卷第11期，第96—99页引述《各行事件》、《公门要略》和《长随论》的部分；《偏途论各司事》；对照《学治体行录》卷下，第3页。
58 《中和月刊》第2卷第11期，第98页引述；另见《平平言》卷四，第38页。
59 解送囚犯时，通常会签发一张证书。这份证书，被称为"回照"。当囚犯被移交后，接收衙

60 《中和月刊》第 2 卷第 10 期第 74 页、第 2 卷第 11 期第 97—98 页引述《各行事件》和《公门要略》的部分。

61 通常有一个长随主管赋税和漕粮（钱粮门丁或钱漕门丁）。往往还会有一个"杂税门丁"或"税契门丁"，只负责杂税和地契税（《平平言》卷二，第 23 页 a—b；《牧令书》卷四，第 13 页 b）。

62 《中和月刊》第 2 卷第 9 期，第 52—56 页引用《长随论》《公门要略》《门务摘要》《各行事件》部分；另见《福惠全书》卷三，第 10 页。

63 《中和月刊》第 2 卷第 9 期，第 53 页引述部分。

64 同上。

65 《中和月刊》第 2 卷第 9 期，第 59 页引述《各行事件》和《公门要略》部分。根据《公门要略》的记载：负责赋税和漕粮的长随，有权查阅赋税拖欠户花名册，并根据图差的催收情况，在图差名字下相应地标注一个以上的红圈。每一个红圈表示五至十下杖责。不过应当提请注意的是：对税收册簿进行审查并决定哪一个衙役应被处罚，主要是幕友的职责。见本书第六章第二节。

66 《中和月刊》第 2 卷第 9 期，第 54 页引述《长随论》的部分。另见第三章第五节。

67 《中和月刊》第 2 卷第 9 期，第 59 页引述《各行事件》部分。

68 《福惠全书》卷七，第 20 页；《资治新书》卷一，第 18 页 a—b；《钱谷备要》卷一，第 16 页。

69 《中和月刊》第 2 卷第 9 期，第 60 页引述《长随论》的部分。

70 《漕运全书》卷九（第 5 页）规定州县官的亲属或长随应当驻守在粮仓所在地，以监督书吏征收漕粮。

71 《中和月刊》第 2 卷第 9 期，第 63 页引述《各行事件》的部分。

72 《牧令书》卷四，第 12 页 b。

73 《清会典事例》卷二百零五。

74 《学治一得编》，第 63 页 b。

75 《中和月刊》（1941 年 12 月）第 2 卷第 12 期，第 102—103 页引述《长随论》的部分。

76 《学治一得编》，第 63 页 b。

77 《牧令书》卷四，第 12 页 b；《中和月刊》第 2 卷第 12 期，第 101—102 页引述《公门要略》的部分；《偏途论各司事》。"勘合"是由兵部签发授权官员享用驿站服务的凭证。官可以使用马匹和扈从的数量都在勘合上一一注明（《清会典》卷五十一，第 6 页）。

78 《中和月刊》第 2 卷第 9 期，第 62 页引述《各行事件》的部分。

79 上行的信函（向上级官员呈交的信函）通常被称为"红白禀帖"（发函人官衔及内文简概写在红色的禀帖上，而详细内容即正文写在白色的禀帖上。参见《宦乡要则》卷三，第 36 页及以下）。将幕友起草的信函送交州县官审查认可，是"书启"的职责；如果他自己不能亲自誊写的话，他还要监督幕友将州县官审查认可的定稿誊写一份（《偏途论各司事》）。根据《公门要略》，在清代早期，信函由幕友中的"书禀"誊写，只是后来逐渐形成了由长随中的"书启"来负责这项工作的惯例（《中和月刊》第 2 卷第 9 期，第 66 页引述）。

80 每晚，在衙门关闭之前查点值夜班的衙役和看守牢房、粮仓和官库的民壮，是门丁的职责（《中和月刊》第 2 卷第 10 期，第 73 页对《公门要略》的引文）。有几个长随还被指派每晚在衙门内巡逻并监督守夜的岗哨（《福惠全书》卷二十二，第 10 页 b—11 页）。

81 这是指派给"管厨"的职责（《学治臆说》卷上，第 5 页；《平平言》卷二，第 24 页；《牧令书》卷四，第 13 页 b、14 页 b；《中和月刊》第 2 卷第 12 期，第 104 页所引《门务摘要》部分）。根据方大湜的说法，这一职事可能委派给州县官的亲属或长随（《平平言》卷二，第 24 页）。

82 《学治臆说》卷上,第 4 页 b;《学治一得编》,第 64 页 b;《平平言》,第 59 页;《中和月刊》第 2 卷第 10 期,第 80 页引述《各行事件》的部分;《偏途论各司事》。

83 《中和月刊》第 2 卷第 11 期第 99—101 页、第 2 卷第 12 期第 100 页引用《各行事件》部分。

84 1739 年的一道上谕在提及广东普遍情形时指出,驻留省城的长随不仅与上级官吏的长随交朋结友,而且还攀附他们的幕友和书吏(《清高宗实录》卷九十四,第 2 页 a—b)。

85 《清世宗实录》卷四,第 19 页 b;《清高宗实录》卷九十四,第 2 页 a—b;《牧令书》卷二十三,第 41 页。

86 在省城派驻长随的州县官,将受降一级留任的处罚;而纵容此种行为的上级官吏,将受到夺俸六个月的处罚(《清会典事例》,1818 年,卷七十六,第 21 页;《吏部则例》卷四十一,第 28 页 b—29 页)。

87 《治浙成规》卷二,第 29 页 a—b 提到浙江省省会驻有长随,专门负责为各州县官打听消息,即使法律禁止这样做。王植不像其他州县官那样在省城派驻长随,可能属于州县官中的一个例外情况(《牧令书》卷四,第 14 页 b)。

88 《牧令书》卷四,第 14 页 b。

89 因此,汪辉祖评论说,门丁、书启、司仓和管号等职位都是要职。他说,尤其是门丁、书启,会影响到州县官的官声和前程(《学治臆说》卷上,第 4 页 b—5 页)。王凤生和何耿绳也持相同的观点。他们认为,门丁和书启是州县衙门的关键,因此这两个职位都应当聘请称职的人(《学治体行录》卷上,第 5 页 b;《学治一得编》,第 32 页 b)。根据何士祁的经验:钱粮或钱漕门丁是长随中最重要的职位。在与"看印"有关的职位中,又以负责文书签押的职位(即签押或稿案)最为重要;其次是值堂,再次是书启,最后是用印。管监和管号的职位也很重要(《牧令书》卷四,第 12 页 b)。

90 《中和月刊》第 2 卷第 10 期,第 90 页引述《各行事件》的部分。

91 《牧令书》卷四,第 14 页 b。

92 因此王侃认为,有几个信得过的长随负责公文递送,对州县官是很有必要的(《方言》,第 56 页;另见《中和月刊》第 2 卷第 9 期第 66—67 页,第 2 卷第 10 期第 86、88—89 页引述《公门要略》和《各行事件》的部分)。

93 刘衡采用下列方式以避免使用门丁作为中间环节:在大厅中并排放置两张桌子。每张桌子都分别为六个房保留一块空位,漆上各房的名称。上交公文的书吏,将公文放在第一张桌子的规定位置,同时敲击桌上的小钟或竹梆作为提示。准备分发给各房书吏的公文,由签押分放在第二张桌面为各房预留的位置上,再通知官员宅邸门丁去喊书吏来领公文。设一个被分隔成许多小格的木盒子,每一格都为一个"里"预留,由衙役存放各自的报告及注销的捕票。所有捕票由州县官统一亲手在公堂上签发给衙役(《庸吏庸言》,第 27—28 页)。

94 《庸吏庸言》,第 26 页 a—b。

95 同上书序,第 1 页 b—2 页,第 26 页 a—b。值得一提的是,官员中流行的观点是新入官场的州县官必须要有一个好的门丁(《江州笔谈》,第 15 页 b)。

96 《中和月刊》第 2 卷第 9 期第 54 页,第 2 卷第 10 期第 74、81、88、92 页,第 2 卷第 11 期第 98 页,第 2 卷第 12 期第 101、103 页引述《长随论》《门务摘要》《各行事件》《公门要略》的部分。

97 《中和月刊》第 2 卷第 9 期,第 54 页引《长随论》部分。

98 《清会典》卷十七,第 4 页 b。

99 违反规定就会招来惩罚和斥退。乾隆年间,据载发生了两起具有长随身份的人(其中一个是长随的儿子)捐买官爵的案例。由于当时的法律尚未规定罚则,这两起案件就比照一起类似案件进行了审理,两个人被判处徒刑三年(《清律例》卷八,第 11 页 b—12 页;《学政全书》卷四十三,第 5 页 a—b)。1786 年引入了一项律例,规定如果娼妓、戏子和衙役及其子嗣参加科举考试或捐买功名的，将受到杖一百的处罚 [《清律例》卷八，第 16 页 b；参见《读例存疑》（卷九，第 20 页）关于该条法律日期的记载]。这一条文也适用于长随。有这样一个案例，有一个生员及一个庶民捐买的功名被革去，并被判处杖一百，原因是查出他们已故的父亲曾经充任过某内阁大学士的长随（《学政全书》卷四十三，第 24 页 b—25 页）。

100 《学政全书》卷四十三，第 24 页 b。
101 迟庄：《清代之幕宾与门丁》，载《大陆杂志》第 5 卷第 2 期（1952 年 7 月），第 16 页。
102 《学治臆说》卷上，第 4 页 b；《牧令书》卷四，第 14 页。
103 《学治臆说》卷上，第 4 页；《培远堂偶存稿》卷十，第 16 页 a—b；同前书卷三十一，第 36 页；同前书卷三十四，第 28 页 b—29 页。
104 《学治臆说》卷上，第 4 页；《牧令书》卷四，第 8 页；《定例汇编》卷五，第 139 页。
105 《学治臆说》卷上，第 5 页 b；《抚吴公牍》卷二十四，第 4 页 b；《宦游随笔》卷三，第 59 页；《虫鸣漫录》卷一，第 31 页 b。
106 蔡申之：《清代州县故事》，载《中和月刊》第 2 卷第 12 期（1941 年 12 月），第 106 页。
107 《学治臆说》卷上，第 5 页；《虫鸣漫录》卷一，第 31 页 b。
108 《吏部则例》卷五，第 17 页；《六部处分则例》卷七，第 39 页 b—40 页。
109 《福惠全书》卷一，第 14 页 b—15 页。不过迟庄说长随没有薪给，官员只向长随提供膳食费（《清代幕宾》，第 16 页）。
110 《学治臆说》卷上，第 4 页；另见《宦游随笔》卷三，第 58 页 b。
111 登记和处理诉状是要收费的（挂号费和传呈费）。一般说来，在正常受诉期间（告期）之外的时间（止讼期）呈交诉状是要额外收费的（《抚吴公牍》卷三十六，第 6 页 a—b；关于"告期"参见本书第七章第二节）。一份呈诉在告期可能被受理，也可能被拒绝；但在止讼期提出并付了传呈费的诉讼，往往会被受理（《治浙成规》卷八，第 55 页；《平平言》卷二，第 40 页 b）。因此，很多人宁愿支付额外的陋规。按照方大湜的说法：这种陋规或者是由长随独享，或者是将其中的一半交给州县官作为膳食补贴（《平平言》卷二，第 40 页 b）。但是丁日昌却说这一陋规是由长随、书吏和衙役共享的（《抚吴公牍》卷三，第 1 页）。
112 《中和月刊》第 2 卷第 10 期，第 75、91 页。根据相同的资料来源，与诉讼相关的陋规，是在衙役呈报被传唤人已到公堂时，向衙役收取的（《中和月刊》第 2 卷第 10 期，第 75 页）。
113 《抚吴公牍》卷三十六，第 8 页 b。
114 同书，卷三十五，第 9 页 b。
115 《图民录》卷一，第 16 页 b；《中和月刊》第 2 卷第 10 期，第 80 页引述《公门要略》的部分。袁守定考虑到这一做法不合理，乃禁止门丁向书吏、衙役索要这类陋规（《图民录》卷一，第 16 页 b）。
116 《中和月刊》第 2 卷第 9 期第 56 页、第 10 期第 91 页对《各行事件》的引述；《培远堂偶存稿》卷四十六，第 42 页。
117 克扣比率各省之间互有差异（《中和月刊》第 2 卷第 9 期，第 62 页对《各行事件》的引述）。
118 各种祭祀活动，除了祭孔活动之外都由礼房负责。祭祀经费在每次举行仪式时发给礼房（《中和月刊》第 2 卷第 9 期，第 61—62 页对《各行事件》的引述）。根据同一资料来源，门丁常常在发放给礼房的祭祀经费中克扣一部分，每吊钱克扣一二百文（《中和月刊》第 2 卷第 9 期，第 62 页）。
119 《中和月刊》第 2 卷第 10 期，第 91 页对《各行事件》的引述。
120 同上书第 2 卷第 10 期，第 91 页。这些礼品是向谁收取的尚不清楚，可能是由所有政府雇员分摊。
121 《学治体行录》卷上，第 6 页。
122 《中和月刊》第 2 卷第 9 期，第 62 页对《各行事件》的引述。

123 《学治体行录》卷上，第 6 页；《平平言》卷二，第 25 页；《牧令书》卷四，第 14 页 b。
124 《学治体行录》卷上，第 6 页。
125 同上；《平平言》卷二，第 25 页；《学治一得编》，第 65 页；《牧令书》卷四，第 14 页 b。
126 《平平言》卷二，第 25 页；《学治体行录》卷上，第 6 页；《牧令书》卷四，第 13 页。
127 《平平言》卷二，第 16 页。
128 《学治臆说》卷上，第 4 页 b—5 页；《平平言》卷二，第 16 页 a—b；《学治体行录》卷上，第 4 页 b—5 页。
129 《平平言》卷二，第 16 页 b。
130 《学治臆说》卷上，第 4 页 b—5 页。
131 《平平言》卷二，第 16 页；《蜀僚问答》，第 11 页 b；《牧令书》卷八，第 28 页 b。
132 《庸吏庸言》，第 23 页 b—24 页。
133 《平平言》卷一，第 38 页。
134 《福惠全书》卷六，第 18 页 b；《平平言》卷二，第 22 页 b；《培远堂偶存稿》卷十三，第 18 页；《钦颁州县事宜》，第 26 页 b—27 页、第 32 页。
135 《牧令书》卷四，第 15 页；《抚吴公牍》卷三十六，第 8 页。
136 《庸吏庸言》，第 42 页 b。
137 《庸吏庸言》，第 17 页 a—b、第 21 页 b；《平平言》卷二，第 15 页 b；《牧令书》卷四，第 15 页。
138 《庸吏庸言》，第 23 页 b；《平平言》卷二，第 15 页 b。
139 《平平言》卷二，第 15 页 b—16 页。
140 《学治一得编》，第 60 页 b。
141 同上。
142 《钦颁州县事宜》，第 47 页；《赵恭毅公賸稿》卷六，第 11 页 a—b；《培远堂偶存稿》卷二十一，第 14 页 b；同前书卷二十五，第 45 页；同前书卷四十五，第 37 页。
143 《显志堂稿》卷五，第 37 页 b。在江苏，由于掌管漕粮的长随——通常称为"漕总"——可以聚敛财富（达白银二三万两之多），冯桂芬说，有些长随宁愿向州县官支付几千两白银以获得这一委派（同前书卷十，第 4 页 a—b）。
144 《培远堂偶存稿》卷十一，第 19 页；《平平言》卷四，第 38 页；《期不负斋全集》卷四，第 19 页 b。
145 《庸吏庸言》，第 24 页。
146 《平平言》卷二，第 17 页 b。
147 同上书，卷二，第 18 页 b。
148 《学治臆说》卷上，第 5 页 b；《虫鸣漫录》卷一，第 31 页 b。与之相关的虚构例子参见《官场现形记》第五章、第六章。
149 见本章前注 143。
150 《平平言》卷二，第 18 页 b。
151 《吏部则例》卷五，第 17 页；《六部处分则例》卷七，第 39 页 b—40 页。
152 犯勒索钱财罪的长随，还可以处以黥刑，黥刺"赃犯"二字。至于是刺在手臂上还是刺在脸上，要视其为初犯还是再犯而定。州县官不得雇用被判处黥刑的人做自己的长随（《清律例》卷三十一，第 37 页 a—b；《定例汇编》卷五，第 139—142 页 b）。另有规定，长随如果因为：(1) 向雇主所在辖区的百姓勒索钱财、礼品或向他们借债，(2) 要求百姓提供免费服务，(3) 与百姓做不公平的交易等，则要依律处罚，处罚的严厉程度相对于其雇主（官员）在相似情形下的处罚要轻两级（《清律例》卷三十一，第 41 页；斯当东译：《大清律例》，第 388 页）。

153 《清律例》卷三十一，第 37 页 a—b；《定例汇编》卷五，第 141—142 页 b。如果州县官被控从事不法行为，而这一行为是由长随怂恿导致的，则长随也将遭到处罚。如果对州县官的处罚是降级、革职、徒刑，则对长随的相应处罚为从杖刑直至徒三年。如果州县官受到的刑罚重于徒四年，则对长随的处罚将与对雇主（官员）的处罚一样严厉（《清律例》卷三十二，第 45 页 b—46 页 b）。

154 《六部处分则例》卷十五，第 36 页。对州县官的处罚将与他对衙役受贿失察时的处罚一样。如果对犯法长随的处罚是杖刑或徒刑，州县官就会被夺俸半年；对长随的处罚为流刑，州县官将被夺俸一年；对长随的处罚为死刑，官员将被处以降一级留任（《清会典事例》，1818 年，卷七十七，第 16 页 a—b；《六部处分则例》卷十六，第 11 页）。

155 官员将被降一级调用；如果长随致死人命，官员将被降二级；如果长随与人斗殴并致死人命，官员将被夺俸一年（《清会典事例》，1818 年，卷七十七，第 16 页 a—b；《六部处分则例》卷十五，第 36 页）。

156 《幕学举要》，第 43 页 b。

157 《牧令书》卷四，第 7 页 b。

158 刘衡说，如果官员倚信自己的门丁，那么他再想要控制衙役就不可能了（《庸吏庸言》，第 17 页 a—b、第 47 页 a—b）。

159 《学治续说》，第 13 页。

160 《庸吏庸言》，第 26 页。

161 《学治一得编》，第 63 页 b—64 页。

162 《庸吏庸言》，第 25 页 b—26 页；《学治体行录》卷上，第 5 页 b；《学治一得编》，第 60 页。

163 《学治一得编》，第 63 页 b。

164 《学治体行录》卷上，第 4 页 b—5 页。

165 《学治一得编》，第 64 页及其后诸页；对照《庸吏庸言》，第 25 页 b—26 页。

166 《学治一得编》，第 60 页 b—63 页 b。

第六章 幕 友

幕友,也称幕宾[1]或师爷(口头称呼)是地方官雇用的行政管理专家。他们不是官僚体制中的常设人员,也不由政府支付薪俸。他们作为一个群体出现是职能需要的产物,也只有放在中国传统教育和官僚体制的架构中才好理解。

第一节 对行政专家的需求

自从科举制度确立以来,应试的基本要求就是熟知儒家经典和撰写文章诗赋。因此,读书人将精力全都放在这些科目上了。一旦通过考试,就被授予官职,处理行政事务。这并不是说他们已经具备充任官职的必要知识;恰恰相反,他们对行政管理毫无准备。文学素养与管理职业之间的这一矛盾,老早就被像王安石(1021—1086年)这样的政治家意识到了。用王安石的话来讲就是:

> 今士之所宜学者,天下国家之用也。今悉使置之不教,而教之以课试之文章,使其耗精疲神,穷日之力以从事于此。及其任之以官也,则又悉使置之,而责之以天下国家之事……今乃移其精神,

夺其日力，以朝夕从事于无补之学，及其任之以事，然后卒然责之以为天下国家之用，宜其才之足以有为者少矣。²

在明清时期，由于科举只重视八股文，实务与教育的矛盾就更明显了。在唐朝和宋朝，学生至少还被要求学习律令，学写判词。明清时期，学生不再学习律令，³ 他们唯一关心的就是通行的诗文。

马克斯·韦伯对未受过专门训练的官员如何能够胜任行政管理职责颇感疑惑。他认为，在官员通过文章诗赋的典雅纯正展示了其"领导魅力"（charisma）⁴ 之后，"实际的行政管理工作就落在了僚属的肩上"。⁵ 韦伯忽略了一个事实，那就是：实际上所有的，不论其职位高低，在京师还是在地方，接受的都是相同的教育，参加相同的考试。因此佐贰官员恰恰也面临着同样的实际问题。再者，佐贰官员的作用可能有不同程度的变化，历史上也不时发生过变迁。因此，其作用不能一概而论，我们在这里也不可能深究。不过就佐贰官员与地方政府相关的作用倒可以作一些评价。

高层级的官员即省、府级官员，只把精力集中于文牍和对下属官吏的监管上，当然可以把真正管理事务交给州县官。但在州县这一层级上，州县官却不得不对自己辖区内的所有行政事务负直接责任。在这里，教育与实务的差距是最大的。⁶ 没有其他官吏会被委以比州县官更多的技术性和管理性繁琐事务了。显然，州县官面临的"为政生涯知识技能预备"问题，比其他官吏要严峻得多。他只能通过试错，来学习自己职务所需的技能，这是非常耗费时间的。但是，州县官不可能从他的佐贰官员那里得到一点帮助。这一点在清朝时尤为突出。我们在第一章就已经知道，清朝的州县官，其佐贰官员很少做行政管理工作。所有的事务都压在了州县官本人身上。更深层的原因是，没有一个有才华的人愿意接受州县佐贰官的职位。一则是因其地位低下，一则是由于提升的机会渺茫。⁷ 因此，也极少有州县官是从州县佐贰官的位置起家的。这就意味着几乎所有的新任州县官都是没有经验的。

针对这种情形,最迫切的问题是,如何在州县官取得一定经验之前让整个行政机制运作起来。显然必须有一些缓解官员行政经验不足的办法,否则地方行政就会陷于瘫痪。我们可以推想出的解决这一难题的两种可选择的方法:要么是州县官在就任之前接受专门的培训,这就要求对教育和考试制度进行根本的改变;要么就聘请一位专家作为他的助手。清朝采用的正是第二种方法。[8]

结果,就出现了一个庞大的行政管理专家群体——幕友,一种介乎学者和官僚之间的身份。他们是有知识的人,受过专门的行政事务训练。不是为了当官(至少短期内不是),只是为了充任官员的专业幕僚(参谋)。他们深谙政府管理的技术知识和专门技巧。在这一点上,他们与候任官员形成了鲜明的对比。候任官员虽然没有做为政技能的实际准备,但却是以官宦生活为目标的。

这样一来,这些行政专家为非行政专家的官僚提供服务就显得十分必要了。有两段引言足以证明这一点:

> 揣摩入彀,惟在八股,试律亦且不必兼工,乌论治术?……洎夫弋获以登仕途,则钱谷、刑名一切资之幕友,主人惟坐啸、画诺而已。[9]

> 初任之有司更当慎重其事。盖签、簿书既未学于平日,刑名、钱谷岂能谙于临时?全赖将伯助兹鞅掌。[10]①

因此一旦获得职位,州县官的第一要务就是找到一个能干、可靠的幕友作他的参谋和助手。[11]有一个实例提到,一个新上任的县官被他的上司告知,他的辖区很难治理。他的前任若不是因为有一个十分能干的幕

---

① 将伯,典出《诗经·小雅·正月》,意为"求助"。鞅掌,典出《诗经·小雅·北山》,原意为"失容",后引申为"职事忙碌失容状"。——译者

友，早就因为一次错案而被处以死刑了。因此新上任的县官也应当聘请这个人作自己的幕友。[12]

即使是有经验的、能干的州县官也需要幕友的服务。原因很简单，州县官的职责数不胜数，不论精力多么充沛，也很少有人能全部做到事必躬亲。[13] 刘衡就是一个典型例子。他自己就曾担任幕友多年，[14] 以其熟知律例并成功地取消雇用"门上"而闻名。但他仍然需要幕友的帮助。根据刘衡在自著的《庸吏庸言》的自序及他的幕友吴寿椿所写的序言中所称，刘衡自己撰写所有上呈公文、告示和判词。即使是这样，他也不能完全取消幕友的服务。[15] 目前所知的唯一没有聘用幕友的人是汪辉祖，但即使是他也曾经有过一个幕友。然而，汪辉祖是个特例，他自己就曾经当过很多年的幕友，而且他精力过人。[16]

需要指出的是，不仅州县级政府要招募幕友以直接处理实际行政细务，高一级的地方政府也需要聘请幕友，以便监管州县政府。[17] 因为各级地方官员倚重幕友，那么就可以顺理成章地推想：地方行政实际上控制在幕友手中。韩振（19世纪初）充分意识到了幕友的重要性，他发现地方政府可以分为两类："显"和"隐"：

> 以司道察守令，以督抚察司道，是谓外之显治。……外掌守令司道督抚之事，以代十七省出治者，幕友也。[18]

韩振的话可能言过其实。尽管如此，这段话却揭示了幕友所发挥的"隐"的作用，而这些作用往往被忽略和低估。

第二节　幕友的种类及其职能

在州县衙门供职的幕友可以分为以下各类："刑名"，协理司法；"钱谷"，协管税赋；"征比"，具体办理赋税征收；"挂号"，负责登记；

"书启"或"书禀",负责通信;[19] "朱墨"或"红黑笔",掌管红黑两种毛笔誊录;[20] "账房",管理簿记。[21] 按照谢金銮的分类,在"钱谷"之外,还有"钱粮总"负责征收赋税;[22] 在"刑名"之外,谢也提到还有"案总"掌管诉讼。[23]

上述各类幕友中,仅有前五种或前六种是在所有州县衙门里都普遍设置的;其余各类并非必备,设置与否取决于地区规模大小及需要。谢金銮曾指出,在州县官事务负担不重的衙门里,不可能配齐所有各类幕友,因此每一个幕友必须负担两类以上的职责。[24] 况且,同一类工作也可能指派两个以上的幕友去做。在汪辉祖作幕友时所服务的衙门里,就有两个刑名师爷。汪辉祖本人一度是另一幕友的助手。后来,他和另一位幕友负担同样的职责,每人分别负责一个特定区域的事务。[25] 据汪记载,他仅仅听说过前五类幕友;行政事务繁重的州县需要十多个幕友,而事务不多的州县则仅聘两三人照看这五个岗位。[26] 由于朝廷从未规定聘请幕友的名额,这事儿就完全由州县官自己来定了。因为薪酬相当高,又全由州县官自己支付,所以当然没有州县官会超出实际需要多雇幕友。保持最少幕友员额的倾向似乎一直存在。

幕友总是住在衙门里,[27] 其居舍与衙门中其他人员分隔开来。他们可以相互交流,但如果乐意,他们也可以保有完全的隐私。他们没有共同的办公室,各人在自己的屋子里处理他的事务。[28]

指派给幕友的职责也许可以概括为以下各类。

一、有关讼案的职能

这是幕友承担的最重要的任务之一。有关诉讼案件的事务可能是刑名和钱谷两类幕友的任务。一般说来,涉及财产、借贷、商业交易等纠纷的民事诉讼,不管是否发生斗殴,都被委托给钱谷师爷处理;而涉及斗殴、诈欺、婚姻、墓地争议、立嗣等案件及其他涉及亲属间的案件,不管是否牵涉借贷或财产权问题,一般都委由刑名师爷处理。杀人和盗窃案则只能由刑名师爷专理。²⁹ 州县官接受诉状以后,即交给一位幕友,交给谁要视案件的性质而定。然后,有关幕友的职责即是阅读诉状并在诉状副本的末尾拟写一个官批。如果这一批词为州县官认可并签名,那么就由负责黑笔誊录的幕友将其抄在诉状正本上。最后,又由一位书吏抄录并张贴在布告栏里。³⁰ 为了使批示内容在公布前保密,这份由幕友撰拟的批示经常被密封后经一名长随呈送州县官本人。³¹

这种批词的重要性表现在这一事实中:它决定着是受理还是驳回控诉,亦即决定着是否开始听审,或决定着田产纠纷是否将被调查。³² 王又槐曾指出,许多案件仅通过官批即可解决,无须开庭审判;只要有关幕友一开始就能弄清控诉是否正当,即可如此处理。³³ 有专家强调,只有具备丰富的法律知识、熟练的推理能力、有识破诈欺辨察事实真相的丰富经验,并能在陈述中清晰地表达自己观点的幕友,才能拟出一份使原告信服并能有效阻止讼师歪曲事实的好批词。驳回诉状的理由必须是清楚而令人信服的,否则原告会投诉于上一级衙门。³⁴

有时,批示不仅仅停留于准予立案,它甚至相当于判决。王又槐曾主张,有些案件,由于案情清楚而无须庭审即可作出判决,有时仅需查明地契或族谱即可了断。³⁵ 有这样一个案例,一位寡妇想为她已故的儿子立嗣,但受到丈夫同族之人的反对,理由是她的儿子没有立嗣子的资格,因为他尚未结婚。县官裁令此事由亲族讨论决定。然而,一拖十八年,仍未达成协议。最后,终于由时任幕友的汪辉祖拟一批词予以解决。在批词里,汪判定:嗣子应依寡妇的意愿指定。³⁶ 在另一个立嗣之争的案例中,一个男子想确定自己为一个已故亲属的继承人,因为该亲属没有儿子,仅有一个已婚的女儿。汪氏在他的批示里判定:死者财产的一部分给死者的女儿,其余留作死者的丧葬费,无须立嗣。³⁷

开庭日期也由幕友安排。他可能要考虑诸如案情缓急、诉讼参与人往返路程及预计听审此案所需的时间等多种因素来安排。³⁸ 在开庭前,他要浏览案卷并准备一个案情提要,以便长官了解案件争讼的是什么以及审理的步骤如何。[39] 幕友也决定谁必须被传唤到庭。[40]

主持庭审并宣布判决的当然是州县官。但是,无论是庭审前还是庭审后,他通常都要咨询幕友的意见。[41] 因为幕友从不出庭,[42] 所以书面证词成为他的主要情报来源。除此之外,州县官通常还会给他一个详细的庭审记录;讯问或调查的详情也会告知他。[43] 然后,由幕友提出建议;他也经常指出疑点,这通常会导致再次开庭。[44]

幕友不能参加庭审,这当然妨碍了幕友更好地掌握案情。张廷骧,一位19世纪的幕友,曾指出这阻碍了他直接观察和调查,[45] 使得他不可能知悉所有案件细节。[46] 此外,证词并不总是可靠的,因为书吏也许会在笔录中故意歪曲篡改。[47] 这种困境无法打破,除非有幕友愿意效法汪辉祖那种违反常规的做法:他常常站在公堂屏风的后面,聆听重大案件,即至少涉及徒刑判决的案件的听审。一旦感到词证可疑,他就要求长官再予讯问;并劝长官耐心,不要使用刑讯。有时,一个案件听讯多达八九次。[48] 下面的案例说明了幕友的作用如何重要:

> 一个叫盛大的男子,被怀疑为盗贼,与另外七个人一起被抓获。他们都供认了,一条据说是被盗走的被褥也查出来了,失主也声称是他的。然而汪辉祖仍根据八个人所做的完全相同的招供觉得该案可疑。次日,再次开庭,县官将此八人一一分别讯问。这一次,招供并不完全一致,而且有七个人否认他们曾犯有罪行。于是,汪将这条据说是被盗的被子与别的被子混在一起,要求失主辨认,失主却没有认出来。就这一疑点再次讯问,八个人全部否认他们参与过盗窃。最后查明,盛大是一个逃军,他认为自己难逃一死,就信口

自诬。这八个人全部无罪释放。[49] ①

幕友经常作出一些重要的决定。[50] 这是可以理解的,因为所有的判决必须依据法律或成例作出,而这些法律或成例是大多数州县官不熟悉的。如果州县官不听取这些法律专家的建议,他们也许会发现自己可能因判错案而官位难保。[51]

更严重的案件,如涉及徒刑、流刑、死刑的案件,必须呈报上级长官并得到他们的批准。[52] 这时,制作上呈的详细案情报告就是幕友的职责。在一般情况下,"招供"由被告画押以后,所有该案相关材料都被送到某位幕友案头。[53] 然后,他要准备一个包括以下内容的报告:控诉人或地保的原始控告;[54] 州县官庭审的记录;证人、嫌疑人、犯人的证词供词;[55] 关于判决的建议,用"看语"(字面意思即"判决参考建议")的形式表达。之所以被称为"看语",是因为州县官假定自己不能作出判决,因而仅仅就他所看到的案情适用哪些律例提出建议并呈请批准。[56]

呈送上司的报告通常是一个详细报告(详文),但有时也包括一个简要报告(禀)。"禀"也许先于"详文"呈送,或随"详文"一起呈送,或作为"详文"的替代,或在"详文"被驳回以后再呈送。"禀"既用于重大案件,也适用于有疑难点需要详加说明的情形。[57] 准备一个呈报,不管采取何种形式,幕友都必须能够清晰地描述案件轮廓,包括所有通过调查讯问获得的基本事实之描述。[58] 他必须做到在基本事实、

---

①原书此段并非直接翻译原文,只是用英文转述而已,故不便回译为原著文字。原文:"二十八年……余旋里度岁。有同籍逃军曰盛大者,以纠匪抢夺获,讯为劫案正盗。(知县)刘君迓余至馆,检阅草供,凡起意、纠伙、上盗、伤主、劫赃,表分各条,无不毕俱,居然盗也。且已有蓝布棉被经事主认确矣。当晚,属刘君覆勘,余从堂后听之。一一输供,无惧色。顾供出犯口熟滑如诵书,且首伙八人无一语参差者,窃疑之。次晚,复属刘君故为增减案情,别异研究,则或认或不认,八者各各异口,至有号呼诉枉者遂止不讯。而令县书依事主所布被颜色新旧借购二十余条,余私为记,别杂以事主原认之被。刘君当堂再给覆认,竟憒无辨识。于是各犯备不招承。细诘其故,盖盛大到官之初,自意逃军犯抢,更无生理,故讯及劫案,信口诬服,而其徒皆附和之。实则被为己物,裁制者有人。即其本案,罪亦不至于死也。遂脱之。"——译者

词证、判决意见之间没有矛盾。最重要的是，判决意见必须是令人信服并引据法律的，这才能保证不被上司责难和驳回。[59]

在一个建议性判决（看语）被上司驳回之后，[60]回答所有被上司质疑之点以便结案又是幕友的任务。在这种情形下，应当指出，批评、驳回或接受呈报的人，实际上都是上司的幕友。[61]这是很自然的，因为地方官无论官位高低，都依赖这些法律专家来履行其司法职责。

二、有关税收的职能

一位州县官到任时，帮他接收前任州县官留下的账目和政府资金，是钱谷师爷的职责。钱谷师爷有责任全面审查《赋役全书》以及其他赋税簿册、[62]税单的票根、解送官银的回执（批回）、现金收据（领状）以及向新任州县官移交衙门资金的簿册[63]，旨在查明一个特定地方赋税的应征收数额、实收数额、花户欠缴数额、已解送上司的数额以及库存的数额。他还需查明前任官员或其他衙门职员挪用的款项。[64]显然，这种验查审计在交接过程中尤为重要，它不仅关系到政府资金，还关系到州县官的责任。如果州县官在接受衙门资金账目移交过程中稍有疏忽，他就要对前任留下的任何经费挪用或不合法开支负责任。[65]

在征税开始前，钱谷师爷要浏览《赋役全书》和其他官方册籍，以弄清该州县所应征收的各类赋税的总额。[66]然后，在他的监督和检查下，[67]户房书吏（户书）为每户、甲（十户）、里或图（一百一十户）准备赋税征收登记册（实征册）。[68]该册通常准备一式两份，交给钱谷师爷。一份由钱谷师爷保存，一份在征税期间交还该户书，以便将从花户收来的赋税数额登记在各自名下。这些数据，稍后将转登入钱谷师爷保存的那份册籍中。[69]

钱谷师爷最重要的职责是审查花户已缴税额和尚欠税额。在规定期限内未完税者，将被传唤加以比责（逼问和拷打）——这种惯常做法在收税中是必需的。[70]由于这种审查是一项乏味的工作，征比师爷常常被指派协助钱谷师爷。[71]

我们已经提到过，作为审查赋税缴纳情况和实施比责依据的"征比册"，是由书吏准备的；但是，审阅这些征比册、比照、销照或其他记录，[72] 从这些册籍记录中摘出逾期未完税的花户，以及在他们完税后删除欠税记录（一种叫作"内摘内销"[73]的程序）的，却是幕友。被摘出的花户名被盖上"首选"、"次选"或"三选"字印加以识别。[74] 幕友被授权发出竹签传讯和鞭笞图差或里差（被派下乡催交赋税的衙役）[75]以及故意拖欠赋税的花户。[76] 常见的做法是先惩罚衙役；在鞭笞衙役后，再传讯花户——如果他仍未完税的话。[77] 许多官员和幕友认为，在上述过程中钱谷师爷所行使的权力，只能仅仅委托给幕友。[78] 如果书吏拥有这项权力，极可能拖延、侵吞，无恶不作。书吏常常设法通过以下方式帮助花户逃税：或谎报花户已经完税，或在征比册上划掉或覆盖花户姓名，或在比责（讯逼）时故意不喊花户的名字。[79] 书吏还有专门刁难小花户而庇护大花户的倾向。[80]

即使如此，有些幕友在编列花户名册时还会遇到麻烦。书吏常常故意拖延至征税开始或期限过半时，才把花户册籍交给幕友，使幕友根本来不及仔细审核这些册籍。[81] 况且，对书吏的有效监管，还依赖于幕友的能力。[82] 陈宏谋曾指出，因为没有足够的幕友监督税收；而且幕友要么没有经验，要么认为监督税收太乏味，所以他们常常只是粗略浏览一下税册，并叫书吏开列出需要比责的欠税花户名单。这就给书吏留下了删除某些花户名字或改变花户应纳税额的绝佳良机。如果州县官目光短浅，坚持用最低薪金雇用那些没有经验、无力洞察书吏舞弊伎俩的幕友，上述情形就变得更加严重。[83]

幕友也监管税票的发放。在税票盖印并交给每个"柜书"之前，钱谷师爷要清点每一本税单的页数，以防书吏获得重号的税票。[84] 一本百页的税票用完后，只有将全部票根交还幕友，才能获得一本新税票。[85] 柜书每日要向幕友汇报已征得的税额，每夜将手头的现银、收据票根交给幕友，幕友要核对二者是否相符。幕友还需保存一份每日各银柜存放现银总数的记录。[86]

此外，钱谷师爷也负责审查并保存一份政府征收的其他各类捐税的记录。[87]

最后，政府资金的开支和解送情况，也在钱谷师爷的监管之下。他要审查《赋役全书》以明了合法支出项目、数额，以及须向各类上级衙门解送的必要经费。他也必须明了应向上司解送的各类经费中，哪些必须优先解送。他要审查所有的现金收据和送达回执，[88]并保存一份关于所有被开支、解送的资金的完整记录。[89]

三、有关账务的职能

"账房"（管账的师爷）也履行着出纳员的职能，他与钱谷师爷不同：钱谷师爷只负责审计但不接触现金的实际收支；[90]账房需要筹划各种各样的收支，[91]诸如给各类上司准备寿礼、新年贺礼以及其他节庆礼品，付给上级官衙门丁的门包费用，以及接待到访官员的各类花销等。[92]由于账房掌管资金，这个职位通常被委派给州县官的亲信。[93]有时，这个职位由州县官的亲戚占据，[94]但这被一些官员视为不妥。[95]

四、有关登记的职能

"挂号"（管登记的师爷）负责所有文牍、告示和捕票的收发登记。通过在文书登记时大致瞄一眼，他就可以知道每件文书与什么事相关；并确定按事情的轻重缓急，是否已经及时采取行动，亦即在书吏、衙役那里有没有拖延。由于这个缘故，《钦颁州县事宜》强调，被许多官员常常认为无关紧要的登记挂号，实际上是一项重要的工作。[96]根据汪辉祖的经验，登记程序对于没有及时完成职责的刑名、钱谷师爷起到了激励督促作用。[97]

五、草拟文书的职能

根据文件的性质不同,各类文书由刑名和钱谷共同起草。通常,由书吏拟出草稿,由幕友审查修正。[98] 但由于书吏草拟文书的能力有限,他们单独起草的文书可能不被上司接受。一个能干的幕友,常常首先为书吏列出文书的要点。[99] 在需要丰富经验和更多技巧的复杂情况下,幕友常亲自草拟文书。[100]

"红黑笔"[101] 的职责是用黑笔抄录谕令及由刑名或钱谷草拟的文书,[102] 用红笔写官府告示、票状和其他文书上的关键字,以及在该文书的重点位置上做红色标记(标判)[103]。

六、有关通信的职能

"书启"(书禀)草拟信件并交州县官审阅。被认可的草稿由幕友或书启助手抄写。[104]

七、有关考试的职能

州县官也负责对准备参加由学政主持的正式初级科举考试(院试)的士子进行初试(童试)。[105] 而他的那些富有文学素养的幕友,则正好帮助他阅卷。[106]

总之,幕友组成了一个智囊团,帮助州县官操作政府机器。他们为法律、财经和其他行政事务提供技术性咨询。[107] 他们负责某些高级行政日常事务。事实上,地方行政最重要的两个方面——司法和税收——都在幕友的操作之下,而这些又都与上级官员考核州县官政绩(考成)密切相关。[108]

当然,幕友的作用与影响,取决于他服务的州县官的经验和能力。一个缺乏经验和能力的州县官,可能更依赖幕友。因此,初出茅庐者以及通过捐纳得官者,常常不得不将所有的行政事务留给其幕友处理。[109]

反之，老练能干的州县官，则更倾向于自己在行政事务中有更积极的作为。汪辉祖曾有三十四年做幕友的经验，他认为官员不能完全依赖幕友，而应该亲自处理公务。他认为，一个不熟悉行政事务的州县官，无法判断其幕友是否胜任其职。而且，实际行政事务，也常常需要官员在尚无幕友参谋时能当机立断。[110] 黄六鸿建议，在有时间的情况下，官员应当参与所有大大小小的事务。[111] 有些能干的官员，情愿尽可能亲自撰写处理案件的法律文书。[112]

虽然，人们通常认为一个官员应当在所有公事上咨询幕友意见，[113] 且在幕友建议合理时不应固执己见拒不接受；[114] 但是，仍有许多能干有为的州县官坚持：官员应当做最终的决断，这样才能维护自己的权威并防止权力被人滥用。[115] 许多州县官也建议，一个官员应当在重视证据的基础上审断所有案件，不能过分受幕友准备的文件左右。当官员与幕友有不同意见时，前者应有他自己的判断。[116] 然而，也有幕友坚持：自己的文书不得被修改变更，应该根据他们的建议对案件做决断。他们宁可辞职，也决不妥协。[117]

除了作为行政事务的专家，幕友还有另一项重要职能：他们监管书吏、衙役和长随。张廷骧建议，一个幕友应该查明门丁、书吏或长随是否有贪污侵占行为或企图蒙骗长官的行为。他相信，虽然幕友身处内衙，但还是可以通过审查文书档案而侦知何事正在发生。[118] 汪辉祖也强调了幕友监管书吏的职能：

> 衙门必有六房书吏，刑名掌在刑书，钱谷掌在户书，非无谙习之人，而惟幕友是倚者。幕友之为道，所以佐官而检吏也。谚云：清官难逃滑吏手。盖官统群吏，而群吏各以其精力，相与乘官之隙。官之为事甚繁，势不能一一而察之。惟幕友则各有专司，可以察吏之弊。[119]

为防止书吏篡改呈交衙门查验的地契或契约，汪辉祖采取的一种做法是：在文书关键字的背面加盖印章。[120] 在一项差务中，如果已经指派了一个衙役，他也不允许书吏额外增派衙役。[121] 他还建议，幕友应注意嫌犯或证人有没有被衙役强迫扣留。[122]

这类监管，因涉及衙门中书吏、衙役和长随的切身利益，通常会导致他们与幕友发生冲突。例如，有个幕友成功地阻止了某书吏诬陷他人赌博以图敲诈钱财的勾当，于是那名书吏与门丁密谋勾结，向县官诬告幕友从"赌徒"那里收受了贿赂。[123]

第三节 地位和招募

幕友主要从有文化的人中招募。有些幕友以前曾当过书吏，精通行政管理事务。[124] 有些则可能是因错判案件被黜的前任官员。[125] 还有许多幕友是落第的书生，[126] 但绝大部分幕友都是秀才。由于秀才尚不够资格担任官职，他们就不得不在准备更高一级考试期间，通过谋差事获得一些生活来源和应试经费。他们或者当老师（私塾先生），或者当幕友，或者从事其他行业。有些当了老师的，还会放弃教书转作幕友，[127] 因为当幕友的收入更高一些。[128] 许多幕友都将这一职务当作是一个临时性的职务，一旦考中举人，他们就会辞职。因此他们都会定期告假去参加科考。如果他们没有及第，就会回到原来的职位，或者在另一个衙门充任相同的幕友职位。[129]

考中举人的，就有资格担任官职。但是有一些已经中举的幕友仍然留任幕友一职，这可能是因为没有官职空缺，也可能是因为他们在通过最高一级科举考试之前不愿意开始自己的官宦生涯。汪辉祖在中举后又做了七年的幕友，在此期间，他先后参加了四次会试。[130] 获得第三级学位的，也就是中进士的人，很少会愿意再做地方官的幕友——除非出于个人原因。因为这时，他处于进入官僚阶层的得天独厚的位置，可以被委派为州县官了。[131] 当然，许多人将幕友作为终身职业，是因为他们无法通过更高一级的科举考试。

幕友享有较高的社会地位，一部分原因是幕友职位本身的声望，另一部分原因是他们的学者身份。学者，相对于普通百姓地位更高。因为他所受教育，使他有资格参加科举考试，这在社会观念中是很受敬重的。而一个获取功名的人，则更受人尊崇，因为他是潜在的官僚阶层候补人选，而且在法律上也享有一系列优待。[132] 因幕友可能已经持有或低或高的功名，于是其社会地位也依其功名高低而不同便可想而知了。

幕友不属于政府官员。尽管如此，在观念上他们还是与官员处于同等地位。[133] "幕友""幕宾"这个词语本身也显示出他们是主人——州县官的"朋友"或"客人"。[134] 聘请幕友的信函，要写在一整张红帖上，函中称幕友为"老夫子"（这是对老师的一种习惯尊称）；且只能称幕友的"字"，不能直呼其名。州县官自称为"教弟"（教导下的小兄弟）。幕友则称州县官为"东翁"或"老东"；[135] 在正式场合的书面文字中，自称为"晚生"，[136] 非正式场合则自称"兄弟"。[137]

州县官对待幕友优礼有加。[138] 他们的膳食精美，[139] 在新年和其他节日，州县官会登门拜访，并设宴款待幕友。[140] 在酒宴上，如果没有外人，幕友就会坐在表示荣耀的位置上。刑名师爷由于地位高于其他幕友，往往会坐首席——除了聘有塾师的情形外。钱谷师爷紧挨着刑名师爷落座。[141] 幕友认为州县官对自己缺乏尊重是不可容忍的，而且也是辞职的理由。[142] 幕友的自尊一般反映在"不合则去"的观念中。他们往往因为与州县官的意见无法调和，或者州县官对他们缺乏信任而辞职。[143] 汪辉祖曾经因为某个县官没有采纳他的意见而辞职；直到该县官派一个亲属向他道歉，并请他回去时他才回去。[144] 由此可见，在衙门的所有助手中，只有幕友享有较高的地位，并被州县官平等对待。与此相对应，书吏、衙役和长随都被州县官轻视，将其视为下人。

我们曾强调过幕友是行政专家这一点。这意味着一个人要想胜任幕友，除了接受关于经典和文学的一般教育外，还要接受专门的培训。通常要拜一名职业幕友为师。[145] 职业训练的最重要部分在律例和税务。要成为一名法律专家，对法律和案件审理的知识是必不可少的。[146] 另一个基本要求是有撰写清晰恰当的公文的能力。[147] 最后，除了专业的技能外，个人需具备诚实正直的品质也是被反复强调的。[148]

由于刑名和钱谷关系着地方行政职能的最关键部分，一个即将被正式任命的官员，往往会在候任期间或到任前积极寻找称职的人选。[149] 推荐幕友的人往往是官员的亲属、朋友或同僚。[150] 有一项法律禁止上级官员向下属推荐幕友。[151] 然而一个下级官员往往发现很难拒绝这种推荐。[152] 汪辉祖建议在这种情况下，最好接受这个幕友，善待他，但不要委以任何重要的职位。[153] 上级官员的幕友也喜欢向新上任的州县官推荐自己的学生、朋友担任幕友。[154] 有些州县官也乐意接受这一推荐，希望通过这个途径与上级衙门建立密切联系，以防上呈公文被拒收。[155] 有的州县官则往往只是简单地留用其前任的幕友。[156] 地位不太重要的幕友如挂号和书禀，常常由州县官的刑名幕友和钱谷幕友推荐。[157]

州县官与应征幕友者之间通常会有一个非正式的面试。黄六鸿曾要求应征者草拟一封书信或一份官府告示来进行测试。[158] 如果应征者经测试合格，一份正式的聘函——信中提到脩金标准——就会交给他。[159]

因为聘用一位幕友就是为了得到一个专业的管理技术助手，所以聘用的首要原则是他的业绩记录——州县官最关心的是幕友能否胜任他的职责。与预期不同的是，在这里裙带关系影响并不突出。尽管州县官的家庭成员和亲戚随之来衙门任职并获得特殊优待是通常的做法，但州县官却更倾向于不聘用亲属作为幕友，因为他们不是专家。汪辉祖指出，仅监管粮仓和库房的职位可以任用亲属，其他所有行政管理事务都应由幕友处理。[160] 有例子表明，亲属往往被指派担任技术要求很低的职务，如管号、账房[161]、书启[162]等。但即使是这些职务也不能提倡由亲属担任。正如汪辉祖所指出的，被聘用的亲属常常会利用自己与官员的关系卷入贪污之中，而州县官也很难去惩治他们。对于跟官员没有亲缘关系的幕友，采取解雇或惩罚措施就容易得多，无须考虑个人错综复杂的关系。[163] 因此，汪辉祖建议，州县官对此事最好的解决办法是，周济自己的亲属，但不委以任何公务。[164] 这显然是一种妥协，既考虑了私人关系——或者用社会学的术语讲是"亲亲意识"（particularism）[165]——又不让他们妨碍能力业绩标准的应用。显然，州县官都认识到，他们不能因聘用不称职幕友作自己的参谋而冒丢官位之风险。

由于幕友是官员自己聘用并支付脩金的，朝廷一般不干预聘用幕友的事。律例只要求官员向吏部上报其幕友的姓名和履历。[166] 1723年推行的一项规定，禁止官员在任职地聘用当地人作幕友。由1772年的一道上谕宣布的另一个相似的规定，也命令幕友不得在其原籍地五百里以内的邻近省份受聘。[167] 也有规定禁止聘请家在该省该地的人为幕友。[168] 不过，没有一个禁止聘用本地幕友的规定真正被执行过。汪辉祖是绍兴府人——当地以出师爷（幕友）而享有盛名，[169] 当他于1773年准备根据1772年的规定辞职时，浙江巡抚下令说府或州县可以请求暂时留用本地幕友，只要他们的服务是必需的。汪辉祖就在海宁衙门留任了一年多，直到该县官被免职。[170]

1776年的一道上谕说，皇帝早就认为不应聘当地人或邻地人当幕友，并相应地要求各省有司每年上交关于幕友聘用的报告。不过，这道上谕也透露，这类报告从没有人上交过。皇帝因而认为，每年上交报告可能难以办到，于是下令不必继续执行该命令。[171] 尽管这道上谕并未提及废除1772年的规定，但它的效力实际上等于宣布废止旧有规定。值得一提的是，从1775年到1785年，即新规定颁布后的十三年间，汪辉祖一直在其原籍省份浙江担任幕友一职。[172] 据19世纪的一项调查报告说，在广东大约有一半幕友是本省的居民。[173]

第四节　服务期限

幕友的聘用，通常基于一个没有期限条款的私人契约。[174] 只要对幕友的工作不满意，州县官有随时解除契约的自由。[175] 幕友如果无法提供令人满意的服务，或者犯了错误影响官员的前程，那么就应引咎辞职。[176] 幕友若对聘用条件不满意，也有辞职的自由。[177] 另一方面，只要州县官对他的工作满意，也可以一直把他留在衙门里。一个幕友在同一官员手下当差超过十年的例子屡见不鲜。[178] 官员只要一直在某地任职，他就会一直任用同一幕友的情形并不鲜见。他甚至会在迁任新职时，携幕友一同赴任。[179]

1723年的一项法令规定，总督或巡抚可以推荐自己的幕友就任官职。根据1736年的规定，在较低衙门当差的幕友，从按察使、布政使衙门直到州县官衙门的幕友，连续工作达六年的，也有资格得到这一推荐。不过，享有这一权利的，仅限于刑名幕友和钱谷幕友。[180] 被地方官吏推荐给总督、巡抚的幕友，需要接受督抚的考试。试卷会送到吏部审核。通过考试的幕友将会得到一个功名；或者若已取得功名的，将获得优先任职的资格。对于年事已高，不适合任职的，也会得到佩戴适当衔级顶戴的荣誉。[181] 如果被推荐的幕友经考试证明文笔很差，不通法律，或者在获委任后发现犯有贪污罪并被免职，那么推荐他的地方官要负连带责任，并受到降级处分。[182]

不过，幕友通过这类推荐途径晋身官场的机会很小。兵部侍郎吴应棻在1736年就指出，尽管偶尔有些幕友被总督或巡抚依雍正皇帝的上谕推荐上来，但这种做法并未被广泛采用，后来就渐渐销声匿迹。[183] 因此，绝大多数幕友就只好一直以作幕为生，除非他能够通过科举出仕或者捐纳一个顶戴。

第五节 经济待遇

　　幕友的薪酬、食宿都由州县官提供。薪酬的高低，取决于幕友的能力、所担负职责以及州县官的收入。在1750年代，书禀和挂号两职的每年薪酬，从四五十两到100两银子不等。[184] 刑名幕友或钱谷幕友的薪酬，是前两者的二到五倍不等。刑名幕友的薪酬是最高的，因为他的知识更具有技术性，需要更长时间的培训。因此，在1750年代，一名刑名幕友的年收入可以达到260两白银，而一名钱谷幕友的年收入约为220两白银。[185] 在清朝末期，幕友的收入有相当大幅度的提高。汪辉祖曾提到，幕友的薪酬，在1760年代以后渐渐提高，在1780年代已升至每年800两白银。[186] 在19世纪，幕友的收入又有大幅提高。1800年，御史张鹏展奏报，在广东番禺、南海两县的幕友年收入，从1500两到1900两不等。[187] 又据杨象济（1825—1878年）的资料，一名刑名或钱谷幕友的年收入高达2000两，几乎与州县官的年俸相当。[188] 有些州县官建议官员在聘用幕友时不要吝啬自己的银子，只有这样才能保证得到一位有能力者的尽心服务。[189]

　　只要将幕友的薪酬与衙役、长随的常规薪酬（不计陋规）对比一下，就可以明显地看出：幕友是州县官衙门中唯一得到足以养家糊口薪酬的助手群体；也是唯一不能分享陋规收入的群体。陋规是衙门其他雇员的主要收入来源。[190] 根据汪辉祖提供的资料，即使是一名书禀或挂号，其实际收入也足以维持一个八口之家。[191] 刑名幕友和钱谷幕友，一般可以有所积蓄。陈必宁指出，幕友的经济状况，往往比州县官好得多。因为州县官常常被迫出钱赞助省、府衙门的日常经费（行政费用），还常常要自掏腰包填补自己衙门的资金亏空。[192] 因此，当许多官员遭受亏损之时，幕友却仍能增加积蓄。[193] 汪辉祖就是一个典型例子。在任幕友三十四年以后（其中二十六年任刑名幕友），他攒够了可以购买七十亩农田的积蓄。他承认，在出任州县官四年之后，仍没有能力买更多的田产（尽管他在县城买了房屋，但其价格很可能低于七十亩田之价）。[194] 而且，汪辉祖是一个正直的人，在任幕友之前，曾向其母发誓不接受任何来路不正的钱。[195] 显然，一个不正直的幕友可能会得到更高的收入。有个在巡抚衙门任职的幕友，曾被御史指控聚敛了超过十万两白银的钱财。[196]

第六节　监管控制

常常有幕友被指控与本省区其他衙门的幕友拉帮结派以确立自己的地位，抬高自己的声望，扩大自己的影响（来自外省的幕友，以及与本地幕友群体没有往来的幕友，将会遭到敌视，并很难维持自己的职位）。[197] 某御史曾提到在广东的一个事例：广东巡抚的一个幕友，安排其亲属和弟子在其他府、县担任幕友。[198] 许多幕友，都与上级衙门的幕友有私人关系。[199] 上文曾提到过，有些在州县衙门当差的幕友，就是由其上级衙门作幕的老师、朋友推荐的；这些人往往结党营私。[200] 下级衙门的幕友，常常利用这种联系应付州县官。某御史奏报，有个与上级衙门有勾结的幕友十分骄横，假如州县官不能满足他的要求，他就会制造州县官与上级官员之间的不和；或者与上级衙门的幕友合作，使州县官上呈的任何案件都被驳回。[201]

尽管绝大多数幕友都会被视为君子而受到尊敬，但他们中有些人却不配此名，[202] 常涉嫌受贿[203] 或贪污。[204] 有些幕友与门上或衙门中其他人相互勾结共同贪污。[205] 也有幕友与州县官狼狈为奸，在解送官银和向新任州县官移交资金时，制造假账。[206]

为了孤立幕友，皇帝时常发布上谕，命令地方官吏不要让其幕友出入衙门过于自由，以防他们相互串通及与外界勾结。[207] 有些能干的地方官，也尽力防止幕友与衙门中其他人相互联络。为了预防勾结舞弊，禁止门上、书吏及州县官的僚属官员拜访幕友。[208] 谨慎的幕友为了避嫌，

会将来访人和自己想拜访的人，拟一个名单给州县官。²⁰⁹ 张廷骧提及，为了避免嫌疑，他从不与当地任何士绅来往。²¹⁰

由于幕友处于州县官直接监管之下，因此根据法律，一旦幕友与衙门外的人联络，合谋舞弊，州县官要对此负责。²¹¹ 同时，法律还将州县官幕友加以监管的责任加在省布政使和按察使身上。假如未能及时发觉幕友任何滥用职权或不法行为，且该恶行使得州县官被督抚弹劾，那么布、按两官员将受到降一到三级的处罚。在这种幕友舞弊的情况下，巡抚或总督若未弹劾州县官，也会受到降一级的处罚。²¹²

还有一点也许值得注意：尽管幕友在地方行政中扮演了极为重要的角色，但他们并不为错判或恶政承担责任。首先因为他们并未正式被朝廷雇用；况且他们主要是以参谋者的身份出现，最终作出决定的都是州县官。因此，州县官要独自为行政的结果负责。只有一种情形幕友要与州县官负连带责任，即州县官在幕友怂恿下进行贪赃枉法勾当而受到处罚时。²¹³ 幕友还会因怂恿州县官从事不法勾当（且该事已经导致州县官受刑罚）而受到处罚，量刑的轻重根据州县官所受刑罚的轻重而定——可能相同，也可能加重一等处罚。²¹⁴

在清代中国的普遍情形下，衙门培训和雇用一个行政管理专家群体，确实具有实际的意义——这使得缺乏经验的州县官能够在某种限度内，或多或少还算有效地操作着政府运行。显然，尽管事实上幕友会根据客观法则来履行自己的职责，但他们的态度和行为却仍然受个人因素的制约。由于"幕友体制"（*mu-yu* system）强调州县官和幕友间的个人私谊，幕友更注重的往往是他们的东家（州县官）的考成及前程，而不是行政管理本身。其结果是，他们首先考虑的是按照朝廷规章和先例办事，使州县官不至于遭到惩处。²¹⁵

清政府显然已经认识到了这种私人情谊，但仍坚持将幕友定位为州县官的私人助手而不是政府职员。因此，幕友既不受约束衙门其他职员的那些纪律的约束，也不会得到官职提升的报偿。²¹⁶ 由于荐任幕友为官的方案没有实施，使得幕友出仕无门，清政府就失去了从有经验的行政专家中选拔官员的机会。因此，在整个清代，行政专家和官员一直分属两个不同的群体，没有融合的可能。

注释：

1　这一称谓是从汉代以来军中称谓演化而来的。为将军充当"记室"或属僚的儒士，常常在一个帐篷（幕府）中办公，从而被称为"幕僚""幕友"或"幕宾"（意即军帐中的同事、朋友或客人）。参见《称谓录》卷二十二，第 9 页 b—12 页。
2　《临川先生文集》卷三十九，第 7 页 b。
3　在唐宋时期科举考试的各科中，有一科就是专门为以律例为专业的儒生设置的，即"明法"（《新唐书》卷四十四，第 1 页—2 页 b；《宋史》卷一百五十五，第 1 页 b—2 页、第 9 页 b—10 页；卷一百五十七，第 9 页 b—11 页 b）。通过了科举考试的士子，在获委任官职前，还须接受撰写判词（判）的考试（《通典》卷十五，第 84 页；《新唐书》卷四十五，第 1 页 a—b；《宋史》卷五十八，第 3 页—4 页、第 7 页 b）。在明代和清代早期，尽管参加乡试的生员仍然要写判词，但是这时已经流于形式。顾炎武指出，应试的考生所要做的，不过就是回忆一些律例条款而已（《明史》卷七十，第 1 页 b；《清史稿》卷一百一十五，第 1 页 b—3 页 b；《日知录集释》卷十六，第 21 页 b）。写判词的考试，在 1757 年最终被废除（《清史稿》卷一百一十五，第 3 页 b）。
4　"领导魅力"指的是一个领导者天生具有的体魄上、精神上的素质。领导魅力通常被认为是非凡的。关于领导魅力的详细论述，参见由 H. H. 格特与 C. W. 米尔斯合译的德国学者马克斯·韦伯著：《社会学文集》（纽约，1946 年），第 245 页及以下。
5　马克斯·韦伯著，H. H. 格特译：《中国的宗教：儒教与道教》（伊利诺伊州格伦科，1951 年），第 132 页；参照马克斯·韦伯对中国教育和考试制度性质的评述，同书第 120—121 页。
6　见杜贵墀（1824—1901 年，曾充任方大湜幕友的一位法律专家）给《平平言》写的跋（第 3 页 b）。王兰广（道光年间的县官）强调指出：新上任的州县官由于缺乏训练，不能胜任司法职权的行使（《明刑管见录》序言，第 3 页）。同时，他们也不能胜任征税事务（《钦颁州县事宜》，第 28 页；《经世文续编》卷二十一，第 13 页 b）。
7　这一点再一次与汉、唐、宋时期的情形不同。那时僚属、掾史中有很多儒生，而且许多州县官或更高级官常来自僚属、掾史阶层（《卷施阁文·甲集》卷一，第 21 页）。
8　在清以前的朝代，有将军或高层官员聘用学者做参谋的情况（见本章前注 1）。不过，在地方官衙聘用幕友的做法肇始于明代。在苏州知府况钟（1383—1443 年）的传记中提到，他从未聘请幕友在内衙协理公务，而完全由自己直接在公文和讼案上作出决断（《况太守治苏集》卷三，第 3 页）。这意味着在明代，一位地方官吏不聘请幕友襄助是相当罕见的。另一份明代资料提到，有位县官，当对某件事举棋不定的时候，就会召集幕友征询意见（《古今谭概》卷一，第 14 页）。根据李塨（1659—1733 年）的说法：明代所有官员，包括中央、地方官员，都聘有幕宾。李塨认为：在汉朝后期、唐朝和宋朝，官员还可以聘用精明能干的儒生担任自己的下级官吏；但是在明朝却不具备这一条件，进入仕途的唯一路径就是通过科举考试、由吏部任命。官员无力单独行使权力的，就只有聘请幕友（《阅史郤视》卷三，第3页）。宗稷辰（1792—1867年）从另一个角度揭示了幕友的必要性——即由僚属地位下降造成的。在明代，通过科举考试的人备受尊敬，但是僚属却备受歧视；因此，文人学者就不愿意担任僚属之类卑微官职。结果是，僚属中有才能者极少，博学之士以其参议能力被聘到衙门中服务。宗稷辰声称，这一做法直到他所在的时代都未曾改变（《躬耻斋文钞》卷二，第58页）。

9 《经世文续编》卷二十三，第1页。另一位名叫徐赓陛的县官也作出了类似的论断："今之官州县者，大抵皆科甲、军功、捐纳三途耳。未仕之先，吏治皆非素习。虽自好者，偶阅前人牧令成书，略窥门户。然而……何者为出治本务必欲力行，胸中固漫无定见也。至若律例集解，则又卷帙浩繁，谓可委诸幕友，而不知累朝之大经大法、奥义微言，固已囊括其内。即州县之临民听讼，抚字催科，亦无一不详载其中。……一朝捧檄，……欲措施剖决而无从，于是奉内幕为指车。"（《不慊斋存》卷五，第120页a—b）【本注释所引此段引文，英文原文可直译为"现在的州县官来自三个渠道：科举、军功和捐纳。在他们进入官宦生涯之前，都没有研习过行政事务。……由于他们对税收、军务和法律不熟悉，既不知道如何操作，也不知道如何决策。因此他们只好将幕宾视为自己的指导者。"此段译文，在注引原书中找不到准确对应古文，显系作者据原文理解综译。为方便读者，故将被作者整合的原文全部录出。——译者】

10 《钦颁州县事宜》，第28页。
11 同上；《福惠全书》卷一，第12页b—13页b。
12 《病榻梦痕录》卷上，第30页b。
13 《学治臆说》卷上，第2页；《皇清奏议》卷三十三，第25页a—b；《宦游随笔》卷三，第57页。
14 《庸吏庸言》，第36页。
15 同上书，吴寿椿序，第2页；《庸吏余谈》，刘衡序，第1页。
16 《病榻梦痕录》卷三，第5页b、第8页b—9页、第40页b。
17 《钦颁州县事宜》，第28页。
18 实际上，韩振的心目中有"显"与"隐"两类政府：一对在中央，另一对在地方。看得见的政府由各部官员组成；看不见的政府由书吏组成（《经世文编》卷二十三，第1页）。
19 此分类见《佐治药言》，第15页；《学治臆说》卷上，第2页b；《钦颁州县事宜》，第28页b；《牧令书》卷四，第6页、第13页b。
20 《牧令书》卷四，第6页、第13页b。
21 同上书，卷四，第6页。
22 同上书，卷四，第13页b。
23 同上。
24 同上。
25 《病榻梦痕录》卷上，第10页b、第15页b、第18页b。
26 《佐治药言》，第15页；《学治臆说》卷上，第2页b—3页。
27 例子见《娄县志》第一卷，第6页。
28 迟庄：《清代之幕宾与门丁》，载《大陆杂志》第5卷第2期，第15页。【原注为简称，作者1997年校审译稿时，亲笔补充了被省去的文章标题及刊名。——译者】
29 《办案要略》，第28页b—29页。
30 《学治一得编》，第29页；《平平言》卷二，第42页b—43页；《明刑管见录》，第32页b—33页；《牧令书》卷十八，第11页b—12页；同前书二十三，第32页a；《办案要略》，第27页b—28页b；《中和月刊》第2卷第10期，第86页对《公门要略》和《各行事件》的引述。

31. 《学治体行录》卷上，第5页；《中和月刊》第2卷第10期，第86页及第88页对《公门要略》的引述。
32. 《耐庵公牍存稿》卷二，第36页b；《续佐治药言》，第2页b—3页。
33. 《办案要略》，第27—28页b；《续佐治药言》，第1页、第2页b。
34. 《办案要略》，第27—28页b；《幕学举要》，第1页、第5页b。
35. 《刑钱必览》卷七，第2页b。
36. 《病榻梦痕录》卷上，第16页。
37. 同上书，第25页a—b。
38. 《佐治药言》，第6页a—b；《幕学举要》，第5页a—b。汪辉祖认为，由于州县官不得不亲理无数行政事务，为了使狱讼案件审理不延滞，就需要一名幕友襄赞他主持庭审（《佐治药言》，第13页b—14页）。他还建议，幕友在安排庭审时，应当考虑长官的能力和效率，以便长官能应付得过来（同前书，第6页）。
39. 《经世文编》卷二十一，第15页b。
40. 汪辉祖建议，幕友对发出传票应格外谨慎，仅仅传唤绝对需要出庭听讯的人即可（《佐治药言》，第6页、第10页b—11页；《续佐治药言》，第1页、第2页a—b、第3页b）。
41. 《蜀僚问答》，第4页。
42. 卫三畏误认为，幕友在庭审时侍候在旁。他书中有一幅插图就显示，一名幕友站在主持庭审的州县官后面（卫三畏：《中国总论》两卷本，纽约，1883年，第一卷，第504页）。
43. 《明刑管见录》，第20页；《赘言十则》，第4—5页。
44. 《明刑管见录》，第20页。
45. 《赘言十则》，第4页b—5页。
46. 《明刑管见录》，第20页；《病榻梦痕录》，第11页b。
47. 汪辉祖质疑任何仅仅以口供为依据的判决的可靠性（《续佐治药言》，第4页）。
48. 《续佐治药言》，第4—5页b；另见《家言随记》，第1页；《佐治药言摘要》，第12页a—b。
49. 《病榻梦痕录》卷上，第21页b—22页b。
50. 这方面的例子可参阅汪辉祖书中的几个实例。同上书，第18页b、第22页b—23页、第42页、第43页b及以下。
51. 《盛世危言补编》卷四，第21页b；《牧令书》卷十七，第3页；《经世文续编》卷二十一，第13页b。
52. 见本书第七章第一节。
53. 《明刑管见录》，第19页b。
54. 《办案要略》，第31页及以下。
55. 这种记录——即所谓"供状"——是庭审中由书吏记录下来的证词（草供）的扩充版本。一起杀人案涉及的各色人等的证词顺序是这样安排的：地保、受害者家属、作为证人的邻居、应处轻刑的被告、应处重刑的被告（《刑幕要略》，第2页；《办案要略》，第3页）。关于记录证词的技术，见《办案要略》，第36—40页；《刑钱必览》，第1—5页、第7—11页b；《刑幕要略》，第1—2页b。

    有法令禁止衙门任何雇员改动或删除证词的任何部分（见第七章第四节；《幕学举要》，第1页b—2页）；不过这一法令很少被严格遵守（《明刑管见录》，第19页b；《刑钱必览》卷一，第12页）。穆翰（19世纪），一名满族官员，曾指示他的幕友：因为证词须当庭宣读并由当事人等签字，所以不能改动一字一句（同前书）。
56. 《福惠全书》卷十二，第10页b—11页b。关于"看语"的规格，见同前书卷十二，第12—23页b；《覆瓿集·刑名》卷二，第1页及以下；同前书卷四，第8—13页b；同前书卷五，第15—19页。

57 《办案要略》，第 43 页。
58 这种程序叫作"叙勘"（描述调查勘验）。各省做法不同。一些地方既要有图表又要有描述，另一些地方则仅要求描述（《办案要略》，第 32 页 b；《刑幕要略》，第 4 页）。
59 《福惠全书》卷十二，第 9 页 b—10 页；《刑钱必览》卷一，第 9 页 b、第 12 页及以下；《刑幕要略》，第 1 页及以下；《办案要略》，第 31 页及以下。
60 判决可能因下列任一原因被上级官员驳回：原告的控诉与被告的最后供述之间、各涉案人的证词之间、招状与判决表述之间有矛盾，杀人案中致命伤和凶器不符，勘验不完整；关于伤状的描述与《洗冤录》不一致；判决与法律或成例不符，重审期间疑犯翻供（《办案要略》，第 44 页 b）。值得玩味的是，正如一位县官和一位幕友所指出的，呈报到上级衙门的严重案件，没有哪一个能避免被驳回的命运（《福惠全书》卷十二，第 11 页；《幕学举要》，第 2 页）。
61 《办案要略》，第 44 页。同一资料指出，州县衙门的幕友应掌握一个案件的所有必要情节，上呈报告中不要留下任何疑点。否则，"院"（巡抚）、"司"（按察司）或"府"衙的幕友将会重新评估该案中的所有要素，抓住这些关键之处，驳回州县官拟定的判决——如果他需要这样做的话（同前书，第 45 页 b）。
62 见下文，第八章。
63 衙门资金的移交记录（交盘册）是离任官员为其继任者准备的一个账目和资金簿册。它包括下列四个部分，即所谓"四柱册"（四栏记录）：(1)"旧管"即离任官从前任接收的存银数目；(2)"新收"，即离任官在职期间的财政收入数目；(3)"开除"，即已经花费及解送上司的数目；(4)"实在"，即贮存于粮仓和金库中的结存钱粮。见《钦颁州县事宜》，第 2 页 b—3 页 b；《刑钱必览》卷五，第 1 页 b—3 页；《福惠全书》卷三，第 15 页。
64 《刑钱必览》卷五，第 1 页 b—3 页、第 11 页；《钱谷备要》卷一，第 17—18 页 b；《幕学举要》，第 24—25 页；《钦颁州县事宜》，第 2 页 b—4 页；《福惠全书》卷三，第 14 页及以下。
65 规定：如果前任州县官的越权开支或挪用，被新任州县官发现并报告上司，这笔钱就由前任州县官补足。但如果不是由新任州县官发现和报告的，前后两任官员都要受到处罚，新任州县官必须补足这笔钱（《吏部则例》卷六，第 10 页 b—12 页；《六部处分则例》卷八，第 9 页；《钱谷备要》卷一，第 6 页 a—b、第 18 页 a—b）。
66 《钱谷备要》卷一，第 1 页 b；《钱谷视成》，第 4—5 页。
67 《钱谷视成》，第 20 页 a—b、第 23 页 a。
68 一般地，每户人家所拥有的土地类别及应缴税额都记在"户册"上。户册又作为每个甲、图赋役簿册编制的基础，最后汇成全州或县的赋役簿册。不过，在人口众多、地域广阔的州县，实际做法是略去"户册"和"甲册"，只使用"图册"和"县册"。见《福惠全书》卷六，第 9 页 b—11 页；《钱谷备要》卷一，第 10 页 a—b；《刑钱必览》卷五，第 3 页 b、第 19 页 a—b。
69 《刑钱必览》卷五，第 19 页 a—b；《培远堂偶存稿》卷四十六，第 38、40 页。
70 见下文，第八章第一节。
71 《佐治药言》，第 15 页；《牧令书》卷四、第 6 页、第 13 页 b。
72 《福惠全书》卷七，第 2 页 b—3 页；《钱谷备要》卷一，第 7 页；《刑钱必览》卷五，第 22 页 a—b；《牧令书》卷十一，第 16 页。"比照"和"销照"都是税票（单）的组成部分（见第八章注 49），由书吏夹入征比册（实征册），并交由幕友审查。如果仅仅使用三联式税单，比照和实征册就会一起退回书吏。而在退回之前，比照的一角会被幕友剪下来。幕友会在书吏将花户的纳税额填入实征册后，销毁比照。如果使用的是四联式的税单，幕友会在查验完毕后立即销毁销照（《钱谷备要》卷一，第 7 页 a—b；《刑钱必览》卷五，第 25 页 a—b）。
73 《钱谷视成》，第 20 页 a—b、第 22 页；《刑钱必览》卷五，第 19 页 b。
74 《刑钱必览》卷五，第 25 页 b—26 页。

75　据汪辉祖说，根据情况的轻重程度不同使用三种不同的竹签：风签、火签、雷签。这三种竹签都存放在幕友的办公处所（《刑钱必览》卷五，第 6 页 a—b）。

76　如果名字被挑出并受到衙役警告的花户，到了次年春天仍未缴清赋税，其姓名就会被盖上"签捕"的印戳。根据情况的紧急程度，使用三种不同的竹签："必完签"（欠税必须付清）、"人银必到签"（花户和税款必须一同带到衙门）、"不宿签"（不得拖过当晚）。见《刑钱必览》卷五，第 25 页 b—26 页。

77　《刑钱必览》卷五，第 23 页。

78　《培远堂偶存稿》卷四十六，第 37 页 b；《学治臆说》卷下，第 7 页 b；《刑钱必览》卷五，第 19 页 b、第 22 页；《幕学举要》，第 22 页 b—23 页；《钱谷视成》，第 20 页 a—b、第 22 页；《牧令书》卷十一，第 51 页 a—b。

79　《刑钱必览》卷五，第 4 页 b、第 22 页 b；《幕学举要》，第 23 页；《培远堂偶存稿》卷四十六，第 37 页 b—38 页；《福惠全书》卷七，第 3 页；《牧令书》卷十一，第 51 页 a—b。

80　《学治臆说》卷下，第 7 页 b。

81　因此，乾隆年间的幕友谢鸣篁与王又槐建议，征比册（或实征册）应当在征税之前就上交，以便于检查和审计（《钱谷视成》，第 20 页 b、第 23 页；《刑钱必览》卷五，第 19 页 a—b）。

82　《福惠全书》卷七，第 2—3 页 b；《幕学举要》，第 23 页。

83　《培远堂偶存稿》卷四十六，第 37 页 b—38 页。

84　《刑钱必览》卷五，第 7 页 a—b、第 20 页 a—b；见上文第三章第五节。

85　《钱谷备要》卷一，第 7 页 b—8 页；《刑钱必览》卷五，第 7 页 a—b、第 20 页 a—b。

86　《刑钱必览》卷五，第 7 页 b—8 页、第 20 页 a—b；《钱谷备要》卷一，第 8 页 a—b；《福惠全书》卷六，第 6 页 b、第 9 页 b。

87　《刑钱必览》卷五，第 26 页。

88　解送证（批回）一般由布政使提前签发，由钱粮幕友保存。当有税银或谷米解送上司时，根据书吏的请求，会签发一份记录该税种和数额的"批回"。另一类证书，专用于解送地丁银以外的税银，由州县政府自己签发（《福惠全书》卷七，第 18—19 页）。上述两种情形中的任一种证书，都由接收解送的衙门盖章，并交随同押运的差人带回，以确认税银已被收到。

89　《刑钱必览》卷五，第 10 页 a—b、第 12 页 b—15 页；《学治体行录》卷下，第 21 页 b。

90　《续佐治药言》，第 7 页 b；《牧令书》卷三，第 5 页 a—b。

91　《牧令书》卷三，第 5 页 b。一般衙门的账目分为以下四类：（1）常规收入（正入）：来自地丁银和杂税的税款；（2）常规支出（正出）：解送上司的税银和已花费的税银，包括官员的薪俸、幕友的脩金以及给衙门中其他人员发放工食银的支出；（3）综合性收入（杂入）：各种陋规产生的收入；（4）综合性支出（杂出）：捐献、礼品、伙食和州县官的其他日常开销（《学治说赘》，第 4 页 b）。

92　礼费和陋规必须严格与成规一致。于是，记载在各类场合向各官员支付礼献名目、金额的簿册，就成了有价值的指导手册。据说，账房为了从前任官员的账房获得这一簿册，就不得不向他付费（《官场现形记》第四十一章）。

93　《牧令书》卷四，第 6 页。

94　见《官场现形记》第五章、第四十章、第四十一章。

95　《牧令书》卷三，第 5 页 b。

96　在该书第 28 页 b—29 页；《幕学举要》也提到：如果州县官认为登记工作不重要而未能将这一工作委派给一个称职的人的话，大部分的行政事宜就将被拖延。该书还建议对掌管登记的幕友支付高额脩金（第 1 页）。

97　《学治臆说》卷上，第 3 页。

98　见上文，第三章第二节。

99 《牧令书》卷四，第 5 页 a—b。
100 见《病榻梦痕录》卷上，第 10 页 b—11 页、第 11 页 b—12 页、第 13 页 a—b、第 18 页 b—19 页、第 25 页 b—27 页。在一个极其复杂的案件审理过程中，汪辉祖曾用了四天四夜准备判词，并且易稿十次以上（同前书，第 24 页）。
101 《牧令书》卷四，第 6 页、第 13 页 b。
102 《学治臆说》卷上，第四章第二节。
103 关于"标判"的具体实践做法，见上文，第五章注 31。
104 见上文，第五章注 79。
105 见下文，第九章第六节。
106 《病榻梦痕录》卷下，第 38 页。
107 《佐治药言》，第 9 页 b、第 12 页 b、第 17 页；《续佐治药言》，第 12 页 b—13 页；《病榻梦痕录》卷上，第 9 页 b；《福惠全书》卷一，第 13 页；《学治体行录》卷上，第 4 页；《平平言》卷二，第 20 页 b；《明刑管见录》，第 20 页。张廷骧指出，除了州县官的个人事务以外，没有一件事是与幕友无关的（《赘言十则》，第 3 页）。
108 《佐治药言》，第 15 页；《学治体行录》卷上，第 3 页 b。
109 《经世文续编》卷二十三，第 1 页；《牧令书》卷四，第 2 页；同前书卷十七，第 3 页。
110 《学治臆说》卷上，第 3 页 b；对照《牧令书》卷四，第 5 页；《宦游随笔》卷三，第 58 页。
111 《福惠全书》卷一，第 12 页 b—13 页。
112 《庸吏庸言》，第 44—45 页 b；《明刑管见录》，第 32 页 b—33 页。
113 《福惠全书》卷一，第 12 页 b—13 页；《学治说赘》，第 9 页 b。
114 《明刑管见录》，第 20 页。
115 《福惠全书》卷一，第 12 页 b—13 页。
116 《学治一得编》，第 29 页；《幕学举要》，第 3 页 b。
117 《病榻梦痕录》卷上，第 16 页 b、第 22 页 b、第 28 页 b。
118 《赘言十则》，第 3 页 a—b。
119 《佐治药言》，第 5 页。
120 《学治臆说》卷上，第 17 页。
121 《续佐治药言》，第 3 页 b。
122 同上书，第 3 页 a—b；《赘言十则》，第 3 页。
123 《病榻梦痕录》卷上，第 46 页 a—b。
124 《朱批谕旨》，宪德奏折，第 104 页 b；《幕学举要》，第 6 页。王宗鲁（1703—1753 年）值得一提。在多次科举考试预试（童试）落第后，他到了京师并成为刑部的一名书吏，在那里学习六年律法。随后他在福建省为各州县官充任刑名幕友近三十年（《章氏遗书》卷十七，第 45 页 b）。
125 《幕学举要》，第 6 页。1747 年的一道上谕规定：已经解职的知府或州县官，不应在其任职的省份接受聘用转而充任幕友（《清高宗实录》卷二百八十五，第 17 页 a—b）。汪辉祖在知县解职后曾收到几个省级高官和以前的雇主邀请他担任幕友的聘书，但是他回绝了这些邀请（《梦痕录余》，第 1—2 页）。
126 例如王宗鲁（见前注 124）和王贤仪（1855 年卒）（《家言随记》卷一《阅历偶谈》，第 1 页 b）。
127 以汪辉祖为例，他在受聘为幕友之前曾为教师（《病榻梦痕录》卷上，第 6 页 b—7 页 b）。
128 《幕学举要》，第 6 页、第 7 页 b。汪辉祖说，教师一年只有十两多一点白银的薪金，而幕友一年的收入可能是教师收入的十倍以上（《佐治药言》，第 3 页 b、第 4 页 b；具体数字见下文，第六章第五节）。
129 以汪辉祖为例，他在任幕友期间曾经参加过六次乡试，直到第六次才中举。几次参加考试后，他基本都回到了原来受聘的衙门，只有第二次应试例外（《病榻梦痕录》卷上，第 11 页 b、第 14 页 b—15 页、第 17 页、第 23 页 b）。他参加了四次会试，失败三次，每次他都先辞去幕友职位以便参加考试。从京师回来后，他就会在另一个衙门任职（同前书，第 23 页、第 34 页 b—35 页、第 35 页 b、第 36 页 b）。他在参加会试之前辞职，可能是因为请假的时间不足以完成往返北京的旅程。

130 见上注。左宗棠（1812—1885 年）和张謇（1853—1926 年）的生涯也值得摘引。左宗棠是举人，但却不能通过会试、殿试成为进士，遂应聘成为两任湖南巡抚张亮基和骆秉章的幕友（《左文襄公年谱》卷一，第 29 页 b—35 页）。张謇在考取秀才后就受聘为某省提督的幕友；通过乡试后，他又受聘为某知府的幕友（《张季子九录》，册一，《简谱》）。

131 汪辉祖是一个极端例外的例子。他在 1775 年通过殿试后不久，他的母亲就去世了，因此耽搁了他进入仕宦阶层的时间，仍旧受聘为幕友。他在守丧三年期满后又留任幕友多年，可能是出于对该州县官的忠诚。直到 1786 年，汪辉祖自己才成为一位县官（《佐治药言》，第 19—20 页 b；《病榻梦痕录》卷上，第 36 页 b 及以下）。

132 关于儒生一般地位及这种地位与仕宦资格之间的关系的讨论，见费正清主编：《中国的思想与制度》（芝加哥，1957 年），第 246—247 页、第 250 页收录的瞿同祖《中国阶级结构及其意识形态》一文。关于通过科举考试获得功名者享有的特权，见第十章第三节；张仲礼：《中国绅士》，第 32 页及以下。

133 《梦痕录余》，第 1 页 b、第 53 页 b。这里需要说明，这一说法仅适用于州县官。更高级别官员的地位肯定比其幕友的地位高。汪辉祖解释说，他愿意在州县衙门中充任幕友，其原因就是在州县衙门中，幕友大致与州县官平等。汪辉祖曾拒绝任"司"或"抚"幕友的聘请，就是因为幕友与这些高官地位悬殊，他无法忍受高官的态度（《梦痕录余》，第 53 页 b）。这一地位悬殊也可以从幕友对他们的高官上司的称谓上体现出来。幕友通常称呼高级官员（知府或更高级官员）官职的俗称（如总督被称为"制军"，布政使被称为"方伯"等），而在他们面前则只能直称自己的名字（迟庄：《清代之幕宾与门丁》，第 15 页）。

134 《牧令书》卷四，第 1 页 b、第 6 页 b；《佐治药言》，第 1 页 b；《续佐治药言》，第 7 页 b；《钦颁州县事宜》，第 28 页。幕友一度被认为是介于宾客和老师的人——"宾师"（《学治臆说》卷上，第 2 页 b；《佐治药言》，第 1 页 b；《赘言十则》，第 1 页）。民间的俗称"师爷"也带有荣耀和尊崇的意思。

135 《家言随记》卷一《阅历偶谈》，第 16 页 b；迟庄：《清代之幕宾与门丁》，第 15 页。

136 《牧令书》卷四，第 1 页 b。

137 迟庄：《清代之幕宾与门丁》，第 15 页。

138 《学治体行录》卷上，第 4 页；《牧令书》卷四，第 6 页 a—b；同前书卷二十三，第 34 页 b。

139 《牧令书》卷二十三，第 34 页 b—35 页；《续佐治药言》，第 7 页 b—8 页。

140 《学治体行录》卷上，第 4 页；《牧令书》卷四，第 6 页 b。

141 《牧令书》卷四，第 1 页 b—2 页；迟庄：《清代之幕宾与门丁》，第 15 页。

142 《续佐治药言》，第 7 页；《学治臆说》卷上，第 2 页 b。

143 《学治臆说》卷上，第 2 页 b；同前书，下，第 21 页；《佐治药言》，第 1 页 b—2 页；《家言随记》卷一《申韩论》，第 2 页 b；《赘言十则》，第 3 页 b。

144 《病榻梦痕录》卷上，第 12 页 b—13 页。另一个例子是关于冯桂芬的。冯曾担任某州县官的幕友，在是否应对一个拖欠赋税的生员进行责罚的问题上，他与县官意见不合——该县官坚持要惩罚。于是他辞去了幕友一职（《显志堂稿》卷首，《墓志铭》，第 1 页 b）。

145 汪辉祖说，他的一些亲属、朋友跟着他学习幕友的技能（《续佐治药言》，第 16 页 b）。他自己在担任"书启"时，曾向一位知名幕友学习法律。他曾经得到处理公文的实践机会，并在六年学徒期满后，受聘为刑名幕友（《病榻梦痕录》卷上，第 9 页 b；《佐治药言》序，第 1

页 a—b）。另一个实例是王贤仪，他最初跟随某按察使的一名幕友学习了两年法律，而后成为一名幕友（《家言随记》卷一《阅历偶谈》，第 1 页 b；卷四，第 73 页 b、第 75 页 b）。

146 《佐治药言》，第 9 页 a—b、第 16 页 b。汪辉祖的儿子想要学习幕友技能，汪辉祖建议他学习律例、阅读京报或邸钞，并练习写批词（批）和就讼案作判决。根据他自己的经验，一个人可以在一年的专心学习之后成为一名能干的幕友（《梦痕录余》，第 25 页；关于京报的属性，见费正清和邓嗣禹在 1940 年《哈佛亚洲学刊》第 5 卷第 1 期，第 61—62 页发表的《清代文书的类别和使用研究》）。王贤仪也建议阅读京报，因为京报包含修订后的律令（《家言随记》卷一《阅历偶谈》，第 17 页）。由于断讼是一项十分基本的能力，在直隶省研习幕学的人因而往往先从学习如何听讼入手（《赘言十则》，第 1 页 b—2 页）。另一些人则是从写判词或质驳他人所作不合理判决（驳案）入手（《家言随记》卷一《阅历偶谈》，第 18 页 b）。

147 《幕学举要》，第 6 页 b；《赘言十则》，第 1 页 b。

148 《福惠全书》卷一，第 13 页；《双节堂庸训》卷五，第 12 页；《梦痕录余》，第 25 页；《赘言十则》，第 1 页 b。

149 《平平言》，第 20 页；《福惠全书》卷一，第 12 页 b—13 页 b；《学治臆说》卷上，第 2 页。

150 《福惠全书》卷一，第 13 页；《学治臆说》卷上，第 2 页 a—b。

151 上级官员强迫下级官员接受自己"推荐"的幕友者，依律要受到革职处罚。对上级官员强行"推荐"幕友行为不加举劾的下级官员也将被革职（《清律例》卷三十一，第 36 页；《六部处分则例》卷十五，第 32 页 b—33 页；《清会典事例》卷九十七）。

152 《培远堂偶存稿》卷十六，第 16 页 a—b；同前书卷三十一，第 36 页及以下；同前书卷三十四，第 28 页及以下；《语冰阁奏议》卷五十一，第 5 页。

153 《学治臆说》卷上，第 2 页。由于觉得上司的推荐难以拒绝，又不想给被荐幕友以实际职事，有些州县官就只好给这种人安排闲职——"干脩"，干得束脩不做事——这种做法被认为是"于公事、情分两层均无妨碍"（《宦游随笔》卷三，第 57 页 b；《经世文编》卷二十，第 10 页）。根据浙江巡抚吴文镕（1792—1854 年）的说法，在浙江省的许多衙门，像书禀、挂号、征比等名义职务是专门留给上级官员推荐的人选。这种幕友，并不真止到各房中执事，仅仅是每年领取几十两到几百两的干脩而已（《吴文节公遗著》卷十九，第 4 页）。

154 《清宣宗实录》卷二百三十二，第 24 页 b—25 页。具体的实例，见曾任县官的徐赓陛所写的信函，徐拒绝了总督衙门某幕友向自己推荐的幕友人选。该信记述了该幕友为了推荐自己的学生充当幕友而对徐赓陛施加的压力（《不慊斋漫存》卷六，第 6—7 页）。据说为了得到推荐，被推荐者常常要给推荐人送年费（《清会典事例》卷九十七）。

155 《清高宗实录》卷二百八十五，第 17 页 a—b；《经世文续编》卷二十三，第 2 页 b。

156 不过，这一做法在 1800 年被法律禁止 [《清会典事例》卷九十七；刘建韶在《牧令书》卷四，（第 40 页 b—41 页天头处）所作的评注]。

157 《佐治药言》，第 16 页。

158 《福惠全书》卷一，第 13 页 b。

159 同上；另见迟庄：《清代之幕宾与门丁》，第 15 页；卢公明：《中国人的社会生活》，卷一，第 325 页。

160 《学治臆说》卷下，第 13 页。另一位县官翁祖烈指出，只有半数次要的幕友职位（即刑名、钱粮以外的幕友职位）才可以让官员的亲属担任（《宦游随笔》卷三，第 58 页）。

161 见前文，第六章第一节。

162 汪辉祖从为他的岳父做两年书启开始了自己的幕友生涯（《病榻梦痕录》卷上，第 8—9 页）。汪擅长写"骈体文"——这是当时来往书信流行的文体（同前书，卷上，第 9 页 b—10 页）。

163 同上书，下，第 11 页 a—b；关于何士祁所表述的类似观点，见《牧令书》卷三，第 5 页 a—b。

164 《学治臆说》卷下，第 12 页。

165 关于"亲亲意识"（particularism）和塔尔科特·帕森斯关于中国"任人唯亲模式"（particularistic achievement pattern）的讨论，见塔尔科特·帕森斯：《社会制度》（伊利诺伊州格伦科，1951年），第 62—63 页、第 195—198 页。

166 《吏部则例》卷三，第 12 页 b。

167 《清会典事例》(1818 年) 卷五十八，第 5 页 b；同前书卷七十六，第 18 页 a—b；同名书 (1819 年) 卷七十五、卷九十七。

168 《清会典事例》(1818 年) 卷五十八，第 6 页 b—7 页；同前书卷七十六，第 13 页；同名书 (1899 年) 卷八十七。原因是，如果幕友的家就在其供职地，他就可以自由地与外界沟通，州县官也就很难实施其"关防"政策（《清会典事例》，1818 年，卷七十六，第 13、14 页及第 15 页 a—b；同名书，1899 年，卷九十七）。习惯上要求幕友独自住在衙中，把家小留在原籍。只有少数例外的情况下，他们才能和家人住在一起（见王贤仪及其也充任幕友的儿子王钟霖的情形。《家言随记》卷一《阅历偶谈》，第 30 页 b；卷四，第 5 页 b）。有些幕友在供职当地娶妻纳妾，这引起了政府部分官员和皇帝的担忧（《清会典事例》，1818 年，卷七十六，第 14 页、第 15 页 a—b）。按照王贤仪的经验，与家人住在一起既有便利之处，也有不便利之处。回家过于频繁，往往会引起猜疑。因此他主张，除非与州县官的关系特别好，又有足够的钱支撑家眷自由迁徙，否则幕友最好不要带家眷（《家言随记》卷一《阅历偶谈》，第 19 页）。王贤仪说这些话时，并没有将禁止幕友携家眷同住的法律放在心上，这说明该法律规定仅仅是一纸空文。一般而言，王所提到的两个现实原因，似乎才是幕友考虑是否携家眷的主要因素。

169 因此俗语有"绍兴师爷"之称。浙江总督李卫曾经评论说，绍兴地方许多百姓都粗通律例（《朱批谕旨》，《李卫奏折》第二册，第 47 页 a—b）。绍兴府会稽人章学诚作了更为具体的说明：他看到，因为他家乡的男人们聪明，而土地又不足以养活如此众多的人口，于是许多人转而研习公文律例，以充任幕友为生（《章氏遗书》卷十七，第 45 页）。顾炎武著《日知录集释》卷八，第 18 页 b—19 页引述明儒谢肇淛（1592 年进士）的说法："今户部十三司胥算，皆绍兴人。"全增祜和宫崎市定都认为，这已足以解释绍兴师爷如此普遍的原因。见全增祜：《清代幕僚制度论》，载《思想与时代》第 32 卷（1944 年 3 月），第 39 页；宫崎市定：《清代的书吏与幕友》，载《东洋史研究》第 16 卷第 4 期（1958 年 3 月），第 9 页。不过应当指出的是：谢肇淛在他的《五杂俎》（卷十五，第 5 页 b）中的原始表述为"皆吴越（江苏和浙江）人"，而非"皆绍兴人"。错误的引述导致了相当的混乱。

关于绍兴师爷的流行观念似乎是被夸大了的。除了少数个案外，我们很少知道关于幕友籍贯的实际地理分布。见全增祜《清代幕僚制度论》第 38—42 页关于与绍兴师爷相关的生物和地理环境因素的研究。璧利南的说法："（师爷）几乎都来自浙江省，而且常常是来自绍兴府。……从这个角度讲，在所有的衙门，师爷职位几乎被浙江省垄断了。"（《中国州县officials》，第 5 页）正是基于这一流行观念的夸大之词。

170 《病榻梦痕录》卷上，第 35 页 b。

171 《清会典事例》(1818 年) 卷五十八，第 7—8 页；同前书卷七十六，第 18 页 b—19 页；同名书 (1899 年) 卷七十五、卷九十七。

172 汪辉祖曾在浙江以下几个地方当过幕友：慈溪、海宁、平湖、乌程和归安（《佐治药言》，第 20 页 a—b；《病榻梦痕录》卷上，第 38 页 b、第 39 页、第 40 页、第 41 页、第 45 页 b、第 47 页）。

173 《语冰阁奏议》卷五，第 5 页。

174 1772 年推行了一项法令，将幕友的供职期限设定为五年，并命令州县官和其他地方官吏向总督或巡抚上报期满幕友的解聘情况，而总督或巡抚须每年向吏部汇报解聘情况。不过 1776

年的一道上谕提到，吏部从未收到过幕友供职超过五年被解聘的报告。该上谕下令取消每年上报的做法（《清会典事例》，1818年，卷五十八，第6页b—8页；同前书，卷七十六，第18页b—19页；同名书，1899年，卷七十五和卷九十七）。

175 《牧令书》卷四，第6页b；卷二十三，第35页。
176 《病榻梦痕录》卷上，第78页b、第43页a—b。
177 见上文，第六章第三节。
178 《牧令书》卷四，第3页上刘氏的旁批。
179 《佐治药言》，第19—20页b。
180 该规定还特别要求：官员不得推荐协理政事的子弟或亲戚（《清高宗实录》卷三十三，第3页；《清会典则例》卷十，第5页b；同前书卷十一，第21页b；《清会典事例》，1818年，卷五十八，第6页；同前书，卷七十六，第12页；同名书，1899年，卷七十五；《吏部则例》卷三，第13页b）。
181 《清世宗实录》卷五，第6—7页；《清高宗实录》卷三十三，第3—4页b；《清会典则例》卷十，第15—16页；《清会典事例》（1818年），卷五十八，第5页b—6页b；同前书卷七十六，第12—13页；同名书（1899年）卷七十五。这一关于推荐督抚衙门幕友出仕的规定于1723年颁布，然而关于推荐更低级衙门幕友出仕的规定是1736年颁布的。不过《清会典事例》（1818年）卷六十三第10页b—11页b和同名书（1899年）卷八十一却误将1723年作为两条规定产生的共同日期。
182 《清高宗实录》卷三十三，第4页a—b；《清会典则例》卷十一，第21页a—b；《清会典事例》（1818年）卷六十三，第11页a—b；同前书卷七十六，第12页b—13页；同名书（1899年）卷八十一和卷九十七；《吏部则例》卷三，第13页a—b。
183 因此吴应棻主张推荐有能力的幕友担任官职，以示鼓励（《皇清奏议》卷三十三，第26页b—28页）。根据王侃（19世纪）的说法，沈金门是在他之前的二百年间唯一通过举荐进入仕途的幕友。沈金门被委任为一个县丞。由于这种情况十分罕见，他的朋友们送他的印章上刻有"盛世首封"（《江州笔谈》，第4页）。
184 《佐治药言》，第15页b。汪辉祖的情形——他提供了这方面的信息——是一个例子。1752年他在岳父的衙门充当书启时，一个月的薪金只有三两白银。两年后，他在知府衙门任书启，每年的收入为七十四两，一年后又提高了八两（《病榻梦痕录》卷上，第8页、第9页a—b）。
185 《病榻梦痕录》卷上，第24页b、第47页b。有一位名叫"东"的幕友被人取了一个"东三百"的绰号，因为低于三百两白银他就不接受聘用（同前书，上，第47页b）。
186 《病榻梦痕录》卷上，第47页b。在其他某些地方的聘金更高。例如，1766年台湾知府开出1600两白银的年薪，向汪辉祖邀聘（同前书，上，第28页）。
187 《经世文》卷二十，第10页。根据邓承修的说法，广东各衙门给幕友的修金在整个清帝国是最高的（《语冰阁奏议》卷五，第5页）。
188 《经世文续编》卷二十三，第2页。
189 《福惠全书》卷一，第13页b；《学治体行录》卷上，第3页。
190 《佐治药言》，第15页b；《宦游随笔》卷三，第57页b。
191 《佐治药言》，第16页。
192 详细情形见上文，第二章第三节。
193 《经世文续编》卷二十三，第1页。
194 《病榻梦痕录》卷下，第50页b—51页；《梦痕录余》，第21页。
195 《佐治药言·序》，第1页a—b；《梦痕录余》，第25页。
196 《梦痕录余》，第25页。
197 于是，结成帮派的幕友相互勾结，使一衙门中的某个幕友同党所拟的公文在上级衙门中得到另一个幕友同党的批准。他们会故意挑帮派外幕友所拟公文的毛病并予以驳回（《清宣宗实录》卷一百一十八，第 7 页 b—8 页；《皇清奏议》卷三十三，第 26 页 a—b；《经世文编》卷二十，第 10 页）。

198 《语冰阁奏议》卷四，第 13 页 a—b。类似的情况在江西和贵州也有发现，即在同省的各个衙门中担任幕友的都沾亲带故。皇帝认为亲戚在同省任职便于结党谋私，于是下令清退他们，并遣回原籍（《清宣宗实录》卷一百二十，第 31 页 a—b；同前书卷二百三十二，第 24 页 b—25 页 b）。

199 《清宣宗实录》卷二百三十二，第 24 页 b—25 页 b、第 26 页 a—b；《清会典事例》卷九十七。

200 《清会典事例》(1818 年)，卷七十六，第 13 页 b；同名书 (1899 年)，卷九十七；《经世文续编》卷二十三，第 2 页 b。

201 《经世文编》卷二十，第 10 页。

202 汪辉祖说，从前十个幕友中可以挑出四五个正直的人（《学治续说》，第 13 页）。然而，不幸的是，晚年的他看到的是，幕友的正直品质大大衰退，十个人当中只能找到两三个正直的人了（《学治臆说》卷上，第 2 页 b）。王植认为正直而有能力的幕友不过百分之一二。(《牧令书》卷四，第 2 页）。

203 汪辉祖说，曾有人试图向他行贿，并向他建议收取贿赂的妙法。汪辉祖拒绝了这一贿赂，但是另一个幕友接受了。这一腐败行径后来东窗事发，犯法的幕友逃逸了（《续佐治药言》，第 13 页 a—b；《病榻梦痕录》卷上，第 17 页）。在另一个场合，一个声名狼藉的幕友被指控以某个士绅为中介向他人收取礼金（《抚吴公牍》卷十五，第 8 页）。

204 《皇清奏议》卷三十三，第 25 页 b—26 页。

205 《牧令书》卷四，第 2 页。

206 《学治体行录》卷三，第 22 页 b。

207 《清会典事例》(1818 年) 卷七十六，第 13 页、第 14 页 b—15 页；同名书 (1899 年) 卷九十七。因此有些官员授权他的门丁，可以要求外出幕友说明他们的去向（《学治一得编》，第 30 页）。

208 《牧令书》卷二，第 44 页 b；同前书卷四，第 2 页；《经世文编》卷二，第 12 页 b。

209 《续佐治药言》，第 6 页。

210 《赘言十则》，第 3 页。

211 如果官员对这种勾结舞弊疏忽不察，将会受到降级处罚；如果他纵容这种内外勾结，将被革职（《六部处分则例》卷十五，第 32 页 b；《清会典事例》卷九十七）。

212 《六部处分则例》卷十五，第 32 页 a—b；《清会典事例》卷九十七。

213 《清会典事例》(1818 年) 卷七十六，第 19 页；同名书 (1899 年) 卷九十七。这一条例是 1790 年确立下来的，起因是有个幕友唆使官员将一桩世仇上报为一般性斗殴。事情败露后，该官员及其幕友都被发配到新疆充军（《定例汇编》卷三十七，第 7 页及以下；卷三十九，第 58 页 b）。

214 根据 1792 年所颁则例，如果州县官遭到降级、革职或徒刑处罚，幕友就会遭到从杖责直到徒三年的处罚；如果州县官所受处罚为徒四年以上，幕友将受到同等的处罚。应当注意的是，这一法律同样适用于长随、书吏和衙役（《清律例》卷三十二，第 45 页 b—46 页；《定例汇编》卷三十九，第 57—60 页 b）。

215 因为意识到了这一点，有些把政事看得很重要的州县官就主张，州县官应当有勇气在决策时承担个人责任（《平平言》卷二，第 12 页 b；《不慊斋漫存》卷五，第 120 页 b；《牧令书》卷一，第 43 页 a—b）。

216 见吴应棻的奏议，《皇清奏议》卷三十三，第 26—27 页。

第七章 司 法

在前面章节里,我们已经讨论了地方官员及其四类辅助人员在地方衙门中的地位和职能。现在,我们接着讨论地方行政的各个方面。先从司法审判开始。司法是州县衙门最重要的功能之一。州县衙门是帝国的基层法庭。只有在州县拒绝受理控诉,或其判决被认为不公正时,人们才可以上诉于上级衙门。未先在州县控诉而直接控诉于上级衙门是违法的;对这种违法者,法律规定应杖五十。[1]

州县官听理其辖区内所有案件,既有民事也有刑事。他不只是一个审判者。他不仅主持庭审和作出判决,还主持勘查、讯问及缉捕罪犯。用现代眼光来看,他的职责包括法官、检察官、警长、验尸官的职责总和。这包括了最广义上的与司法相关的一切事务,未能依法执行这些职务将遭到惩戒和处罚——正如许多法律法规所规定的。在本章里,我们将仅仅介绍律例中最重要的规定,以便大致说明一个地方官在与司法相关的公务中应该做些什么。我们也将看到实际上地方官在其法律顾问的参谋之下,是如何执行司法职务的。

第一节　州县官的司法权

作为基层法庭的法官，州县官仅获得就民事案件及处刑不超过笞杖或枷号的轻微刑事案件作出判决的授权。这类案件通常被称为"自理词讼"（即在州县官全权审判之下的诉讼）。[2] 他的判决并不需要得到上司的批准，但他必须逐月向上司汇报他所受理案件数、已审结案件数及如何结案，以及尚未审结的案件数。[3] 通过此一途径，上司可以经常了解州县审理的讼案。庭审笔录还可能受到分巡道的个别审查。当分巡道巡察到一个州县时，他会审查案件是否依法定期限审结，是否所有案件都在簿册登记中。[4] 如果他发现有不公正的迹象，他将有权重审与此案相关的案卷材料，撤销原判或作出他认为适当的新判决。[5] 民事诉讼中的一造可以上诉至上一级衙门，此时上级衙门有权复查案卷或主持开庭重审。[6]

需要判处徒刑的重案必须呈报州县的上一级长官，州县官的判决建议服从于上司的意见。在审完这样一个案件之后，州县官必须将被告解递给知府或直隶厅同知（或通判），或直隶州知州，以待复审——这一程序被称为"审转"。在案件完成重审并得到府级长官认可后，又依次呈报更高一级长官。最后，所有涉及徒刑判决的案件，每季度都由巡抚和总督汇总上报给刑部。[7] 凡充军案件、流刑案件或虽为人命案但仅判处徒刑的案件，都将由按察使重新审判，[8] 然后由巡抚或总督分别呈报刑部。[9]

所有涉及死刑判决的案件，都必须由总督、巡抚重审。如果是判"立决"的案件，督、抚往往会同按察使及道员一起审判，然后上报刑部。如是判处"监候"，那么案件将会在秋审期间由上述所有省级官员重审，并在一个特定期限内报告给刑部。[10]

这样，一个州县官的司法活动，就处于几种省级官员的监管之下，在判处刑罚超过笞杖的较重刑事案件中尤其如此。每一个有权复查或重判案件的上司,当然成为高一级法庭的法官。上司也可能命令州县官或者委派另一官员重审案件;只要他觉得判决有疑点,或已招供的被告在呈送再审期间翻供,就可下令重审。在当事人上诉至上级官府的情形下,案件必须由长官自己或一名特委专员重审。[11]

重于笞杖的判决,最后批准权在刑部;刑部复查所有由省级官员上报来的案件。已被省级官员批准但被刑部驳回的案件,必须由总督指定的官员重审。必须纠正者,须根据刑部的指示而行。[12]

第二节 民事案件

每月有六至九天[13]专门受理民事诉讼,当然农忙季节——自四月初一日到七月三十日——除外。在此期间,凡涉及户婚、田土及各类轻微之事的争讼,概不受理。[14]在每月特定的这几天里,州县官必须亲自坐堂接受百姓的控告。他的第一个步骤是,通过当堂质问,决定该控告是当受理还是当驳回;[15]然后在诉状的末尾写上一个"批"词,或宣布受理,或说明不受理的理由。

写批词的方式,人各有异。一些精明能干的州县官,一收到诉状,就在原告面前挥毫立就写出批词,或与幕友讨论后亲自写批,并因此闻名遐迩。[16]有些州县官虽然并不亲自写批词,但喜欢与幕友讨论案子,并发表自己的见解。[17]然而,大多数州县官并不熟悉法律,也无能力写批词,因而只得求幕友代为作批。[18]方大湜忠告,只有经验丰富的州县官,才可尝试当庭作批词;因为缺乏经验的官员所作的批词,或许无法使人信服,甚至是荒谬的。[19]

法律规定,属于州县司法管辖的民事案件,必须在二十日内审结。[20]然而,因为拖延审判并没有刑责,许多州县官会无视这一期限。对州县官的此类抱怨经常可见。[21]

第三节 刑事案件

刑事案件，包括人命、抢劫、窃盗、犯奸、略人等，可以在任何时间控诉于州县衙门，包括特留于受理民事诉讼的那几天在内。[22] 州县官也允许人们在衙门口鸣锣①，以表达其请求审理之愿。[23]

一、人命案

在人命案件中，由于确认致命伤的性质至关重要，所以主持验尸便成为州县官最重要的职责。法律规定，州县官必须在受害者被害现场或尸体发现处亲自验尸。没有立即进行验尸的州县官，将受到降职或调职处分。[24] 如果因他迟延勘验引起了尸体情况变化，他将被处以杖六十之刑。[25] 如果州县官在人命案控告到衙门时因公外出，那么邻近地区的某个州县官将会代他主持验尸。[26] 只有在邻近州县官往返路途太远或他也因公外出时，州同或县丞才可能被指派代理这一任务。[27]

几乎所有的州县官公务手册，都建议尽快进行现场验尸，以免案情进一步复杂化及尸体可能发生腐变，特别是在天气炎热时。[28] 然而，通常的程序是，首先派衙役到现场搭一个席棚，并为验尸做一些必要的准备。[29] 然后，州县官坐着轿子，在一大群衙役、书吏及一名仵作的簇拥下来到现场。依规定，进行现场验尸时，州县官的随员只能是一名仵作，一名书吏，两名衙役；[30] 但实际上随员常膨胀至六七十人，甚至多达百人护卫陪同。[31] 有两位州县官，刘衡和方大湜，因遵守法律规限反而成为明显的例外。[32]

在审理人命案件时，地方官员缺乏法律训练的问题特别严重。进行现场验尸，要求有高度专业化的技术及丰富的实践知识，这是那些仅仅饱习文章经史的学者完全不具备的。从这一角度看，一个没有丰富经验

---

① 原文是"to beat the gong"，但更为人们熟知的应是"敲鼓"。很多州县衙门，在门房（而不是门外）既悬铜锣，也有鼓，百姓喊禀时，何种情形鸣锣，何种情形击鼓，或许有所区别。——译者

的州县官，是无法指望其正确认定一桩伤害案的。[33]

当然，在州县官的手下也有职业验尸员（仵作）。但我们必须明白，他们并不是医科专家，而仅仅是被指派查验伤情的衙役。[34] 读者也许记得在第四章里我介绍过，这些衙役地位非常低，也几乎没有多少薪酬。他们不可能既有知识又有技巧，而且他们还经常收受贿赂。[35] 因此，州县官不可能依靠他们，而必须严密监视他们的工作。基于这一事实，朝廷规定，对于仵作验尸报告的不全面、不正确甚至虚假情形失察不纠，州县官应罚俸一年或降职一至二级。[36] 在此种情形下，州县官和仵作都可能受笞刑。[37] 所以，大多数州县官明白，在填写验尸表单之前，他必须亲自查验仵作报告的所有现场发现。[38]

至于现场验尸的操作细节，一些有经验的官员警告州县官：不要躲避尸体发出的可恶气味，而且应亲自动手查验。他们也应将被指认的凶器与伤处对照，以确保仵作的报告是正确的。[39] 然而，据记述，许多州县官都力图避免接触尸体，只是远远坐在棚子里，而将检验完全交给仵作。他们仅仅根据仵作所报称的检验发现，逐一登记在表格上。[40] 然后要求仵作签押，具结保证没有疏漏和虚伪之事。[41]

为了使自己更有能力监管仵作，州县官可以研读《洗冤录》。这本书向人们介绍了确认死因的多种方法。[42] 因为这是唯一被官方认可的指导手册，[43] 所以只要州县官严格遵守它，他就会无咎无过。

在进行了这样的现场验尸之后，州县官必须马上向上司呈交一个详细报告。延迟呈报也是要受罚的。[44] 如果死者的家人反对验尸结论并诉至上一级衙门，州县官便可能被责令进行第二次验尸。但无论如何，就同一案子不得进行第三次验尸。[45] 在死因无法通过验尸确定的某些案件中，还要按《洗冤录》所述的程序进行蒸骨检验。[46]

现场验尸完成后，州县官的下一个任务就是，在法定期限内侦查缉捕应负杀人罪责的人。未能在规定期限内捕获罪嫌，将受到弹劾及如下惩罚：

第一期限（六个月）——停薪留任；

第二期限（一年）——夺常俸一年；

第三期限（一年）——夺常俸二年；

第四期限（一年）——降一级留任。

缉捕严重杀人罪（如卑幼杀尊亲属、妻妾杀夫、奴杀主、一次杀三四人等）的嫌犯，仅有三个期限。未能遵从这些期限，州县官则要受到下列处罚：

第一期限（六个月）——停薪留任；

第二期限（一年）——降一级留任；

第三期限（一年）——降一级调任。

前任州县官因超限未获（嫌犯）而调离后，缉捕凶犯便成了继任州县官的责任。继任者可以再得到一年期限以完成此一任务。如果失败，他要被罚常俸一年。[47]

法律规定，被州县官判定犯杀人罪者必须解递上一级衙门，在那里听候复审。一般杀人罪的审结期限，州县衙门及其上级衙门两审，总共不得超过六个月；但州县官被要求在逮捕凶犯后三个月内完成审判，此后案子移交上级衙门。总期限为四个月的案件（包括斩立决案件），州县官必须在两个月内完成审判并移送上级衙门。总期限为两个月的案件（即上面提到的更严重杀人罪案）必须在一个月内审结并移交上级衙门。[48] 如果州县官未能在特定期限内完成审判，他将受到弹劾。在六个月或四个月期限届满之后，将会有四个月的延长期限，但州县级只能有两个月时间以完成审判。对于原始期限只有两个月的案件来说，超期后只能延长一个月，州县官必须在二十天内完成审判。在延长期限届满而仍未完成审判者，将再一次受到弹劾或革职处罚。[49]

二、盗贼案

缉捕盗贼是州县官的职责。如果某一盗案失窃物价值超过一百两银子,那么州县官必须在六个月内审结此案。如未能遵循此一期限,州县官可能被罚夺常俸半年或一年——这要视被盗物的价值大小而定。如果案件在延期一年后仍未解决,州县官将被罚夺俸一年或两年。[50]

当一桩抢劫案告发至州县衙门后,州县官的职责就是立即与所在州县驻军长官一起做现场勘查。没有亲自做现场勘查者将被撤职。[51] 迟延勘查也要被处罚。[52] 仅在州县官因公外出时,才允许州同或县丞代表州县官进行现场勘查。但法律又明定必须由邻近的州县官来进行第二次勘查。[53] 完成勘查后,州县官须立即向上司呈交一个报告,不得迟延。[54]

侦缉逮捕强盗的期限为四个月。能在此一期限内捕获所有涉案罪犯的州县官,将受到纪录二次的奖赏。[55] 一个新任州县官,在上任后一年内能捕获其前任未能捕获的盗贼,将被晋升一级或纪录一次。[56] 捕获被通缉的重盗案的罪犯一人,该州县官会被总督或巡抚推荐至吏部,听候皇帝面谕嘉奖。[57]

另一方面,如果未能在四个月期限(第一期限)届满前捕获盗贼,州县官也可能以疏于防范(疏防)之过而受弹劾。法律上将城内发生的劫案与乡村或公共道路上发生的劫案区分开来。前一种情形,州县官未能在第一期限内捕获盗贼者,将停俸一年;此后州县官如又未能在延长一年期限(第二期限)内捕获盗贼,将降一级并调离。后一种情形,有四个期限。超过第一期限者惩罚同于前例,但准许有另外三个期限(俱为一年)。虽然州县官可能因超过第二期限而降一级,但他仍可保留原职二年以上。他仅在第四期限届满后才实际受到降级或调任他职之罚。换句话说,他有三年零四个月时间来解决此案。[58] 就一个家庭累遭盗劫,或几个家庭同时被盗劫的案件而言,无论是发生在城内、乡村或公共道路上,只要在四个月内未能捕获罪犯,州县官都将被处罚——降二级并立即调任他职。[59] 然而,宽仁厚道的总督、巡抚经常在最后期限届满之前将州县官调任他职,以便为他解除实际降职之危。因此,关于案件期限的法律规定,并不总是被严格执行。[60] 1814年,朝廷颁布了一个新规定,旨在防止高级地方官在最后期限届满之前将州县官调任他职。[61] 相反,也有一些督抚不仅严格遵守关于弹劾的规定,甚至常常采取比法律要求的更为严厉的做法。他们常请求皇帝命令吏部考虑在期限届满前处罚州县官,或请求同意摘去该州县官的顶戴花翎(作为受贬责的标志),甚至先于最后期限免去其职,而同时又命令他辅佐继任官员在限期内捕获罪犯。他们也可能要求对办案逾期的州县官处以比法律规定更严厉的惩罚。[62]

除了捕获盗贼的期限,还有审结盗案的期限。给州县官及其上司审结盗案的期限,是捕获盗贼后四个月内,[63] 而且州县官必须在两个月内审结并将案犯移送上司。如有违反,他将被弹劾。此后允许延长期限四个月,州县官又必须在头两个月内完成审判。如果他又未能在第二期限完成,他将被撤职。[64]

州县官办理盗贼案件的纪录,每年年终都要复查。捕获盗贼人数不足该案嫌犯人数一半的案件,累计达到五个时,就给州县官记过一次。捕获盗贼人数超过该案嫌犯人数一半的案件,累计达到五个时,则给州县官记功一次。如果一名州县官在一年内捕获十名以上的劫匪,他将被引见给皇帝。[65]

在上述各种规定的压力下,缉捕盗贼便成了州县官最关心之事,因为他的仕途在很大程度上是由他这方面的成败来决定的。

如前所述,几乎所有担任缉捕任务的衙役都与盗贼有非法联系。[66] 因此捕获盗贼的唯一希望便是迫使这些衙役迅速执行命令。于是,给衙役立下捕贼期限,对超期未捕得罪犯者施以杖责,便成了全帝国盛行的一贯做法。[67] 法律允许州县官在超期未捕获罪犯时将衙役的家属拘禁以示惩罚。[68] 但是,有些州县官则宁可选择鼓励的方式来促使衙役尽职:在往上一级衙门解递罪犯时给予盘缠或赏钱。他们也给告密者发奖金。[69]

第四节　审理和判决

在主持庭审之前，很少有州县官能像王凤生那样浏览该案的全部案卷材料。[70] 大多数州县官全靠幕友准备的案情摘要，以获得主持庭审所必需的信息。[71] 此外，无论在开庭前或开庭后，州县官都经常咨询幕友的意见，而幕友在开庭时是不允许出庭的。[72]

在开庭时，州县官可以有一名值堂、一名录词证的书吏、一名掌管竹签[73]的门丁及一些负责看守囚犯并施行刑讯笞杖的衙役陪同。所有涉案人全部必须跪在地上：原告和被告跪在两边，证人跪在中间。[74] 当地百姓经常被允许作为观众站在堂下观审。[75]

在审讯中，允许州县官使用刑讯以获取嫌疑人的口供，但七十岁以上、十五岁以下或残疾嫌疑人除外。[76] 法律许可的刑讯形式有鞭笞[77]、掌嘴[78]、拶指[79]、压踝[80]和下面要讲的其他形式。所有刑讯器具，必须符合法定标准规格和形状，且必须受上级衙门的检验并加烙印。[81] 禁止官员制作非法的刑具。[82] 在法定刑具中有夹棍，它不能用于妇女，且只用于杀人、强盗案中，官员必须向总督、巡抚报告是否在某个特定案件中使用过夹棍。[83] 在抢劫和杀人案中，如果罪嫌拒绝招供，那么令其跪铁链或在其膝窝压棍也是合法的。[84]

州县官对使用刑讯的态度各不一样。有的把它当作获得招供的有效手段；有的则认为官员应尽量避免使用刑讯，因为无辜的人也许会因而被迫供认他并未做过的罪行。[85] 在罪嫌招供后，其供词应向他宣读，然后令他签名或画押。[86] 任何官员不得删去或更改供词的任何部分。[87] 因为记录词证的书吏也许会故意省略或改动词证，所以州县官必须经常在值堂的帮助下浏览全部供词并纠正任何错误，这是他的责任。[88]

所有判决必须遵从现行的律例。皇帝就特定案件所发裁决谕令，若未颁布为法律者，不得引作判决依据。违反这一规定，无论是故意还是过失，其刑事责任与对罪犯非法加重刑罚（故入）或非法减轻刑罚（故出)刑责相同。也不准依据未被宣布为定例的往昔判例作出判决,仅总督、巡抚有权引用旧例并请求刑部认可。

在作出判决时,州县官只能参照适用于该案的特定法律或条例;不得引用两条及以上。违反这一规定者,将比照故意非法加重刑罚(故入)之罪刑加以处罚。并且,法律要求州县官在制作判决时引用他所依据的法条全文;随意省略者笞三十。[89]

一般来说,判决全文要公布并当庭向原、被告宣读,然后令其写下接受判决的字据。[90] 法律规定,当被告被判定犯有徒罪、流罪或死罪时,被告及其住在三百里以内的家属应被通知判决内容;并应取得被告认罪或不服判决的书面陈述。[91]

有些州县官会当庭在两造面前写成判决书("判语"或"审语")。[92] 显然,只要熟悉法律,且事先做过阅读案卷材料等准备,州县官也可以在主持庭审时当场写出一份判词。但是,方大湜认为,州县官最好在庭审之后再写出判词,以便能够有时间思考案子[93]或咨询幕友的意见。[94]

应该指出的是,只有民事和轻微刑事案件(这些案件由州县官全权管辖审理)的判决,才由州县官在庭审结束后当堂宣布。在更严重的案件,即判决必须得到上级官员批准的案件中,程序大不相同。读者可以回顾一下"看语"的准备,它要求相当的斟酌并推敲措辞——这是幕友的任务。[95] 只要进行过庭审并获得招供,州县官的任务就算完成了。然后,所有关于该案的材料都被送到幕友那里,以便他能准备上呈的报告。州县官也许会与他的幕友讨论案子,但是,一般来说,他并不亲自准备报告。

州县官和他的幕友之间显然存在着分工。他们依照法定的和习惯的程序,在司法活动中各自扮演着自己的角色。一般来讲,州县官主持庭审,决定缉捕,审讯罪嫌,宣布判决,决定和实施刑罚,主持验尸及其他勘查;幕友阅览法律资料案卷,起草官批,准备案情摘要,起草上呈报告并给州县官提出法律上的建议。

显然，在执行司法公务时，知晓法律是一个州县官的基本要求，否则他便无法作出合法判决。[96] 但是，法律的繁多复杂及工作任务的重压，常使得他们无法对法律有透彻的研究。刘衡是一位勤勉有能的县官，他的经验证明了这一点。在他居家等候任命时，他的祖父就向他传授了法律知识。但他仍承认，他在广东任知县（他在那里任职长达七年）时仍不熟悉法典。他曾在丁忧期间自繁忙事务中偷得长达八个月闲暇突击研习法律。在此期间，他曾给他任知府的叔父当幕友。当他再次被任命为县官时，他已能够亲自写批语并审理案件。[97] 当然，州县官有如此系统研习法律的机会和决心者很少。穆翰在他撰写的手册里指出，因为州县官在上任之前没有研习法律，所以在当官以后也不可能具备多少法律知识。况且，他说，在任职期间，一个官员要获得法律知识是困难的，因为有如此繁多的工作任务压在他的肩上，以至于即使某一天读了法律知识，三天以后也会忘掉。[98] 不得不对千条以上条款组成的法典及无数定例、则例作通彻研究的是幕友，[99] 只有这样他才能对他雇主的咨询提出意见。仅可望州县官本人对律例有一个大略的、基本的了解，[100] 而他又只关注与司法程序和审判有关的法律及他最常用到的部分律例。[101]

但是，即使获得少量的法律知识也需花费相当多的时间。据穆翰说，仅获得关于名例（总则）的应用知识就要花大约半年时间。[102] 许多州县官不愿做这样的时间和精力投入。结果，他们几乎不得不完全依赖幕友以履行司法职责。[103]

第五节　错判之惩罚

错判的责任，无论如何，不归于幕友——尽管他在决定判决时提出了建议甚至起了决定性作用——而只能归于州县官。这是可以理解的，因为法律顾问并不是政府雇员，他仅对州县官个人负责。正式以官员身份宣布判决的是州县官本人，因此他应负全部责任。

如果没有查清案件事实，州县官要受到处罚。[104] 如果他作了错判，要受纪律处分。在法律上，"失出"（由于过失，宣告判决轻于该罪法定刑罚）和"失入"（由于过失，宣告判决重于法定刑罚）有所区分。在"失入"的情况下，州县官应受的处罚是夺常俸一年、降级或撤职，依案件的严重程度而轻重有异。如果错判已被执行，州县官就要被撤职。[105] 在"失出"的情形下，州县官应受的惩罚自夺俸六个月到降级不等。[106] 任何情形，无论是刑罚过轻还是过重，负责复审的州县上一级长官，以及按察使、巡抚、总督等，都可能依法受到纪律处分。[107] 如果州县官推荐的判决被上司驳回，并相应地由州县官自己加以纠正了，那么他可能被减轻或免除处罚。[108] 这一规则，也适用于刑部驳回总督巡抚批准的判决并命令他们重审的情形。[109]

与其他官员一样，错判案件的州县官要依《大清律例》的规定受到处罚。[110] 如果他故意枉法裁判且已执行，他将与被判刑人受同样的刑罚。换句话说，比如他判决一个无辜的人徒刑，那么他自己也将被判处徒刑。或者，如果他宣告一个应处流刑的人无罪，那么他自己应受流刑。如果判决并非完全不公正而仅是故意有所加重或减轻（故入或故出），那么州县官的惩罚将依该案应当适用的刑罚与实际宣告和执行的刑罚之间的差额来决定。[111] 如果故意拟判的是不公正的死刑判决，并且被告已在判决获批准后被执行死刑，那么州县官当受的惩罚就是死刑。[112]

但是，如果一个不公正的判决并非故意作出或宣告，而仅是由于过失，那么州县官的惩罚就会减轻。在这种情形下，法律将主要责任追究到负责法律事务的书吏身上。其理由是，正如律典注释里所说的，刑房书吏应当知法，应当在任何发生错误的场合提醒官员注意到该错误。[113] 书吏没有指出判决错误者，如果不当判决是加重刑罚（失入），则应减错判刑罚三等加以惩罚；如果不当判决是减轻刑罚（失出），则应减错判刑罚五等加以惩罚。对于同一错判，典史或吏目也要受到减一等以上之刑罚；[114] 州同、州判或县丞减二等以上；[115] 州县官本人减三等以上。因此，当一个不当判决被查明并非故意时，书吏将是最主要的受罚者；而州县官，其惩罚要轻于书吏三等，也有可能一点惩罚也不受。[116]

如果不公正的判决仅仅为建议或宣告而未执行，或如果被不公正地宣告无罪释放者后来被捕或自然死亡，那么上述所有情形中的州县官错判之刑责都要再减轻一等。[117]

综上所述，我们可以看到，对错判的惩罚是极为严厉的。它不仅限于纪律处分，而且包括诸如徒刑、流刑乃至死刑等刑罚，依案件轻重而定。因此，不熟悉律例的州县官绝对需要有能力的法律顾问加以帮助。这不仅仅是个效率问题。没有适当的指点，州县官不仅不能保住官位，而且可能因为错判而受肉刑，甚至丧命。

注释：

1　顾炎武曾提到，许多州县衙门张贴的告示称："越诉【指越过本管官司而向上一级衙门直呈诉状。——译者】者杖五十。"顾认为，这条引述明太祖（1368—1398 年）诏令的规定，意思是：在控告到州县衙门之前，当事人应当先申诉于"里老"，即"里长"和"耆老"处（《日知录集释》卷八，第 10 页；"里老"定义见《明律集解》卷二十六，第 1 页）。但是，明、清律关于"里老"之条仅仅允许他们在"申明亭"——里面张贴着皇帝教导人们作良民的诏书以及不肖子孙、为恶者名字的乡亭——中调解或处理纠纷（《明律集解》卷二十六，第 1 页；《清律例》卷三十四，第 2 页 a—b）。法律并未特别规定人们在诉至州县衙门之前必须先去"里老"那里。《大明律》和《大清律》关于"越讼"的规定都仅指越过有管辖权（本管官司）的官府而言。《大清律》本条的原注及相关法令都清楚地解释："最低官司"意指州县；任何越过他们而呈交诉状给高一级衙门的人，都将受到杖五十之刑。依明、清律，院、司、道、府都可能因为受理越讼而被弹劾（《明律集解》卷二十二，第 1 页；《清律例》卷三十，第 2 页 a—b、第 7 页 b—9 页、第 10 页 b；斯当东译：《大清律例》，第 359 页；鲍莱译：《中国法典手册》，第 630 页）。

并且，应当注意到，关于"里老"地位的法律规定，很少有实际法律意义。一个明代官员记述，大多数"申明亭"早在 15 世纪已坍塌为废墟，恶人姓名不再张贴在那里；人们都直接告到州县衙门，而不是去"长老"那里（引自《日知录集释》卷八，第 10 a—b）。刘淇记述，在清朝开始实行"滚单"制度（见下文，第八章第一节），以及允许花户交税时密封银包交给税吏的制度后，"里老"制度被废除了（《堂邑县志》卷二，第 10 页 b；《保甲书》卷四，第 8 页 b—9 页）。显然，刘这里指的是废除了"里长"。

2 《清会典》卷五十五,第 2 页 b;同前书卷五十六,第 7 页;《培远堂偶存稿》卷四十,第 10 页;《庸吏庸言》,第 53 页 b。

3 两本,人称"循环簿",轮流用来登列诉至州县的民事案件。每月底,"甲簿"被送到府衙或直隶厅同知、直隶厅通判衙门,或送至直隶州知州衙门。同时,州县官在"乙簿"上登记新受理案件。"甲簿"经复查在一个月后发回,"乙簿"又被呈交上司,同时"甲簿"又开始用于登记。州县官还必须每月向所有的上司——知府、道员、按察使、巡抚、总督——呈交月报。见《清会典》卷五十六,第 72 页;《清律例》卷三十,第 30 页 b—32 页;《六部处分则例》卷四十七,第 16 页 a—b;《培远堂偶存稿》卷十,第 28 页 b 及以下,卷十一,第 7 页及以下;同前书卷四十,第 11—12 页;《牧令书》卷二十三,第 29 页及以下。

4 如果某个案件从记录中删去,州县官将被夺常俸一年;如果缺乏某案的案情摘要,他将被降一级。如果他故意在记录中省去任何项目或作虚假呈报,他将被撤职(《六部处分则例》卷四十七,第 17 页)。

5 《清会典》卷五十六,第 7 页;《清律例》卷三十,第 32 页 a—b,第 34 页 a—b;《清史稿》卷一百五十五,第 2 页。

6 《清会典》卷五十五,第 2 页 b;《清会典事例》(1818 年)卷六百四十九,第 29 页 a—b、第 30 页 b—31 页;同名书(1899 年)卷八百四十三。

7 《清会典》卷五十五,第 2 页 b—3 页 b;《清律例》卷三十七,第 44 页 b;《清史稿》卷一百五十五,第 2 页、第 6 页 b;《办案要略》,第 41 页 b。

8 然而,这一程序并不适用于远离按察使所在省会的州县。相反,案件将由道员重审并报告给按察使、巡抚、总督。但是如果被告翻供,或人命案被告仅仅判处充军或流刑时,那就必须由按察使重审(《清律例》卷三十七,第 60 页;《六部处分则例》卷四十七,第 12 页及以下)。

9 《清律例》卷三十七,第 44 页 b。

10 只有离省会遥远的州县,可以在秋审期间不将人犯押解至省城重审。在这种情况下,罪嫌由道员重审,并负责向省级衙门报告。但如果被告翻供,案子必须提到按察使司重审(《清律例》卷三十七,第 31—32 页 b、第 44 页 b—48 页 b;《清会典》卷五十三,第 1—3 页,同前书卷五十七,第 13—15 页;《清史稿》卷一百五十五,第 2—3 页)。

11 只要州县官尚未作出判决,或案子尚未送交上级衙门重审,那么任何诉至州县上一级衙门的案件,都将发回州县官。如果已为州县官审结,或州县官被指控非法羁押百姓、刑讯逼供,或书吏、衙役被指控虐待人犯、贪污,则上级官员必须亲自重审此案,或指派另一个官员重审,这要视案件的严重程度而定。一般说来,无论如何,知府或直隶州知州必须亲自重审。如果州县官被指控拷讯人犯致死,或皇帝命令省级官员听审一个已经诉至京师的案件,那么总督和巡抚就有亲自重审该案的责任。详细规定,见《清会典》卷五十五,第 3 页 a—b;《清会典事例》(1818 年)卷六百四十九,第 29—31 页;同名书(1899 年)卷八百四十三;《清律例》卷三十七,第 26—28 页 b;《定例汇编》卷十一,第 127—130 页 b;同前书卷十六,第 46—48 页 b;同前书卷三十八,第 63 页 b—69 页、第 70 页—71 页;同前书卷五十五,第 87 页 b—90 页;同前书卷五十八,第 76—77 页;同前书卷六十一,第 71 页 b—73 页 b;《六部处分则例》卷四十七,第 60 页 a—b。

12 《六部处分则例》卷四十八,第 18 页。

13 在 17、18 世纪,为此目的而指定的时间是每月三、六、九、十三、十六、十九、二十三、二十六和二十九等日(《福惠全书》卷十一,第 5 页 b;《天台治略》卷七,第 1 页 b;《钦颁州县事宜》,第 9 页 b)。在 19 世纪,民事诉讼仅在每月三、八、十三、十八、二十三、二十八等日受理(《河北采风录》,汤阴县第 19 页,临川县第 25 页,延津县第 39 页;《曾文正公全集·杂著》卷二,第 62 页;《不慊斋漫存》卷二十五,第 5 页)。

14 在农忙季节,仅受理刑事案件。然而,某些民事案件,如解除婚约之争,妨碍耕田灌溉设施使用及田界之争,都会及时受理。其他与农事无关的民事案件也照常受理。见《清高宗实录》卷八十八,第 2 页 a—b;《清会典》卷五十六,第 7 页 a—b;《清律例》卷三十,第 30 页 a—b、第 33 页 a—b;《培远堂偶存稿》卷二十,第 36 页及以下;同前书卷二十三,第 38 页及以下。

15 《钦颁州县事宜》,第 9 页;《学治说赘》,第 2 页 b;《学治体行录》卷上,第 13 页 b。

16 《庸吏庸言》,第 44—45 页 b;《明刑管见录》,第 32 页 b—33 页;《平平言》卷二,第 42 页 b。如知县戴兆佳(1706 年进士)亲自拟写了许多批词,见他的《天台治略》卷八。

17 《学治一得编》,第 29 页。

18 同上书;《曾文正公全集·杂著》卷二,第 62 页 b;《平平言》卷二,第 42 页 b;见上文,第六章第二节。

19 《平平言》卷二,第 42 页 b。

20 《清会典》卷五十五,第 2 页 b;同前书卷五十六,第 5 页 a—b;《清律例》卷三十五,第 83 页 b。

21 《培远堂偶存稿》卷十一,第 8 页;同前书卷四十四,第 38 页 a—b;《六部处分则例》卷四十七,第 16 页 a—b。1810 年终于制定了一条法令,规定了如下惩戒:拖延不满一个月者,夺俸三个月;一个月以上的,夺俸一年;半年以上者,夺俸两年;一年以上者,降一级留任(《六部处分则例》卷四十七,第 16 页 b—17 页)。

22 《清史稿》卷一百五十五,第 4 页 b;《庸吏庸言》,第 52 页 a—b;《平平言》卷二,第 41 页。

23 《庸吏庸言》,第 6 页 a—b。

24 《吏部则例》卷四十,第 5 页;《六部处分则例》卷四十三,第 2 页。

25 《清律例》卷三十七,第 77 页;斯当东译:《大清律例》,第 452 页;鲍莱译:《中国法典手册》,第 722—723 页。

26 邻近州县官无任何理由却拒绝代为验尸者,将降三级调用(《吏部则例》卷四十,第 5 页 b;《六部处分则例》卷四十三,第 2 页;《清律例》卷三十七,第 82 页 b;《清会典》卷五十五,第 7 页 a—b)。

27 只有在贵州和四川等地方,因未设州同、县丞,或州同、县丞与州县官不驻同地,并且邻近州县官距离太远的地方及场合,才有可能授权典史(或吏目)代表缺席的州县官做现场勘验。如果案发地点太远,典史无法在一日内往返,则允许巡检主持勘验。在贵州,如果杀人案发生在夏季而且邻县太远,那么巡检也被允许代表缺席的州县官进行验尸(《清会典》卷五十三,第 7 页 a—b;《吏部则例》卷四十,第 4 页 a—b;《六部处分则例》卷四十三,第 1 页 a—b;《清律例》卷三十七,第 82 页 b—83 页、第 84—85 页 b、第 88 页 b—89 页;《定例汇编》卷七,第 103—104 页 b)。

28 《幕学举要》,第 13 页;《明刑管见录》,第 6 页 b;《学治体行录》卷上,第 18 页 a—b。

29 《钦颁州县事宜》,第 20 页;《庸吏庸言》,第 36 页;《幕学举要》,第 14 页;《经世文续编》卷二十二,第 8 页 b。

30 《清会典》卷五十五,第 6 页 a—b;《吏部则例》卷四十,第 4 页 b;《清律例》卷三十七,第 81 页 b。

31 见上文,第四章注 92。

32 《庸吏庸言》,第 16、32、37 页;《平平言》卷三,第 58 页 a—b。

33 《平平言》卷四,第 4 页 b。

34 见上文,第四章第一、四节。

35 幕友万维翰曾指出,大多数件作都没有受过验尸知识技能的训练(《幕学举要》,第 13 页

36 《吏部则例》卷四十，第 6 页 a—b；《六部处分则例》卷四十三，第 2 页 b。
37 上呈的验尸报告如果发现有误，州县官杖六十，典史杖七十。死因认定有误，处罚相同。同样的错误，书吏和仵作将杖八十。如因勘验结果错误导致对杀人嫌犯判刑的加重或减轻，州县官和仵作将按失出或失入之律处罚（见下文，第七章第五节）(《清律例》卷三十七，第 77 页 a—b；斯当东译：《大清律例》，第 452 页，鲍莱译：《中国法典手册》，第 722—723 页)。
38 《清律例》卷三十七，第 79 页 b—80 页；《清会典》卷五十五，第 6 页 a—b；《清史稿》一百五十五，第 6 页。关于验尸表格，见《洗冤录集证》卷一，第 12—13 页；《福惠全书》卷十五，第 9—11 页。
39 《清会典》卷五十五，第 6 页 a—b；《钦颁州县事宜》，第 21 页 a—b；《洗冤录集证》卷二十一，第 1 页 b—2 页；《福惠全书》卷十四，第 4 页 b、第 6 页；同前书卷十五，第 6 页及以下、第 17—19 页；《学治臆说》卷下，第 8 页 b；《平平言》卷三，第 60 页 a—b；《从政绪余录》卷一，第 3 页；同前书卷二，第 13 页；《学治一得编》，第 1 页；《学治体行录》卷上，第 18 页 a—b；《明刑管见录》，第 6 页 b、第 11 页 a—b；《牧令书》卷十九，第 2 页 a—b、第 5 页、第 7 页、第 8 页 a—b、第 19 页 a—b；《资治新书》卷二，第 32 页 a—b；《幕学举要》，第 14 页；《宦游随笔》卷一，第 12 页 b。
40 《钦颁州县事宜》，第 20 页 b、第 43 页 b；《幕学举要》，第 14 页。
41 《福惠全书》卷十四，第 17 页 b。
42 《钦颁州县事宜》，第 20 页 b、第 43 页；《梦痕录余》，第 5 页 b；《平平言》卷一，第 4 页 b。
43 《清史稿》卷一百五十五，第 6 页。通常，在验尸时，州县官总会带一本《洗冤录》。在死者家属对验尸报告有异议时，州县官可以向他们出示该书并向他们解释（《学治臆说》卷下，第 9 页；《梦痕录余》，第 10 页；《学治体行录》卷上，第 18 页；《宦游随笔》卷一，第 13 页 b—14 页）。
44 见《六部处分则例》卷四十三，第 7—8 页 b。
45 违反此规定者，夺常俸一年（《清律例》卷三十七，第 80 页 b—81 页；《六部处分则例》卷四十三，第 3 页）。
46 《洗冤录集证》卷四。
47 《清会典》卷五十六，第 5 页及以下；《六部处分则例》卷四十三，第 14—15 页 b。
48 这一总期限，既包括给州县官的时限，也包括给他的上司的时限。于是，六个月期限须包括：州县官完成一审，并将案犯解送给知府或直隶州知州，共三个月；知府或直隶州知州复审，并解押案犯至按察使司，共一个月；按察使复审，并解送案犯至总督巡抚衙门，共一个月；总督巡抚复审，并呈报刑部，一个月。在四个月期限情形下，两个月给州县官，给随后程序中的各级上司各二十天。在两个月期限的情形下，一个月给州县官，给随后程序中的各级上司各十天（《清会典》卷五十六，第 5 页 a—b；《六部处分则例》卷四十七，第 1—2 页 b；《清律例》卷三十五，第 83 页、第 94 页 b）。
49 只要超过第一期限（二或三个月），州县官就要受罚。延迟不满一月者，夺三月常俸；延迟超过一月者，夺一年常俸（《清会典》卷五十六，第 5 页 a—b；《六部处分则例》卷四十七，第 1 页 a—b；《清律例》卷三十五，第 84 页、第 94 页 b—95 页）。
50 《六部处分则例》卷四十一，第 5 页。
51 《清会典》卷五十一，第 10 页 b—11 页；《吏部则例》卷三十八，第 19 页 a—b；《六部处分则例》卷四十一，第 12 页。
52 延误一天，降一级并调任他职；延误两天，降三级并调离；延误三天，免官（《六部处分则例》卷四十一，第 12 页 a—b）。
53 邻地州县官如果拒绝前往，将受到降一级处罚（《吏部则例》卷三十八，第 19 页 b—20 页；

《六部处分则例》卷四十一，第 12 页 b）。
54　见《六部处分则例》卷四十一，第 17 页 a—b、第 18 页 b—19 页。
55　《吏部则例》卷三十八，第 11 页 b；《六部处分则例》卷四十二，第 41 页 a—b。
56　如果能捕获所有涉案的盗匪，州县官将晋升一级；如果捕获半数以上盗匪并获魁首，则加纪录三次；捕获过半数盗匪而未获首犯者，加纪录二次（《吏部则例》卷三十八，第 11 页 b；《六部处分则例》卷四十二，第 41 页 a—b）。
57　《六部处分则例》卷四十二，第 30 页 b—31 页。
58　《吏部则例》卷三十八，第 3 页 a—b；《六部处分则例》卷四，第 20—21 页。如果能在既定期限内捕获过半数盗匪及其魁首，以及任何藏匿盗匪之人，州县官可能免于前一种处分；如果他捕获了半数以上盗匪但未获渠魁，他将受下列处分：(1) 在第一期限内，夺常俸一年；如果到下一年底他仍未捕获渠魁，夺常俸两年；至第三年底，则降一级留任。(2) 在第二期限内未获，夺常俸两年，再过一年，则降一级留任。(3) 在第三期限之内未获，降一级留任。(4) 在第四期限之内未获，只有在捕获过半数的盗匪三年以后，前一处分（降一级）才能撤销（须在州县官尚无其他过犯的情况下）。在任何情况下，不论什么期限，只要首犯已死，州县官的处分将被撤销（《六部处分则例》卷四十一，第 23 页、第 24 页 a—b）。
59　《吏部则例》卷三十八，第 9 页 b—10 页；《六部处分则例》卷四十一，第 30 页。
60　《六部处分则例》卷四十二，第 26 页；《清穆宗实录》卷四十，第 18 页。
61　《六部处分则例》卷四十二，第 26 页 a—b。
62　由于各督抚在不同的案件中所提出的处罚要求各异，朝廷于 1849 年作出规定，试图加以统一规范：如果在期限届满前，督抚要求将该县官降一级，则州县官即降一级。在提请更严厉处分的情形下，州县官将降二级或三级，而不是一或二级。详细规定见《六部处分则例》卷四十一，第 25 页及以下。
63　四个月期限，包括给州县官的两个月和给随后三级上司的各二十天：(1) 知府或直隶州知州；(2) 按察使；(3) 总督和巡抚（《清会典》卷五十六，第 5 页 a—b；《六部处分则例》卷四十七，第 1—2 页；《清律例》卷三十五，第 83 页）。
64　比如在人命案中，超过第一期限（四个月）者有惩罚：逾期不满一月，夺三月常俸；逾期一月以上，夺一年常俸（《六部处分则例》卷四十七，第 1 页 b）。
65　当州县官"记过"累积达四次时，他将被夺常俸六个月。"记功"累积达四次时，他将获纪录一次（《六部处分则例》卷四十二，第 50 页 a—b）。
66　见上文，第四章第五节。
67　一个月内未能捕获窃贼，捕快将被笞十；满二月未获，笞二十；三月未获，笞三十。在强盗案中，一个月未获笞二十，两个月未获笞三十，三个月未获笞四十。见《清会典》卷五十五，第 12 页；《清律例》卷三十五，第 82 页；斯当东译：《大清律例》，第 429—430 页；鲍莱译：《中国法典手册》，第 708 页；对照《学治一得编》，第 40 页 b。
68　《清会典》卷五十五，第 12 页 b；《从政绪余录》卷三，第 10 页 b—11 页 b；《学治一得编》，第 39 页 b。
69　见上文，第四章第四节。
70　《学治体行录》卷上，第 5 页。
71　《经世文编》卷二十一，第 15 页 b；见上文，第六章第二节。
72　《平平言》卷一，第 14 页 b；见上文，第六章第二节。
73　在庭审中，竹签被州县官用来宣告体罚 [《福惠全书》卷十一，第 30 页 b—31 页；卢公明：《中国人的社会生活：其宗教、政府、教育和商业习俗与观念的评述》二卷本（纽约，1865 年），卷二，第 304 页；卫三畏：《中国总论》，第 504 页]。竹签也被用于授权衙役马上去拘捕某人（见第四章注 123）。

74　《福惠全书》卷二，第 9 页 b—10 页。
75　汪辉祖常鼓励百姓旁听审讯。他记载，在他审判时常有三四百人——包括外地商人——来旁听审判（《梦痕录余》卷下，第 40 页 b—41 页 b；又见《宦游纪略》卷上，第 10 页）。
76　《清律例》卷三十六，第 48 页；斯当东译：《大清律例》，第 441—442 页；鲍莱译：《中国法典手册》，第 716 页。
77　有两类拷笞：打十至五十下，用轻竹棍（笞）；打六十至一百下，用重竹棍（杖）。两者都只能打大腿和臀部（《清律例》卷二，第 34 页 a—b；斯当东译：《大清律例》，第 24 页；鲍莱译：《中国法典手册》，第 2—3 页）。
78　掌嘴通常是用张开的手掌（有时不用手而用皮子）打脸五下或十下，也可能打四五十及七八十下（《学治臆说》卷上，第 16 页 b）。
79　"拶指"是用一种叫"拶"的刑具夹压手指，通常只对妇女使用（鲍莱译：《中国法典手册》，第 6 页）。
80　用一种两块木头制成的刑具——夹棍——夹压踝骨部位（鲍莱译：《中国法典手册》，第 6 页）。
81　《清会典》卷五十七，第 6 页 a—b；《清律例》卷四，第 6 页 b；《六部处分则例》卷五十，第 1 页。
82　制作非法刑具的官员将被罢黜并杖一百；上级官员对制作非法刑具的下级官员未加查处者将被降级。见《清会典》卷五十七，第 6 页 a—b；《清律例》三十六，第 14 页 a—b；《吏部则例》卷五十，第 2 页及以下；《六部处分则例》卷五十，第 1 页及以下。
83　《清会典》卷五十七，第 6 页 a—b；《清律例》卷三十六，第 10—11 页 b；《吏部则例》卷四十三，第 3 页；《六部处分则例》卷五十，第 3 页。
84　《六部处分则例》卷五十，第 2 页 a—b；《清史稿》卷一百五十五，第 6 页；《学治臆说》卷上，第 16 页 b。
85　《学治臆说》卷上，第 15—16 页。
86　《吏部则例》卷四十二，第 33 页 a—b；《六部处分则例》卷四十八，第 30 页；《清律例》卷三十七，第 124 页 b。
87　如果卷宗记录的更改引起了刑罚轻重的改变，该官员将被革职。如果此种记录改动并未影响刑罚，该官员将被罚夺常俸或降级，轻重依案件严重性而定（《清律例》卷三十七，第 18 页；《六部处分则例》卷四十八，第 30 页 a—b；对照同书卷四十八，第 14 页 a—b 关于缺漏供证之节的处罚）。
　　如果允许书吏将供证笔录等带回各自办公室并且使其得以在笔录上作篡改，州县官要负责任。书吏依故意宣判过轻或过重刑罚（"故出"或"故入"）之法条处罚，州县官则按过失宣判过轻或过重刑罚（"失出"或"失入"）之法条处罚（《清律例》卷三十七，第 123—125 页；《吏部则例》卷四十二，第 35 页 b；《六部处分则例》卷四十八，第 30 页）。
88　在州县官览阅案卷时，习惯上用朱笔在供证的开头点一个小点，在末尾作一个核对无误的标记（"√"），然后写下日期（《福惠全书》卷十二，第 10 页 b；《学治臆说》卷上，第 21 页 b；《平平言》卷四，第 27 页 b；《牧令书》卷十八，第 15 页。见上文第五章第二节关于"值堂"的作用）。
89　《清律例》卷三十七，第 101—102 页 b；斯当东译：《大清律例》，第 455—456 页。
90　原告签名具结的陈述叫"遵依"，被告签名具结的类似陈述叫"甘结"（《中和月刊》第 2 卷第 10 期，第 81 页引述《各行事件》部分）。
91　官员如果未能获得被告的这种书面陈述（甘结），而对案犯判决徒、流刑者，则应笞四十；如果未获得甘结而判决案犯死刑者，则应杖六十（《清律例》卷三十七，第 107 页 a—b；斯当东译：《大清律例》，第 456—457 页；鲍莱译：《中国法典手册》，第 723—724 页）。

92　判词用于州县官有完全管辖权的案件，例如由州县官判决而不必提交上一级衙门复审的案件。关于这种判词的风格形式，见《福惠全书》卷十二，第 10 页 b、第 23—26 页；《天台治略》卷三；《覆瓮集·刑名》卷四，第 15 页及以下；同前书卷五，第 27 页及以下。

93　《平平言》卷四，第 28 页 b。

94　见上文，第六章第二节。

95　见上文，第六章第二节。

96　《大清律集解》御制序文；《钦颁州县事宜》，第 36—37 页；《学治说赘》，第 7 页 b；《图民录》卷四，第 14 页；《明刑管见录》，第 5 页 b—6 页；《平平言》卷一，第 14 页 b。汪辉祖之子曾向他咨询，其子当时已中进士并被任命为县令。他建议儿子读《刑律》和《洗冤录》（《梦痕录余》，第 5 页 b）。

97　《蜀僚问答》，第 3 页 a—b。

98　《明刑管见录》，第 6 页。

99　《大清律例》包括两部分，"律"和"例"。前者于 1727 年颁布，由 436 个条文组成，被视为基本法律并不得修改（《清史稿》卷一百五十三，第 3 页）。"例"被认为是补充法，常有增修。在康熙一朝，"例"仅有 321 条。到 1725 年，增至 815 条；到 1801 年，又增至 1573 条；在同治朝，多达 1892 条。见《清律例》卷首"部颁凡例"，第 30 页；《清史稿》卷一百五十三，第 3 页 b—4 页。【此处有误。《大清律》最早颁布的时间应该是顺治三年，即 1646 年。1727 年即雍正五年颁布的不过是修订后的《大清律集解附例》。——译者】

100　《蜀僚问答》，第 4 页。

101　通常认为，州县官应熟习律典的"名例"、"诉讼"和"断狱"等篇章，他也应该对有关田土、户婚、钱债、盗贼、人命、斗殴、诈伪、内乱、奸非的律例有所了解（《学治说赘》，第 7 页 b；《蜀僚问答》，第 4 页 a—b；《牧令书》卷二，第 13 页 a—b）。

102　《明刑管见录》，第 6 页 b。

103　《梦痕录余》，第 56 页 b—57 页；《蜀僚问答》，第 2 页；《牧令书》卷十七，第 3 页。

104　其处分从夺俸六个月直至革职，依未查清的案件轻重程度而异：笞杖罪和徒罪案，夺俸半年；流罪案，夺俸一年；绞斩罪案，降二级并调任他职；凌迟处死罪案，降二级并调任他职；谋反谋叛罪案，革职。有责任复审的上级长官，如按察使、巡抚、总督，也可能相应地受处罚（《吏部则例》卷四十二，第 16 页 b—17 页；《六部处分则例》卷四十八，第 12 页 a—b）。

105　"失入"的处分如下：错判无辜之人笞杖刑或徒刑，则夺常俸一年；错判无辜之人或仅应判处笞杖徒刑之人以流刑或充军者，则降一级留任；错判应受绞斩之人以凌迟处死者，或判处应绞斩监候之人以立决者，则降一级调任；错判应判流放、充军之人或无辜之人以绞斩者，则降三级调任；错判无辜之人或应流放充军之人以凌迟者，降四级。如果死刑判决已经执行，其处罚为革职（《吏部则例》卷四十二，第 12 页 a—b；《六部处分则例》卷四十八，第 9—10 页）。若草率作出判决，没有证据或未经审理就判人有罪，州县官将被革职（《清律例》卷三十七，第 18 页）。

106　"失出"之处分如下：宣告应受笞、杖、徒刑之人无罪者，夺常俸半年；宣告当流放充军之人无罪或仅处笞、杖、徒刑者，夺常俸一年；宣告当绞斩立决之人为监候者，亦夺俸一年；宣判当凌迟之人绞斩者，或判当绞斩之人流放者，或判当绞斩之人无罪者，降一级调任；判当凌迟之人流放或宣告其无罪，降二级调用（《吏部则例》卷四十二，第 13 页 a—b；《六部处分则例》卷四十八，第 11 页 a—b）。

107　详细规定见《吏部则例》卷四十二，第 12—13 页 b；《六部处分则例》卷四十八，第 9—11 页 b、第 16 页 a—b、第 18 页 a—b。

108　1740 年颁布的条例规定，作出错误判决建议的州县官，其在上司驳回拟判并责令重审后纠正了错判者，可以免予处分。但是如果他坚持原判且被派来重审该案的官员纠正，或其判决的错误在该案呈报刑部并全部结案后才被发现，那么该州县官必须依法受到处罚（《清会典事例》，1818年，卷九十九，第12页b—13页；同名书，1899年，卷一百二十三；《吏部则例》卷四十二，第14页b—15页）。1780年规定：如果州县官作出的判决有错并为上司所纠正，或被上司驳回后由州县官自己纠正，他将按照错判被刑部驳回而后被纠正的情形一样的标准受处罚。关于错判被刑部驳回的处罚规定，在1773年条例和1804年条例中不同，故州县官所受处罚也不同。依1773年条例，州县官将被降级或由皇帝圣裁；依1804年条例，该州县官的处罚，将比"失出"或"失入"律所定处罚减轻一等（见注109）。但如果在被上司或被委派重审该案的官员驳回以后，州县官仍然坚持原拟判，其惩罚也不能减轻（《清会典事例》，1818年，卷九十九，第23页a—b；同前书卷六百四十九，第23页a—b；同名书，1899年，卷一百二十三、卷八百四十三；《六部处分则例》卷四十八，第16页a—b）。

109 以1725年条例为例，审判案件的州县官及复审或重审该案的上司，如果判决经总督、巡抚批准而被刑部驳回，而后经省级衙门重审并纠正了判决，则可以免于处罚。但如果总督、巡抚坚持原判并被刑部驳回三次，那么他们及负责审理此案的属官将受罚（《清会典事例》，1818年，卷九十九，第9页a—b；同前书卷六百四十九，第18页a—b；同名书，1899年，卷一百二十三、卷八百四十三；《吏部则例》卷四十二，第14页b）。在1773年的一道上谕里，皇帝认为：只要总督、巡抚、按察使和道员在案件为刑部驳回后纠正了判决，应当免除对他们的处罚；但主持初审的州县官和进行二审的知府仍应降级或由皇帝敕裁处罚，这要依案件的严重性而定。1804年颁布了一个新的条例，结果使得上述情形下的总督、巡抚、按察使和道员都免于处罚，而对错判有责任的州县官及知府也得依"失出"或"失入"罪之刑罚减一等论处（《清会典事例》，1818年，卷九十九，第21页b—22页b、第25页b—26页；同前书卷六百四十九，第23页a—b；同名书，1899年，卷一百二十三、卷八百四十三；《六部处分则例》卷四十八，第18页a—b）。

按照1725年条例，如果将应处死刑的人错判为流放或充军，有责任的官员将受到处罚，反之亦然。但是，如果错判案件罪轻于流放充军，刑部可以直接纠正错判而无须发回省级官员重审，并可以免除应负责官员的处罚。然而，按照1804年条例，即使刑部未发回省级官员重审而直接纠正错判，有责任的州县官也不得减轻处罚（《清会典事例》，1818年，卷九十九，第9页b、第26页b；同前书卷六百四十九，第19页；同名书，1899年，卷一百二十三、卷八百五十二；《六部处分则例》卷四十八，第18页b）。

110 虽然对于错判的处罚，无论是"失出"还是"失入"，在《吏部处分则例》和《大清律例》中都有规定，但一般错案，如被刑部发现并弹劾，有责任的官员都会被移送吏部论处。仅在涉及严重错判而被皇帝谕令刑部论处时，有责任的官员才会受《大清律例》所规定的肉体刑罚（《定例汇编》卷八十，第26页a—b）。

111 为了便于计算确定这种差等，徒刑被折算成笞杖，流刑被折算成徒刑，分别依下列标准折算：每半年徒刑折算为笞二十，每流五百里折算为半年徒刑。此外，州县官如故意将笞杖罪加重判处为徒刑，则每错判笞二十，州县官应加杖一百；如故意将笞杖徒之罪加重判至流刑，则每错判徒半年，州县官应加杖两百。但如故意加重或减轻的判决尚在同一刑种之内，则不加杖。详细规定见《清律例》卷三十七，第2—13页b；斯当东译：《大清律例》，第447—449页；鲍莱译：《中国法典手册》，第717—718页。

112 《清律例》卷三十七，第2页a—b、第18页。

113 同上书，卷三十七，第4页b。一位御史于1833年在他的奏章中写道：因为书吏从不被允许干涉判决，所以即使长官作出错判，也不会有什么惩罚加于他们。因此他建议制定一个关于这种情形的法律。但刑部坚持认为，既然不被允许干预判决，书吏就没有理由因错判而受罚；因而无须为此订立特别法律（《定例汇编》卷八十，第26页a—b）。他们的争论似乎暗示：即使法律将主要责任放在书吏头上，但此种法律的实际作用仍值得怀疑。

114 知府衙门的"首领官"——"经历"（登录官）、"执事"（档案保管官）、"照磨"（封印官）、"检校"（治安巡查官）及州县衙门中的吏目、典史（《清会典》卷五，第13页；见上文，第一章第三节）被斯当东误认为是"执行官"或"代理官"（斯当东译：《大清律例》，第448页）。

115 "佐贰官"被斯当东误译为"法庭陪审官"（斯当东译：《大清律例》，第448页），实际上是指同知、州同、州判和县丞（《清会典》卷五，第1页；见上文，第一章第三节）。

116 减轻处罚是相当复杂的。在轻罪重判的情形下，对书吏的处罚，先减被错判刑罚三等，然后再依减至的处罚和该案依法应判定的刑罚之间的差额来决定。例如，如果一个依法仅应受笞三十的人犯被错判杖一百，那么该书吏之惩罚，减判决之刑罚三等，即当罚杖七十。七十与三十之间的差额，即四十，那么该书吏应笞四十。

在重罪轻判的情况下，该书吏的处罚，应先减该案依法当处之刑五等，然后再依减至的刑罚与错判的刑罚之间的差额来决定。例如，一个应杖一百的人被错判笞三十，那么该书吏的处罚，应减该案依法当判之刑五等，即应处笞五十。五十和三十之间的差额，即笞二十，此即为该书吏最后当受之罚。详细规定请见《清律例》卷三十七，第2页b、第5页、第13页b—17页；斯当东译：《大清律例》，第448页；鲍莱译：《中国法典手册》，第717页。

117 《清律例》卷三十七，第2页；斯当东译：《大清律例》，第448页；鲍莱译：《中国法典手册》，第717页。

第八章 征 税

州县官负责征收土地税（地丁银）、漕粮以及除了关税、厘金之外的所有税目。征收关税由关税委员[1]或在通商口岸设立的海关道员负责。厘金税（对流通货物征收的一种地方税）是在1853年为应付镇压太平天国起义造成的财政紧张而开征的，由以总督或巡抚任命的委员为首的厘金局负责征收。委员一般是从现任或候补官吏及士绅中招募的。[2]1862年，皇帝谕令取消委员，将其征收厘金的职责转给地方官吏——州县官、知府或道员。但有些省的督抚表示反对，于是这些省份被允许保留旧制。[3]只有在征收厘金的职责转给了州县官的地方，厘金的征收才变成了州县官的责任。[4]

州县官根据《赋役全书》征收地丁银和其他赋税。《赋役全书》是由布政司为每个县、州、厅、府、道、省拟订的。[5]该书列明一个地方的成年男子（丁）的数目[6]，土地面积，地丁银、漕粮及其他赋税的比率和定额；也列明了须解送上级衙门的税银（这笔资金称为"起运"）的数量，以及州县官留作行政经费的数额（称为"存留"）；[7]此外，它还列明了须向京师进贡的地方特产如木油、颜料和草药等的数量。

因为地丁银和其他赋税的税额，在某一地区会不时变动——由于土地开垦，劣地抛荒，或仅仅是由于政府命令，[8]所以《赋役全书》理论上每十年要修订一次。[9] 但实际上,《赋役全书》常常几十年得不到修订,[10] 因而赋税的征收也不可能完全根据此书。[11] 因此,有必要参阅各地方的会计册、[12] 奏销册(每年度开支报告)[13] 以及其他官方档案,[14] 以便计算出在某一特定年度里应征收的各类捐税总额。[15] 这一任务,作为征税的基本和首要步骤,通常是由钱谷师爷去完成。[16]

第一节 地丁银

地丁银,一般被称为"正项钱粮",[17] 构成了支撑宫廷、政府和军队的基本财源。在清朝早期,赋税额分别摊在土地和可役人丁身上。土地税,根据土地的肥瘠程度,以现金征收;因此各省的税率和同一省内不同州县的税率都不相同。[18] 劳役税(丁银,成年男子之税),理论上由年十六至六十岁的男子承担,以代替劳役。[19] 因此又称为徭银或徭里银(代役钱)。其税率,在不同省份之间或同一省份内也有差别。[20] 在直隶、河南、山西、陕西、甘肃和山东的一些地方,税率根据花户的经济状况分为三等(上、中、下)九级(上上、中上、下上、上中、中中、下中、上下、中下、下下);但是在南方和山东的一部分地区,却没有这种分类。[21] 为了使丁银收入与人口增长相对应,政府要定期进行人口编审。然而,在1713年,清政府决定将1711年的人丁登记作为丁银征收的永久性依据,1711年以后增加的人口被称作"盛世滋生人丁"。超出1711年数量的人口不再征税,税额保持此前的水平不变。从此,"丁"一词就转化为指代一个税收单元。[22] 另一个重要的变化于1716—1729年间发生在不少省份:丁银不再作为一项独立的税种征收,而是代之以"摊丁入亩"的办法,丁税和土地税合称"地丁银"。其结果是,如果没有土地,就可以免纳丁银。[23]

应当专门指出的是,与地丁银相伴征收的还有一种叫作"火耗"(熔铸银两时的损耗)的定额。在1724年前,这一税种是作为陋规收取的，并由州县官留作各种办公费用和私人花销。1724年，经皇帝批准，该陋规的征收合法化，所征得的税银被纳入"耗羡"名下。但这笔税银不上交户部，而是交给各省布政司，专门留作本省官员的津贴（养廉银）以及各类衙门的某些办公费用。[24]

一、纳税日程

除广东、云南和贵州[25]等省以外，其他各省份的地丁银，从二月份开始征收。按规定，要在四月底前征足总税额的一半。[26]五至七月份暂停征税，以免干扰农时。八月份重新开始征收，[27]一直持续到十一月底。[28]

由于地丁银的征收是州县官的最重要职责之一，于是征税成绩就成为上司用以评价州县官政绩（考成）的依据。若未能在规定期限内完成法定数额的地丁银征收，州县官将会受到处罚。处罚的轻重，视已征额与应征额的比例而定。若欠征税额占应征税额的比例小于10%，州县官将失去升迁的权利，而且会被夺俸一年。若欠征税额占应征税额的10%、20%、30%乃至40%，州县官相应地也会受到降职一到四级的处罚。假如欠征税额超过应征税额50%以上，州县官就会被罢黜。征税欠额不足50%者，州县官可以留任一年征足差额部分。假如延长一年期满仍未征足差额的，则根据一年前欠征税额占应征税额的比例，给予该官员相应处罚：从降级直到罢黜。[29]其上司——直隶州知州、知府、督粮道、布政使、巡抚和总督——也将因其下属官员未完成地丁银征收定额而受处罚（从夺俸、降级到罢黜不等）。[30]

这一条例，要求百分之百完成征税额，看起来十分严厉；[31]显然也很少有州县官能达到这个标准。如果严格执行这一条例，恐怕没有几个州县官能逃脱处罚。有位江苏布政使曾奏报，在吴县及其他十四个县，从顺治年到康熙初年他任布政使时，没有一个州县官得到升迁。他还说，在苏州府、松江府、常州府和镇江府，没有哪一年足额完成了地丁银征收,因而没有一个州县官未被处罚过。³² 有位江苏巡抚奏报,数不清的官员因为完不成地丁银征收数额而被罢黜;在苏州府、松江府和其他各府,能保住位子超过一到两年的州县官十分罕见。³³ 显然,足额完成税收在江苏特别是苏州、松江两府特别困难,因为这里的税率是全国最高的。³⁴ 其他省份的州县官完成税收的困难或许小一些。

州县官如果能在每年"奏销册"上交之前征足地丁银,就可以得到纪录、加级、升职等奖励,具体依其辖区税收总量而定。³⁵

在如此奖惩的压力中,我们不难想象,许多州县官当然会采取种种不正当手段以求保住官位;政府经费就常常被偷挪以弥补税收的亏欠。³⁶ 也有过殷实的州县官为欠税人垫付税银的情形。³⁷ 许多州县官则诉诸粗暴手段,如鞭笞,迫使老百姓交纳税银。³⁸

二、地丁银的征收

1. 编制赋税册簿。在征税开始前,每个衙门都要先编制"实征册"。该册是根据《赋役全书》及其他记录,为每一个"里"或"图"(一百一十户组成的乡村单位)和每一个"甲"(每十户为单位)编制的;目的是确定摊给每种土地的地税税率、丁税税率,以及地丁银的定额。³⁹

接着,官府会向花户签发一份"易知由单"(简明税负通知单)。⁴⁰ 该税单明列根据该地区土地的不同种类和等级确定的税率。⁴¹ 印制税单的费用,由花户在领取税单时缴付。事实上,花户往往被强索几倍于印制成本的钱。这一弊害,终于促使朝廷于1688年通令所有省份(江苏省除外)停发税单。此后,依据法令,州县官须将税目税率刻在衙门前的石碑上,晓谕百姓。⁴²

2. 缴税期限。征收土地税的标准做法是,确立一系列期限,并将花户应纳税额按这些期限分成若干份。通常,税额分十次上缴,每个月上交十分之一。⁴³ 在纳税期限和每期应缴额确定以后,书吏须为每一个里、甲及花户制作"限单"和"比簿"。限单和比簿列出每期应缴税额。在征税期间，户房书吏要将花户已缴税额和欠缴税额，填到限单和比簿上。于是已缴税额与欠额一目了然，欠税的花户也很容易被筛选出来进行督查。[44]

3. 接收税银。柜书负责接收税银，但花户可以亲自[45]使用户部或省里最高长官核准的官秤——"库平"来称量自己的税银。[46]然后，由花户亲自将税银装进从书吏手里购买的纸袋中，[47]亲自缄封。书吏在纸袋上标注花户的姓名、缴纳额、日期、书吏自己的名字，并在"流水收簿"上予以登记。最后，在花户的监督下，书吏将装有税银的纸袋放入银柜，[48]并向花户签发收据。[49]

由于银子的纯度不一致，[50]这给征税带来了特别的技术难题。为了确保花户上缴的税银达到标准，常有一个被授权的银匠（官银匠）负责熔铸税银并打上印记。[51]这一做法给州县官带来了便利，也给官银匠向花户索要钱财开了方便之门。除了索取熔铸、打印的费用之外，官银匠还常常故意压低税银纯度估价，以便获得更多的贿赂。[52]因此，有些州县官不用官银匠。例如，黄六鸿就同意花户自请任何银匠来熔铸银两。按他的做法，花户无须叫银匠在银锭上打烙印记以证明银两成色符合标准，只需于上交税银时将银匠的姓名注在装税银的纸袋上即可。[53]通常，花户也可以用铜钱折算银子来纳税，折算率由该省督抚根据当时市场兑换率来确定，州县官不得抬高确定的兑换比率。[54]不过，在州县官中流行的习惯是，坚持以铜钱代替银两纳税，[55]且折算率总是高于市场兑换率。在一些具体的案例中，州县官自定的比率，大约高达市场比率的142%—175%。[56]

尽管这一做法与法条相悖，但用谢金銮的话来讲，实际上并不视为"违律"，因此未遭禁止。谢氏辩称，不这样做，就无法解决向上司解送税银相关的办公费用及其他费用。[57]而且，通过提高折算率获得的额外收入，可以比较宽裕地应付上司要求百分之百完成征税额的苛求，因为他可以用由此获得的羡余中的一部分来弥补拖欠的税额。

4. 征税代理人。每一百一十户人家构成一个税收单位——"里"。里长在该里成年男丁最多的十户人家中遴选。这十户人家每年轮流出一人为里长,负责催督该里各户缴纳地丁银。其余的一百户人家被分为十甲,各甲有一名"甲首"。这种轮替制度,系沿袭明代模式,人称"里甲"制。[58]现任里长,被称作"排年"(轮到服务之年)或"现年"(现年正服役)。[59]他要确保全里每个花户按时缴纳地丁银。官府把"限单"发给他,因此他易于知悉本里或甲中每个花户在每个纳税限期中的纳税额。为证明自己已经纳税,花户要将自己纳税收据的一部分——"比照"交给里长,[60]里长将其登记在限单上。在限期届满之前,里长要将限单和所有花户交来的比照交到州县官的衙门。若该里的全部花户都如期纳税,里长就会得到一张"归农免比票",准许其回家忙农活;但若有哪个花户没有完税——而这是常有的事,里长就会在比责时被传唤到公堂受笞杖。[61]

里长显然处于一个难堪的位置上,因为总有穷人不能按时缴税;也总有些强人——如士绅,里长无法强迫其纳税。但是他却要独自为里中所有花户承担责任,并因花户的拖欠行为受笞杖。[62]更有甚者,下乡催税的衙役常利用这种情形向里长索要陋规。里长被迫向衙役交纳年费,向将他押到公堂的衙役交护送费,在延迟比责时向衙役交感谢费,以及在雇用别人替他受杖责时也要向衙役交费。这一切费用中最重要的,是他不得不自己解决到公堂接受比责期间的差旅食宿费。[63]据说许多里长常常因为这一苛重的负担而倾家荡产。[64]由于明显不公正,康熙年间废除了这一制度,[65]并改采其他制度。

一种新制度,是将甲长委任为督促本甲花户缴税的代理人。每个甲长会收到一张"长单",上面列有十户人家的姓名、各户田亩数、各家应纳地丁银数额以及每一期限中应纳税额。[66]根据这些资料,他能够督促每户按时向衙门缴税。他可以提请州县官传唤责罚拖欠税银的花户。

但是，与里长的处境一样，他常单独受到比责（笞讯），并因花户拖欠税银而受杖责。[67] 里长和甲长的主要区别就是：里长要负责整个里的税收，而甲长只需负责一甲的税收。由于甲的单位比较小，而且劝服甲中的每一户更容易些，甲长的任务就比较容易完成。因此，黄六鸿评价说，这种甲长制度既可以替代"现年"制度，或者又可提供一个辅助性代理人以分担里长的负担。[68]

除了这些乡下征税代理人之外，政府的衙役——图差或里差也派驻到每个"图"或"里"，办理地丁银的征收。他们的主要任务是监督里长或甲长，以确保他们在比责时到场。如果这些代理人在比责时未自动到公堂，官员就会派衙役将他们押到公堂。[69] 这些乘机向征税代理人索要各种陋规的衙役，成为乡民的沉重负担。

另一种制度，是将花户按每五户或每十户为一个单位编组起来，由这几户中拖欠税额最多的花户作税务代理人——"催头"。为了便于征税，1700年开始使用一种叫作"滚单"的表格，该表上列明每户每一期限内应缴纳地丁银数额以及尚欠的税额。这一表格由甲长交给催头。后者可以请求州县官惩罚未予合作的花户。但是，这类征税代理人照样要到公堂接受比责，照样也会因包括他自己在内的花户拖欠税银而受杖责。在催头缴清了自己的税银后，当催头的苦差事就会转到其余欠税花户中的一户，按其欠税额的大小排序。因此"滚单"会从一户手中传到另一户，直到最后的限期届满。[70]

这一制度被许多官员和幕友看成最佳办法。因为，用这种办法不需要在乡村派驻衙役，可避免衙役在乡下乱收陋规。[71] 但是，如果"催头"未能到公堂接受比责，仍会派衙役前去传唤。[72] 应当注意到，即使并不需要，一些州县官仍然常常在乡下派驻衙役以催督税收。[73]

当然，滚单制度只有在两种情形下才具有可行性：一是花户册的确是根据实际居住情况挨家挨户访查制作的，且每个花户的所有地产，即使是坐落于外村，也都被登记到该花户的名下；二是（每个征税单元的) 五户或十户人家全部都住在同一个村落,一户能催促另一户交税才有可能。[74] 因此,滚单制度在旗人汉人混住的直隶省无法推行,[75] 在广西和四川也无法贯彻。[76]

5. 比责。不论被委派催税的是哪一类代理人,迫使花户在规定期限内交税的首要办法,都是实行比责。在比责过程中,拖欠赋税的花户或失职的代理人将受到杖责。这是整个帝国通行的标准做法。比责由州县官亲自主持。

在比责之前,需要查清每个花户与赋税相关的状况。由于地丁银可以分期交纳,因此不得不在每一比限届满时重新检查和统计实征册中的记录。这一烦琐的工作常交给书吏和幕友来做。书吏制作"比簿"(讯责期限册),上面列出每期应缴税额、已缴税额和尚欠税额;[77] 这一册簿,通常由幕友对照"限单"、征税流水账、税票存根、"比照"和(或)"销照"进行审查。[78] 已纳税部分将被勾掉,欠税花户的名字将被列出来以便传唤杖责。[79] 通常,欠税最多的花户被排在第一位。[80]

拖欠赋税的花户名单,随后会交给州县官,以备传唤比责之用。正如我们已经提到的,被杖责的并不总是花户本人,也可能是征税代理人(现年或甲长),[81] 或者是派驻在乡村催税的衙役。[82] 绝大多数州县官宁愿杖责征税代理人或衙役,因为这比传唤比责非常分散的单个花户要简单得多。[83] 通常,若无视"催差"警告和超过纳税期限,欠税花户将被传唤并杖责。[84] 况且,有的官员认为,最好是比责花户而不是衙役。其理由是,并非所有赋税亏欠都是花户拖欠的,反而经常是衙役贪盗所致。因此,他们认为,如果传唤讯问花户,衙役就不敢为所欲为地贪盗税款了。[85] 还有一个理由就是,如果衙役代替花户受杖责,就给了衙役向花户索要补偿的借口。[86]

大量资料证明,尽管参与征税的官员都非常强调对百姓要体现"仁爱"原则,[87] 但大部分州县官都将杖责作为强迫花户缴税的唯一手段。[88] 即使以仁厚著称的州县官也坦率地承认,仁爱原则在实践中很难真正贯彻。[89] 一个例外是方大湜，他独自到偏远的村落催促百姓纳税。他在广济任知县时，整整五年都未使用杖责。[90]

有些州县官用与杖责不同的办法来催促交税。比如汪辉祖，他只接受完了税的原告的诉状。[91] 也有一些州县官采取鼓励办法，给庶民花户赏以花红酒食，鼓乐送他们出衙门，或者给绅户赠匾额，以示表彰。[92]

6. 税银的解运。在地丁银收齐之后，银柜被带到州县官的公堂上。在这里，银包被拆封、清点，并在州县官监视下记入册簿。这一过程往往是在僚属、学正或教谕的协助下完成的。[93] 根据法律要求，知府或直隶州知州，必须监督税银的拆封和清点。[94]

法律允许州县官从税银中抽成一部分用作州县衙门的薪酬、驿站经费、官学生的补贴以及救济穷人等费用。留作这些用途的额度（存留）由《赋役全书》确定。[95] 其余的地丁银税款，与征收的杂税一起，须毫无拖延地解送给布政使司。[96]

衙役常常被委派在长随监视下执行解送税银的任务。[97] 税银解送所经州县的州县官必须派兵丁和民壮在自己辖区内护送。上缴税银的州县官和路过地的州县官都对税银的安全负责。如果转运过程中发生任何损失，他们有责任补齐税银。[98]

第二节　漕　粮

漕粮主要是以稻谷形式征收的一种实物税，主要在山东、河南、湖南、湖北、江西、江苏、安徽和浙江等省征收。[99] 在海运出现以前，[100] 它是通过大运河漕运到北京的谷仓（"正兑"，即直接贡用）或者运到通州的粮仓（"改兑"，即间接贡用）。[101] 漕粮的税额，与地丁银一样按亩征收，不同省份或同一省份不同地区之间额度不等。[102]

并非所有的漕粮都以实物形式征收，有一部分漕粮是以银子代替大米征收的，叫作"永折"（永久性折兑现银）。[103] 有些地方也允许花户向州县官缴纳现钱，州县官再拿钱去买米上缴。[104]

漕粮征收时还有一系列附加费。为了弥补贮运过程中的损耗，每石粮食都要按固定的折扣多收一部分，称为"耗米"。[105]此外，花户还须负担用作粮食运输、官仓修缮及其他用度的附加费。[106]

在实践中，正常税额和正式附加费只不过是花户税收负担的一部分，州县官还会征收更多的附加费。在漕粮征收过程中有更多的非法索取，远甚于地丁银征收过程，因为征收和转运粮食比收运银钱的确需要更多费用。正如冯桂芬所言，州县官要将征收到的粮食丝毫无损地上交是不可能的，因此有必要多收一个余额以弥补储运中的损耗。[107]这一余额的征收，最终是以额外附加费的形式强加在花户头上，被称作"漕费"（漕粮征收费用）。由于这种非常附加费直接产生于漕粮的管理方式，因而被官吏认为是无法省去的，是正当的。[108]

朝廷的难题在于，如何划清必要的附加费和滥收的附加费之间的界限。由于不同地方漕粮征收中的实际耗费不同，各地的附加费千差万别，这使得界限问题更加复杂化。[109]正因如此，无论是中央还是各省督抚，都很难审查认定哪些附加费是滥收的。其结果是，几乎所有附加费的征收全都操纵在地方官吏之手。只要发现入不敷出，他们就会提高附加费。由于越来越多的人依赖漕粮征收和转运中的收入，征税成本也就不断上升，附加费也跟着水涨船高。更有甚者，许多州县官及其爪牙都想借这个机会捞一把，发笔横财。王庆云（1798—1862年）总结这种情况时说："大抵漕粮之弊，在于取之无艺，故用之无节；而其端则自州县浮收始。"[110]有时候，在州县官和掌管漕粮征收的书吏之间甚至会达成某种协议：书吏必须保证完成漕粮税额和附加费的征收，而一定比例的附加费会转入州县官的腰包。[111]

征收漕粮的附加费，通常有两种方法。一种方法是向花户额外多收粮食，例如用量器（斗）载量粮食时过满堆尖——尽管法律禁止这样做。[112]在乾隆初年，通行的做法是在粮斗的平口面之上再增加一到三指高的粮食（作为耗米）。[113] 后来渐渐地演变为按照一定的"折扣基数"征收漕粮的惯例：一石粮食（十斗）只当成七斗、八斗或九斗来收；也就是说，每个花户要多交 10%—30% 作为附加费。[114] 后来当折扣率增至 40%—50% 的时候，京师有些朝臣就建议将折扣率限定在 20%。[115] 根据冯桂芬的估计，如果把州县官及其雇员（书吏、衙役、长随）向百姓强索的附加费都计算进来，花户完成一石漕粮的税负实际上要缴纳 2.5 或 2.6 石粮食。换句话说，实际的纳税额大约是法定税负的 250%。[116]

另一种征收附加费的方法是收现钱代替粮食。向漕粮花户索钱是非法的，但如果花户自己愿意用现钱缴纳漕粮，则可以收现钱，并按市场上粮价确定折算率。[117] 然而，1756 年的一道上谕指出了这样的事实："州县官常要求以现金折代粮食，以获得更多的粮食。即使有法律禁令在，也无法制止这种行为。"[118]① 这大概是因为，州县官超出漕粮定额加收的粮食，不大容易像现钱那样保存。[119] 因此在漕粮的定额收足以后，官员们就会要求尚未交清漕粮的花户缴纳现钱。[120]

有证据表明，收现钱时的非法索取比收粮食时更多。[121] 据 1829 年的一道上谕披露，在河南的临漳，以现钱征收漕粮时，每石麦子折算成 9000 文钱，每石大米折算成 8000 文钱，每石大豆折算成 7000 文钱，而当时大米和麦子的市场价格都不到 2000 文钱一石。[122] 后来，在很多地方竟涨到每石粮食折算成 16000—20000 文钱。胡林翼（1812—1861年）及另外一些督抚曾力图将湖北、江苏和山东的漕粮折算率限制在每石 4000—6000 文钱。[123] 据冯桂芬说，江苏的折算率，是市场粮价的 300%—400%，也就是说，一石漕粮税负，花户实际要上缴三四石。显然，将漕粮折算成现钱交纳，给花户带来的负担是最重的。[124]

---

① 本段原文为 "The magistrates frequently demand cash in lieu of grain to obtain more grain. This cannot be prohibited in spite of the existence of the law." 但在《清史稿》卷一百二十九《河渠志》中找不到与这一段意思相近的原文。仅在《清史稿》卷一百二十二《食货志·漕运》中有乾隆二十一年（1756）谕目"漕粮岁输天庾，例征本色；勒收折色，向干严禁"等语，与原书译文意思相近。作者可能仅系意译原文。——译者

漕粮的征收，十月份开始，通常在十一月份结束，以便在十二月份准备起运。[125] 若州县官不能按规定时间征齐漕粮，所受到的处罚，与未能按时完成地丁银征收的处罚一样。[126]

漕粮的征收，与地丁银的征收一样，都离不开杖责催迫。花户必须在规定期限内将粮食送交到官仓。在官仓闭库之前，钱谷师爷会验查漕粮账册和税单存根。拖欠漕粮的花户或负责催征的衙役将被传唤讯答（比责）。[127]

漕粮由花户自行运送到官仓。这给远离官仓处所的花户造成了困难。乡村粮仓虽然能方便乡民，但只有从乡民中征集到足够建仓资金时，才会建起来。据说，大多数居民还是愿意分担建仓费用的，这样可以节省时间和路途损耗。[128] 如果没有乡村粮仓，乡村的花户就只好自己从家中运粮到官仓，或者到官仓所在地的粮行购粮上缴。[129]

在每个官仓，都会委派一个书吏负责接收粮食，签发收据，并登记所有收支。[130] 粮食必须干燥，颗粒均匀，才可能被接收。[131] 如有任何不符合标准的，都必须过筛扬糠。[132]

官仓使用的斗，要按工部制定的标准制作，并须经过督粮道的许可后方能使用。[133] 法律允许花户用木棍削平斗口上堆起的粮尖，禁止在斗口平面以上多堆装粮食以超额聚敛漕粮。[134] 不过，这些事情花户完全控制不了。有大量证据证明，这条法律与其他法律一样，并未被真正遵守过。我们曾提到，超过规定税额加收漕粮是整个清帝国境内普遍的做法。接收漕粮时，实际上是由"斗级"来斗量的。一般而言，他会按照当地的习惯做法来斗量，而此举又常常是在州县官的授意下进行的。[135]

理论上，州县官应当亲自监督辖区内官仓接收漕粮。如果确因为公务不能到场监督，也要指派一个僚属官员代他到场监督。[136] 但是，由于每次征收漕粮成千上万斗，[137] 且一个州县内又常常不止一个官仓，[138] 因此州县官不可能每时每刻都到场监督。通常的做法是向官仓所在地派驻一名可靠的长随，以监管书吏、斗级和其他人员。[139] 但是长随却常常与书吏、衙役勾结，一起通过超额加收漕粮或向花户勒索钱财的方式进行贪污。[140] 有的州县官则专雇廒友（监仓师爷）来监督收粮。[141]

清朝初期，漕粮由花户直接送交给转运官员，或者直接交给转运漕粮的船主。这些人常向花户索要各种各样的费用。在1652年以后，由州县官负责将收集的漕粮解交转运官员和船主，从而避免了他们与花户之间的直接交易。[142]

由于漕运船只每年十二月底按期发往通州，州县官就有责任毫不迟延地按规定时间解交漕粮。[143] 如果在漕运船只抵达前未能完成漕粮征收任务，或者在十二月份以后才解交漕粮，州县官将会受处罚。[144] 一旦漕粮解交给转运官员和船主，州县官的责任就终止了。[145] 然而，与这些人打交道是不容易的，他们常常借口粮食不合格而拒收。这样一来，粮食就会重新堆放在仓库中。通常，漕粮一经移交，就可以从转运官员那里取得一张收据——"通关"。[146] 但转运官员常常拒不签发"通关"，除非向他们付费。州县官为了赶上漕运的最后期限，被迫接受他们的条件，向他们付费。[147] 有些州县官将与转运官员、船主交涉的事交给书吏或长随处理，他们知道如何应付这些人。[148]

也有少数有能力的州县官例外。他们亲自监督漕粮的征收和运送，以确保从花户那里收来的粮食达到标准，使转运官员和船主无法以质量问题为借口拒收。漕运船一到，他们就开始解交，直接将船主引到储放漕粮的仓库。最后，一旦移交完毕，他们就命令粮船立刻起航。[149]

大运河沿线的州县官还有一项附带义务，就是保证运粮船只不因河道堵塞而受阻。[150] 他们还要保证漕粮不被盗窃或出售，[151] 监督船夫确保其不搅扰当地百姓、不夹带私盐或出售私货。[152]

第三节 杂 税

州县官还要负责征收杂税[153]：房地产契税[154]，牙税[155]，当铺税[156]，牲口买卖税，棉花、烟草、酒类和其他商品的销售税[157]，门摊税[158]，落地税（不论是转运地还是目的地，于货物卸落时征收的商品税）[159]，渔税[160]以及若干其他税种[161]。在这些税目中，只有牙税、当铺税和房地产契税是各省都有的。[162] 每个地方应当征收的具体税种，在《赋役全书》中有规定；或有定额，或无定额。[163] 在没有定额的情况下，州县官必须将从花户那里收集的税款悉数上交布政使。[164] 收不到税或者送交迟延都会招致处罚。[165]

对州县官而言，杂税的征收似乎没有构成太大的难题，原因是税款额度相对较小，[166] 况且向数量有限的牙行和店主收税比向散居乡村的乡民收税要容易得多。当一种税没有定额时，州县官的征税任务就特别简单了。显然，征收杂税时州县官所享有的自由，要远远多于征收地丁银和漕粮。举例而言，正如黄六鸿所建议的，州县官可以对从事小本经营的穷人更加慷慨一些，免除其杂税，只要他们认为合适。[167] 当然，这一自由同样也给州县官提供了贪贿的机会。[168]

第四节　盐　税

通常，征收盐税与州县官没有关系，因为这是盐政官员①的职司。[169] 不过，有些地方的州县官也要兼管盐务。例如在山东省和浙江省一些地方，盐的生产税——"灶课"，就由当地州县官负责征收并解交盐政官员。[170] 在山西阳曲及另外二十九个州县，许可证税（"引课"，即售盐许可证的购买费用）由各州县官征收，这些地方所颁发的是土盐引（售卖土盐的许可证）。[171] 在不颁发盐引的州县，盐税也可以由州县官征收。[172]

兼理盐务的州县官如果没有完成额定盐税的征收，将会受到处罚。和地丁银征收的情形一样，惩罚的轻重，取决于盐税拖欠额所占的比

---

① 盐法道或盐茶道、盐运使等。——译者

例。处罚按轻重程度分别是：不得晋升、罚俸、降级（如果欠征盐税所占比例为不足10%到60%）和革职（如果欠征盐税达到80%或更多）。在盐税征收任务未完成的情况下，州县官有一年的宽限期去补足欠征额。假如在宽限期内仍未补足的，州县官将根据欠征盐税的比例，受降一至五级甚至革职的处罚。[173]

也有一些例外的地方，颁发运盐或售盐许可证（盐引）的权力并不在州县官之手。在淮河流域，1832年开始采行盐票制度（票法），贩盐的权利不再仅为有执照的商人所独有，进而发展为任何购了盐票的商人都有权卖盐。[174] 在这些地方，州县官有权向到盐场买盐的商人签发盐票。[175] 法令还授权江苏、安徽、浙江的州县官给六十岁以上或十五岁以下的贫民、残疾人及孤寡妇女签发许可证，以便他们可以从盐场购买少量的盐。[176]

所有的州县官，不论其是否兼理盐务，都要确保盐商将其所购买的盐——也就是官府所签发引票上标示的数量——全部出售。州县官处理这一公务的成败，将被记入他的业绩记录（考成）中。如果他未能完成这一公务，将根据该地区尚未售出的盐额百分比来处罚：不到10%，不得晋升；20%—30%，减俸；40%，降一级；50%—70%，降二至四级调用；80%以上，革职。[177]

相反，若某州县官完成了该地区食盐年销售额，将受到与完成地丁银征收任务一样的奖励。完成盐税征收的州县官也可获得这一奖励。[178]

每个州县官都有责任敦促百姓买盐。但是他能够做的只是签署一张告示，鼓励百姓从盐商那里买盐。[179] 向百姓摊派并强迫其购买食盐是非法的，将会遭到革职的惩罚。[180] 问题是私盐（走私的盐）总是比有证照销售的盐更便宜，因而百姓大多愿意购私盐。[181] 其结果是，食盐销售额无法完成，这也使制止非法煮盐售盐成为朝廷主要关注之事。

州县官要对任何未经允许的制盐、走私盐、非法售盐等行为承担责任。若未能觉察食盐的非法制造和销售行为，[182] 未能截获将私盐贩进贩出的走私犯,[183] 他们同样要受处罚。反之,若州县官捕获了走私犯,将得到纪录或加级的奖励。[184]

最后,或许要注意到,在食盐买卖由官府直接办理(官办)的地方,州县官直接负责盐的转运和销售。这些州县官有责任用官银向政府购买盐引,然后在辖区内转运和销售。[185]

第五节 茶 税

为销售和运输茶叶所持的许可证(茶引),一般由户部签发。在有些地方,也可由州县官签发。[186] 在大多数情况下,商人携带的茶引要受到内地各税卡验查。不过在有些地方,这种检查属于州县官的职责。[187] 茶税[188] 作为杂税的一种,是由税卡或州县官向茶商征收的。[189]

州县官有责任阻止"私茶",即要制止茶叶专卖之外的茶叶买卖。如果他们在这方面玩忽职守,其处罚将与未能制止私盐时的处罚一样。[190]

注释:

1 《清会典》卷十八,第 2 页 a—b。
2 各省厘金局委员由总督巡抚指派,主要在道员、知府和州县官(包括现职和候补)中选拔。委员又可以委任更多分支局、站委员(《清续通考》卷四十九,第 8043、8045 页;《皇朝政典类纂》卷九十八,第 1 页 b,第 2 页 b,第 4 页 a—b,第 8、10、14 页;同前书卷九十九,第 3 页;同前书卷一百,第 5 页、第 10 页 b;《盛世危言·补编》卷五,第 12 页;《经世文三编》卷三十六,第 3 页 b、第 4 页 b)。各省督抚经常强调"官绅并用"的原则,要求厘金局委员团结地方士绅一起工作(《清续通考》卷四十九,第 8042、8045 页;《皇朝政典类纂》卷九十八,第 2 页 b、第 4 页 a—b,第 8 页 a—b、第 10 页 a—b;同前书卷一百,第 3 页 b—4 页)。因此厘金局及其分支机构的许多职位都是由士绅充任的(《清续通考》卷四十九,第 8042—8043 页;《皇朝政典类纂》卷九十八,第 8、12 页;同前书卷九十九,第 1 页、第 2 页 b、第 3 页;同前书卷一百,第 2 页、第 3 页 b—4 页;《骆文忠公奏稿》卷八,第 48 页 a—b;《胡文忠公遗集》卷二十四,第 6 页)。关于厘金的资料,参阅罗玉东《中国厘金史》。
3 根据御史丁绍周的奏请,1862 年的一道上谕将厘金管理权从厘金局委员转到地方官员之手,即改由州县官、知府或道员负责厘金事务,具体归谁负责视当地的情况和地方官员的负担而定。第二年又发布了一道类似的上谕。(《清穆宗实录》卷四十五，第 23 页；《清续通考》卷四十九，第 8042—8043 页；《清史稿》卷一百三十二，第 14 页 b—15 页)。湖北巡抚严树森奏称，将征收厘金之任务转给已经负担过重的州县官是不妥当的；若这一转移实现，势必使征厘金事务落入书吏手中。他提出的在湖北保留委员的建议为朝廷所采纳 (《清续通考》卷四十九，第 8042 页)。湖南巡抚毛鸿宾、四川总督骆秉章也提出了类似的请求 (《清续通考》卷四十九，第 8043 页；《经世文续编》卷二十五，第 5—7 页 b；《皇朝政典类纂》卷九十八，第 8—9 页；同前书卷一百，第 3—5 页)。

4 比如，河南的厘金事务是由地方官员负责的 (《皇朝政典类纂》卷一百，第 2 页)。据说江西已经由地方官员代替了委员 (同前书卷一百，第 11 页 a—b)。应当指出的是，绝大多数省的督抚对于 1862 年及次年的两道上谕视若无睹。李鸿章在 1865 年的一份奏折中就提到了江苏聘用委员的情况。1867 年，京官王瑞在其奏章中讲到，各省的厘金局及其分支局站，仍为委员所管理 (《清续通考》卷四十九，第 8043—8045 页)。实际上，1884 年的一道上谕和某些官员分别于 1895 年、1900 年、1910 年上呈的四道奏折均显示：委派委员管理仍然是清帝国厘金管理的普遍模式 (《清续通考》卷五十，第 8047 页、第 8051—8053 页、第 8055 页)。

5 《户部则例》卷九，第 17、18 页。一般而言，每个州县颁发两部《赋役全书》。一部由州县官保存，另一部保存于学正或教谕处 (《清史稿》卷一百二十八，第 19 页 b)。

6 由于 1772 年以后不再登记和详定丁及其地产情况 (即"编审"，见下文，第九章第一节)，因此这以后的《赋役全书》就没有显示丁的增长情况。参阅《畿辅赋役全书》多处；《河南赋役全书》多处；《江西赋役全书·凡例》，第 18 页 b；《湖南赋役全书》多处；《太仓州赋役全书》多处。

7 见《畿辅赋役全书》《河南赋役全书》《江西赋役全书》《湖南赋役全书》《太仓州赋役全书》。关于这一问题的简短描述见《清会典》(1690 年) 卷二十四，第 1—2 页 b；同名书 (1732 年) 卷三十一，第 1 页 b—2 页；同名书 (1764 年) 卷十，第 17 页。

8 见《福惠全书》卷六，第 1 页 b；《刑钱必览》卷五，第 11 页；《钱谷备要》卷一，第 1 页 b，卷二，第 1 页 a—b；《钱谷视成》，第 4 页。

9 《户部则例》卷九，第 18 页。

10 例如，根据《河南赋役全书》的序言，该书 1837 年修订一次，此后直到 1883 年才再次修订。

11 《钱谷备要》卷一，第 1 页 b；《刑钱必览》卷五，第 11 页。

12 这一账册记录了各省衙门向户部解送的所有官银的情况 [《清会典》(1690 年) 卷二十四，第 4 页；同名书 (1732 年) 卷三十一，第 4 页；《清史稿》卷一百二十八，第 1 页 b；《石渠余纪》卷三，第 18 页]。根据最后一种资料，这种账册的编制工作于 1688 年中止，官银出入表被编入了"奏销册"中 (见注 13)。

13 这是各省上报户部审核的年度报告。它记载了地丁银的已征额、未征额、向上级衙门的解送额与本地政府的自留额。参阅《清会典》(1690 年) 卷二十四，第 3 页；同名书 (1764 年) 卷十，第 14 页 a—b；同名书 (1899 年) 卷十九，第 13 页 a—b；《清史稿》卷一百二十八，第 1 页 b；《石渠余纪》卷三，第 18 页；《刑钱必览》卷六，第 8 页 a—b。

14 根据王又槐的说法，在江苏和安徽有"款目册"和账簿，在浙江有"银米款目"和《科则由单》(《钱谷备要》卷十一，第 1 页 b)。

15 《福惠全书》卷五，第 6 页；《钱谷备要》卷十一，第 1 页 b；《钱谷视成》，第 4—5 页。

16 见上文，第六章第二节。

17 《福惠全书》卷三，第 17 页；《六部成语注解》，第 33—34 页。

18 关于各省不同的土地税率，见《户部则例》卷五，第 9—23 页 b；关于省内各府、州、县不同的税率，见各省的《赋役全书》。

19 《清会典》(1764 年) 卷九，第 5 页 b 写道："凡人丁计口出银以代徭役，前代相沿，载在版籍者，曰徭银。"另见《清会典》(1818年)卷十一，第15页b；同名书(1899年)卷十八，第1页b—2页；《清通考》卷十九，第5023页；《石渠余纪》卷三，第11页、第12页b。

20 《清通考》卷十九，第5023页。各省不同的丁税率，见《户部则例》卷六，第1—7页；各省下属不同地方的税率，见各省《赋役全书》。

21 《清会典》(1690年)卷二十三，第1页；同名书(1732年)卷三十，第1页；同名书(1818年)卷十一，第15页；《清通考》卷十九，第5023页；《石渠余纪》卷三，第10页b—11页。以上资料都提到，徭银要么是按照民户三等九级的不同情况分别征收，要么是在花户之间平均分配；但是这些资料都没有提供各个地方不同做法的细节。根据《福惠全书》卷九，第2页b，北方实施三等九级制；在南方，"丁"被分为城镇人口和乡村人口两类（市民和乡民）。

我们关于地区差异的结论是根据以下赋役全书和地方志得出的：(1)徭银区分等级的地区：《畿辅赋役全书》多处；《河南赋役全书》多处；《山西赋役全书》卷五十八，第9页；《阳曲县志》卷四，第5页a—b；《陕西通志》卷二十四、卷二十五；《三原县志》卷三，第99页b；《咸阳县志》卷三，第2页；《甘肃通志》卷十三；《巩昌府志》卷十二，第2页及以下；《清州志》卷上，第24页a—b；《宁远县志》卷三，第1页b。(2)《山东通志》卷十二，第2页b称，在某些州县丁银税率分等分级，在另一些州县则没有这种等级区分。例如，莒州和莱阳的税率分等级（《莒州志》卷三，第2页a—b；《莱阳县志》卷三，第7—8页b）。高密、定陶和寿张的税率不分等级（《高密县志》卷三，第6页a—b；《定陶县志》卷三，第1页b；《寿张县志》卷五，第1页b）。(3)徭银不分等级的地区：《江南通志》(1736年)卷七十四，第8页及以下；同前书卷七十五，第1页及以下；《安徽通志》卷七十四，第5页b及以下；《太仓州赋役全书》多处；《江西赋役全书》多处；《浙江通志》卷七十一，第9页及以下；同前书卷七十二，第2页b及以下；同前书卷七十三，第2页b及以下；《莆田县志》卷五，第24页b；《当阳县志》卷四，第3页b；《湖南赋役全书》多处；《湖南通志》(1757年)卷二十三，第9页b及以下；《番禺县志》卷九，第1页b；《平乐县志》卷三，第1页；《华阳县志》卷八，第2页。

22 《清会典》(1690年)卷二十三，第1页、第16页b—17页b；同名书(1732年)卷三十，第24页a—b、第27页a—b；同名书(1764年)卷九，第4页b—5页；同名书(1818年)卷十一，第3页a—b、第15页；同名书(1899年)卷十八，第1页a—b；《清律例》卷八，第6页b；《清通考》卷十九，第5024—5026页；《石渠余纪》卷三，第14页b。另见下文，第九章第一节，及何炳棣著《1368—1953中国人口研究》（马萨诸塞州剑桥，1959年）第二章。

23 《清会典》(1764年)卷九，第4页b—5页；同名书(1818年)卷十一，第15页a—b；同名书(1899年)卷十八，第1页b；《清会典事例》(1818年)卷一百三十三，第11页b及以下；《清通考》卷十九，第5023页。将丁银并入土地税的做法（丁随地派）在广东早在1716年就有了，四川的部分地区也在康熙晚年（具体年份不详）实行了。在1723—1729年间，这一做法推广到其他省份（直隶1723年，福建1724年，山东1725年，河南、浙江、陕西、甘肃、四川和云南1726年，江苏和江西1727年，湖南和广西1728年，湖北1729年）。贵州直到1777年才实施这一做法。见《清会典则例》卷三十三，第10页b及以下；《清会典事例》(1818年)卷一百三十三，第11页b及以下；《清通考》卷十九，第5023、5026页；《石渠余纪》卷三，第22页及以下；《皇清奏议》卷五十六，第19—23页。

在山西省，土地税与丁银合并的过程比较长，一度只在几个州县实行。根据王庆云的说法，其开始于1736年，整个过程贯穿了乾隆、嘉庆和道光时期，直到1837年才完成。然而由于山西情况的复杂性，"地丁合一"并没有推广到所有州县。相反，该省存在着三种不同的做法：(1)丁银与土地税分别征收（如阳曲）；(2)丁银的一部分并入土地税（如交城）；

(3) 完全将丁银并入土地税（如太原）。参阅《清会典则例》卷三十三，第 14 页及以下；《清会典事例》（1818 年）卷一百三十三，第 15 页 b 及以下；《清通考》卷十九，第 5029 页。关于这方面的详尽研究，见《石渠余纪》卷三，第 28—36 页 b，其作者王庆云参考了《山西赋役全书》、《会典事例》和《清通考》以及其他官方文献。

24 按照成例，州县官从"耗羡"中为自己和州县其他官员提留了津贴（养廉银）以及衙役的薪金之后，就将剩余部分解送给布政使。见第二章注 63 关于州县官从耗羡中提留办公经费事。

25 在广东，从七月开始征税；在云南和贵州，则是从九月开始。

26 有一些例外需要指出：在江苏、陕西、四川，需在七月底前征足地丁银总税额的一半；在广东，此期限为八月底；在云南和贵州，则是年底。

责令交清一半地丁银的法令并不是很严格。它允许数额在一两以下的税银在整个八月份随时交纳（《六部处分则例》卷二十五，第 1 页）。谢鸣篁（18 世纪的一名钱粮幕友）指出，地丁银总税额的一半必须在四月份交清的规定，主要是针对大花户，小花户则在年底前甚至在来年春季各省年度开销报告上报（奏销）前缴清税款就可以（《钱谷视成》，第 19 页 b）。

27 不过在福建，重开征税是在七月。在山东、河南及安徽的某些地区（庐州、凤阳、颍州、泗州），也可以在六月和七月征税（《清会典》卷十八，第 11 页 a—b）。

28 《清会典》卷十八，第 11 页 a—b；《户部则例》卷九，第 5 页 b—6 页；《六部处分则例》卷二十五，第 1 页。在广东，征税于次年的正月结束；在云南和贵州，征税于次年的二月结束。

29 如果原欠税额不足总税额的 10%，在宽限期届满时未征齐税款，州县官要降一级；不过会给他第二个宽限期，为期一年，让他留任原职以便征齐税款。如果第二个宽限期届满仍未征齐税款，他就会被正式降级并调任他职。如果原欠税额达到总税额的 10%，州县官就会在一年宽限期届满时降三级调用。如果原欠税额达到总税额的 20% 或 30%，在宽限期届满时州县官会被相应地降四级到五级调用。如果原欠税额占总税额的 40% 以上，在宽限期届满时州县官将被革职（《吏部则例》卷二十三，第 1 页、第 2 页 a—b；《六部处分则例》卷二十五，第 7 页、第 8 页 a—b）。

30 详细情况见《吏部则例》卷二十三，第 1—3 页 b；《六部处分则例》卷二十五，第 7—9 页。

31 明代推行的标准则较低，州县官只要能征足规定税额的 70%—80% 就被认为是相当不错的了。根据江苏布政使慕天颜（1670—1675 年）的说法，清初顺治时期的法令较仁厚。当时的官员，欠税额只要低于 10% 就可以免予处罚（《资治新书》卷一，第 38 页）；对照任源祥在《经世文编》卷二十八，第 2 页 b 中的陈述）。

32 《资治新书》卷一，第 38 页 b、第 39 页 b 记载的慕天颜的陈述。

33 同上书，卷一，第 7 页记载的江苏巡抚韩世琦（1662—1669 年）的陈述。

34 同上书，卷一，第 7 页、第 36 页 a—b。

35 根据 1665 年的一道法令，能够足额征齐土地税、丁银的州县官，将根据其所收到税银的数额高低分别纪录一至三次（《清会典事例》，1818 年，卷八十五，第 3 页 b；《吏部则例》卷二十三，第 18 页）。1799 年又开出了包括晋升在内的更为优厚的奖励方式，并于 1816 年作了修订，具体规定如下：

征税金额（单位：两）	奖 励
三百以上一万以下	纪录一次
一万以上二万以下	纪录二次
二万以上三万以下	纪录三次
三万以上五万以下	加一级
五万以上八万以下	加二级

　　　　　八万及以上　　　　　　任期届满前立即升职

见《清会典事例》,1818年,卷八十五,第3页b;同前书,1899年,卷一百零七。1849年修订补充了一个附加奖励法令,特别对足额完成拖欠两年以上地丁银征收者予以奖励,见《六部处分则例》卷二十五,第4—6页b。如果其辖区的地丁银能够足额征齐,上级官员(从直隶州知州直到总督等)也将得到奖励(《清会典事例》,1818年,卷八十五,第3页b—4页、第13页a—b;同名书,1899年,卷一百零七;《吏部则例》卷二十三,第18页a—b;《六部处分则例》卷二十五,第5页a—b)。

36　《资治新书》卷一,第39页a—b;《浙省仓库清查节要》,第22页。
37　《病榻梦痕录》卷下,第33页;《资治新书》卷一,第6页;《六部处分则例》卷二十五,第51页a—b。
38　《牧令书》卷十一,第39页;《资治新书》卷十三,第11页。
39　《福惠全书》卷六,第9—11页;《覆瓮集·钱谷》卷一,第17页b。
40　税负通知(易知由单)在征税前签发,并须在规定时间内将样本呈送户部[《清会典》(1690年)卷二十四,第5—6页;同名书(1732年)卷三十一,第5—7页;《吏部则例》卷二十三,第25页b—26页;《清史稿》卷一百二十八,第1页b]。
41　《清会典》(1690年)卷二十四,第5、6页;同名书(1732年)卷三十一,第5页、第6页a—b;《石渠余纪》卷三,第18页b;《清史稿》卷一百二十八,第1页b。
42　《清会典》(1732年)卷三十一,第7页b—8页;《石渠余纪》卷三,第18页b。
43　《刑钱必览》卷五,第22页;《松郡均役成书》册一,第44页b—45页;同前书册五,第159页b、第164页b。不过"比限"的期数与每月征收比例一样,是可以根据特定地区的气候情况进行调整的(《福惠全书》卷七,第5页b)。以黄六鸿的做法为例,将规定税额分成十等份,分别在九个大"比限"和十六个小"比限"里征收(四、五月份各有一个小"比限",其余每月各有两个);从每年的二月开始,十月结束。

比　限	应征比例(%)
1(二月)	20
2(三月)	10
3(四月)	10
4(五月)	5
5(六月)	5
6(七月)	15
7(八月)	15
8(九月)	10
9(十月)	10

详情请参阅《福惠全书》卷七,第1页b—2页、第4页a—b。在另外一种制度中,每个月有三个小比限(《松郡均役成书》册一,第44页b;同前书册二,第50页a—b;同前书册五,第164页b;《刑钱必览》卷五,第4页)。

44　《福惠全书》卷七,第3页b—6页b。
45　《资治新书》卷十二,第20页b。
46　《户部则例》卷十二,第45页b;《培远堂偶存稿》卷十八,第34—35页;《牧令书》卷十一,第39页b。
47　《福惠全书》卷六,第4页b。
48　这一过程就是所谓的"自封投柜"(由纳税人亲自密封银袋并自行放入银柜中)。见《清会典》(1732年)卷三十一,第21页a—b、第27页b—28页;同前书(1899年)卷十八,第1页b;《户部则例》卷九,第6页b;《福惠全书》卷六,第4页a—b;《松郡均役成书》

册五，第 159 页 b；《覆瓮余集》，第 22 页。

49 地丁银的收据，即"串票"或"截票"，一般分成二联、三联或四联。两联收据（一联给花户）于 1653 年开始使用，1689 年废止。代之以三联串票，包括：官府保留的票根，交给花户的收据（纳户执照）和给衙役或催头的"比照"或"比限查截"。四联串票于 1725 年开始使用，增加了一联呈送知府衙门的票据。1730 年废止四联票，重新启用三联票。不过根据《刑钱必览》记载，有一种四联格式，包括"销照"（删除欠税记录的联票），在 1730 年后仍然在使用。参阅《清会典》(1690 年)卷二十四，第 3 页 b；同名书 (1732 年) 卷三十一，第 19—21 页、第 22 页 b—23 页；《清会典则例》卷三十六，第 25 页 b—26 页 b、第 27 页 b—28 页；《清会典事例》(1818 年) 卷一百四十三，第 22 页 b—23 页、第 24 页 a—b；《户部则例》卷九，第 7 页；《清通考》卷二，第 4866 页；《石渠余纪》卷三，第 18 页 b—19 页；《刑钱必览》卷五，第 25 页 a—b；《福惠全书》卷六，第 7 页 b—8 页；《清史稿》卷一百二十八，第 3 页。关于这一格式的描述性记载见《福惠全书》卷七，第 7 页 b—8 页；《松郡均役成书》册二，第 50 页 a—b。

50 马士编：《中国的货币与度量衡》，载《皇家亚洲学会中国分会杂志》，新系列，第 24 卷 (1889—1890 年)，第 58 页及以下。

51 《清会典》卷十八，第 11 页 b；《户部则例》卷九，第 8 页；《福惠全书》卷六，第 19 页 b。王又槐说，柜书常常与官银匠串通，拒收没有该银匠印记的银两（《刑钱必览》卷五，第 21 页）。

52 《钦颁州县事宜》，第 12 页 b、第 46 页；《福惠全书》卷六，第 19 页 b；《刑钱必览》卷五，第 21 页。

53 《福惠全书》卷六，第 20 页。

54 《清会典》卷十八，第 11 页 b；《户部则例》卷九，第 7 页；《清史稿》卷一百二十八，第 7 页。

55 根据《清史稿》卷一百二十八，第 9 页 b—10 页，该做法在乾隆和嘉庆年后普遍得到推广。另见《培远堂偶存稿》卷二十一，第 18 页。

56 据汪辉祖说：在 1799 年的浙江萧山，花户必须按一钱银子 180—190 文钱的比率上缴税款，而当时市场的兑换率仅为 108.1 文钱兑一钱银子。汪还谈到，有一道上谕曾命令该州县官将兑换率降到市场一般水平，然而该州县官仍将兑换率定为 136 文兑一钱银子。许多纳税人都情愿按此比率纳税。但几个月后，该兑换率又升至 150—160 文兑一钱银子（《梦痕录余》，第 34 页 b—35 页）。在嘉庆年间 (1796—1820 年)，皇帝曾得到奏报：在山东省，一两银子的纳税额，要征收 3100—3200 文钱，1828 年又上涨到 4000 文（例如，宁海为 4200 文，诸城为 4260 文），而当时的市场兑换率仅为 2600 文兑一两银子。在 1879 年，在河南新郑及其他一些地方，一两税银要收取花户 2000—2200 文钱，而当时的市场兑换率仅为 1400 文兑一两银子（《清续通考》卷二，第 7511—7512 页）。关于其他各省兑换率更详细的资料，参阅《牧令书》卷三，第 12 页 b；同前书卷八，第 21 页；《清律例》卷十一，第 44 页 b；《显志堂稿》卷五，第 33 页 b；马士：《中华帝国的贸易与行政》，第 88—89 页。

57 《牧令书》卷三，第 12 页 b。

58 《明律集解》卷四，第 20 页；《明史》卷七十八，第 7 页 b；《清会典》(1764 年) 卷九，第 4 页 b；《清会典事例》(1818 年) 卷一百三十三，第 10 页 b；《清律例》卷八，第 47—48 页；《清通考》卷十九，第 5024 页；同前书卷二十一，第 5045 页；《清史稿》卷一百二十八，第 11 页；《福惠全书》卷六，第 2 页；《牧令书》卷十一，第 19 页 a—b、第 20 页；《经世文编》卷二十九，第 1 页；《江南通志》卷七十六，第 14 页；《娄县志》卷七，第 2 页 b。关于明代里甲制度，见梁方仲：《一条鞭法》，第 5 页、第 56—57 页；《明代粮长制度》，第 86 页及以下。关于里甲制度在清代征税体系中的地位，见萧公权：《中国乡村》，第 95 页及以下。

值得一提的是,朝廷关于里甲编户的详细规定,不可能在所有地方都一体遵行。实际上,一个"甲"所含户数,还有一个"里"所含甲数,都可能与官方定制不符。在根据地方志作了更深入的研究后,萧公权发现北方的里甲制度与官定模式更为接近,而南方的差别就比较大。南方的"里"通常被指称为"图"(《中国乡村》附录一,第521页及以下;另参阅我在本书第一章注10中对江南、浙江地区"图"的含义的解释)。

59 《福惠全书》卷六,第2、11页。

60 见前注49。

61 细节见《福惠全书》卷六,第14页b;同前书卷七,第2页b、第4—8页b;《松郡均役成书》册二,第51页;《娄县志》卷七,第2页b。

62 《福惠全书》卷六,第12页b、第14页b—15页。

63 同上书,卷六,第18页b—19页;《牧令书》卷十一,第13页;《资治新书》卷一,第2页;《江南通志》卷六十八,第6页;同前书卷七十六,第14页。

64 《福惠全书》卷六,第15页。

65 同上书。不过,根据陕西巡抚贾汉复(1606—1677年)记述,尽管皇帝谕令废止指派"现年",但由于指派现年对州县官和衙役来说是有利可图的事,所以仍有些州县官私自指派(《资治新书》卷十三,第2页及以下)。浙江总督李卫也作了类似的调查结论(《钦颁州县事宜》,第54页)。下列几个事例说明州县官不愿废除这一沿袭明代的做法:江南江西总督于成龙(1617—1684年)于1684年下令废除现年制度,但在两年后,发现在高淳县仍然有雇用现年的现象。布政使在巡抚汤斌的授意下,在高淳和其他州县将废止现年的禁令刻立石碑,以贯彻上谕;然而仍有两个县——无锡和金匮——保留了这一制度。1837年,地方士绅请愿要求废止这一制度,却被这两名知县驳回了请求。于是士绅向巡抚申诉,后者下令布政使进行调查。最后,两个知县获得了胜利,上司允许他们继续雇用现年,无视该上谕以及士绅的抱怨(见《江南通志》卷七十六,第14页a—b、《锡金志外》卷五,第1—6页)。

66 《福惠全书》卷六,第13—14页;《刑钱必览》卷五,第5—6页。

67 《福惠全书》卷六,第12页b—14页。

68 同上书,卷六,第13页b—14页b。

69 同上书,卷六,第11页b—12页、第15页a—b、第18页b;《学治臆说》卷下,第7页;《刑钱必览》卷五,第16页;《牧令书》卷十一,第20页;《经世文编》卷二十九,第12页b。

70 《清会典》(1732年)卷三十一,第21页a—b;同名(1764年)卷十,第16页a—b;《户部则例》卷九,第6页a—b;《石渠余纪》卷八,第19页;《福惠全书》卷六,第14页a—b;《覆瓮集·钱谷》卷一,第8页、第9—10页b、第12页a—b;《刑钱必览》卷五,第21页;《牧令书》卷十一,第16页a—b、第18页、第23页b—24页;《资治新书》卷一,第8页b—9页;《仕学大乘》卷十,第1页及以下、第12页及以下、第26页及以下;《钱谷备要》卷一,第7页;《清史稿》卷一百二十八,第3页。

71 《学治体行录》卷下,第19页。

72 《钦颁州县事宜》,第12页a—b;《牧令书》卷十一,第15页b、第17页b—18页、第33页;《资治新书》卷十,第12页;《刑钱必览》卷五,第21页;《幕学举要》,第20页。

73 《刑钱必览》卷五,第6页。汪辉祖报告说,在湖南的宁远县有36个里,每个里都派驻有一名衙役(《学治臆说》卷下,第7页)。湖南的另一位县官袁守定也提供了类似的资料,他当时决定取消派遣这类衙役的做法(《图民录》卷三,第28页)。

74 《钦颁州县事宜》,第12页;《刑钱必览》卷五,第21页b;《钱谷视成》,第15页b;《牧令书》卷十一,第17页a—b。

75 《幕学举要》,第2页b。根据黄可润(1739年进士)的说法,定州是直隶省唯一坚持贯彻这一制度的州县(《牧令书》卷十一,第 33 页 b)。

76 《户部则例》卷九,第 7 页 b。
77 关于"比簿"的格式,见《福惠全书》卷七,第 3 页 b—5 页。
78 见上文,第六章第二节。
79 见上文,第六章第二节。
80 《刑钱必览》卷五,第 25 页 b;《学治体行录》卷下,第 19 页;《牧令书》卷十一,第 36 页。根据《钱谷视成》,第 20 页 b—21 页 b 的记载,在税收开征之时,要向花户颁发"易知由单"。一直到三月的下半月才实际进行征收,届时约半数"大户"将被传唤比责;十天后,又轮到半数"中大户"被传唤比责。在九月上旬,所有"大户"再次被传唤比责,然后又轮到春季已传唤过的"中大户"以及未传唤过的"中户"。十月上旬,所有的小户将被传唤。在这时,所有的花户,不论大小,只要未能缴纳超期的税款,都会被传唤比责。
81 《福惠全书》卷六,第 13 页 b、第 17 页;同前书卷七,第 8 页 a—b、第 9 页 b;《幕学举要》,第 20 页 b。
82 《刑钱必览》卷五,第 6 页 a—b。
83 《福惠全书》卷六,第 12 页 b、第 14 页 b;同前书卷七,第 9 页 b;《幕学举要》,第 20 页 b。
84 《福惠全书》卷七,第 8 页 b、第 9 页 b、第 12 页;《覆瓿集·钱谷》卷一,第 10 页 b、第 12 页 b;《钱谷备要》卷一,第 6 页 b;《刑钱必览》卷五,第 23 页;《幕学举要》,第 20 页 b。
85 《小仓山房文集》卷十八,第 9 页 b—10 页。
86 《培远堂偶存稿》卷四十六,第 39 页 b—40 页。
87 《钦颁州县事宜》,第 10 页 b—11 页;《牧令书》卷十一,第 12 页 b;《资治新书》卷一,第 1 页。
88 《钦颁州县事宜》,第 13 页、第 44 页 a—b;《培远堂偶存稿》卷四十六,第 39 页 b;《牧令书》卷十一,第 14 页;《资治新书》卷一,第 3 页。
89 《学治臆说》卷下,第 7 页 b。王凤生说过,他深知贫苦百姓应当怜惜,但是由于朝廷法令要求他们按时纳税,他也就爱莫能助了(《学治体行录》卷下,第 19 页 b)。
90 《平平言》卷四,第 61 页。
91 《学治续说》,第 12 页。
92 《福惠全书》卷七,第 10 页 a—b;《天台治略》卷五,第 22 页 b;《资治新书》卷一,第 3 页 b。
93 见上文,第一章第四节。
94 《清高宗实录》卷四十六,第 6 页 a—b;《户部则例》卷九,第 17 页。
95 《户部则例》卷九,第 17 页。
96 同上书,卷九,第 5 页 b—6 页、第 14 页。拖延招致的惩罚,从夺俸直到降三级调用(《六部处分则例》卷二十三,第 3 页)。
97 见上文,第五章第二节。
98 发运官银的州县官要对丢失官银负六成责任,而丢失事故发生地的州县官对余下的四成负责。如果事发地的州县官应当派人护送却没有这么做,则应负责的份额增加到损失的一半。发运官银的州县官如果没有请求途经地方州县派人护送,或者允许衙役抄近道,那么要承担全部官银损失的赔偿责任(《户部则例》卷九,第 16 页 a—b)。
99 在山东和河南,除大米之外还附加征收小米和黑豆。在江苏和浙江的某些地方,除大米之外还额外征收一些糯米(白粮)。(《户部则例》卷十九,第 10 页 b—11 页;《石渠余纪》卷四,第 3 页 a—b)。
100 海运只在 1826 年采用过。1848 年,苏州、松江、常州、镇江和太仓等地区又开始采用海运的方式运送漕粮。自该年开始,就时断时续地采用海运的方式运送漕粮,直到清朝灭亡。详细情况见《清会典事例》卷二百一十一、卷二百一十三;《清史稿》卷一百二十九,第 19 页及以下;H. C. 辛顿:《中国漕粮制度(1845—1911 年)》(哈佛大学东亚研究中心,1956 年),第 23—27 页、第 76 页及以下。

101 《户部则例》卷十九,第 11 页。
102 同上书,卷十九,第 11—13 页 b。
103 同上书,卷十九,第 14—15 页 b;《石渠余纪》卷四,第 3 页 b、第 11 页 a—b。
104 《户部则例》卷十九,第 3 页 b、第 17—18 页 b;《石渠余纪》卷四,第 3 页 b—4 页。
105 《户部则例》卷十九,第 19—22 页 b。
106 细节见《户部漕运全书》卷九,第 13 页及以下;《户部则例》卷十九,第 9 页、第 23 页 b—25 页;《石渠余纪》卷四,第 4 页 b—5 页;《刑钱必览》卷六,第 10 页 b—12 页。
107 《显志堂稿》卷五,第 37 页 b。
108 《清宣宗实录》卷一百一十一,第 16 页 b;《陶云汀先生奏疏》卷十七,第 8 页 a—b;同前书卷十九,第 21 页 b;《显志堂稿》卷九,第 23、26 页。
109 因此,地方官吏征收的额外附加费的金额,不仅不同省份之间有差别,同一省份的不同州县也有差别(《显志堂稿》卷五,第 31 页 a—b)。
110 《石渠余纪》卷四,第 5 页 b。
111 《牧令书》卷十一,第 46 页。
112 法律允许花户使用木棒敲打粮斗的上口,以保证斗量公平。如果斗级剥夺花户这一权利,甚而通过摇动粮斗使谷物更紧密,或通过斗面堆谷成尖的方式,收取更多的粮食,他将受到杖六十到杖一百的处罚。如果斗级为了自己的私利多收谷物,将按照侵占公财的相关法律予以惩处。州县官如果纵容斗级这样做,将受到同等的处罚(《清律例》卷十一,第 42 页 a—b;《六部处分则例》卷四十六,第 5 页 b—6 页;斯当东译:《大清律例》,第 126—127 页;鲍莱译:《中国法典手册》,第 314 页)。
113 《清律例》卷四十六,第 5 页 b—6 页;《清史稿》卷一百二十八,第 8 页。按照汪辉祖的说法,在乾隆初年,州县官如果在征收漕米时允许量粮斗斛"斛面浮一指半指",就会遭到弹劾;但是在 1764 年以后,漕米则是在加上 20%—30% 的折扣率的基础上征收的(《病榻梦痕录》卷上,第 23 页)。
114 《病榻梦痕录》卷上,第 34 页;《石渠余纪》卷四,第 5 页 a—b;《显志堂稿》卷五,第 36 页 a—b;《牧令书》卷十一,第 47 页 b。
115 《清史稿》卷一百二十八,第 8 页。
116 《显志堂稿》卷五,第 36 页 a—b。
117 《户部则例》卷十九,第 3 页 b;卷二十四,第 1 页。
118 《清史稿》卷一百二十九,第 3 页。
119 见《显志堂稿》卷十,第 2 页 b 关于向米店出售征集的漕米的情况。
120 《牧令书》卷十一,第 47、50 页。根据曾国藩(1811—1872 年)提供的资料,在绝大多数情况下,漕米是以现钱的方式征收的。即使实物形式征收时,以弥补耗费名义加收的部分,还是以货币的形式征收的(《曾文正公全集·奏稿》卷一,第 36 页 b)。
121 《清史稿》卷一百二十八,第 10 页。
122 《清通考》卷二,第 7512 页。
123 《清史稿》卷一百二十八,第 9 页 b—10 页;《胡文忠遗集》卷二十六,第 4 页。
124 《显志堂稿》卷五,第 33 页。不过这是最高的比率。有的花户完纳漕粮 1 石仅须交 2—2.5 石(《显志堂稿》卷五,第 31 页 b;卷十,第 1 页。不同花户依不同的法规承担不同的附加费率的情况,见第十章第七节)。
125 《六部处分则例》卷二十五,第 1 页;《清律例》卷十一,第 8 页 a—b;《培远堂偶存稿》卷

126　《吏部则例》卷二十三，第 4 页及以下；《六部处分则例》二十五，第 16 页 a—b。
127　《户部漕运全书》卷九，第 3 页；《钱谷视成》，第 19 页 b—20 页、第 22 页 a—b；《福惠全书》卷八，第 3 页；《牧令书》卷十一，第 51 页 a—b。根据陈宏谋的说法，在十月末开始筛选拖欠赋税的花户进行比责（《培远堂偶存稿》卷四十六，第 33 页 b—34 页）。
128　《福惠全书》卷八，第 1 页 b—2 页；《牧令书》卷十一，45 页 b。
129　《培远堂偶存稿》卷二十五，第 45 页。
130　《吏部则例》卷十六，第 8 页；《六部处分则例》卷二十五，第 55 页；《户部则例》卷十九，第 1 页 a—b；《福惠全书》卷八，第 3 页；《刑钱必览》卷六，第 14 页。
131　《户部则例》卷十九，第 1 页 b—2 页。如果征收的粮食因为潮湿、发霉而变质，州县官将被革职（《六部处分则例》卷十八，第 6 页）。
132　《福惠全书》卷八，第 4 页 b。
133　《户部则例》卷十九，第 1 页；《户部漕运全书》卷九，第 2 页、第 5 页 b、第 6 页 b—7 页；《培远堂偶存稿》卷十八，第 19 页 b；同前书卷二十五，第 43 页。
134　《户部则例》卷二十四，第 2 页 a—b；《清律例》卷十一，第 42 页 a—b；斯当东译：《大清律例》，第 126—127 页；《培远堂偶存稿》卷二十五，第 43 页 b。
135　见《牧令书》卷十一，第 40 页 a—b 记载的与王植有关的经历。
136　《户部则例》卷十九，第 1 页 b；同前书卷二十四，第 1 页 b；《户部漕运全书》卷九，第 5 页；《福惠全书》卷八，第 4 页 b。
137　《钦颁州县事宜》，第 47 页 a—b。
138　陈宏谋要求州县官尽可能经常亲自监督州县城官仓税粮征收情况，并将办公文件带到乡下官仓现场处理，以便附带监督那里的征粮情况（《培远堂偶存稿》卷二十五，第 45 页 b）。
139　《钦颁州县事宜》，第 47 页；《培远堂偶存稿》卷二十五，第 45 页 a—b；《户部漕运全书》卷九，第 5 页。
140　见上文，第五章第五节。
141　《牧令书》卷十一，第 4 页 b。
142　《户部漕运全书》卷九，第 1 页；《清史稿》卷一百二十九，第 4 页；《石渠余纪》卷四，第 5 页；《福惠全书》卷八，第 1 页、第 3 页 b—4 页。
143　《户部则例》卷二十，第 8 页；《户部漕运全书》卷十二，第 1 页。河南则是例外，该省要求州县官在十一月底前将漕粮解送岳州，迟延者将受罚（《户部则例》卷二十，第 9 页）。
144　拖延到十二月以后，夺俸六月；拖延到次年一月以后，夺俸一年；拖延到二月以后，降二级留任（《吏部则例》卷十六，第 6 页 a—b；《六部处分则例》卷十八，第 4 页；《户部漕运全书》卷十二，第 1 页）。
145　《户部则例》卷十九，第 35 页；《户部漕运全书》卷十二，第 9 页 b—10 页 b；《清会典事例》卷二百零五。
146　《户部漕运全书》卷十二，第 5 页 a—b。
147　《清史稿》卷一百二十九，第 11 页 a—b；《福惠全书》卷八，第 4 页 a—b；《刑钱必览》卷六，第 15 页 a—b。
148　《刑钱必览》卷六，第 14 页 b；《牧令书》卷四，第 12 页 b。
149　《福惠全书》卷八，第 3 页 b—5 页；《刑钱必览》卷六，第 13 页 a、第 14 页 b；《清会典事例》卷二百零五；《户部漕运全书》卷十二，第 1 页 b—2 页。
150　《吏部则例》卷十六，第 15 页 b—16 页、第 19 页 a—b；《六部处分则例》卷十八，第 11 页 b—12 页、第 30—31 页、第 35 页 b—36 页。运河沿岸的州县官，必须在巡抚签发的"限单"（航运日程单）上注明运粮船到达和离开的日期（《清会典事例》卷二百零五）。

151 《吏部则例》卷十六，第 21 页 a—b；《六部处分则例》卷十八，第 8 页 a—b。
152 《吏部则例》卷十六，第 15 页；《六部处分则例》卷十八，第 42 页 a—b、第 46 页。
153 《清会典》卷十八，第 2 页；《石渠余纪》卷六，第 8 页 b；《福惠全书》卷三，第 17 页。
154 《清会典事例》卷二百四十五、卷二百四十七；《清通考》卷三十一，第 5136—5137 页；《石渠余纪》卷六，第 9 页；《福惠全书》卷八，第 66—67 页。
155 盖有布政使印章的行纪许可证照，由州县官签发。该证照的签发以及每年年检都要收费。州县官不得签发盖自己印章的证照（《清会典事例》卷二百四十五、卷二百四十七；《户部则例》卷四十二，第 25 页及以下；《吏部则例》卷二十一，第 6 页 b—7 页、第 10 页 a—b；《六部处分则例》卷二十三，第 25—26 页；《清通考》卷三十一，第 5136—5138 页；《石渠余纪》卷六，第 8 页 b）。不过，根据《钱谷必读》的记载，州县官签发私照的事经常存在。许多交易行为，诸如田宅买卖，谷米、旧衣、马牛和驴的买卖，都要依靠行纪进行价格磋商；食品店、酒坊、车马行、磨坊、蔬菜、水果及其他日用品的买卖则无须行纪。见《吏部则例》卷二十，第 4 页 a—b；《福惠全书》卷八，第 6 页 b—7 页；《石渠余纪》卷六，第 8 页 b；《资治新书》卷十九，第 59 页；同前书卷二十，第 60 页 b—61 页。
156 《清会典事例》卷二百四十五；《户部则例》卷四十二，第 24 页；《福惠全书》卷八，第 6 页；《苏藩款目源流》。
157 《清会典事例》卷二百四十五；《户部则例》卷四十一，第 8 页及以下；《福惠全书》卷八，第 7 页；《苏藩款目源流》。
158 《福惠全书》卷八，第 7 页 b—8 页；《松郡均役成书》册二，第 62—63 页；参照《明史》卷八十一，第 9 页 a—b。
159 《清会典事例》卷二百四十五、卷二百四十七；《吏部则例》卷十七，第 13 页；《苏藩款目源流》。
160 《清会典》卷十八，第 2 页；《户部则例》卷四十二，第 21 页及以下；《清通考》卷三十一，第 5136 页；《福惠全书》卷八，第 8 页；《石渠余纪》卷六，第 9 页 b；《钱谷备要》卷二，第 17 页 b；《苏藩款目源流》。
161 《户部则例》卷四十一，第 8 页及以下；《清通考》卷三十一，第 5135—5141 页；《石渠余纪》卷六，第 8 页 b—10 页；《苏藩款目源流》。由各关监督负责下的关税事务，并不包含在杂税中（《清会典》卷十八，第 2 页 a—b）。
162 《清会典》卷十八，第 2 页 a—b。
163 在有些省份，没有任何杂税的定额（例见《畿辅赋役全书》，顺天府保定县，第 41 页）。在另一些省份则是一部分杂税有定额，一部分杂税没有定额。举例而言，在河南省，老税种（即存在时间很长的税）、新增税种和行纪税都有定额，但是当铺税、无定额新增税（活税）和地契税则没有定额（《河南赋役全书》，开封府祥符县，第 84 页 a—b；开封府陈留县，第 34 页 b）。在江西，当铺税、行纪税、耕牛税有定额，但是地契税没有定额（《江西赋役全书》，南昌府丰城县，第 44 页；九江府瑞昌县，第 19 页）。湖南的行纪税、当铺税有定额，地契税、耕牛税和驴税没有定额（《湖南赋役全书》，长沙府湘潭县，第 43 页 b—44 页；宝庆府武冈州，第 39 页 b—40 页；衡州府衡阳县，第 55 页 b）。江苏省的《太仓州赋役全书》中没有列举杂税条目。
164 《六部处分则例》卷二十六，第 3 页 b；《户部则例》卷四十一，第 8 页及以下；《福惠全书》卷八，第 15 页 a—b；《刑钱必览》卷六，第 1 页。
165 征收不到杂税会受到弹劾；征到后解送税银有拖延者，将被夺俸一年（《清会典》卷十五，第 12 页 b—13 页；《吏部则例》卷二十三，第 20 页；《六部处分则例》卷二十六，第 3 页 b）。
166 杂税收入各地有别。通过对几个省的《赋役全书》和地方志的大致考察，我得出这样一个印象：在若干州县，杂税的总收入只有几十两；在绝大多数地区，杂税的收入从几百两到不足二千两不等；杂税收入超过三千两的十分少见。所有杂税项目在《赋役全书》中，一般只需一页就可以列举完毕。

167 《福惠全书》卷八，第8页、第15—16页。
168 这一点在1729年的一道上谕中曾经提到过（《清会典事例》卷二百四十七）。
169 《清会典》卷六，第14页b。
170 《户部则例》卷二十九，第42页；《覆瓿集·钱谷》卷二，第1、11页。
171 《户部则例》卷二十八，第21页b—22页。
172 比如，在允许百姓购买从蒙古贩进食盐的直隶宣化、怀来、西宁、保安州和延庆州等地方，朝廷实行一县"包课"（一揽子售盐税）。同样地，在两个岛县——浙江的定海和江苏的崇明，也征收"包课"。在甘肃省的皋兰、金县、狄道州、渭县和河州等地，百姓可以购买土盐，因而也就征收"土盐税"（《户部则例》卷二十八，第21页a—b、第24页；《太仓州赋役全书·崇明县》，第21页b）。
173 《吏部则例》卷十九，第1、2页；《六部处分则例》卷二十一，第1页b、第4页a—b、第11页。广东和广西有一条特别的法令，涉及的处罚更为严厉（《吏部则例》卷十九，第4页a—b；《六部处分则例》卷二十一，第7页a—b）。
174 这是由陶澍和淮河流域的官员发起的改革。详细资料见《淮南盐法纪略》；刘隽：《道光朝两淮废引改票始末》，载《中国近代经济史研究季刊》第1卷第2期（1933年5月），第124—188页；佐伯富：《清代道光朝时期淮南盐政的改革》，载《东方学论集》第3期（1955年9月），第87—120页；佐伯富：《清代盐税的研究》，第335—360页。
175 《清史稿》卷一百三十，第10页。
176 《户部则例》卷三十一，第3页；《清律例》卷十三，第18页；《清史稿》卷一百三十，第6页。
177 《吏部则例》卷十九，第1页a—b；《六部处分则例》卷二十一，第12页b。
178 《吏部则例》卷十九，第9页a—b；《六部处分则例》卷二十一，第15页a—b。
179 《福惠全书》卷八，第8页b；《牧令书》卷二十二，第33页、第34页b。
180 《吏部则例》卷十九，第7页b；《六部处分则例》卷二十一，第13页。
181 《福惠全书》卷八，第8页b；《盛世危言补编》卷五，第20页；《牧令书》卷二十二，第33页。
182 处罚为降三级调用。如果州县官上报了非法制盐行为，但却未能捕获犯法者，将被降三级留任原职一年以抓捕罪犯。如果期满时州县官仍未能捕获人犯，就会被真正降级并调任他职（《吏部则例》卷十九，第9页b—10页；《六部处分则例》卷二十一，第27—28页）。
183 惩罚根据参与走私的人数而定。1676年的一条例规定：如果从事走私的是一个大团伙（指十人以上或者携带武器的集团），州县官将被革职但留任一年，以期抓捕走私犯。如果他成功地捕获了半数以上的走私犯，可以撤销其革职处分。1705年有例规定：若走私者不足十人，州县官和典史（吏目）将因未能及时察觉私而被降级，失察一次降二级，失察两次降四级。他们有一年的宽限期进行缉捕，一年期满仍未捕获的，夺俸一年；如果捕获走私者，就取消其降级处分。三次失察就会被革职。1873年修改的规定惩罚较轻：在小团伙走私的情况下，州县官、典史（吏目）将被夺俸两年，同时得到一年宽限期以缉捕人犯。如果期满未能捕获走私者，降一级留任。在大团伙走私的情况下，州县官和典史（吏目）将被降一级留任原职，并有一年宽限期缉捕人犯。期满未能捕获人犯者，降级调用。见《吏部则例》卷十九，第11页a—b、第12页b；《六部处分则例》卷二十一，第37页；《清会典事例》（1818年）卷八十三，第13页b、第15页；同前书（1899年），卷一百零五。关于走私者拒捕并致伤捕役情形下对州县官的惩罚，见《吏部则例》卷十九，第3页、第13页a—b；《六部处分则例》卷二十一，第39页b。

184 如果州县官在一年内捕获一至三个小走私团伙,相应地可以得到纪录一次到三次的奖励。如果捕获四个走私团伙,将加一级。在此基础上,每多捕获一个走私团伙,就再加一级。

州县官成功捕获一到两个大的走私团伙,相应地会得到加一到二级的奖励。如果捕获三个大的走私团伙,就会立即得到升职奖励(《六部处分则例》卷二十一,第 36 页 a—b)。

185 福建省的福州、兴化、漳州和泉州下辖的若干个州县,食盐的销售由政府官员把持(这种做法被称为"官帮"或"县澳")。州县官必须从上级衙门取得盐照并按月向上级衙门汇报盐销售量和此种交易的收入额。不过,自 1865 年开始实行向商人签发"盐票"的新制度以后,这种做法也就随之废弃了(《户部则例》卷三十,第 29—30 页;《六部处分则例》卷二十一,第 8—9 页。关于福建省盐政简史,见《清史稿》卷一百三十,第 5 页、第 18 页 b)。在山东(如临朐)、河南(如商丘)、直隶(如永平府辖下的县)、山西和陕西的一些地方,盐的运输和销售也是由官吏控制的(《户部则例》卷三十,第 22 页 a—b、第 24 页 a—b、第 27 页、第 38 页 b)。

186 下列地方的茶引(照)是由州县官签发的:安徽的潜山及其他 16 个县;湖南善化及其他 16 个县。在湖北建始县的茶引由知县签发给茶商。在咸宁和其他 6 个州县,茶农也可以得到茶引(照)销售茶叶(《户部则例》卷三十二,第 4—5 页)。

187 例如,江西出口茶叶至外省,商税关卡要检查其茶引(照);而只在邻近地区销售茶叶的零售商,其茶引(照)只需州县官检查即可。在安徽、湖北、湖南、四川和贵州,茶引(照)也是由州县官检查的(《户部则例》卷三十二,第 20 页 b—22 页;《清会典》卷二十一,第 3 页)。

188 《石渠余纪》卷五,第 64 页 b。

189 《清史稿》卷一百三十一,第 8 页。在山东、山西和湖南的一些地方,茶税是由州县官进行征收的。见《户部则例》卷三十二,第 11 页 b—12 页;《清会典》卷二十一,第 3 页;《湖南赋役全书》,长沙府湘潭县,第 43 页 b;宝庆府邵阳县,第 25 页;常德府桃源县,第 29 页 b。

190 《六部处分则例》卷二十三,第 19 页。见上文,第八章第四节。

第九章　其他行政

前两章我们讨论了地方政府最重要的两项职能：司法和税收。这一章我们将简要讨论地方行政的其他方面：户口登记、治安、邮驿、公共工程、公共福利和教育、文化、宗教、祭祀及其他职能。这一列举表明，地方政府的职能是非常广泛的，不仅包括只能由政府进行的活动，还包括监管由或可能由私人机构进行的活动。这一情形背后蕴涵着中国的"政府哲学"：它宣告，所有与民生福祉相关的有组织的活动，都是政府应该关心和操办的。因此，所有团体性活动，要么是官方化的，要么是直接由官府督办的。

第一节　户口编审

理论上，"黄册"是一个地方"田产、民户、丁口"[1]的登记册。但是由于清政府进行户口登记只是为了将（作为徭役之替代物的）"丁银"摊到每个成年男子身上，因此黄册只登列十六至六十岁之间应服徭役的成年男子（丁）。在必须缴纳盐税的江西、福建、广东，成年女子也要登记。里长、甲长将本里甲所有"丁"的姓名开列到表册上，州县官在此基础上编制全州县的丁口表册，并呈交其直接上司，再由该上司呈交给布政使。布政使司再编制全省的"黄册",并上交户部。黄册就这样每十年编制一次,直到 1668 年才中断。[2]

编制黄册只是州县官日常事务中的一部分。他的真正职责是定期登记和评定(编审)人丁及其地产:在清初,每三年一次;从 1656—1772 年,每五年一次。这种编审工作,在丁银作为一个独立税种且仅由成年男子承担时,是不可或缺的。[3] 它是确保丁银的增收与男丁增长同步的方法。所有达到或超过十六岁的人都将登记在册,而年长(达到并超过六十岁的人)、死亡和迁出者将从黄册中删除。[4] 编审工作在直隶、河南、山西、陕西、甘肃及山东的一些地区,显得更为复杂。因为在这些地区,丁银按照田产状况划分为三等九级。[5] 在这些地区,个人经济状况一旦变化,就要求在编审时对其丁税率进行调整。因此,在土地所有权转移时重新评估地产价值是必要的,以便根据地主的地产增减对他重新评定等级。[6] 在南方和山东的一些地方,"丁"的编审则较为简单,这些地方的丁银不分等级。

我们曾提到,自 1713 年以后,1711 年的人丁登记就被当作征收丁银的永久性根据。然而,由于任何达到六十岁的男子都必须由其家庭、亲属或同甲同里中的其他人予以替代,才能维持 1711 年的丁银额定标准,[7] 所以仍须每五年进行一次编审。当丁银在 1716—1729 年间在大多数省份被并入土地税(摊丁入亩)后,这种五年一度的编审工作就显得不太重要了。自 1740 年起,各省督抚奉命每年向皇帝上报省内的户口数和粮储量,而这种每年一度的上报是基于保甲的登记,不是基于五年一度编审制度那样的实地评定。[8] 这种与始于 1740 年的每年上报制度持续并行的五年期编审制度,最终于 1772 年废止。该上谕称:编审制度的目的是预防成年男子逃避徭役,既然丁银(劳役税)已经固定在 1711 年人口基数上征收,加上又与土地税合并,再进行下去已无实际意义,应永行废止。[9]

第二节 治 安

州县官的职责中,有一项是将辖区内的民户组织成牌(十户)、甲(百户)和保(千户)等基本治安单位,并指定牌头、甲长、保正或保长。[10] 州县官每年会向每户人家签发一个门牌,上面列出户主的姓名、年龄、职业和该户其他成员的姓名,包括亲戚和仆婢。[11] 只要家中有人员进出变动,户主就要向甲长汇报。甲长有责任在保甲簿中予以登记,并修正门牌。[12] 通常,保甲簿一式两份,一份由甲长保存,另一份由州县官保存。甲乙两簿定期交换:甲簿由甲长根据甲内实际人口的变动修正后,呈交给州县官,州县官就将乙簿交还给甲长由其作相应改动,如此循环。这种方式确保了保甲记录的不断更新。[13]

保甲制度同时适用于乡村和州城县城,所有居民都包括在保甲组织内,包括无业者、流配人犯、娼妓和其他受法律制裁者。[14] 保甲制的基本功能,是要建立起缉查违法,特别是缉查强盗、土匪的治安组织网络。[15] 有些州县官还借保甲制以推进道德教化之功效。[16] 保甲制度背后的深层理念是:每个人的行动都难以逃过邻里乡亲之耳目;若将邻里居民组织起来,官方掌握所有民户登记资料,则陌生人及违法者必定难以在守法居民中隐藏。[17]

因此,保甲首领的基本任务在于监督社区的居民,并随时将各类家庭中的任何违法行为(赌博、邪教、私盐、私铸钱、窝藏盗匪逃犯)报告给官府,并监视可疑的陌生人。保甲首领还须记载社区内每个进出人员的姓名。[18] 此外,他们还须每月两次向州县官上交签字具保的报告,报告社区内是否发生过不法活动。[19] 若有盗匪及藏匿盗匪情事而未能及时上报,保甲长要承担相应的法律责任。[20]

此外,保甲还执行着地方治安巡防之功能。甲长可指派居民日夜警戒村坊门间,若有强盗土匪来犯之警讯,甲长则率领村民捕捉侵犯者以保卫村庄。[21] 必须注意的是,保甲与"团练"不同,团练的目的是训练丁壮作为官军预备兵源以抵御外敌入侵。[22] 两者可以相互补充，但在绝大多数情况下，团练并不包含在保甲之内。[23] 下一章将会讲到，团练是在士绅领导下组织起来的，不在保甲长率领下；而保甲的首领一般是平民百姓。

现在让我们考虑一下保甲制适用的大环境。在我们讨论的中国此一时期，由于州县官所统辖的百姓大多广泛散居于乡村，而州县衙门却设在州城县城，所以州县官通常与乡民并无直接联系。许多市镇也没有设置负责缉查和捉拿罪犯的州县佐贰官衙①。[24] 因此，乡村和许多城镇，都处在官府的直接监管之外。保甲制正是一个使政府能够把自己的控制力扩展到最基层单位以填补权力真空的设置。[25]

许多学者在谈及这一论题时，都喜欢过分强调保甲制度在监视民众方面有效且令人生畏，喜欢过分强调有时（比如未及时举报犯罪时）落在保甲长头上的处罚很严厉。这些作者似乎都假定，乡村居民完全处于政府的控制之下。至于保甲制实际上如何成其功，这一问题从未得到应有的注意。[26] 事实上，保甲制度总的来讲是没有效率的。[27] 在清朝，这一制度最初实行于1644年，当时地方官员态度消极，懒得贯彻。六十四年后，康熙皇帝还发布了一道上谕强调贯彻保甲制的重要性。而且我们发现，雍正皇帝1726年在一道上谕里还痛陈这样的事实：自康熙四十七年（1708）"整饬保甲之后，奉行既久，往往有名无实"，"乃地方官惮其烦难，视为故套，奉行不实，稽查不严"。按照这一上谕，一些用以督促贯彻推行保甲制度的奖惩办法被制定出来。[28] 但是朝廷发现仍不得不时常重申这一政策，因为官员们还是仅仅把保甲管理看作一种形式。[29]

当然，州县官认真执行保甲制的罕见实例也有过。比如刘衡、王凤生，[30] 他们因为在推行保甲管理方面颇有成就而闻名。不过，就一般情

---

①指州同或州判衙门，县丞或主簿衙门，亦即所谓"分州""分县"。——译者

形来讲，他们更多属于例外。他们的政策并未被继任者延续，往往很快便被废止。总的来讲，在贯彻和监督保甲管理的过程中，州县官似乎半心半意。根据黄六鸿、田文镜、汪辉祖等官员的言论，保甲制在他们所处的时期——康熙、雍正和乾隆时期——并未真正贯彻。[31] 嘉庆年间担任州县官的王凤生说，在过去几百年间，保甲制仍然流于形式。[32] 直到19世纪，冯桂芬仍说，除了皇帝和地方官员发布的一大堆强调保甲制的命令之外，保甲很少真正实行过；在那些少得可怜的真正推行了保甲制的地方，也没有产生什么实效。[33]

显然，州县官不可能（我们也不能指望他）亲自查访所有村庄登记民户。[34] 这通常只能由保甲长或地保去做。这些人在做这些事情时显然不会真的卖力气。[35] 州县官也知道他们制作的户籍记录不可靠，[36] 但他们能做的，顶多就是偶尔随意抽出一些民户，以期今后下乡时加以核查。[37]

前面已提到，州县官给辖区内每个民户都颁发了门牌，该户所有成员姓名、年状皆登列牌上。[38] 但这种门牌常常只能在州城县城居民门上才能看到。[39] 没人试图去及时修正民户登记和门牌；尽管各民户内人口情况不时发生变化，但门牌和登记仍是原封不动。[40] 有的州县官指出，民户登记的修订虽然极其困难，[41] 但若不及时更新，它就只能形同废纸。某位知府曾称，本章前文所述的那一式两份在州县官与保甲长之间循环交换的保甲簿，很少按照法律规定去定期交换。他还说，保甲长实际也不履行自己的职责。[42]

这些问题，毫无疑问，有些可以全部或部分归结为经费缺乏所致。对于登记户口、制作簿册和制发门牌而产生的各种费用，政府并不提供任何经费。必要的经费只能从两个途径取得：或是州县官捐助，[43] 或将经费负担转嫁给当地民户。举例来说，居民常常被要求支付文具费和门牌费。[44] 于是，书吏衙役又常常利用这些机会向民户勒索各种陋规。[45] 保长到衙门定期倒换保甲簿或上交每半月报表（告）时，也常常遭到勒

索。⁴⁶ 刘衡曾观察到，保甲制度不仅未能将百姓置于有效监视之下，相反因为乱收费而严重扰民。⁴⁷

最后需要说明的是士绅在保甲制度中的地位。尽管法律规定士绅应和普通民户一样编制在保甲之中，但他们被免除了巡更义务和充任保甲长的义务。⁴⁸ 然而士绅仍不愿意将他们的姓名登记在保甲簿中。州县官常常同意他们单独登记并免于悬挂门牌。通常认为，将士绅与普通百姓的姓名一起登记在同一簿册中，要求他们在门上挂牌、接受牌长的监督是不恰当的。⁴⁹ 事实上，由于保甲长根本不可能进入士绅的家中，也就无法对他们进行监督。因此，不论士绅是否包括在保甲体制当中，他们实际上都处在这些政府代理人的监督之外。

通常士绅不参加保甲管理。⁵⁰ 方大湜曾说：尽管在保甲管理过程中需要士绅的帮助，但是正直的士绅常常不愿去参加管理，因为他们不想招惹嫌疑、敌意和麻烦。另一方面，贫寒的士绅忙于维持生计，也抽不出时间来参加保甲活动。而不正直的士绅根本不可靠，因此也不可任用。⁵¹

第三节　邮驿服务

驿站设于交通要冲，它负责为下列人等提供马匹（直隶范围内为马车）和食宿服务：钦差、进贡者、赴任或进京的地方高官以及传送紧急公文和奏章的信差。驿站的设置，在一个州县内为一到三个不等，视实际需要而定。每个驿站一般备有六七十匹马，偏远地区的驿站则只备几匹马传递公文。⁵² 与驿站同在的还有"铺"，驻扎有铺兵，其职责是在省内各类不同衙门之间——主要是在州县官衙门与其上司衙门之间，或不同州县的衙门之间——传送文书。⁵³ 江河沿岸地区也要准备船只。⁵⁴

大多数驿站由州县官直接管理，但有些地方，驿站由驿丞管理。即使是后一种情形，州县官也负责监管所有事务，并负责其办公经费。⁵⁵

因此，他们有义务确保驿站的马匹饲养得法，照料得当，使用合理。[56] 确保按照"勘合"或"火牌"（允许使用驿站服务的证件）的规定，将不同马匹及额配给养提供给各类公差使用，[57] 并且确保公文的传递毫无拖延。[58]

由州县官亲自监管驿站十分困难，若驿站坐落在州城县城之外的其他乡镇尤其如此。[59] 因此，州县官常常会派一名亲属或长随到驿站负责监管书吏（驿书）和马夫（马牌）。[60]

但是，这并不能使州县官免去繁杂的驿站服务负担，特别是迎送钦差和高阶官吏的负担。他不仅仅要为他们提供马匹和护卫，而且还要提供住宿和膳食，向高官及其随从馈赠礼物。如果不能使该官员的随从满意，往往会招致屈辱和麻烦。[61] 当然，大量的事务性工作是由长随办理的，但他们身份卑微，不能独自主持迎送。因此，州县官，特别是交通要冲的州县官，就常常被迫把日程安排得很紧张。[62]

尽管法律禁止违规使用驿马，[63] 但许多过往的官吏总是索要超过其火牌规定数量的马匹。州县官很少敢于违逆他们的要求，更不用说依法向兵部上报这种违规之事了。[64] 有些使用驿站服务的高官甚至常常要求驿站提供全方位的供应，其随从也常常向州县官索要钱财。[65]

驿站书吏也常常滥用权力敲诈百姓，维持驿站服务成了地方百姓的一大负担。百姓常常被摊派为驿站喂马，[66] 支付驿站的费用。[67] 或者，他们常常被迫无偿或廉价为驿马提供饲料。[68] 骡马商人常常被迫用一匹壮马换回一匹羸弱的驿马。若当地没有骡马商人，则"现年"（里长）[69] 就不得不掏钱为驿站购买新马代替死马。[70] 根据规定，如果驿站没有车马可提供，则公差可向当地百姓租借车马。[71] 事实上，许多民户经常被迫无偿向驿站提供车马和驴子，或者直接交钱代替车马。[72] 虽然律例禁止向百姓强征马驴，并且规定违法州县官将受降级处分，[73] 但是只要驿站缺少足够马匹供调用，就会出现强征现象。简言之，真正为驿站事务承受痛苦的是当地的百姓。[74]

第四节 公共工程

主干河流（如黄河、永定河之类）上的蓄水和防洪等水利工程，属于河务管理官员的职责，并由朝廷资助经费。[75] 但是，支流、水库和仅供当地农业灌溉之用的堤坝等水利工程，则留给当地官民自己去办理。理论上讲，疏浚河道、维修堤坝以便利百姓灌溉，是州县官的职责。[76] 但由于政府不为这些工程拨付经费，[77] 州县官不得不用别的方法寻找经费。通常的做法是：或招募当地的居民提供劳力，[78] 或根据其田产面积按比例劝捐。[79] 如果要搞大规模的工程，常常会通过摊捐的方式筹措一笔特别经费。例如，浙江钱塘江堤坝溃口，就是向附近三县百姓和盐商摊捐高达140,000两白银重修的。[80]

州县官还有责任确保交通干道和重要桥梁的状态良好。如果路桥状况很差阻碍交通，他将受到处罚。[81] 城墙和官有建筑（衙门、府库、粮仓、监狱和官建寺观）也必须修缮良好，若有坍塌，也要追究州县官的责任。[82] 在工程费用低于一千两银子时，州县官可以直接招募本地居民修缮城墙。[83]

按规定，任何大规模的修缮工程，必须先征得上级主管部门的同意；[84] 否则修缮工程资金由州县官自筹。通常有两种方法来筹得经费：由州县官自己捐款，[85] 或者说服士绅和富人集资。第三种方法不太常用，就是对轻犯罚款以筹资。[86] 在有个案例中，修缮城墙的经费（共3400两）皆由该城区百姓分摊。[87] 州县衙房屋的修缮费用往往是从库银中借支，条件是该债务将来要从州县官的津贴中扣除。[88] 许多州县官还常捐资修缮表彰忠孝节义者的祠堂。[89] 1727年的一道上谕说，由州县官自己捐资修缮祠堂是对的，因为他支付得起这些小额捐赠。但是，该上谕又说，如果允许官员使用官银做这些事，又容易导致官员和书吏贪污。[90] 由于州县官在一定期限内要对自己所主持工程坍坏负责任，[91] 且向上级衙门申请官银时还免不了要向上级衙门书吏支付陋规，因此很少有州县官申请官银资助修缮工程，除非事情绝对需要又万分紧急。基于这一理由，有个官员曾忠告：修缮公共工程之事，州县官最好能躲则躲，以免自找麻烦。⁹²

第五节　公共福利

一、粮仓

每个州县都设有一个"常平仓"，由州县官负责。这种粮仓之所以被称为"常平"，是因为仓中储存的部分粮食，可以在春天青黄不接粮价上涨时平价出售给本地百姓；⁹³到秋季再用春季售粮回收的资金重新低价买粮补充。⁹⁴在饥荒时，贫穷的农民可以从常平仓借粮，在收获后无息偿还。这种借贷州县官必须呈报上司批准。⁹⁵

在常平仓出售任何粮食之前，州县官必须向上司呈报其即将售出的粮食价格及销售量。⁹⁶售粮所得要上交布政使，有时上交道员。⁹⁷售出的粮食额必须在六个月内买进补足；拖延此事的州县官将受惩处，从夺俸到革职不等。⁹⁸在买进之前，必须向总督或巡抚报告买入量和粮源。这样，春季销售所得的粮款会退还给州县官以购买新粮食。新购的粮食将受知府或直隶州知州查验，验看后他们要向布政使呈交一份签名报告汇报购粮情况。⁹⁹

州县官要保证他管理的粮食保存良好。粮食若潮湿变质，就要追究其责任。仓储粮食每年要受知府或道员检查。卸任的州县官必须为继任者留存规定数额的粮食，而且离任后必须在一年内将仓粮的任何亏短补足。¹⁰⁰

尽管设立常平仓的目的是造福穷人，但实际上它并未给穷人带来福利。首先，由于粮仓设在州城县城，居住偏远的乡民常常享受不到好处。法律规定，州县官应当在偏远地区设临时售粮站点，并派僚属官员监督售粮。¹⁰¹但是州县官似乎很少这样做，因此就常常有人抱怨，只有州城县城居民或近城居民才能获益。[102] 尽管法律有禁令，[103] 但儒户、衙役和粮行老板仍常常勾结书吏，假造名籍大量购买官米，从其低廉的价格中获利。[104] 粮仓书吏和衙役常常对到官仓购米的百姓勒索钱财，或者要求他们超量返还从官仓借去的粮食。[105] 为了将陈年粮食清仓，有的州县官常强迫百姓购买陈粮，即使他们并不需要。[106] 百姓更有一种负担，即州县官常常以低于市场的价格向本州县百姓购粮，并要售粮者自己将粮食从乡村运送到官仓。[107] 因此，朝廷曾发布一条规定：补充官仓的粮食必须从邻县购置；只有本县和邻近州县之间没有水运的情况下，州县官才可以在自己辖区内购粮。[108]

有迹象表明，许多官仓的存粮常常处于缺少的状态。原因之一是：上级衙门拨付购粮资金时总是随便拖延；好不容易等到经费拨下来时，粮食的市价又已经涨上去了。这种困境，又常因上级官员无视市场实际粮食价格，武断地压低州县官所报粮价而雪上加霜。结果，许多州县官发现根本无法按上司定下的价格购买粮食，于是干脆就不购买，把经费存放在库房里了事。[109] 贪污挪用也是造成官仓粮食短少的一个原因。[110]

除了常平仓之外，许多州县还设有社仓或义仓。[111] 当地百姓可以从该仓借粮，返还时根据收成好坏收取一定的利息；收成不好时可以免息。[112] 这种粮仓是由乡镇的居民通过自愿捐献设立起来的。为了鼓励这一捐赠行为，政府常常对捐献者奖以花红，或向捐献者颁发匾额、赠以顶戴。[113] 这种粮仓，一般由当地居民推举并经州县官批准的人员（社长）进行管理。[114] 只有陕西和广西两省的社仓是由政府出资建立起来的，因而也由州县官直接进行管理。[115]

社仓和义仓统一由州县官监管。由当地居民推举的社长要在衙门进行登记。如果连续几年的工作令人满意，社长就会得到花红、匾额或顶戴之类奖励。如果其工作表现不佳，或有贪污挪占行为，就会被解职并加以惩处，州县官还会命他偿还资金。

原则上，州县官不得干涉社仓的财务，但社长每年要向他呈交接收、借出、存储粮食数量的年度报告。社仓修缮也要向州县官报告。[116]朝廷也要求州县官仔细检查监督社仓的管理情况,因为社仓的成功与否在很大程度上有赖于他们的监督。[117]

然而,社仓和义仓并不是到处都有设立,即使设了社仓和义仓的地方,也常常粮食短缺。有位幕友曾说,由于州县官不可能亲自检查监管社仓和义仓,通常只是派几个衙役到社长那里去要一个具结的申报,因此其监督通常都徒具形式。[118] 1727年的一道上谕说,湖广总督杨宗仁以致力促进社仓事业著称,但调查发现,在他管辖省区内社仓粮食存储量远远少于他先前上报的数量。这一发现,使皇帝开始怀疑,这一被过分美化的制度到底是否可行。[119]汪辉祖称,尽管湖南宁远的社仓有二千石粮食的储存额,但其实际运作也仅限于在一任又一任的社长之间不断移交的现金账户而已。[120]在另一个例子中,浙江平湖县知县发现社仓账上储存有一万石粮食,却有九千石被社仓的社长侵吞,而且长达三十年未向百姓出借过一粒粮食。[121]总体上讲,社长往往对社仓管理事务漠不关心,管理水平低下。许多地方的社仓都处于低效率经营状态,或者停止了运作。[122]

二、灾荒赈济

自然灾害持续威胁着全国的百姓,治理灾害自然成为地方政府的一项不可逃避的职责。无论是遇上洪水还是干旱,州县官都有责任立即进行初步勘查并向上司汇报结果,[123]迟误者将根据具体情况处以夺俸、降级、革职的处罚。隐瞒灾情不报者将被革职。[124]初步勘查之后,紧接着就由上司指派的委员在州县官协助下进行第二次勘查。在第二次勘查开始后四十天内,州县官必须向上司呈交关于灾情的报告。由于这一报告将作为赈灾和减免赋役决定的依据,州县官要对其准确性负责。[125]赋税的减免,视灾害对谷物的毁损程度而定。[126]通常,可以在受灾后推迟一至三年征税(除去批准的减免额)。[127]

赋税减免的计算是一项繁杂的工作，要根据各家各户的每一块田地受灾的程度来具体确定。因此州县官必须为每户人家编制列明受灾程度、减免税额和应纳税额的表格。[128] 还要宣布皇帝批准的减税比例，并将可享受的税收减免额和应纳税额通知每一花户。[129]

赈济饥荒的工作同样复杂。州县官或委员要先到灾民家中视察，如果有灾害损失，则须决定应给予多少赈济，[130] 将其分类为"极贫"或"次贫"等，并报告上司。[131] 在洪灾情况下，州县官必须查清受损房屋及溺死人畜数量，以便划拨房屋修缮费用和丧葬费用。[132]

根据曾任县官的方大湜的经验，灾害勘查的过程往往充满罪恶的勾当。如果将这一事务交由书吏、保甲长来办理，他们就会从事各种贪污活动。[133] 如果委托给士绅，又容易出现徇私舞弊的情况。同时，州县官亲自到各家各户查访又极端困难。[134] 王凤生认为最好的办法是由村长登记受灾人口，由士绅核查，再由专员作进一步审查。[135]

勘查完成后，一张列有应受赈济人数的卡片会发到每户灾民手中。凭卡可以从官府领取钱粮。[136] 钱粮由州县官或委员亲自在州城县城和乡村设立站点分发给灾民。[137]

由于政府的赈济常常不能满足受灾百姓的需求，因而有必要为辅助性赈济——例如以施粥房的形式进行的赈济——设立资金。[138] 这一经费主要是向士绅和其他富人征集或摊收来的。[139] 例如，有一次浙江发生洪灾，政府赈济了四个月，另外三个月的赈济是靠向士绅和当铺、盐铺及其他较大商铺老板募捐的钱来维持的。[140] 为了发起这种募集资金活动，州县官自己首先要带头捐献。[141] 通常会成立一个赈济班子，由州县官指定士绅中的一些成员主其事，负责赈灾钱物的管理和发放。[142]

如果发生蝗灾，州县官要马上向上司报告，并督促农民除虫。法律规定，州县官有责任杀灭蝗虫的幼虫。否则，一旦蝗虫成灾，破坏庄稼，他将遭到革职。[143]

三、济贫机构和育婴堂

在每个州县都设有济贫机构。这些机构名称不一，有的叫"普济堂"，有的叫"养济院"，有的叫"留养局"。孤寡老人、残疾人和穷人，可以得到住宿、衣食供应和医疗救助。州县官有责任按照当地规定的名额（名额因地而异）收留照顾这几类人。[144] 由于救济机构的资金有限，收养名额很少，[145] 因此只能接纳少数穷人。基于这一理由，仁厚的州县官会发现需要另行筹措经费来满足需要。经费通常是由州县官自己带头捐献和向士绅或富民募集。[146] 绝大多数育婴堂设立在省城；[147] 除了少数例外，[148] 没有官方经费支持在州县城设立类似机构。因此，和济贫机构一样，州县官不得不自己出钱并劝谕士绅也出钱建造育婴堂。[149] 该经费和育婴堂可能由政府管理——通常是交给书吏和衙役来负责，[150] 也可能由士绅来管理。[151]

第六节 教育和教化

根据朝廷的规定，每个州县都要在城市和乡村设立"社学"和"义学"，为负担不起学费的儿童或成人提供受教育机会。州县官要向学政报告社学、义学的教师和学生名单。[152] 但是除了顺天府外，政府一般不提供办学经费。[153] 因此社学、义学的设立和管理，完全依靠州县官自己，往往是由仁厚的州县官自己捐款或向士绅募集资金来建立义学和社学。[154]

生员（州县官学的学生）由学正或教谕以及训导监管；但有些州县官也常对生员的学业积极督查，要求生员讲读经典，并定期考核他们，[155] 或将优秀的学生送入书院深造。[156]

州县官在科举制度中扮演着一定角色。选拔"童生"的初试——"县试"就是由州县官主持的。[157] 士子只有通过了县试和由知府主持的府试之后，才能参加由学政主持的院试。通常，试卷由州县官的幕友批阅,只有少数州县官才会亲自批阅试卷或对士子进行面试。[158]州县官要对考试的公正性负责。因此,如果允许无资格的士子应试,[159]或让不及格的士子及格,或允许自己的书吏、幕友收受应试者贿赂,州县官将受到从降级直到革职不等的处罚。[160]

在正规教育之外,朝廷也关注对百姓进行教化。统治者十分清楚,这种教化不仅是儒家学说的基本要求,而且对于朝廷安全和社会秩序也是至关重要的。为了这一目的,朝廷颁布"圣谕"[161],并在每月两度公众讲读大会上向百姓宣讲——此种做法即所谓"乡约"。州县官要聚合当地绅民参加这些讲读大会。在乡村,士绅或(更常见的)官学学生被推举为主讲人("约正"和"约副"),向当地绅民讲解圣谕。[162]州县官还不时到乡村作巡回督查,监督这些讲习活动。[163]通常,在乡村,这类讲习活动是在祠堂庙观之类的公共场所举办。朝廷进而用儒家的道德教化理念来指导州县官查明地方民情风俗,寻求移风易俗之道,劝导百姓孝顺、贞节、诚实、勤勉、节俭和守法。州县官还有责任扫除游惰、赌博、杀婴和邪教等不良风俗。朝廷还要求州县官经常走访各个村落,以便了解良俗和恶习并尽力纠正恶习。也有人建议州县官采用讲习制度并多与士绅讨论当地的风俗和社会问题。[164]

州县官还要特别注意践行朝廷宣扬的两大道德:尊老和敬贤。尊老,通过每年正月和十月在州县学举行的"乡饮"礼仪活动以体现出来,由州县官主持酒会,款待本地年高德劭者。[165]烈女节妇、孝子顺孙也须得到表彰,由州县官和学正或教谕向朝廷上报。然后,烈女和孝子的名字被镌刻在石碑或牌坊上,死后被列入"节孝祠"或"孝悌祠"祭祀。[166]不用说,这样做都是为了促进道德教化。

除了上述演示德行的礼仪意义以外,文明和道德基本停留在理论层面上,对实践影响很小。没有多少人真把它们当回事。只有一些有良知的州县官真正努力推行过乡约讲习制度,并亲自参加讲读。[167]但是正如1813年的一道上谕所证实的,很少有州县官真的采用这一制度。[168]在州城县城，州县官可能会走走过场；但在乡村地区，就连过场也省略了。[169] 由于州县官很少造访乡村（除了下乡公干外），他们不可能在乡村实际推行或督行乡约讲习制度。至多，他们仅仅可能在巡视乡村时召集村民参加一次讲习。[170] 因此，在乡村地区，这一制度并没有成功地运作，"圣谕"仍无缘普及到众多的乡村愚民；而他们正是皇帝希望教化的对象。[171]

也没有多少州县官真的实行乡饮礼仪。[172] 汪辉祖说，当他宣告他想举行乡饮礼仪时，没有人能够告诉他具体的做法。当乡饮礼仪举行时，引来了一大群人看稀奇。[173] 到1843年，清政府终于决定终止对乡饮礼仪活动的拨款。[174]

第七节 祭祀仪式

从中国历史的早期开始，向天（Heaven）或其他超自然的力量献祭就一直是政府的一项神圣的工作。上自天子，下至最基层官吏，各级官员都要按照官存"祀典"（the Book of Sacrifices）上的规定参加祭祀礼仪。一旦皇帝登基或官员上任，这些仪式就变成了他们日常工作的一部分。在本章，我们将只讨论州县官的宗教职责。

州县官新到任，照例要斋戒（如果可能）留宿城隍庙。[175] 不论他是否真在庙中留宿，次日早晨都要向城隍献祭并颂读祭文。该祭文中常包含州县官的誓约：不贪赃，不枉法；如有违反，任由城隍惩罚。[176] 于是，这一誓约就给了州县官一个超自然约束力的标尺。

只有在祭祀城隍完毕之后，州县官才会前往衙门。而且在正式就职前，州县官一般还要向衙门的中门（即"仪门"）门神和土地神献祭。[177] 在就职后的三天内，州县官还要祭拜孔庙、城隍庙和其他列入"常祀"表的神明的庙宇。[178]

此后，州县官每个月的初一和十五要到孔庙、城隍庙、关帝庙和文昌庙进香。每年的春秋两季，即在二月和八月要向孔圣人、社稷、风云雷雨神和山神、河神、城隍献祭。三月还要向神农献祭。[179] 此外，每年春秋还要分别向名宦祠、乡贤祠、忠义祠、孝悌祠和节孝祠献祭。[180] 还要向"厉"即无人祭祀的鬼魂献祭。[181]

州县官若不按照时令谒拜庙观祠堂并献祭，或者在应斋戒期间预宴行乐，就会受到弹劾。如未能提供充足的祭祀物品，也会受到处罚。[182]

此外，只要发生灾害，州县官就有义务举行祈祷。因此，一旦发生旱灾、洪灾或蝗灾，州县官就要在城隍、社稷、风云雷雨及神农等神明面前举行祈祷仪式。[183] 有些州县官还向蝗神致祭，[184] 尽管这一职责并没有列入祀典。

有些州县官对祭祀十分重视。届时他们身着玄服，步行到祭坛以示虔诚，[185] 还常谕令百姓在祭祀或祈祷前停止杀生。[186]

地方官员的祭祀活动，并非都是根据朝廷律令或指令而为。百姓的期望也具有一定的影响力。例如在旱灾的时候，百姓就要求州县官为他们祈雨。[187] 他们不仅要求州县官对官方认可的神灵举行祭祀祈祷，还膜拜他们自己私下迷信的任何神灵，膜拜他们以为是眼下灾害祸首的神灵。对百姓而言，州县官就是本地的大祭司。这样一来，当地百姓将某些神灵塑像抬到衙门前要求州县官致祭就很常见了。如果发生这种情况，地方官就会处于非常尴尬的境地，进退两难。他没有义务向任何未列入官方祀典的神灵致祭，[188] 但如果他拒绝与当地百姓合作，就会使百姓不高兴，并给人留下对百姓疾苦漠不关心的印象。这种印象又会导致更严重的后果。汪辉祖曾讲到，有一次当地百姓抬了二十几个神灵牌位到他的衙门，要求他为百姓祈雨。他以这些神灵不是正统为由拒绝了他们的要求。他说，如果不是早已赢得了百姓的信任，[189] 他的这种拒绝行为可能会引起骚乱。

在所有的地方神灵中，城隍占据着至关重要的位置。在传统中国人的心目中，这一神灵与州县官具有某种相似之处：两者都关心其辖区内百姓的福祉和公正。一个由皇帝任命，另一个由上苍委派。[190] 甚至有州县官死后被人们奉为城隍的。[191] 州县官负责人力所及的事务，城隍则负责人力所不及的事务。[192] 人们希望城隍保证风调雨顺，帮助百姓抵抗瘟疫，赐给五谷丰登；并保护无辜，惩治邪恶，监督官府活动和官员德行。

人们相信，人的恶行，能逃过人的眼睛，却逃不过神的眼睛。城隍经常被召请来协助州县官进行更公道的司法审判。[193] 曾有一位县官请求城隍托梦给自己，以确认杀人凶手。[194] 当然，并非所有的官吏都真正相信超自然的神明，但他们却有意利用人们的这种信仰。由于人们害怕神明的责罚甚于害怕法律，州县官可以利用嫌犯的迷信，诱他们招认。为了这个目的，审讯有时就在城隍庙里进行。[195]

州县官要举行的礼仪包括迎春礼仪、敬老敬贤的乡饮酒礼、日食月食时击鼓救日月的仪式。[196] 为了欢迎春天到来，一头身上被刷成与当年五行相应的颜色的泥牛[197]与"芒神"（使唤泥牛者）的神像一起，被从东郊运到衙门。在立春日，由州县官及其僚属鞭策泥牛。[198] 这个仪式遍及帝国境内，它象征着春天已经开始，该是农耕的季节了。

第八节 杂 务

此外，州县官还要负责许多别的事务，比如劝督百姓勤于农桑，[199] 鼓励百姓疏浚河道，兴建堤坝，[200] 以及向上司报告地方雨雪情况。[201] 州县官还要负责辖区的防火工作。[202] 如果有任何官舍或民居发生火灾毁损，州县官就会受到处罚。[203] 守城御敌也是州县官的职责。[204] 法律还要求他们查禁非法铸造钱币、[205] 非法开矿、[206] 非法宰牛、[207] 信奉邪教、[208] 赌博[209]以及违反禁奢法令等行为。[210] 州县官若玩忽职守，不查禁这类非法行径，在绝大多数情况下都可能依法受惩罚。

总而言之，除了专司某职的官吏——如教官、军官以及负责河道、盐务和关税的官员——所司职责以外，州县官被赋予了总理其辖区内各种事务的无所不包的权力。必要时还会将一些新职责委派给州县官。例如，鸦片进入中国以后，州县官就要负责查禁吸食鸦片和种植鸦片。[211]

不用说，州县官的所有职责并未受到同等重视。有一些职责不过是形式而已。很显然，那些不管履行与否对州县官政治生涯无足轻重的职责，或者无法作为衡量官员政绩标准的职责，都或多或少地会被官员们轻视。因此，大多数官员对于道德教化只是嘴上说说、敷衍了事而已；而真正尽力去推行的人，就会被同僚嘲笑为"书呆子和傻瓜"。[212]劝课农桑和灌溉也同样不被重视。有一道上谕曾抱怨很难找到真正关心农桑、水利的好官员，而农桑、水利二事正是古代官员应该着力的事。[213]官员们也常记述自己在道德教化和劝课农桑方面缺少建树。[214]

注释：

1 《清会典》（1690 年）卷二十四，第 3 页；同名书（1732 年）卷三十一，第 3 页 b。

2 《清会典》（1690 年）卷二十四，第 2 页 b—4 页；《清会典则例》卷三十三，第 3 页 a—b；《清会典事例》（1818 年）卷一百三十三，第 1 页 a—b；《清通考》卷十九，第 5024 页；《福惠全书》卷九，第 1 页；《石渠余纪》卷三，第 18 页。关于"丁"——其含义被某些研究清代人口资料的现代人口学者误解了——的有关讨论见何思源：《中国人口问题》，第二章。另见萧公权：《中国乡村》，第 86 页及以下。

3 见上文，第八章第一节。

4 《清会典》（1690 年）卷二十三，第 16 页 b—17 页；同名书（1732 年）卷三十，第 24 页 a—b，第 25 页 b；《清会典则例》卷三十三，第 4 页 a—b；《清会典事例》（1818 年）卷一百三十三，第 2 页 a—b；《清通考》卷十九，第 5024 页；《福惠全书》卷九，第 14 页 b；《石渠余纪》卷三，第 10 页 b。

5 见上文，第八章第一节。

6 《福惠全书》卷九，第 2—3 页、第 7 页及以下。

7 《清会典》（1732 年）卷三十，第 27 页 b—28 页；《清会典则例》卷三十三，第 4 页 a—b；《清会典事例》（1818 年）卷一百三十三，第 2 页 a—b。

8 《清会典则例》卷三十三，第 5 页；《清会典事例》（1818 年）卷一百三十三，第 2 页 b—3 页。

9 《清会典事例》（1818 年）卷一百三十三，第 3 页 a—b；《清通考》卷二十五，第 5073 页；《石渠余纪》卷三，第 11 页 b、第 14 页 b—15 页。因此，1772 年以后的《赋役全书》都没有列出丁数（见第八章注 6）。《户部则例》卷三第 2 页解释说，所列丁数就是登记中止那一年的丁数。王庆云（1798—1862年）指出，当时户部保留的各省丁数记录，是根据1711年的定额制作的。这只是征税的丁额，不是人口增长的实际数额（《石渠余纪》卷三，第16页）。

10 《清会典》(1764年)卷九，第5页；同名书（1818年）卷十一，第5页；同名书（1899年）卷十七，第5页；《清通考》卷十九，第5024、5029页；同前书卷二十二，第5051页；《户部则例》卷三，第6页；《清律例》卷二十，第17页；《福惠全书》卷二十一，第4页；《庸吏庸言》，第92页；《平湖县保甲事宜》，第5页。

我们不能把保正或保长与乡村治安员——"地保"混为一谈。后者在有些地方也被称为保长（《从政绪余录》卷二，第34页b；《刑钱必览》卷四，第15页。正是由于这一原因，王凤生任县官时，干脆把"保长"改为"保耆"以防混淆。见《平湖县保甲事宜》，第9页b—10页）。地保是官府的代理人，负责把当地发生的命盗案件及其他讼案及时向州县官报告（见上文，第一章第一节），这不是牌头、甲长和保长的职责（《清通考》卷二十四，第5062页；《平湖县保甲事宜》，第9页b—10页）。

11 关于门牌的格式参阅《福惠全书》卷二十一，第9页b；《庸吏庸言》，第97页及以下；《平湖县保甲事宜》，第15—18页。《清会典》（卷十七，第5页）和《户部则例》（卷三，第6页）都提到，门牌只记载成年男子的姓名。然而，并非普遍如此。在有些场合，妇女的名字是不列出的（《牧令书》卷二，第24页a—b、第27页、第32页；《资治新书》卷十三，第24页）；在另一些场合，户主的妻妾，母亲，姑、舅、伯、叔、姨母、嫂或弟媳，女儿以及婢女都要列名（《于清端公政书》卷五，第85页b；同前书卷七，第38页b；《福惠全书》卷二十一，第9页b；《平湖县保甲事宜》，第15—18页；《保甲书》卷二上，第4页）。

12 《清会典》卷十七，第5页；《户部则例》卷三，第6页；《庸吏庸言》，第94页b—95页；《平湖县保甲事宜》，第15页b、第18页；《牧令书》卷二，第36页b。

13 《户部则例》卷三，第5页；《平湖县保甲事宜》，第5页b—6页b、第19页a—b、第26页a—b、第29页a—b；《保甲书》卷二上，第4页a—b；同前书卷二下，第28—29、第34页a—b。

14 有位县官力主把这几类人群纳入保甲体制（《庸吏庸言》，第94页b）。但是另一位县官则认为，不宜将他们纳入保甲体制，理由是有声望的人不愿意与他们共处于一个组织之中。该县官将这些人群另编一册，并委托地保监督他们（《平湖县保甲事宜》，第7页a—b、第15页）。

15 这一点，在"圣谕十六条"中的一条（见下文，注161）以及其他（与保甲含义相关的）文告中都有明白的表述。见《钦颁州县事宜》，第18页b—19页；《清通考》卷二十四，第5062页；《福惠全书》卷二十一，第1页；同前书卷二十三，第11页；《小仓山房文集》卷十五，第7页b；《曾文正公全集·批牍》卷一，第1、33页；《平平言》卷四，第45页；《资治新书》卷十三，第15、22页；《经世文编》卷七十四，第3页；《保甲书》卷上，第9页a—b；同前书卷三，第12页b、第22页b、第27页、第32页b、第38页b、第41页。这也正是习惯上保甲由"刑房"分管的原因（《保甲书》卷二上，第9页a—b）。

16 《保甲书》卷三，第7页b—8页、第12页、第22页b。

17 同上书卷二上，第6页a—b；同前书卷二下，第24页；同前书卷三，第7页b；《曾文正公全集·奏稿》卷一，第47页；《曾文正公全集·批牍》卷一，第33页。

18 《清会典》卷十七，第5页；《钦颁州县事宜》，第18页；《福惠全书》，第21页a—b；《平湖县保甲事宜》，第1页、第9页b、第11页、第18页、第19页、第21页、第22页、第26页b—27页。

19 《福惠全书》卷二十三，第1页a—b。

20 牌头若对盗贼或藏匿盗贼之事隐瞒不报，将受杖八十之惩罚。相应地，接到牌头报告后，保长、甲长若不及时将犯罪上报官府,将分别要受杖七十、杖六十的惩罚。如果对自己辖区内的盗贼未能觉察,上述三者都将受到惩罚:牌头笞四十,甲长笞三十,保长笞二十(《清律例》卷二十五,第100页a—b)。

21 《于清端公政书》卷五,第89页;同前书卷七,第44页a—b;《福惠全书》卷二十一,第7页b、第10页、第11页、第18页及以下;《钦颁州县事宜》,第18页b;《庸吏庸言》,第89页b;《保甲书》卷二,第36页b。

22 关于"保甲"与"团练"的区别,见《曾文正公全集·批牍》卷一,第7页、第8页b、第16页b、第17页b、第18—19页b、第55页b;《庸吏庸言》,第46页b及以下、第89页b;《保甲书》卷二下,第25页b。

23 《保甲书》卷二下,第25页b—26页、第30页a—b、第35页b—36页b。

24 《牧令书》卷二,第53页。

25 参见萧公权:《十九世纪中国的乡村控制》,载《远东季刊》第12卷第2期(1953年),第134—145页;萧公权:《中国乡村》,第45—46页。

26 例如,闻钧天认为保甲制在清代是十分成功的。不过他的结论主要是基于法律规定,是就制度论制度,而不看实际情况(《中国保甲制度》,第272页及以下)。

27 芮玛丽认为,到19世纪,保甲制度"已经退化为一种地方控制的无效手段,而恢复保甲也成了中兴的主要目标之一"(《中国保守主义的最后立场》,第136页)。但是根据康熙、雍正、乾隆和嘉庆皇帝的上谕以及下文将提到的一些官员的记述,我倾向于认为该制度从清朝初年开始就是一个没有效力的制度。萧公权对保甲制度做出了相似的评价,他说:"由于人员问题难以解决,且与登记和上报相关的障碍无法消除,保甲制度就不可能如创制皇帝所期望的那样有效地运转,……使保甲制度对于帝国统治者显得不可或缺的社会环境,同样也限制了该制度在他们治下的实际使用。这一结论不仅适用于保甲制度,同样也适用于其他乡村控制方式,正如下文的讨论将会说明的那样。"(《中国乡村》,第82—83页)

我认为,曾国藩与其同龄人的意图,似乎是更全面彻底地推行那个此前推行不力的制度,而不是要复兴一个曾经有效但已没落了的制度。保甲制在曾国藩的时代服务了一个特定的目标,就是让叛乱者在地方居民组织中无所容身。这也解释了在这一时期保甲制度显得更为有效的原因。然而,正如冯桂芬所指出的,在太平天国起义期间,团练制度比保甲制度更有效力(《校邠庐抗议》上册,第13页)。

28 《清通考》卷二十二,第5051页;同前书卷二十三,第5055页。

29 见乾隆皇帝在1757年、嘉庆皇帝在1799年和1810年所颁布的上谕,它们都指责地方官员仅仅把保甲制看作一种形式(《清通考》卷二十四,第5061—5062页;《清续通考》卷二十五,第7757—7758页)。

30 《庸吏庸言》,第88页;《平湖县保甲事宜》。

31 《福惠全书》卷二十一,第1页;《朱批谕旨》,《田文镜奏折》第五册,第106页b。汪辉祖的个人经历最令人感兴趣。他还在当幕友的时候,就想将保甲制度付诸实施。但是他无法说服自己的雇主长官采纳他的计划。直到自己当上了州县官,他才有机会实施这一计划(《学治臆说》卷下,第5页b)。其他官员关于保甲制度并未发挥效力的评论,见周亮工(《资治新书》卷十三,第15页b)、李士祯(1619—1695年)(同前书,卷十三,第23页)、张伯行(1652—1725年)(《保甲书》卷三,第22页b)、叶佩荪(1731—1784年)(同前书,卷二上,第1页b)、杨锡绂(1701—1768年)(《经世文编》卷七十四,第12页a—b)、徐文弼(1741年举人)(同前书,卷七十四,第11页b)、胡泽潢(1742年进士)(同前书,卷七十四,第13页)。

32 《平湖县保甲事宜》,第1页;《保甲书》卷二下,第2页b。

33 《校邠庐抗议》上册,第13页。

34 《保甲书》卷二上,第1页b;同前书卷二下,第2页b。
35 《学治臆说》卷下,第5页b—6页;《平湖县保甲事宜》,第1页;《保甲书》卷二上,第1页b;同前书卷二下,第3页b;同前书卷三,第25页a—b;《资治新书》卷十三,第23页;《显志堂稿》卷十一,第16页。
36 《保甲书》卷二,第23页。
37 《学治臆说》卷下,第5页b—6页;《病榻梦痕录》卷下,第13页b;《庸吏庸言》,第95页b;《保甲书》卷三,第25页。在湖南华容任知县(1811—1814年任职)的宗需是个例外。正如他儿子所回忆的,宗需用了两年时间将保甲簿与门牌逐家逐户对照验查(《躬耻斋文钞》卷四,第1页);《湖南通志》(1882—1885年,卷一百零七,第11页b)也说他勤勉推行保甲制度。
38 《保甲书》卷二下,第23页;《资治新书》卷十三,第23页。
39 《经世文编》卷七十四,第12页a—b;《平湖县保甲事宜》,第1页。
40 《资治新书》卷十三,第6页;《保甲书》卷二上,第2页。
41 《小仓山房文集》卷十五,第6页b—7页。
42 《保甲书》卷二下,第25页a—b。
43 有些州县官自愿捐薪为被派出登记民户的职员提供膳食,添置文具以及作为门牌制作费用(《学治臆说》卷下,第5页b—6页;《庸吏庸言》,第88页b、第95页b—96页;《平湖县保甲事宜》,第4页b—5页、第13页b—14页;《保甲书》卷二下,第5页b—6页)。有些例子表明,有时是上司命令州县官自掏腰包支付这些费用的(《保甲书》卷二下,第23页、第27页b)。有一道上谕也要求地方官员自己支付文具费用(《清律例》卷二十,第19页b)。
44 《保甲书》卷二下,第23页b—24页。在某个实例中,每一户仅为一个门牌就要交费1000文(《平平言》卷四,第46页b—47页)。
45 这些费钱包括:文具费、编(保甲)簿费、酒饭钱和磨鞋费、车马费、呈交保状费、领牌费(即领取刻有一甲十户姓名的木牌)、保甲记录的核对及修订费。书吏、衙役向保长索取这些费钱,保长又只好从本地民户手中征敛(《庸吏庸言》,第88页a—b;《保甲书》卷二上,第2页;同前书卷二下,第23页a—b;《资治新书》卷十三,第19页b—20页)。
46 《福惠全书》卷二十三,第1页;《保甲书》卷三,第12页b;《资治新书》卷十三,第20页。
47 《庸吏庸言》,第88页。
48 士绅如果逃避保甲管理,会受到杖八十至杖一百的惩罚;如果逃避是州县官纵容的,州县官也要受罚(《清律例》卷八,第44页a—b;《户部则例》卷三,第6页b—7页;《六部处分则例》卷二十,第1页)。
49 《于清端公政书》卷五,第88页b;同前书卷七,第42页b—43页b;《福惠全书》卷二十一,第8页b;《躬耻斋文钞》卷四,第4页;《资政新书》卷十三,第23页b—24页。
50 见下文,第十章第六节。关于政府排斥士绅主导保甲这一政策的讨论,以及一些地方官员在保甲管理中竭力争取士绅合作的尝试,见萧公权:《中国乡村》,第68—72页。
51 《平平言》卷四,第44页。
52 《清会典》卷五十一,第1—4页;《福惠全书》卷二十八,第1页;《牧令书》卷二十三,第23页b;《经世文编》卷二十,第16页。
53 《清会典》卷五十一,第2页;《福惠全书》卷三十,第7页;《仕学大乘》卷十一,第30页b。
54 《清会典》卷五十一,第4页。
55 同上书,卷五十一,第1页;《福惠全书》卷二十八,第1页a—b;同前书卷七,第20页b;《牧令书》卷二十三,第6页b—7页;《刑钱必览》卷六,第21页。

第九章 其他行政

56 如果没有按照定额买齐马匹，或者对驿马疏于喂养，或者驿站内出现其他管理事故，州县官或驿丞都将受到处罚（《吏部则例》卷三十二，第 9 页 b—10 页；《六部处分则例》卷三十五，第 1 页）。因此新任州县官接收驿站时，会将注意力较多地集中在驿马的验收上，对于羸弱的马匹他会拒绝接收；并要求离任的州县官用好马替换弱马（《钱谷备要》卷三，第 2 页 a—b、第 3 页；《刑钱必览》卷六，第 22 页；《钱谷必读》）。

57 "勘合"是签发给官员的凭证；"火牌"是发给邮差的凭证（《清会典》卷五十一，第 6 页及以下；《福惠全书》卷二十八，第 1 页 b、第 10 页 b—11 页 b；《刑钱必览》卷六，第 22 页 b—25 页 b；《牧令书》卷二十二，第 26 页 b、第 29—30 页 b）。

58 拖延者，将按所递公文的紧迫程度不同，处以夺俸或降一级的处罚（《六部处分则例》卷三十五，第 25—26 页）。

59 《福惠全书》卷二十八，第 7 页 b。

60 同上书，卷二十八，第 9 页 b—10 页；见上文，第五章第二节。

61 《六部处分则例》卷三十五，第 10 页 a—b；《福惠全书》卷二十八，第 2 页 b—4 页 b、第 16 页 b—18 页；《牧令书》卷二十三，第 24—25 页；《经世文编》卷二十，第 16 页 a—b；《仕学大乘》卷四，第 7 页。

62 《牧令书》卷二十三，第 6 页 b—7 页。

63 州县官可以直接向兵部举劾任何官员超标准索要马匹的行为（《六部处分则例》卷三十五，第 11—12 页 b、第 17 页 b—18 页；《刑钱必览》卷六，第 23 页 b—24 页 b）。

64 《清世宗实录》，卷十二，第 7 页 a—b；《清仁宗实录》卷一百七十，第 19 页 a—b；《牧令书》卷二十三，第 7 页。

65 《六部处分则例》卷三十五，第 10 页 a—b；《福惠全书》卷二十八，第 2 页 a—b、第 4 页 b 及以下；《经世文编》卷二十，第 16 页 b。

66 《六部处分则例》卷三十五，第 18 页。

67 《资治新书》卷十一，第 27 页 b；《牧令书》卷八，第 43 页 b。见《六部处分则例》卷三十五（第 18 页）有关向百姓索取此类费用之行为的惩罚规定。

68 《牧令书》卷八，第 43 页 b；《资治新书》卷十一，第 28 页；《刑钱必览》卷六，第 21、26 页。

69 见上文，第八章第一节。

70 《牧令书》卷八，第 43 页 b；《资治新书》卷十一，第 27 页 b—28 页。

71 《清会典》卷五十一，第 3 页 b。

72 《福惠全书》卷二十九，第 18 页 b—19 页；《牧令书》卷二十二，第 28 页 a—b；《期不负斋全集·政书》卷七，第 19 页 a—b。

73 《福惠全书》卷二十九，第 18 页 b。1728 年一道上谕提到，在许多地方，驿马的实际备有量，远远低于朝廷的定额；政府拨付用于更换马匹的专项经费也被挪用了。一旦有公事需要用马，州县官就向当地百姓征用（《清世宗实录》卷十二，第 7 页 b—8 页）。

74 《资治新书》卷十一，第 28 页；《牧令书》卷八，第 43 页 b。

75 《清会典事例》卷九百二十七、卷九百二十八；《清律例》卷三十九，第 3 页 b—4 页；《福惠全书》卷三十一，第 2 页。

76 因此州县官有权决定是否应该对河道及堤坝进行疏浚和维修（《清会典事例》卷九百二十七）。一般而言，未能及时疏浚河道的州县官不会因此遭受处罚，但山东却是个例外。在山东，如果州县官未能按期疏浚河道，会受到夺俸一年的惩罚。此外，未能及时修护偏河堤，州县官也会受到处罚——如果是位于河南、山东两省境内的漳河、卫河沿岸河堤，处罚为降一级；其他地方的河堤，则仅夺俸一年（《六部处分则例》卷五十一，第 6 页、第 7 页、第 8 页 a—b）。

77 《清会典事例》卷九百二十五；《朱批谕旨》，《李卫奏折》第二册，第 71 页 a—b。

78 《清会典事例》卷九百二十五、卷九百二十七；《牧令书》卷九，第28页b。
79 《清高宗实录》卷十二，第22页；同前书卷十四，第2页a—b；《清会典事例》卷九百二十七、卷九百二十九；《覆瓿集·钱谷》卷二，第14页；《学治偶存》卷三，第1页b；《牧令书》卷九，第28页b；同前书卷二十二，第22页b—23页；《娄县志》卷五，第19页b—20页b。
80 《病榻梦痕录》卷下，第52—54页、第55页b—56页。
81 如果是交通要道上的重要桥梁坍塌，该地州县官将被夺俸一年（《吏部则例》卷四十七，第2页；《六部处分则例》卷五十二，第16页）。另一法令规定，如果没有及时修缮交通要道或重要桥梁而致使交通中断，州县官将被笞三十（《清律例》卷三十九，第25页）。
82 如果城墙毁损不大，其处罚为夺俸六个月；如果城墙坍塌，处罚为夺俸六个月或者降一级（《吏部则例》卷四十七，第3页a—b；《六部处分则例》卷五十二，第10页）。疏于修缮官有建筑，处罚为笞四十（《清律例》卷三十八，第33页）。
83 《清通考》卷二十四，第5061页。
84 《吏部则例》卷四十七，第3页a—b；《六部处分则例》卷五十二，第3页；《牧令书》卷二十二，第10页。
85 《吏部则例》卷四十七，第3页a—b；《六部处分则例》卷五十二，第10页。
86 《牧令书》卷二十二，第10页。有一条法令允许州县官向普通诉讼的当事人加收一定的罚金，以便为修缮道路、桥梁和寺庙提供经费。但是这类案件必须向上级衙门申报，并须获得朝廷的许可。触犯这一法令，将受到降一级到三级的处罚（《六部处分则例》卷四十八，第25页a—b）。
87 《病榻梦痕录》卷下，第17页。
88 同上书，下，第12页b；《六部处分则例》卷五十二，第15页。
89 《病榻梦痕录》卷下，第29页。
90 《清世宗实录》卷五十五，第40页a—b。
91 例如，有一条法令要求，向官库借资金修缮官舍者，必须为修缮的质量担保十年。在这十年期内，官舍若仅有小的修缮，则费用由其继任者承担；但如果需要大修，则原任官员必须归还其借支的官银（《六部处分则例》卷五十二，第15页）。
92 《从政绪余录》卷一，第71页a—b。
93 正常的比例是：保留七成，出售三成。但是有些地方出粜粮食的比例为四成、五成或七成。也有些地方没有规定的售留比例，不过这些比例可以根据当地的实际需要进行调整。因此，遇上坏年景，销售比例就会高些；遇上好年景，可以不销售或只销售10%—20%的粮食（《清会典》卷十八，第18页；《户部则例》卷十六，第14页、第15页b）。
94 通常的降价比率是，在丰年时每石粮食售价比市场价格低五分，在荒年比市场价格低一钱（《清会典》卷十八，第18页；《户部则例》卷六，第19页a—b；《清史稿》卷一百二十八，第19页）。
95 《户部则例》卷十七，第22页b—23页。
96 同上书，卷十七，第24页。
97 同上书，卷十六，第16页a—b。
98 同上书，卷十七，第24页。
99 同上书，卷十六，第16页a—b、第37—38页；同前书卷十七，第20页b；《吏部则例》卷二十五，第9页a—b；《六部处分则例》卷二十七，第33页a—b。
100 《户部则例》卷十六，第5页a—b。
101 同上书，卷十六，第16页。
102 《福惠全书》卷二十七，第7页a—b；《培远堂偶存稿》卷十七，第47页；同前书卷三十八，

	第 18 页；《牧令书》卷十二，第 1 页。
103	《清仁宗实录》卷五十八，第 19 页 a—b；《钦颁州县事宜》，第 13 页 b—14 页；《福惠全书》卷二十七，第 8 页；《刑钱必览》卷六，第 18 页 b。
104	《吏部则例》卷二十五，第 12 页；《六部处分则例》卷二十七，第 35 页 a—b。
105	《福惠全书》卷二十七，第 8 页；《牧令书》卷十二，第 15 页 b。
106	《吏部则例》卷二十五，第 12 页；《六部处分则例》卷二十七，第 35 页 a—b。
107	《清高宗实录》卷五十，第 6 页 b—7 页 b；同前书卷五十八，第 19 页 a—b。有一条法律规定，如果州县官以低于市场正常价格向百姓收购粮食，将给予降三级的处罚（《吏部则例》卷二十五，第 9 页 b—10 页；《六部处分则例》卷二十七，第 37—38 页）。
108	《户部则例》卷十七，第 20 页 b—22 页；《六部处分则例》卷二十七，第 37—38 页。
109	《钦颁州县事宜》，第 50 页 b；《清史稿》卷一百二十八，第 18 页 a—b、20 页；《刑钱必览》卷六，第 18 页 a—b。
110	《福惠全书》卷二十七，第 6 页 b—8 页。
111	社仓和义仓都用于存放本地居民所捐献（备荒）粮食。两者的区别，正如 1679 年的上谕所指出的那样，社仓建立于乡村地区而义仓建立于城镇地区（《清通考》卷二十二，第 5051 页）。不过这也不能一概而论（例如在直隶）。值得注意的是，有的地方——如河南和陕西——并未设立"义仓"（《清高宗实录》卷二百八十三，第 14 页及以下；卷二百八十七，第 9 页）。朱云锦对社仓和义仓的区别另有一种说法：义仓是由官民共同管理的，而社仓完全是由当地百姓自己管理的（《豫乘识小录》卷上，第 23 页）。由于不同地区的用语习惯不一，因而也就没有标准定义，于是乾隆皇帝在其上谕中说："社仓义仓，名异实同。"（《清高宗实录》卷二百八十七，第 9 页）【查核原文，发现此语并非乾隆皇帝之语，而是某大臣奏折中的话。——译者】
112	一般而言，向社仓借粮要收取一成（10%）的利息，但在荒年可以免除利息。义仓也收取类似比例的利息，不过也有一些地方的义仓根本不收利息。具体情况见《户部则例》卷十七，第 27 页 b、第 31 页 b—32 页；《钱谷备要》卷二，第 39 页 b，《清史稿》卷一百二十八，第 21 页 a—b。
113	《户部则例》卷十七，第 26 页 a—b。
114	《福惠全书》卷二十七，第 8 页 b。
115	《清会典》卷十九，第 17 页 b；《户部则例》卷十七，第 28 页 a—b；《六部处分则例》卷二十七，第 45 页 a—b；《培远堂偶存稿》卷二十二，第 9 页 a—b。
116	《户部则例》卷十七，第 26—28 页。
117	《福惠全书》卷二十七，第 7 页 b—9 页 b；《培远堂偶存稿》卷三十八，第 19 页 b—20 页、第 23 页 a—b；《钱谷备要》卷六，第 20 页 a—b；《牧令书》卷十二，第 40 页 b—41 页。
118	《幕学举要》，第 28 页 a—b；《钱谷备要》卷二，第 38 页。
119	《清史稿》卷一百二十八，第 21 页。
120	《病榻梦痕录》卷下，第 7 页。
121	《学治体行录》卷下，第 20 页 b。
122	关于 19 世纪社仓和义仓制度的蜕变之景象，萧公权的《中国乡村》基于各种地方官报信息作了描述（第 153 页及以下）。萧认为，地方粮仓之所以问题重重，不仅由于运作和监管上的困难，还由于乡民物资匮乏（第 159 页及以下）。
123	可以由州县官亲自勘查（《钱谷必读》），也可由学官或派驻该地的佐贰官进行调查。调查结束后必须制作一份包括图示的报告（《钱谷视成》）。
124	《吏部则例》卷二十二，第 1 页 a—b；《六部处分则例》卷二十四，第 1 页 a—b。
125	州县官如果隐瞒灾情不报，将会受到革职并永不叙用的处罚；夸大或掩盖灾情的严重性者，

也将受到革职处罚。如果对灾情的夸大和掩饰是出于过失，所涉及的受灾面积又不超过二十亩，则处罚可以减轻为降三级留任原职（《六部处分则例》卷二十四，第2页a—b；《户部则例》卷八十四，第10—11页）。此外，如果州县官对灾情不作详细勘查，欺瞒上司并对受灾百姓造成损害的，依照刑律，他还会受到杖一百的肉体惩罚。如果因虚假报告导致本该免税者交纳了地丁银，或使不该免税者免税了，州县官将比同受贿论处（《清律例》卷九，第7—8页）。

关于灾情调查的程序，见《钱谷备要》卷八，第10—12页b；同前书卷九，第2—4页b；同前书卷十，第1—2页b；《钱谷视成》。

126 在顺治和康熙年间，减税比率从10%到30%不等。在雍正年间，更增至10%—70%不等（《石渠余纪》卷一，第22b页及以下）。

127 《户部则例》卷八十四，第6页b—7页b。

128 《钱谷视成》。

129 《户部则例》卷八十四，第6页b；《六部处分则例》卷二十四，第5页a—b；同前书卷三十三，第3页a—b；《钱谷视成》。

130 通常，受灾百姓将得到一个月口粮的紧急救济。两个月的额外救济只发给鳏寡孤独者。此后，根据灾情的严重程度，按比例给认定为"极贫"和"次贫"的民户发放常规救济（见《户部则例》卷八十四，第12—13页；《牧令书》卷十三，第21页；《钱谷备要》卷七，第27页及以下；《石渠余纪》卷一，第3页b—5页）。

131 《户部则例》卷八十四，第11页b—12页、第15页a—b；《六部处分则例》卷二十四，第4页；《牧令书》卷十三，第29页b；《钱谷备要》卷八，第7页a—b、第22页及以下、第45页b—46页b；卷九，第5—8页；卷十，第7—9页、第17—19页。

132 《户部则例》卷八十四，第23页及以下。

133 应当指出，朝廷的法令禁止地方官员将灾情勘查之事全部交给书吏、衙役去做，只能由州县官或其佐贰官，以及上级衙门派遣的委员进行勘查（《户部则例》卷八十四，第15页b；《六部处分则例》卷二十四，第4页）。

134 《平平言》卷四，第48页b；《牧令书》卷十四，第46—47页；《荒政备览》卷上，第14页。

135 《荒政备览》卷上，第16—17页b、第23页a—b。

136 同上书，上，第27页b—28页；《钱谷备要》卷八，第28页b—29页；同前书卷九，第11—12页、第26页；同前书卷十，第12页a—b、第20—22页；《牧令书》卷十三，第43页a—b。

137 《户部则例》卷八十四，第13页a—b。

138 《钦颁州县事宜》，第52页；《钱谷备要》卷十，第28页及以下；《牧令书》卷十四，第67页b—71页b；《石渠余纪》卷一，第4页。

139 《荒政备览》卷上，第30—31页；《牧令书》卷十四，第28页b、第35—39页b、第66页。

140 《荒政备览》卷上，第10页及以下。

141 《福惠全书》卷二十七，第19页。在某一案例中，有个县官捐了1000两银子，用于洪灾赈济。为此还专门成立了由士绅牵头的赈济理事会，共募得20000两银子（《学治体行录》卷下，第12—13页）。在另一个事件中，有个县官捐银300两，士绅和商人共捐银68000两（《牧令书》卷十四，第37页b、第52页）。更多的事例见《显志堂稿》卷一，第19页；《荒政备览》卷下，第9页；《牧令书》卷十三，第6页b；同前书卷十四，第28页b—29页b。

142 《庸吏庸言》，第84—86页b；《牧令书》卷十四，第31页b—33页、第35页、第36—38页、第48页a—b、第54页。

143 《户部则例》卷八十四，第28—29页b；《吏部则例》卷二十二，第3—4页b；《六部处分则例》卷二十四，第10—14页。为了这一目的，省级长官要向州县官颁发关于扑灭蝗虫的技术指南（《钱谷备要》卷九，第 27 页及以下）。

144 如果未将应进济贫机构安养的人收容安养，州县官将被杖六十（《清律例》卷八，第 57 页 a—b）。在不同地区，济贫机构可收容穷困者的人数（定额），见《户部则例》卷九十，第 1 页及以下、第 17 页及以下。

145 《牧令书》卷十五，第 18 页。

146 《户部则例》卷九十，第 1 页。这里可以举两个例子。四川梁山收养贫民的官额仅为五人，定额以外增加的三人，是由县官的捐钱收养照料。当刘衡继任县官时，在原来的基础上募捐了更多钱款，又使另外十九人得到了济贫机构的收养。他发动士绅和富民捐资建造了一座有一百二十八间房子的济贫机构，收容了一百零四人（《庸吏庸言》，第 77—78 页、第 82—83 页 b）。在直隶大城，县官与士绅将他们捐集的善款交给当铺经营，用其生息资助建立了六个济贫机构，收留了两百多人（《牧令书》卷十五，第 17 页）。

147 《户部则例》卷九十，第 8—12 页 b。

148 例如浙江的州县（同上书，卷九十，第 9 页 b）。

149 《福惠全书》卷三十一，第 16 页 b—19 页 b；《乌程县志》卷七，第 13—14 页。

150 《户部则例》卷九十，第 8 页；《钱谷备要》卷二，第 19 页。

151 《户部则例》卷九十，第 8 页；《钱谷备要》卷二，第 18 页 b—19 页；《牧令书》卷十五，第 26 页 b。

152 "义学"在城市和乡村都有设立，而"社学"则只在乡村地区设立。见《礼部则例》卷八十二，第 4 页 b—5 页；《清会典事例》卷三百九十六；《学政全书》卷六十四，第 1—3 页、第 6 页；《牧令书》卷十六，第 29 页 b、第 30 页、第 32 页、第 33 页 b。

153 《礼部则例》卷八十二，第 4 页 b—5 页；《学政全书》卷六十四，第 6 页 b。

154 《福惠全书》卷二十五，第 12 页 b—13 页。许多地方志提到了州县官和士绅共同捐款建立社学或义学的实例。不过绝大多数州县官不热心也不情愿捐资建学校。由于缺乏经费，维持学校十分困难。许多由先前州县官发起捐资建起的学校，也很快都关闭了（见萧公权：《中国乡村》，第 250—252 页）。

155 《福惠全书》卷二，第 16 页 b；同前书卷二十四，第 21 页；《天台治略》卷四，第 2 页 b 及以下；《学治偶存》卷四，第 1 页 b。

156 《病榻梦痕录》卷下，第 15 页。

157 《清会典》卷三十二，第 3 页 a—b；《礼部则例》卷六十，第 1 页；《福惠全书》卷二十四，第 20 页 b—21 页 b。

158 《学治偶存》卷四，第 13 页。《礼部则例》规定（卷六十，第 4 页）：如果知府或州县官无力批阅试卷，就应当聘请一个有能力的人代替他们阅卷。

159 下列人等不得参加科举考试：娼妓、戏子、衙役、奴婢的家人。详细情况见《学政全书》卷四十三，第 1 页及以下。

160 《六部处分则例》卷三十，第 34 页。

161 "圣谕六言"最初是由明太祖颁布的，为清朝所沿袭并于 1662 年正式颁告。内容是（1）孝顺父母；（2）恭敬长上；（3）和睦乡里；（4）教训子孙；（5）各安生理；（6）毋作非为。1670 年康熙皇帝将六条圣谕扩展为十六条，具体内容如下：（1）敦孝悌以重人伦；（2）笃亲族以昭雍睦；（3）和乡党以息争讼；（4）重农桑以足衣食；（5）尚节俭以惜财用；（6）隆学校以端士习；（7）黜异端以崇正学；（8）讲法律以儆愚顽；（9）明礼让以厚风俗；（10）务本业以定民志；（11）训子弟以禁非为；（12）息诬告以全良善；（13）诫匿逃以免株连；（14）完钱粮以省催科；（15）联保甲以弭盗贼；（16）解仇忿以重身命。[《清会典事例》卷三百九十七；参照米怜在《圣谕》（伦敦，1817 年）一书中的译文；G.T. 斯当东在《关于中国的杂评》（伦敦，1822 年，第 1—56 页）中的译文；理雅各在《帝国儒学讲稿四篇》一文中的译文,该文见《中国评论》第 6 期,1877—1878 年,第 147—158 页、第 223—235 页、第 299—310 页、第 364—374 页]【作者原引圣谕十六条顺序有误,今勘正。——译者】

162 《清会典事例》卷三百九十七、卷三百九十八;《清会典》卷三十,第 12 页 b—13 页;《钦颁州县事宜》,第 8 页 b;《吾学录初编》卷二十三,第 5 页 b;《锡金识小录》卷一,第 13 页 a—b。

163 《清会典事例》卷三百九十八;《钦颁州县事宜》,第 33 页 b;《福惠全书》卷三十一,第 11—13 页 b、第 19 页 b—20 页;《学治续说》,第 16 页;《培远堂偶存稿》卷十九,第 21 页及以下;《学治体行录》卷下,第 13 页 b—14 页、第 18 页;《平平言》卷四,第 50 页 b 及以下;《资治新书》卷十四,第 21 页 b—23 页 b、第 29 页 b—30 页、第 34 页 a—b;《牧令书》卷十六,第 2 页、第 4 页 b、第 7 页、第 9 页 b—10 页、第 17 页、第 20 页 b—22 页 b。

164 《培远堂偶存稿》卷十九,第 21 页及以下;《牧令书》卷十六,第 9 页 b—10 页。

165 《清会典》卷三十,第 13 页;《礼部则例》卷四十九,第 1 页。关于受邀出席乡饮酒礼人员之社会地位的研究,见萧公权:《中国乡村》,第 210 页及以下。

166 《清会典》卷三十,第 13—15 页 b;同前书卷三十六,第 10 页;《清会典事例》卷四百四十四;《礼部则例》卷四十八,第 1 页;《福惠全书》卷二十四,第 27—28 页;《平平言》卷四,第 38 页 b—39 页、第 42 页;《牧令书》卷十六,第 14 页 b—15 页 b;《资治新书》卷三,第 20 页 b—22 页。如果(关于旌表对象的)呈报与事实不符,州县官和学官将受到降一级的处罚(《六部处分则例》卷三十,第 38 页)。

167 《病榻梦痕录》卷下,第 13 页 b—14 页;《经德堂集》卷四,第 13 页;《牧令书》卷十六,第 9 页 b—10 页。

168 《清仁宗实录》卷二百七十九,第 25 页 b;另见《清会典事例》卷三百九十七;《学政全书》卷九,第 21 页;《福惠全书》卷二十四,第 2 页 b;《学治一得编》,第 34 页。

169 《清会典事例》卷三百九十八、卷三百九十九;《保甲书》卷二,第 44 页 b;《牧令书》卷十六,第 33 页 b;《经世文编》卷二十三,第 5 页 b;《学治一得编》,第 34 页。黄印(18 世纪上半叶人)记述,在江苏的无锡和金匮两县,省长官命令每个乡村提名一名生员为主讲,两位耆老为助讲。耆老诵读一条圣谕,生员就讲解一条。由于该省长官无法具体监督"讲读"体制的运行情况,在召集了三四次(讲读会)后,就再也没有举行过了(《锡金识小录》卷一,第 13 页 a—b)。

170 《病榻梦痕录》卷下,第 13 页 b—14 页;《学治体行录》卷下,第 6 页 b—7 页。

171 萧公权(《中国乡村》,第 197 页)在评价"讲读"制度时作了下列结论:"无论乡约制度有什么内在优点,大多数官吏和相当一部分皇帝都对它的实施情况感到失望。如果我们不得不在这种悲观看法和显为少数人乐观看法之间作一个选择的话,似乎选择前一种观点更为可靠一些。……况且,即使我们采信那些肯定乡约制度表面价值的说法,能否把乡约制度视为一项成功的实践也仍不能肯定。"萧公权相信,除了难以找到为城乡"乡约"组织服务的合适人员以外,乡民恶劣的生存条件也是国家进行意识形态有效控制的根本障碍(第 197—199 页)。

172 《清仁宗实录》卷二百七十九,第 25 页 b;《清会典事例》卷三百九十八;《福惠全书》卷二十四,第 23 页 b;《培远堂偶存稿》卷十三,第 20 页;《牧令书》卷十六,第 5 页 b。

173 《学治续说》,第 16 页;《病榻梦痕录》卷下,第 12 页 b。

174 《户部则例》卷九十三,第 22 页。

175 《福惠全书》卷二,第 5 页。

176 同上书,卷二,第 4 页 b—5 页 b、第 7 页;《三鱼堂文集》卷十二,第 1 页 b—2 页;《天台治略》卷十,第 15 页 b—16 页;《庸吏庸言》,第 3 页 a—b;《牧令书》卷二,第 11 页;《宦

177 《福惠全书》卷二，第 5 页 b—6 页、第 7 页；《宦乡要则》卷二，第 6 页。
178 《福惠全书》卷二，第 16 页 b。
179 《清会典》卷三十六，第 1、4 页；《礼部则例》卷一百三十四，第 1—2 页 b、第 6 页 b；同前书卷一百三十五，第 4—5 页 b；《牧令书》卷二十二，第 35 页 b。
180 《清会典》卷三十六，第 14 页；《礼部则例》卷一百三十五，第 6 页 b—7 页。
181 这种祭仪一年要举行三次（《礼部则例》卷一百三十四，第 4 页 a—b）。
182 《吏部则例》卷二十九，第 6 页 b—7 页；《六部处分则例》卷三十二，第 7 页；《清律例》卷十六，第 8 页；《牧令书》卷二十二，第 38 页 a—b。
183 《清会典》卷四十七，第 42 页；《礼部则例》卷一百三十四，第 4 页；《福惠全书》卷二十四，第 11 页 b—14 页；《覆瓮集·刑名》卷九，第 1—6 页 b；《学治臆说》卷下，第 1 页；《梦痕录余》，第 77 页 a—b；《牧令书》卷二十二，第 35 页 b、第 37 页及以下。
184 《钱谷备要》卷九，第 55 页；《牧令书》卷二十二，第 46 页；《资治新书》卷八，第 34 页—35 页 b。
185 《学治臆说》卷下，第 3 页；《牧令书》卷二十二，第 37 页 a—b、第 39 页；《资治新书》卷十四，第 16 页 b—17 页。
186 《福惠全书》卷二十四，第 13 页 b；《牧令书》卷二十二，第 37 页。
187 《牧令书》卷二十二，第 37 页 b。
188 如果地方官员向并未列入祀典的神灵献祭，处罚为杖八十（《清律例》卷十六，第 8 页）。
189 《学治臆说》卷下，第 3 页 a—b；参照王植在《牧令书》中的评价，卷二十二，第 36 页 b。
190 《福惠全书》卷二十四，第 10 页 b—11 页；《学治臆说》卷下，第 1 页。
191 例如，江苏娄县的城隍就是 1669 年去世、曾任该县知县的李复兴。娄县的士绅和百姓忆念他的勤勉和治绩，就通过当时道教首领张天师向上天祷请，宣告他为城隍（《松郡均役成书》册十，第 363—364 页 b）。
192 《天台治略》卷十，第 15 页 b—16 页、第 17 页 b—18 页；《资治新书》卷八，第 41 页 b—42 页。
193 《学治臆说》卷下，第 1 页；《梦痕承余》，第 77 页 a—b。
194 关于该案的详细资料，见《学治臆说》卷下，第 1 页 b—2 页 b。
195 《鹿洲公案》卷上，第 17—19 页 b；《福惠全书》卷十四，第 25 页 b—26 页、第 28 页 a—b；见汪辉祖在《学治臆说》卷下（第 2 页 b）关于这一点的评述。
196 《福惠全书》卷二十四，第 15 页；《牧令书》卷二十二，第 39 页。
197 五行颜色与中国干支循环纪年体系相应。
198 《清会典》卷三十，第 12 页 b；《福惠全书》卷二十四，第 16 页 a—b。
199 《钦颁州县事宜》，第 33—34 页。
200 《牧令书》卷九，多处。
201 《病榻梦痕录》卷下，第 60 页 b；《刑幕要略》，第 14 页。
202 《福惠全书》卷二十三，第 16—17 页；《覆瓮集·刑名》，第 28—29 页；《牧令书》卷二十二，第 31 页 b；《刑钱必览》卷七，第 21 页及以下；《钱谷备要》卷七，第 13 页。
203 处分从夺俸到降一级不等，视火灾烧毁的房屋多少而定。如果火灾烧毁了库房、监牢或者公文，州县官也要受到夺俸和降级的处罚（《吏部则例》卷二十二，第 8—9 页；《六部处分则例》卷二十四，第 15—17 页 b）。
204 见上文，第二章第一节。
205 《吏部则例》卷二十，第 2 页 b 及以下；《六部处分则例》卷二十二，第 3—6 页 b、第 8 页 a—b。

206 《吏部则例》卷三十八，第 34 页 b—36 页；《六部处分则例》卷四十二，第 5、25 页。
207 《六部处分则例》卷四十五，第 43 页。
208 《吏部则例》卷四十五，第 4—14 页；《六部处分则例》卷四十五，第 9 页 b—10 页。
209 《吏部则例》卷四十五，第 2 页及以下；《六部处分则例》卷四十五，第 38 页及以下。
210 《吏部则例》卷三十一，第 3 页 a—b；《六部处分则例》卷三十四，第 3 页 a—b。
211 《吏部则例》卷三十九，第 19—20 页；《张文襄公全集》卷一百一十一，第 1 页及以下。
212 《六部处分则例》卷四十五，第 89 页 b；《经世文编》卷二十三，第 5 页 b。
213 《清会典事例》卷九百二十七。
214 《学治臆说》，第 16 页；《牧令书》卷十六，第 5 页 a—b。

第十章　士绅与地方行政

第一节　作为非正式权力的士绅

我们已经看到，清代的州县官府将一切有关公众福祉之事——福利、风俗、道德、教育、农业等——都视为自己职权范围内的事。这些被中国人视为官府"管理"范围内的事务中，有许多在别的社会里是当作民间社会事务的。当然，政府并不是同等地执行它的所有职责。在政府不能或不便履行某些职能时，就会由当地士绅来履行。我们将会看到：在地方政府和士绅之间有一个传统的职能分工。士绅对于实现政府的某些目标来说，实际上是不可或缺的。

士绅是与地方政府共同管理当地事务的地方精英。[1]与地方政府所具有的正式权力相比，他们属于非正式权力。[2]两个群体相互依存，又各自以不同方式行使着自己的权力。两种形式的权力相互作用，形成了二者既协调合作又相互矛盾的关系格局。

中国士绅的一个重要特点是：他们是唯一能合法地代表当地居民社群与官吏共商地方事务、参与治理过程的群体。这一特权从未扩展到其他任何社群和组织。商业行会[3]就无足够力量在有关地方公益问题上发表意见，遑论参与治理过程了。实际上，除了少数富人，如经营盐业的富商⁴之外，商人阶层不会被政府官员以礼相待，也无法接近他们。商人对当权者最强烈的抵制办法就是罢市。一直到19世纪后半叶，商人才被允许与士绅一道讨论本地事务（此后士绅与商人合称"绅商"）。⁵但他们仍处于士绅的主导之下，从未成为一个独立的权力群体。⁶因此，很长一段时间内，除发生叛乱或其他难以维持现状的危机时期以外，士绅的领导地位和权力从未受到过挑战。

从士绅和官吏隶属于同一群体（都是官僚群体的实际成员或候补成员）这一意义上讲，他们的权力直接源于传统的政治秩序。

因此，尽管有正式权力和非正式权力的差别，实际上是同一个权力群体在控制社会。这个权力群体在公共领域表现为官吏，在私人领域表现为士绅。结果是，政治性基本权力就是政治中的主控权力。而且，只有那些实际或潜在拥有权力的人才可以进入精英阶层，得以参与治理活动。

第二节 士绅的定义

借用于英国历史的"gentry"（绅士）一词，在中文的意义上使用时，曾造成很大的混淆和争议。中国不同时代的士绅构成差异，更加重了混淆程度。

早期中文名词——"缙绅"，可以追溯至秦汉以前，它只是"官员"的同义词。⁷"绅士"或"绅衿"名词在明清时期广泛使用，预示着一个新的社会群体——功名持有者（"士"或"衿"）群体的出现。清政府沿袭了明朝的科举制度和士绅结构。

在考察士绅群体构成的演进时，如果不联系特定历史时期来讨论中国士绅，就易导致误解。在这里，我们只将注意力集中在清朝的士绅阶层。由于在英文中找不到对应词，所以或使用中文"士绅"原词本身，或将中国的这个阶层称为"地方精英"（local elite）——意指一种凭借非正式权力控制地方事务的权力群体——会更加妥当些。尽管"local elite"可能会显得含义过于宽泛，但却不像"gentry"一词那样容易引起错误联想。但是，为了避免因新名词介入而引起的进一步的混淆，我仍沿用普遍接受的"gentry"一词，以强调中国士绅相当一致的特征。[8]

中国士绅的特权地位，并不纯粹取决于经济基础。士绅的成员身份，并不像有些学者推测的那样来自财富或拥有土地。[9]无疑，在财富和士绅成员身份之间有着密切关联，财富的重要性不容忽视。拥有财富，使人有足够的闲暇接受参加科举考试所必需的教育。若没有一定数量的财富，士绅也不可能维持独有的生活方式。[10]然而，具备进入特权阶层的条件，与特权身份实际获得，二者之间是有差距的。财富和田产本身，不是士绅身份的充分条件。庶民地主，不论拥有多少土地，也不属于士绅群体。只有在向政府购买官衔或学衔（国子监学生身份，即监生）成为可能时，财富和身份之间的联系才可能最紧密。售卖官爵功名是清朝时的普遍做法，特别是在19世纪危急局势迫使朝廷寻求额外收入之时。[11]这是唯一绕过科举考试、将财富直接转化为地位的情形。但是不捐买官爵和功名的地主、商人仍然是庶民。[12]

另一方面，任何有功名或得到官方委任的人，无论是否有田产，也可以马上跻身士绅之列。有些贫穷的"生员"（即拥有最低一级功名的人）全无半点田产，[13]仅依靠其廪膳、束脩或其他职业收入糊口。最贫穷者，在饥荒时甚至要向政府申领救济。[14]于是，有财产的和没有财产的，同属一个身份群体。[15]尽管大多数士绅成员确实拥有财产，特别是土地，但人们却忽视了一点，即许多士绅像《儒林外史》所描述，是在取得士绅身份后才获得土地的。在这些情况下，田产是身份的结果，而不是身份的原因。所有这些因素将证明：虽然田产与士绅身份有紧密联系，但若把地主都说成是士绅，显然是混淆不清，有误导性的。

注意这一点也特别重要：尽管儒生与士绅有一定程度的身份交叉，但两者间存在着一种差别。教育通常是成为士绅的先决条件，但是仅凭教育并不能使一个人自动成为士绅。要取得这一身份,就必须通过文武科举考试。举例而言,经州县官或知府主持的"县试"或"府试"考试合格的"童生",只有在通过了省学政主持的"院试",[16]取得初级功名(生员)和官学正式学生身份后,才能跻身于士绅阶层。有些非常博学的学者,因为没通过科考或拒绝应试而终身未能成为士绅,这些人被称为布衣。[17]另一方面,没有学问的人,却可以通过捐买功名或官爵成为士绅。

那么什么是跻身士绅群体的资格呢?答案要到政治秩序中去寻求。也就是说,士绅身份以官宦身份或仕宦资格的取得为前提或基础。清朝的士绅阶层,正如正式流行的法定概念所揭示的那样,是由两个群体组成的:(1)官员:包括现职、休致、罢黜官员,其中包括捐买官衔和官阶的;[18](2)有功名(或学衔)者:包括文武进士(具有第三级功名者,即通过殿试的人);文武举人(具有第二级功名者,即通过各省乡试的人);贡生(地方官学生考选贡入国子监肄业者,包括捐买此衔者)[19];监生(国子监学生,包括捐买监生资格者)[20];文武生员(官学学生,第一级功名获得者,通常称为秀才)[21]。

这两个群体构成士绅阶级,通称为"绅士"或"绅衿"。[22]但是,在士绅内部,正如《宪纲册》(政府基本要素登记册,由州县官为其上级官员准备的一种记录)和其他登列士绅姓名的官方记录中所显示的,"绅"[23]和"士"(或"衿")[24]是有区别的。"绅"仅指政府官员(第一群体),而"士"仅指有功名或学衔而又尚未入仕者(第二群体)。[25]换句话说,在官吏和非官吏之间有差异。这种差异,相应地,可以称作"官绅"和"学绅"两者之间的差异。[26]

"学绅"既不属于统治阶层,也不属于被统治阶层,他们属于一个中间阶级。[27]他们并未加入正式的政府,但却享有很高的威望、特权和统治阶级权力——这一事实将他们作为精英与普通大众区别开来。作为官僚集团的潜在候补成员,他们也可称作潜在的统治阶级。

通过对这些因素的考察，我坚信，官绅和学绅之间的差异，在分析清代的权力结构时，有着重要的社会学意义。正如我们将要看到的，与学绅相比，官绅具有更高的地位，更多的特权，更大的影响力。第一群体构成权力的中心，第二群体则处于权力的边缘。两个群体施加影响或行使权力的方式也不相同。

由于士绅阶层和其乡党之间有着密切的联系，官绅和学绅都被称作"居乡士大夫"。除了受雇（例如作为幕友）到其他地方以外，有功名者通常在家乡生活。根据"回避法"（禁止官员在故乡任职之法）[28]，官员具有双重身份：在任职地为官员，在家乡为士绅。我们可以称这样的官员为"缺席士绅"，因为他只能以间接的方式来扮演自己在家乡为士绅的角色。当他卸任回乡时（例如丁忧、休致或被罢黜时），就可以直接充当这一角色，这时他就变成了"乡宦"或"乡绅"（赋闲在家的官员）。

正是在这一领域空间内，士绅扮演着自己的角色，并与地方官吏保持着各种形式的人际关系。由于他们与家乡的关联是永久性的，从而造就了他们的情感归附；士绅似乎都感到他们有责任捍卫和促进家乡本地社区福利。而这种责任感是作为外乡人的州县官一般并不具有的。

第三节 士绅的声望和特权

士绅具有比其他社会阶层更加优越的地位。他们有一种阶级意识或一种群体归属感。他们相互认同为侪类，并具有相近的态度、兴趣和价值观（尤其是儒家的价值观）。他们自认为有别于其他社会成员。这一认识显然支撑了他们的共同情感和集体行动。外人对其中一个成员的触犯，会被认为是对整个群体的触犯。有个县官曾说："礼一士，则士林皆悦；辱一士，则士林皆怨。"[29]

总而言之，地方官员对士绅总是以礼相待的。礼遇的程度依该士绅在士绅阶层中所处的地位而定。只有官绅和有高级功名者（进士和举人）才可以和州县官平起平坐。而且，其中那些具有更高顶戴的士绅，其地位比州县官还高。生员通常被认为比州县官低一等。士绅中的这一群体，因为没有官员身份，仅被当作"凡民之秀"。[30]这一地位差别，显著体现于士绅在州县官面前称呼自己[31]以及州县官接待他们的习惯方式上。[32]官绅或有高级功名者可以自由地造访州县官，生员则不能。[33]依据法律规定，生员和捐得贡生、监生头衔的人，要受到地方长官和学官的双重监管控制，[34]地方长官和学官要向省学政报告生员、贡生、监生的表现。[35]在后面的论述中我们还将看到，对这三类学生，可依照规定的程序笞惩或褫夺功名。简言之，从整体上讲，士绅享有优于普通百姓的地位；但在士绅内部，生员和监生的地位要低于官绅和有高级功名者。正如冯桂芬指出的，州县官很难对官绅态度强硬，但却很容易对生员和监生态度强硬。后两者可能会因州县官的申请而被褫夺功名，或者被州县官通过其他方式贬辱或斥责。[36]

士绅享有某种社会的、经济的和法律的特权。法律允许他们享有一种与众不同的生活方式：他们有权戴某种头冠，穿官袍，扎官带。[37]拥有高级功名或头衔的人（从进士到贡生）可以在自己家的门口挂一块炫示其功名的匾额，或在宅前竖一根旗杆，以炫耀其高人一等的身份地位。[38]所有士绅都有在婚丧祭祀时践行特种礼仪的特权。[39]

官绅不在当地司法管辖权之下，也不受常规司法程序的约束。未经皇帝的允许，官员不得受审讯和判决。[40]这一点同样适用于休致或被罢黜的官员，除非他是因为可耻罪过而免官。[41]

学绅在公堂上享有与普通百姓不同的待遇。生员和捐得贡生、监生头衔者，非经学官许可，州县官不得加以笞讯。[42]他们被依法判处笞杖刑时，应在州县官的监督下，由学官在官学的"明伦堂"执行。州县官若无视这一规定将受到处罚。[43]如果学绅涉嫌严重违法案件，在正式审讯前，州县官须先申请褫夺他的功名。[44]

官绅和学绅也可以免除徒刑之下的刑罚，法律允许他们以赎金折抵笞杖。但是，按照律例，如果嫌犯所犯罪行应处杖一百以上刑罚者，有官者将被弹劾，而进士、举人、贡生、监生或生员将被剥夺功名或头衔。[45]

若官绅、学绅与普通百姓之间发生婚姻、田土或其他民事纠纷，法律允许他指派一名家属或仆人作为代表参加诉讼。[46]庶民若打伤了官员，不论官员系现职还是休致，都将受到比伤害一般庶民时重得多的惩罚。[47]

所有这些特权意味着：士绅受到常人得不到的法律保护。从前面的章节，读者可以回想起庶民，包括富裕的地主在内，经常处在官吏及其下属的种种迫害和困扰之下。[48]只有财富与政治权力联结起来时，人们才能确保其自身和家庭的安宁。[49]这有助于解释为何人们渴望获得功名和当官。[50]

第四节 士绅发挥影响力的渠道

士绅在社群中的影响主要表现在两个圈子中。一个是在普通百姓的圈子中，在这里他们赢得了尊敬和追随。作为社群或公众的首领，他们解决纠纷[51]，组织募捐活动，主导地方防备，也发挥其他种类的领导作用。人们还希望士绅为他们申冤昭雪，在灾荒时给人们提供救济，并在增进地方福利中扮演积极角色。[52]

另一个是在地方官圈子中。与此相关，我们应该在"威权"和"影响"之间加以区分。只有官员有权通过政府机器作出决定或发号施令。一位士绅，由于在家乡缺乏这种权威，所以只能对官员的决策过程施加影响，也就是说，促使官员创制、修改或撤销某个决定或行动。只要导致了决策的改变，影响力在这里就是不可否认的。[53]

毋庸讳言，并非所有的士绅都具有相同的影响力。有些显赫的士绅在全省范围内具有影响力,其他士绅或者只在本府、本县、本乡范围内具有影响力。影响力的程度也主要取决于当地情况。举例而言,在有功名者人数众多的江浙,举人不见得会有多大的影响力;而假若某地方有功名者很少,那么即使只有低级功名者,也会产生影响力。例如,生员就有可能在像乡村这样的小地方占据主导位置。[54]

在一个社区的著名士绅中,通常有一小部分享有最大影响力的人居于最上层。他们的话往往比其他任何士绅的话更有分量,并在群体中居于领导地位。[55] 通常来讲,官绅比学绅具有更大的影响力,官阶或功名高者比低者具有更大的影响力。原因很明显,官绅及有高级功名者与权力系统有更密切的联系。他们不可避免地与京师及各省高官有着千丝万缕的联系,并可绕过州县官直接与省或中央官员接触,在更高的层次上对决策施加影响。[56] 具有超常身份的官绅甚至可以直接向皇帝奏请。[57] 所以,尽管士绅代表了地方社群的非正式权力,但他们与各个层级的正式权力都有联系,也正是这种联系使他们享有影响地方官吏的权力。他们绝不是一个孤立的地方势力。

这里有一个重要问题是,士绅与正式权力的联系,必须在制度性的框架内加以考察。因为,这种联系,不像朋友同僚之类仅基于随意或个人间非组织性关系建立起来的联系,而主要是基于伴随科举制度的特殊关系。这类关系,存在于与科举相关的三个群体之中:(1)老师(座师、房师)——决定应试者通过考试的主考者;(2)学生(门生)——因考试及第而被视为主考官之学生者;(3)同科及第者(同年)——在同一年通过科举考试者。

学绅的行为模式在很大程度上受制于这些关系。这种关系一经确立,就会保持终身。学绅有义务对其座师、门生、同年及其子女保持忠诚或亲近,并在困难时相互帮助——这是所有学绅共守的义务。[58] 这种同党偏袒意识,顾炎武认为正是学绅之间结帮成伙的原因。[59] 于是,这种制度化的有组织的人际关系,就成了士绅发挥其影响的渠道。

只要记住这一点，就不难理解为什么休致或解职的官员仍然具有影响力。尽管他们不再握有正式权力，但他们并未真正脱离权力系统，相反还往往与官僚阶层保持着某种联系。另一方面，缺乏这种联系的官员，例如通过捐买得官者，就不大可能有影响力。就此点而言，与其说是捐买的官衔不受尊重，不如说是缺乏把他们置于有利地位的适当联系。

由于生员在权力群体以外，所以他们是士绅中影响力最低的。他们的权力或力量主要来源于集体团结和集体行动——比如联名请愿，或集体罢考。[60]有时候，他们甚至联合起来反抗和侮辱州县官，而州县官却发现很难控制或惩罚他们。[61]但是作为个体，生员个人对州县官几乎没有影响力。

无论如何，生员的力量和影响力也不容低估，下面这段文字摘自顾炎武的文章，描述了他们的一些活动。顾氏的文章描述的是明朝的生员，但这些描述在相当程度上也适用于清朝：

> 今天下之出入公门以挠官府之政者，生员也；倚势以武断于乡里者，生员也；与胥史为缘，甚有身自为胥史者，生员也；官府一拂其意，则群起而哄者，生员也。……上之人欲治之而不可治也，欲锄之而不可锄也。小有所加，则曰是杀士也，坑儒也。[62]

第五节 士绅家庭

严格说来，只有拥有上文（第二节）所述资格的男子才享有士绅身份。但是他的声望和特权却可以由他的家人分享，这不仅是客观事实，而且法律上也有规定。最重要的是，官员的身份还可以通过"封赠"制度（给官员的父祖封赠官衔的制度）合法地扩展到他的家庭成员。他的妻子、母亲或祖母也可以获得"夫人""孺人"之类的封号。[63]官员的家人在得到这些荣誉称号后，也获得了类似官员的法律地位，有权戴官帽、着官袍，践行专为官员阶层设置的礼节仪式，以及享有法律的保护。

从技术上讲，法律对有荣誉官爵者（即封赠官）和正式官员同等对待。[64]官员在被逮捕、审判和惩罚时应有待遇的相关法律也适用于他们。实际上，这种法律特权也扩张适用于官员的某些未获得荣誉官爵的家庭成员。有一条法律规定，凡属"八议"[65]之列高级官员的祖父母、父母、妻、子、孙，未经皇帝批准，不得逮捕或判刑。五品、四品官员的父母、妻、子、孙享有"荫"的特权（即获得"荫生"头衔），可以由法司逮捕、审判，但判决须得到皇帝的批准。[66]

官员的父亲获得了封荫后，其本身并不被当作士绅成员。[67]但是，尽管他们不参与正式的士绅活动，比如士绅会议，并不表明他们在社群中没有影响力。他们通常被当作耆老得到本地民众和官吏的礼遇。对于"同年"的父亲，获功名者要尊称其为"年伯"。这一称呼隐含了一种亲属情感和尊敬。士绅的父亲，通过儿子向州县官施加影响也不是不可能，因为儿子通常被认为是孝顺父亲的。因此，士绅的亲戚们往往发现，通过士绅的父亲间接地接触士绅更容易。

士绅的其他任何亲属——兄弟、伯叔、甥侄、子孙等，由于与士绅的亲属关系，他们往往在自己的社群中也很有影响力。[68]士绅的地位越高，其亲属的影响力越大。亲属的这种影响力，于士绅不在家乡时比士绅本人在家乡时反而有更大的发挥自由，因为他在家乡时可以适当予以控制。[69]人们对于士绅家人倚仗权势鱼肉乡里、为非作歹和干涉地方事务怨声载道；对他们的行为，州县官常常束手无策。

为了解决这一问题，有一条法律规定，官员的任何亲属，除其父亲、妻子和儿子外，如果仗势欺压百姓或侮辱政府官员，将比普通百姓犯同样罪行者加重一等以上处罚。[70]另一条法律规定，京官对其子弟在家乡的行为要负责任。如果某官员的家人利用其影响力胁迫地方官府，该官员也会遭到革职的处罚。[71]

在留给自己孩子的训示中，汪辉祖警告道，士绅应当教导自己的家庭成员遵守法律，而不应教唆他们胁迫或对抗州县官。[72] 为了他们的利益，《钦颁州县事宜》建议州县官晓谕士绅，如果他们触犯法律，他们的亲属也将株连受罚。[73]

妇女在传统的中国社会中被排斥在士绅群体之外，而且不能参加任何社会活动。然而士绅的妻妾却可以与州县官或其他地方官吏的妻妾相联络，从而通过她们接近官员本人。[74]

甚至士绅家的仆人也利用其主人的影响力从事非法的活动。[75] 为了制止这一现象，朝廷颁布了与控制士绅亲属相似的法律：官员的奴仆若仗势欺人或藐视政府权威，将比与士绅无关系者有同类行为加重一等以上处罚。[76]

所有的这些事实表明，尽管士绅家庭成员没有正式士绅身份，他们的活动也不能完全与士绅本人的活动割裂开来。基于这个原因，对士绅这一权力群体进行的任何考察，都必须将其家人考虑在内。否则我们就会失之偏颇。问题的关键在于，士绅的父亲和其他近亲属不仅比庶民具有更大的影响力，而且实际上他们与士绅具有同样大的影响力。身居要职的"官绅"的家人的影响力，可能比低级"官绅"和"学绅"还要大。

作为背景因素，我们当然要谨记：家族是中国社会的基本单位，而士绅的态度和言行受到族亲的强烈支配和限制。亲属团体和地方社群之间存在着永久性的联系，而社群成员的生计和香火传承深深植根于这种联系之中。社群的任何变乱，自然要威胁家族的利益。因此，维护家族的集体利益，就成了所有家族成员的首要任务。类似地，家族所有成员也有义务帮助、保护处于困境中的家族成员个人，当其某个成员受到外人不公正对待时更是如此。对单个家族成员的侮辱，往往被视为是对其整个家族的侮辱。

在这种环境里，一个人保护自己和家族的能力大小，主要取决于他在官僚等级制度中所占的位置。[77] 随之而来的是，每个家族都将本族中的士绅视为全族的保护人,而该士绅也接受这一义务。因此,若无力保护家族不受侵犯或免受不公正待遇,就意味着该士绅缺乏影响力;而(家族)集体的耻辱也就等同于(士绅)个人的耻辱。

第六节 士绅在地方行政中的地位

由于州县官不是本地人,对于本地情况可能知之甚少或完全不知,因而他们自己也发现有必要向士绅征询意见。[78]在本节需要特别提请注意的是,尽管在帝国境内有着很大的地区差异,但行政法规却极端僵硬,很少有针对不同地区的不同规定。士绅由于对本地情况较为熟悉,通常认为他们有资格向州县官提供一些与本地实际情况相结合的建议。

关于当地居民的情况,尤其是关于地痞讼棍之类可恶人等的情况,也是从士绅那里了解到的。从这个意义上讲,他们被视为州县官的"耳目"。[79]有证据表明,如果州县官不从士绅那里获取信息和建议,他就不得不求助于另一个当地人群体,这就是大多数官员认为不忠诚和不可信的书吏衙役群体。[80]

官绅一般都有些行政方面的经验,因此州县官在公共工程和地方防务事宜上,以及在情况复杂无法独自作出决策时,常常向他们咨询。从这个意义上讲,士绅实际上参与了政府的决策。举例来说,在1666年,江苏娄县知县李复兴为征税需要,想实行一种新的土地丈量法,把整个辖区的土地分为若干个相等的单元。这一做法需要对土地进行重新登记,涉及许多复杂的技术问题。县令召集士绅们开会,并获得了他们对新方法的支持。记载这次改革的书,将实施新办法的成功主要归功于一位举人士绅,县官就是采纳了他的建议。[81]

在另一个例子中,浙江海宁知县报请委派"里催"在乡村催征赋税。巡抚征询意见后,指示该知县召集士绅会议咨询意见。在士绅的支持下,这一申请最终得到批准。[82]这些例子表明,不仅州县官会经常自愿向地方士绅征询意见，其上司也常常会要求他们向地方士绅征询建议。有时，高官们自己也常就某些行政事务向士绅咨询。[83]

在百姓和官吏之间，士绅常常担任调停人的角色，这使他们赢得了本地居民的一贯尊重。许多官吏发现，通过士绅向百姓下达命令比通过正常政府渠道要容易贯彻得多。[84] 同时，由于士绅是唯一能够接触州县官的本地人群体，他们可以将百姓的反应通报给州县官。通过这一渠道，州县官可以了解人们对他的施政以及关于其僚属的意见。[85]

通常认为，士绅与本地百姓休戚与共。[86] 让我们考察一下这一判断的真实程度。在传统中国，社会学家所说的社群情感——就是对同一社会共同体的归属感[87]——占主导地位并将士绅和农民凝聚在一起。在通常情况下，两个群体（士绅和农民）都希望社会稳定有序。但是，安定有序的社会，对于士绅显得更加重要，因为他们的安全和特权全赖于此。农民的任何灾祸，都会导致社群的混乱，从而威胁士绅的特权地位。

另一方面，作为一个特权阶级，士绅主要关心的是其家庭和亲属的利益，[88]这种利益往往与百姓的利益相左。在危机迫近时，地方共同体感情会强烈凸显出来；但在平时，阶级利益对士绅行为方式具有更大的决定作用。我们的结论是：只有在不损及自己切身利益的情况下，士绅才会考虑社区的共同利益，并在州县官和地方百姓之间进行调停。

无论个人行动还是集体行动，士绅作为一个代表共同体利益的压力集团，他们是唯一可以通过公认渠道向州县官或更高级官吏表达抗议或施加压力的群体。曾有士绅写信给州县官，揭露征收到的地丁税银常常被政府雇员贪污的情况，同时要求官员对纳税人更加宽厚一些。[89] 有一次，因不满书吏在办理地契过户时索要过高陋规，浙江省山阴县和会稽县的士绅们召集会议，商定地契过户时可以附加的陋规不得超过八百文。他们将这一方案通报给知府，要求他将这一数额确定为永久性的官方收费额。这一请求得到了同意。[90] 如果州县官无视士绅的建议或申诉，正如我们上面所提及的，士绅将直接找他们的上司，对该官员施加更大的压力。[91]

除了提出咨询建议以外，士绅还参与下列地方行政。

一、公共工程和公共福利

士绅要捐资修筑河岸、堤坝、城墙、道路和桥梁，还要捐资助设普济堂、孤儿院（育婴堂）、寡妇院（清节堂）。[92] 正如我们前面所讲，由于用于公共工程和公共福利的政府资金有限，州县官必须依靠士绅的支持。[93] 通常程序是，政府设立一个委员会，并指定士绅担任会长，募集和管理官绅百姓捐献资金。而且士绅通常会受州县官的委托，领导和监督工程的修造或慈善机构的经营。[94] 许多官员认为，由士绅监造或主管的公共工程和公共福利事业，其效率比书吏管理高得多，而其成本比书吏管理还要低。[95]

在发生饥荒或洪水灾害时，士绅不仅要捐献赈济资金，[96] 而且要直接操办救济事务，[97] 接见饥民并现场分发食物和救济款。[98] 大量的义仓是由士绅经营的。[99]

在19世纪后半叶，当中国交通手段开始现代化时，士绅们也加入了各省铁路的建造事业。尽管商人也涉足这一事业，但在与政府官员就地方铁路修造权进行谈判时，却是士绅居于主导地位。基于这一原因，铁路公司的董事，最终也是从士绅中选拔的，[100] 尽管从实际业绩看这无关紧要。

二、教育活动

修缮本地孔庙、贡院（考棚）和学堂的资金主要来自士绅的捐献。士绅通常认为自己是儒家礼教的守护者。[101] 他们还捐资修建书院，[102] 其中一些人甚至出任书院的院长（山长）或主讲。[103] 士绅还可望协助州县官在其不能亲自前往出席的乡村地区举行每半月一次的乡约讲习活动。[104] 不过，士绅的这一功能显然只是名义上的。读者可回忆一下前文所述，甚至在州县官衙所在的城镇，讲习制度也只是一个形式而已。

三、保甲管理

我们已经介绍过，通常士绅实际上并没有被纳入保甲组织中，而保甲长作为庶民也无法监督士绅。[105] 然而，有些州县官曾尝试委托士绅协助依据乡村治安员（保甲长）编制的保甲簿核查户口等工作。[106] 也有这样的事例：士绅被委任为乡村保甲头领，负责监督更小单位甲和牌的头领，并且定期谒见州县官，交换保甲循环簿。[107] 这可能不仅仅是使保甲管理更有效的一种尝试，而且是将士绅纳入保甲监督体制的一种设计。

四、地方民团（团练）

总的来讲，尽管士绅并不积极参与保甲管理，但他们在组建地方民团[108]以保卫其身家财产安危所系的家乡这一过程中，总是扮演领导角色。作为一个特权阶层，他们渴望维持现状，抵制任何可能危害既定社会秩序的力量。地方防务，这样一种需要强有力的权威和财力支撑的任务，自然就落到了士绅肩上，因为他们为地方百姓所尊敬和追随并可以接触政府官员。

由于政府的武备过于软弱难以维持安定，清政府因而容忍[109]甚至依赖士绅组建、指挥地方乡勇民团。与此相似的情形曾出现在明末，士绅为抗击满人入侵而组织地方自卫武装。[110] 这一情形在清朝重演，尤其是19世纪太平天国起义期间。由于常规军队的崩溃，政府鼓励士绅组建民团。有些卸任居乡的重要官绅，如常熟的庞钟璐（1822—1876年）、无锡的侯桐（1820年进士）、湘乡的曾国藩，均受皇帝之命在本省组建团练。[111] 有些中央或省级现职高官——如吕贤基（1803—1853年）和李鸿章——被派回家乡省份执掌地方防御。[112] 在中法战争期间，总督张之洞也要求广东省的士绅组建民团协助政府军抗击侵略。[113]

在各个市镇或乡村，常常会组建一些由士绅指挥的特别自卫团。[114]这些特别自卫团或由士绅自己承担经费，或由乡民自愿捐献或摊派募集经费，或从特别税目（比如厘金）中抽取经费，[115]也会专门设立一个公共机构来募集经费。[116]

理论上讲，地方民团是常规部队的辅助力量。绝大多数城市是由政府武装和地方民团共同防守的，[117]由州县官和其他地方官统一指挥。[118]但由于官绅常常拥有高于低级地方官的地位（有时他们甚至和总督巡抚抗礼），士绅常常可以指挥地方官。比如在常熟和昭文两县保卫战中，是庞钟璐指挥整个防卫，而两个县令则听他指挥。[119]

本节所描述的士绅的活动，是由法律和习惯规定并得到广泛认可的。州县官也须接受士绅所担任的职责，并允许他们参与社会活动。如果州县官未能达到士绅的期望，或者否认士绅业已确立的地位和角色，他就会遭到反抗。另一方面，州县官和百姓也期望士绅按照业已确立的传统实现他的职能。一个士绅若不能达到这些期望，也将引起官吏和百姓的不满及埋怨，甚至遭到其他士绅的责难。

第七节 营私和不法行径

到目前为止，我们只是讨论士绅对社会的积极贡献。现在我们必须转到事物的另一面，看看士绅利用特权地位营私的情形。

和明朝一样，在清朝早期，士绅普遍逃避田赋。尽管法律规定对士绅只能有限减免赋税（每人2—30石），但他们却常常无视这一限制，全额逃避田赋。1657年，皇帝谕令废止了此前所有赋税减免，但是士绅逃税之事仍没有停止。[120]在这道上谕颁布几年后，清政府下令对士绅拖欠赋税严重的江苏、浙江两省进行调查。在1661年，仅苏州府、松江府、常州府、镇江府和溧阳县，就发现有13517名士绅的欠税，并由巡抚将他们的姓名上报给朝廷。[121] 这一调查及当时对士绅的更严厉打压，似乎是满人在入关初期为巩固其在中国南方统治而采取的特殊策略的一部分。[122] 不管怎样，这一调查揭示了当时士绅拖逃赋税的严重程度。

针对这种情形，清政府实行了特殊的法律和措施。拖欠赋税的士绅，其名单被单独列出，由州县官上报省级长官。[123] 然后根据欠税额度对他们进行处罚：罢免官职，褫夺功名，笞杖或者枷号等。只有补交税额之后，才能恢复其功名。[124]

这类措施，加上迫令州县官催齐欠税并全额上缴的法律规定，[125] 使得士绅比在明朝时更难逃避赋税。因为如果州县官纵容士绅逃避赋税，将威胁到自己的仕途。但这并不意味着士绅逃避赋税漕粮的事不会再发生，只不过在清代这类逃避赋税情形比明代相对要少一些。[126]

在征税过程中，政府面临的更严重问题是，士绅和普通百姓税负不均。在赋税册簿中，士绅人家被分类为"绅户"（官绅家庭）、"官户"（官员家庭）、"儒户"（学绅家庭）或"大户"（大家庭）；普通百姓家庭被称为"民户"或"小户"。[127] 普通百姓还有额外加派，[128] 因而其税负实际上比士绅重得多。士绅常常拒绝缴纳附加费，理由是：附加费不是法定税目；州县官及书吏衙役加收的附加费，超出了法律规定的弥补征收成本的限度。因而州县官不可能从士绅那里征得与普通民户一样多的附加费。一般来讲，士绅只在略高于法定税率的数额上缴纳地丁银和漕粮。有些士绅甚至可以拒付任何附加费。[129] 实际上，不同的士绅，其税率也不一样。附加费能逃避多少，其额度取决于该士绅的地位和影响力：士绅的影响力越大，其应缴附加费率就越低，从而其实际纳税率就越接近法定税率。[130]

地方官吏既然不能跟士绅争辩附加费的合法性，又无力确立一个更高的折算率，就只好根据惯例按较低附加费率向士绅征税。为了弥补征税成本和衙门其他开支，官员只好将税收负担转嫁到不能据法抗争、无力保护自己的普通百姓头上。因此，普通花户就承担了征税成本和衙门其他行政开支的最大份额比例。实际上，某些士绅地主欠缴的税银，只好通过附加费名义向庶民地主多收来弥补。这样一来，士绅的税负减少，就意味着普通百姓的税负按比例加重了。[131]整个清代，绅户的税率都和普通民户不同。当然，随着士绅的地位和影响力的降低，其税率也就相应上升。总督左宗棠于1864年向皇帝奏报，在浙江的山阴、会稽和萧山，士绅缴纳法定税额（地丁银）1两时，其正税和附加费合起来只需实际缴纳1.06—1.4两白银。而普通百姓，必须用铜钱代替白银缴纳地丁银：交纳法定税额1两白银，实际上不得不缴纳2800—4000文铜钱。[132]在漕粮征收中，也存在着相似的不平等现象。根据冯桂芬的估计，士绅缴纳1石法定漕粮额，实际上要缴纳1.2石或1.3石，最多不过2石。普通百姓交纳1石漕粮，实际上要缴纳2至3石甚至4石粮食不等。[133]江苏巡抚丁日昌也曾报告，江北地区的普通老百姓上缴1石漕粮税，实际要上缴6000—7000文铜钱，或者甚至要缴纳15000—16000文铜钱；而士绅则只需缴纳2000—3000文铜钱。[134]

这一经济特权显然是通过其政治地位获得的，因而也不可能扩及普通地主身上（事实再次表明，地主不等于士绅，尽管士绅中许多人是地主）。政府时常试图废除士绅与普通百姓在纳税上的差别，但都徒劳无益。[135]士绅拒绝放弃他们的特权，而且联合起来保护自己的共同利益。[136]

士绅滥用其特权地位的另一种途径，是为普通百姓充当缴税代理人（包揽钱粮）。尽管法律禁止这种做法，并要求州县官调查任何违反禁令的行为。[137]但普通百姓常常寻求这种安排，以避免与书吏、衙役直接打交道以及他们花样繁多的敲诈剥削。士绅按普通百姓的应纳税率（即包括正税和附加费）向他们收取钱粮，然后按照士绅的较低税率向官府上缴，通过这种方式赚取差价，坐收渔利。[138]当士绅向书吏上缴税银时，其封袋中的银子常常不是数量不足就是成色不足。[139]其缴纳的漕粮也往往是用劣质的粮食充数。[140]1696年的一道上谕披露，湖南省的大户故意阻止小户直接向政府纳税。[141]实际上，包揽钱粮的做法，在帝国境内如此普遍，使得它成为政府的心腹大患，一直无法杜绝。[142]

许多士绅，尤其是生员和监生，也要求分享州县官征收漕粮中加收的附加费而获取利益。江苏省有几个县，每个县至少有三四百个士绅，从州县官那里分享了漕粮附加费（漕规）。这些陋规的来源，显然是普通花户；士绅瓜分的陋规份额越高，普通百姓的附加费负担就会越重。[143]

士绅免交丁银，而丁银是用来雇人为官府提供力役服务的。在清代早期，这一豁免扩展到士绅的家人。根据士绅本人的身份地位，连带豁免的家人从二到三十个不等。[144] 在1657年，有法令规定这种豁免限士绅本人享有。[145] 士绅还可免除丁银以外的"杂泛差徭"（或简称"差徭"），例如与公共工程、官方运输、保甲管理等相关的徭役。[146] 其结果是，这类徭役负担（有时以钱代役[147]）就全由普通百姓负担了。[148] 正是基于这一原因，顾炎武才认定，官绅、学绅、书吏、衙役这些豁免徭役的群体，正是引起百姓苦难的祸首。他认为，只有"废生员"才能缓解百姓的痛苦。[149]

尽管法律规定徭役豁免只限士绅本人，但实际上这一豁免往往扩及士绅亲属。[150] 另外，在许多情况下，士绅会与普通自耕农暗中约定，将自耕农的土地登记在士绅名下。通过这种约定，自耕农可以避免服"杂泛差役"，而士绅则可按前文已述的方法，截留自耕农应上缴的部分代役钱款。[151] 据某个县官奏报，在北方各省，一个官绅常常翼护着几十个庶民（这些人被称为"供丁"），一个学绅也往往翼护几个庶民。一旦庶民通过这种约定依附士绅以后，里长甲首们就不敢向其摊派杂泛徭役。[152] 其结果是，所有的杂泛差役就落到了求告无门的庶民身上。[153] 而且，士绅"保护"下的民户或土地越多，剩下可以分担杂泛徭役的民户或自耕农就越少。[154]

总的来讲，用一位县官的话说，就是"州县每有兴举，凡不便于绅士者，辄倡为议论，格而不行"。[155] 反过来，只要是有用的东西，像新开垦地或新建灌溉设施,就常常会被一些士绅据为己有,独自享用。[156]

士绅对州县官经常施加的影响,同样也适用于司法事务。虽然确有士绅为伸张正义而帮助无辜,但更常见的则是为了袒护亲属或是为了金钱而干预司法。[157] 按一道上谕所披露的,有些士绅常常利用其地位身份干预司法。[158] 尽管监生和生员不能随时进见州县官,但他们往往与书吏、衙役有密切联系,于是他们得以成为讼师,挑唆词讼,上下其手,为主顾与书吏、衙役密谋规避法律。[159]

这类丑恶现象在生员中十分普遍,这一事实我们可从刻在所有官学门前的"卧碑"上的"八条圣训"中推知。八条圣训中有一条就是警告生员远离衙门,不涉讼争,不作证公堂。而且,官学生若是诉讼一造,人们就会劝他不要亲自到公堂,而应派家人代理。[160] 法律也规定,对作证公堂、代书状纸或挑唆词讼的生员应加以惩罚。[161]

也常常有士绅被控告横行乡里,鱼肉百姓,而当地居民又不敢得罪他们。1747年的一道上谕说:

> 从前各处乡绅,恃势武断,凌虐桑梓,欺侮邻民,大为地方之害。及雍正年间加意整饬,严行禁止,各绅士始知遵守法度,循分自爱,不敢稍涉外事。及近来旧习复萌,竟有不顾功令,恣意妄行。[162]

有的士绅甚至以更加邪恶的手段从事不法活动——诬枉良善,[163] 夺人田地坟山,[164] 拷笞佃农,强暴民女,[165] 诈欺钱财等。[166] 有一道上谕披露,许多生员甚至向河中渡船强行收费,向赶集的农民强行收税。[167] 操纵地方民团的士绅更加滥用职权,因为他们可以任意抓人。[168] 他们常常被控告欺压百姓,[169] 滥杀无辜。[170]

意识到士绅对地方安定所造成的潜在威胁,清政府颁布了特别的法律来矫治。这些法律规定,赋闲在家的官员若干涉地方事务或参与不法活动,将予罢黜。休致或解职官员和科举及第者若干预地方政务,挟制地方官吏或者危害百姓、危害地方行政,将处以杖八十。另有法律规定,地方官吏有权对任何干预地方事务、欺压百姓的官绅和学绅进行弹劾。同时,朝廷又授权地方官员监督、调查士绅,授权学官监督、调查生员。地方官员若与士绅串通,或未及时向上司报告士绅劣迹者,也将受到处罚。[171]

即使颁布了这些法律,清政府仍未能遏制士绅利用特权胡作非为。即使立法赋予地方官监督士绅之权,也没有什么效果。地方官员通常是无法控制士绅的,尤其是对那些地位比自己高、手眼通天的士绅。相反,地方官通常都希望与士绅保持友好关系,不愿意触犯他们。我们也无法期待士绅中诚实正直者勉为其难地运用其影响力去制止劣绅的恶行,他们顶多对劣绅表示反感,拒绝同流合污而已。在这一背景下,可以毫不夸张地说,任何地方社群中只要有恶霸般的士绅(通常称为"劣绅")存在,就构成了对百姓的威胁,百姓只能任其摆布。[172]

第八节 官绅间的合作与冲突

地方官员和士绅之间的合作和冲突,以不同的方式在不同的程度上显现出来。一般来讲,州县官和士绅的利益冲突,更多地表现为州县官与个别士绅间的冲突,而不是与当地士绅整体的冲突。仅偶有个别冲突才牵涉到所有士绅或大部分士绅——要么是因为涉及所有士绅的共同利益,要么是因为强烈群体情感迫使所有士绅参与进来。[173]

当然,州县官与士绅有着共同的利益。州县官需要士绅的合作与支持,否则其行政不可能顺利进行。甚至州县官的前途和名声也很大程度上——如果不是全部的话——依赖于士绅。正如知县何耿绳所说:"绅士为一方领袖,官之毁誉多以若辈为转移。"[174] 有时士绅甚至帮助州县官填补政府资金亏空,其方法是帮助政府在当地百姓中发起"自愿"捐款。其实，正如雍正皇帝 1724 年的一道上谕所披露的，这些所谓"情愿协助"，只不过是迫使本地居民分摊财政负担的一种伎俩而已。[175] 基于这些原因，州县官对士绅特别优待，并维持与他们的友好关系。[176]

对于士绅而言，他们也要倚仗州县官来维持自己在本地区的影响力和特权，诸如优惠的税率、对税收中陋规的分享权。图谋不法利益的士绅和贪赃枉法的州县官，常常为了相互利益一拍即合，紧密合作。[177] 士绅还可与州县官的亲属、幕友、长随和书吏相互勾结。[178] 通过这种勾结，士绅可以为自己或他人向州县官求取利益。

不过，士绅和州县官之间的这类合作或勾结，一旦两者利益发生冲突就会瓦解。例如，在州县官坚持执行士绅一贯规避的法律时，或在州县官制止士绅谋求不法利益时就会如此。有些州县官就采取了对士绅绝不示弱的政策：

> 若干谒以私，即推而远之；无论衿绅，必不容其袖递禀呈，关说词讼。倘敢非分滋事，藐视官长，甚以呈词诋毁、当众谩言，一经尝试，必加意整饬，明正其非。决不可任其得意扬眉，以启他日加凌之渐。[179] ①

冲突也常常发生在士绅手中握有武装时。有些士绅不只是轻侮州县官员，甚至经常越过非正式权力的传统界限，侵入纯属官方权力的领地。换句话说，他们不再循习惯方式施加其影响力，而是竭力抢占上风，篡夺地方官府权力，玩弄法律于股掌，甚至擅捕百姓、滥施私刑。曾经统率团练的绅士曾国藩，深谙绅官之间的权力关系，1860 年他在告诫士绅的文告中曾描述：

---

① 此处亦无完全对应原文，显系作者据原文整合意译。现将被整合原文完整录于此。——译者

> 始则求县官一札以为荣，继则大柄下移，毫无忌惮。衙门食用之需，仰给绅士之手。擅作威福，藐视官长，此不逊也。今特申诫各属绅士，以敬畏官长为第一义。[180]

在这种情形下，士绅与地方官员——州县官或更高官员——之间就不可避免地会发生直接冲突。薛福成（1838—1894年）早就看到了授权士绅组建地方民团造成的隐患，[181] 曾讲述过几个实例。显然，地方官员和士绅之间存在紧张关系。对于州县官而言，既要与士绅保持和睦关系，又要对他们适当监控，是一件非常困难的事。其经常处在被士绅批评、恫吓、毁谤[182] 和控告的威胁下。[183]

士绅们也同样处在压力和束缚之下，因为他们难以揣摩州县官的态度，而州县官也许不容士绅滥用特权胡作非为。与州县官公开发生冲突，可能会损害士绅自身利益。对学绅而言尤其如此，因其地位比官绅更缺乏保障。

尽管个别士绅和个别地方官常常会发生利益冲突，但这种冲突从未严重到足以引起权力结构和既定社会政治秩序发生变化的程度。这种冲突应该解释为同一权力群体或社会阶级的内部的冲突，而不是两个不同群体或阶级间的冲突。因为士绅和官员同属于一个特权阶层，他们要相互依赖以维持现状。结果是，他们持续固守着永恒的共同利益，使他们得以在中国历史的漫长岁月中维持着自己的特权和权力。

注释：

1 我们用"elite"（精英）一词，常常指代少数社会地位高且掌握很大权力的人。这个词不掺杂任何价值判断。参阅维尔弗雷多·帕累托：《思想与社会》，A. 蓬交诺、A. 利文斯顿合译，四卷本（纽约，1935年），卷一，第169页；同前书卷三，第1423页；H. D. 拉斯韦尔：《政治学：谁得到什么？何时和如何得到？》（纽约，1936年），第一章；H. D. 拉斯韦尔、A. 卡普兰：《权力与社会》（纽黑文，1950年），第201页。

2 "正式"一词,正如拉斯韦尔和卡普兰的认识,表达着"合法性和象征性社会地位的概念"(《权力与社会》,第 130 页,见本章注 1)。反之,非正式权力则缺乏授权与合法性。因此任何实际参与政府施政过程而又不被视为政府中有责任组成部分的个人或团体,就构成了非正式的权力。

3 见全汉昇:《中国行会制度史》;马士:《中国行会考》(伦敦,1909 年)。

4 关于盐商的社会生活及其变动性,特别是关于他们交结文人情形的研究,见何炳棣:《扬州盐商:十八世纪中国商业资本的研究》,载《哈佛亚洲学刊》第 17 卷第 1 期和第 2 期(1954 年 6 月),第 130—168 页。

5 《东华续录》卷一百九十,第 6 页 b;同前书卷二百,第 12 页 b、第 17 页 b、第 20 页;同前书卷二百零一,第 4、17 页;同前书卷二百零二,第 4、11 页;《张文襄公全集·奏议》卷五十七,第 1—3 页;《愚斋存稿》卷十九,第 6 页 b;同前书卷十七,第 39 页;《清史稿》卷一百四十九,第 11 页。

6 士绅有高于商人的支配地位,从一个事实可以清晰地看出:19 世纪 90 年代和 20 世纪头十年间,虽然商人也参与了修筑铁路计划,但是出面与官员谈判的却总是士绅。例如,在 1898 年,湖北、湖南和广东的绅商联名向政府递交请愿书,要求粤汉铁路线经过湖南并由地方绅民自己修筑;但见到总督张之洞的只有士绅成员——熊希龄及其他数人(《张文襄公全集·奏议》卷五十七,第 1—3 页)。而且,各省地方铁路公司的董事也是从士绅中遴选出来的(详后,注 100)。

7 从本义上讲,"缙绅"是指官员将(上朝时持于手中的)木牌(笏)插入他佩饰的腰带。见《庄子集解》卷八,第 28 页;《史记》卷二十八,第 3 页;《汉书》卷二十五上,第 4 页 b。

8 手稿付梓以后,我怀着极大的兴趣拜读了 R. M. 马什的著作《官宦:中国的精英流动,1600—1900 年》(伊利诺伊州格伦科,1961 年)。马什用"地方精英"(local elite)替代"士绅"(gentry),理由是"gentry"一词指称中国"绅士"(shen-shih)不合适。在这一点上,我同意他的看法,尽管在书中我仍然遵循约定俗成的用法,将"shen-shih"译为"gentry"。

然而,即使我们都将绅士界定为"地方精英",但对于该群体的构成我们却有着不同的看法。马什(见其书第 38 页)把帝国官僚体制中的官员仅仅看作扮演十分重要角色的个人;而把扮演中间力量的群体即有功名而无官职者、"地方儒士"等归类为"地方精英"。而具有官吏身份的人被马什称作"帝国精英",不归入"地方精英"(见其书第 35、51 页)。马什可能认为,在官僚体制中有官职者不可能在地方(县)层级扮演领导角色,因此这些领导角色就留给有功名的布衣来担当,他们是地方官体制的补充。然而,正如我们将要看到的,绅士或地方精英包括休致和罢官乡居的官员,他们不仅在县、府、省级地方扮演积极的领袖角色,而且在所有各层级中比仅有功名但尚未为官的布衣具有更大的影响力和权力。将官员排除在"士绅"概念之外,就是将地方精英的核心部分排除到历史画面之外。马什也弄不清"绅士""绅衿""乡绅"等词义,他将这些等同于有功名而无官职者(见其书第 55 页)。实际上,"士""衿"是指有功名者,特别指"生员";"绅"却是指官员。

马什同时又将另一个群体包括进"地方精英"中——大地主和富商。他们没有功名,但"因为其收入提供了必要的闲暇和过剩的资本"而扮演着中间力量角色(其书第 38 页)。正如本章后文将要阐明的那样,商人和普通地主尽管在经济上具有一定的地位,但却没有绅士身份。马什宣称:"任何一个地主或富商,无论他可能在经济阶层体制中达到多高层级,他都可能有着迥异的社会地位。……除非他涉足上述地方领导职能,否则他的社会地位和声望都将被评价得很低。只有涉足地方领导职能,其社会地位才能更高度地与其经济地位相称。"(第 38 页) 确如马什所言,富商和大地主确曾赞助过地方领导职能的某些方面,如筹集资金助建或管理灌溉设施、社仓、公共工程,维修庙宇和资助慈善活动等。但是,他们对灌溉设施和公共工程没有支配权。更有甚者,与马什的想法相反,他们不能在书院主讲,不能在仪式中担任主导角色,很少调处纠纷;尤为重要的是,他们不能扮演官府和百姓之间的斡旋者角色。所以,他们并不扮演通常与"绅士"不可分的重要领导角色,因为他们不拥有绅士的身份和特权,在权力结构中没有一席之地。所以应当弄清财产捐助和地方实际领导权之间的区别,以弄清谁是社会共同体中的地方精英。

9 例如,伊磐汉将"士绅"定义为"拥有大地产且有官职的人,后来也包括生员"[《中国历史》,E.W. 迪克斯译,伯克利,1950 年,第 72 页。在他的《征服者与统治者:中世纪中国的社会力量》(莱顿,1952 年,第 16 页)一书中,伊磐汉将"士绅"定义为"集合地主、文人和官僚为一个且为同一阶级"的群体。] 当然,这三者都是中国的权力群体,不过把他们捏合在一个概念中就混淆了论题,并无法回答一个关键的问题,即作为士绅成员的标准是什么?

伊磐汉在他《中国历史》的最近修订版(伯克利,1960 年,第 72 页)中将财产单列出来。在该书中,他将汉代视为"绅士国家"发展的肇始阶段,并将当时的绅士定义为"拥有大地产"的家庭。他们包括旧贵族、庶民出身的官员、富商巨贾和庶民地主。士绅群体的一部分居住在乡村,靠向佃农收租为生;另一部分由儒生组成,在京城或省级行政中心担任一定官职(第 72—73 页)。

这一定义的准确性是值得商榷的,因为官员并不总是从地主家庭中选拔的。没有这样背景的人,也常跻身官员行列;而且在确立科举制度后的各朝代,他们也可以成为有功名的人。另一方面,许多地主却未能成为官员或有功名者。

重要的是,正如我们将要看到的,中国绅士所拥有的地位和权力,是基于政治而产生的。一个人只有先取得官位或有功名者的身份,才能享有绅士的特权和权力,并参与绅士社会职能的实践。由于伊磐汉未能认识到中国绅士的这一重要特征,因此他使用的"绅士"(gentry)一词就变得模糊而令人费解了。在其书的第 78 页,他说官僚阶层是从"绅士中选拔出来的"。但在另一些场合,他又似乎暗示只有与政治权力相关的人,才会被接纳为绅士阶层的成员。在第 197 页,他将五代的绅士分为两大类:在京师主导政策的"大绅士"和主要在各地方城市操纵地方事务并与"大绅士"有效忠约定的"小绅士"。在第 216 页讨论宋代绅士时,他又声称:"所有居民都可以参加科举考试,因而就使得社会领导阶层具有一定的变动性,新的'小绅士'群体就通过这一制度成长起来。"关于明代,在第 252—253 页,他说既存在兼为富有地主的老绅士,但也有新的"小绅士"。后者若想要"在中央政府扮演一定政治角色或者谋求一定地位,就必须竭力接近"(老)绅士中的某个群体",或者接近宫中的太监直至皇帝。最后,在第 272 页他提到,当清政府搜罗汉族士人出任其行政职务时,文人和学者从各地汇聚到北京。如果说这些绅士的崛起是与政治权力和科举制度联系在一起的,那么中国绅士成员资格和权力就不是由经济地位来决定的。如果伊磐汉使用"地主"(landlord)一词而不是"绅士(gentry)"一词,而且将有官爵或功名的地主与无此身份的地主区别开来,许多混淆也许就可以避免。

10 费孝通:《农民与士绅:中国社会结构及其嬗变的解释》,载《美国社会学杂志》第 52 卷第 1 期(1946 年 7 月),第 11 页。

11 关于官衔的捐纳,见许大龄:《清代捐纳制度》。

12 一份编制于 1842 年的天津保甲簿清楚地表明,富商不被看作士绅成员。在该保甲簿中,城镇及城郊乡村民户数,被分列于不同栏目下;盐商被排除在"绅衿"栏之外,而绅衿通常被列在名册的顶部(《津门保甲图说》,多处)。

尽管名册中没有"地主"一栏,但毋庸讳言,"绅衿"定义不包括没有"绅"(官)或"衿"(功名)身份的地主。显然他们只会被列入"烟户"栏目,"烟户"一词通常用于指称一般人口,包括民户、兵士、工匠、煮盐者、渔民和其他番户(《清会典》卷十七,第 1 页 a—b)。但由于店主、小贩、雇工、船工、渔民、士兵、医生、僧尼、道士和其他一些职业群体在保甲簿中是分别登记的,所以"烟户"一词显然仅指称这些职业群体以外的人——农户,包括地主和农民。

13 陶澍(1779—1839年)提到,在充当纳税代理人(包揽钱粮)的学绅中,就有自己并没有土地的生员和监生(《陶云汀先生奏疏》卷十七,第9页b)。

14 《清会典》卷十八,第2页;《户部则例》卷八十四,第13页;《学政全书》卷三十二,第1页b—2页b、第3页b;《钱谷备要》卷七,第21页;同前书卷八,第26页a—b、第45页b—46页。由于穷困潦倒的生员在小说中常常是被取笑的对象,人们就有理由问:生员是否会因贫穷而失去士绅的地位?答案是否定的。在论及如何"待绅士"时,黄六鸿主张州县官应当捐钱补贴无法维持生活的生员,让他们得以继续完成学业(《福惠全书》卷四,第9页a—b)。王凤生也提出了类似的建议(《学治体行录》卷上,第11页a—b)。这反映了地方官员的态度:他们不仅对饱学的寒士表示尊重,而且也会努力资助贫苦生员。

15 "身份群体"指有相似社会声望的人们的群体。这一概念,来自马克斯·韦伯,它有助于区分"身份状况"和"阶级状况"(亦即财富的有无),也有助于讨论这两类秩序之间的关系(见《马克斯·韦伯社会学文集》,H. H. 格特、C. W. 米尔斯合译,纽约1946年,第181—187页、第405页)。

16 关于这些考试的详细情况,见《清会典》卷三十二,第2页b—4页;《礼部则例》卷六十,第1页及以下;商衍鎏:《清代科举考试述录》,第1—17页;宫崎市定:《科举》,厄提艾讷·吉:《中国科举制度之实践》,(汉学文集,上海,1894年);张仲礼:《中国绅士》,第10—11页。

17 例如,有一位著名的布衣学者,名叫是镜,在江苏江阴教书。他的学问声望甚至传到了乾隆皇帝的耳中,皇帝命令总督巡抚奏报是镜的详情。学政登门拜访过他。但他仍然保持布衣的身份(《清高宗实录》卷二百九十三,第4页b—5页b)。

18 广东巡抚程含章(1832年卒)曾向全省州县官发出命令,要求他们按照下列顺序上报绅士名单:现职官员、赋闲居家官员、有功名者(科甲)、捐官者(《牧令书》卷二,第44页)。习惯上,有官爵的绅士被分为两大类:(1)现职官;(2)曾有官职者(《福惠全书》卷二,第13页;同前书卷十四,第21页b;《培远堂偶存稿》卷十七,第6页b;同前书卷三十四,第24页b;同前书卷三十七,第10页b;《牧令书》卷二,第2页b、第32页b、第39页)。或者按照黄六鸿的做法,分为以下三个类别:(1)在京任职和在外省任职的官员;(2)请假居家的官员;(3)告老还乡或革职回家的官员(《福惠全书》卷四,第9页)。黄六鸿的分类更令人满意,因为这一分类的概括性更强。

19 贡生分为几种:(1)恩贡,由于皇帝恩宠而成为贡生者;(2)拔贡,通过选拔成为贡生——官学学生参加定期举行的专门考试(起初每六年一次;1742年以后改为每十二年一次)及格者;(3)优贡,通过推荐而成为贡生——官学学生如果操行良好、成绩优秀而由教育官员推荐,并经每三年一次的专门考试通过者;(4)岁贡,按年资成为贡生——是从地方官学资深廪膳生中选出的贡生;(5)副贡,副榜或副榜举人,增补的举人——名列乡试副榜而成为贡生者;(6)廪贡,指廪膳生员捐纳成为贡生者;(7)增贡,官学中的增额学生(增生)捐纳成为贡生者;(8)附贡,官学中的候补学生(附生)捐纳成为贡生者;(9)庶民监生,捐纳成为贡生者。前五种被称为"正贡"(正途贡生);其余则被称为"例贡"(捐纳的贡生)。详细资料见《清会典》卷三十二,第12页b—15页b;同前书卷三十三,第2页b;同前书卷七十六,第4页b—5页;《清史稿》卷一百一十三,第1页b及以下;商衍鎏:《清代科举考试述录》,第26—32页;张仲礼:《中国绅士》,第19—20页、第27—29页。

20 监生由下列类别组成:(1)恩监,因皇恩而成为监生者;(2)优监,通过推荐而成为监生者——官学增补生因其操行良好和成绩优异而被推荐入国子监者;(3)荫监或荫生,因其父祖官职身份(恩荫)或者因其父祖为国殉职(难荫)而荫庇入国子监者;(4)廪监,廪膳生捐纳监生头衔者；(5) 增监，官学中增额学生（增生）捐纳监生头衔者；(6) 附监，官学候补学生（附生）捐纳监生头衔者；(7) 俊秀监，庶民捐纳监生头衔者。后四种也被称为非正途监生或"例监"（捐纳的监生）。详细资料见《清会典》卷七十六，第5页；《清史稿》卷一百一十三，第1页b及以下；商衍鎏：《清代科举考试述录》，第23—26页。张仲礼：《中国绅士》，第13—14页、第19页。

21　只有获得初级学位者（生员）才能被府学、州学、县学接纳。文生员被分为三级：(1) 附生，即官学候补学生——新录取的学生；(2) 增生，即官学增额学生——附生在学政主持的岁试中脱颖而出成绩列第二等者升为增生；(3) 廪生，附生、增生在岁试中脱颖而出成绩列为第一等者升为廪膳生。不过，由于每个官学的廪生都是有定额限制的，实际是否能获得廪生资格，取决于是否有相应的空缺。详细资料见《清会典》卷三十一，第7页及以下；《清史稿》卷一百一十三，第10页b；《陔余丛考》卷二十八，第2页；商衍鎏：《清代科举考试述录》，第18—22页；张仲礼：《中国绅士》，第17—18页。

22　何炳棣在他的《中国社会流动性的几个方面，1368—1911年》（载《社会与历史的比较研究》第1卷第4期，1959年6月，第330—359页）一文中，反对使用"gentry"（绅士）一词，主张代之以"ruling class"（统治阶级）一词。他将官员、进士、举人和贡生视为统治阶级；将监生列入明朝的统治阶级的行列，而将清朝的监生排除在统治阶级之外；同时又将两朝（明、清）的生员统统排除在统治阶级之外（第340—342页）。何氏的研究焦点是"进入统治阶级"的人，因此他以出仕资格作为标准。但是并不清楚他是否将"统治阶级"与"绅士"同等看待。后一语词从未在其文章中出现。

　　在我看来，是否可以将监生或生员归入统治阶级，取决于我们对统治阶级的定义。但是按照明清时期"绅士"或"绅衿"两词的用法，监生和生员必然要包括在这一群体之中，不论我们是否将其归入统治阶级。研习中国历史者，很少有人会不同意"绅"仅仅指官员（包括现职的和休致的）。也很少有人会不同意"绅衿"绝对包括"绅"和"衿"，而"衿"就是生员。模糊混淆可能就来源于对"绅士"一词的实际运用，尽管它和"绅衿"在文义上是同义词。该语词实际上是否包括生员呢？我的回答是肯定的。由于本书对绅士的考察视野仅限于清代，我也就清代对这一语词的用法进行考察，以印证这一观点。在《福惠全书》（卷四，第9页a—b）的《待绅士》标题下，黄六鸿提出了关于如何对待"乡绅"（现有官职或曾任官职的本地人）和"士"（官学校的学生）的建议。类似地，王凤生在其《学治体行录》（卷上，第11页a—b）一书中，在绅士的标题下提到了"士"。他也使用"绅衿"一词。另一个具体事例，涉及一份某地绅士名册，更具有结论性意义。1896年，天津的一个"绅士"团体向直隶总督呈交了一份请愿书，要求朝廷给一名去世的"绅"赐予谥号。在请愿者名单中，除了若干官员和少许举人外，还有三个是普通的生员（两个廪生、一个附生）（《敬恕斋遗稿》卷一，第1页）。

23　关于"绅"的含义，见前注7和注18。

24　"衿"本意是长袍上的领子，引申指生员，他们通常穿着镶有黑领黑边的蓝色长袍；也引申指监生，他们通常穿镶有蓝领蓝边的黑袍（《清律例》卷四，第29页b；《学政全书》卷三十一，第6页b）。"衿"与"士"两词可以通用。

25　这种区分与法律和习惯的用法一致。《清会典》（1690年）卷二十四，第19页a—b；同名书（1732年）卷三十一，第30页b—31页；《清会典则例》卷三十六，第38页b；《清会典事例》（1818年）卷一百四十四，第15页b。《清律例》（卷十一，第14页）将绅士按照下列顺序排列：文武乡绅（即现任和曾任官职的本地人）、进士、举人、贡生、监生和生员。某个地方，乡绅或乡宦（二词通用，意指住在家乡的官员）的姓名，与有功名或监生头衔者（进士、举人、贡生、监生和生员）的姓名，在下列官方的册簿中是分开来登列的：(1)《须知册》（由衙门书吏为州县官编制的关于"必须了解"事宜的表册，见第三章注4)。

(2)《宪纲册》（关于政府基本事务的手册），是州县官为上级地方官编制的簿册，包含当地基本信息——例如州县边界四至，村庄数目，户口，关于赋税、粮仓、驿站的信息，以及地方官员、士绅成员的姓名等（关于该册簿的格式，见《福惠全书》卷四，第20页及以下；《培远堂偶存稿》卷三十七，第8页及以下；同前书卷四十一，第30页及以下）。(3)《朝觐册》（由地方官员向朝廷上交的朝见记录，其格式见《福惠全书》卷二十四，第5页及以下）。(4)《保甲簿》（见《福惠全书》卷二，第13页；同前书卷四，第21页a—b；同前书卷二十一，第16页；同前书卷二十四，第5页b—6页；《培远堂偶存稿》卷三十六，第16页b；同前书卷三十七，第10页b；同前书卷四十一，第33页a—b。《培远堂偶存稿》说，在上述文献中，只有《宪纲册》中有"进士"一栏。在其他簿册中之所以省略，是因为一般来说，进士已经是官员了）。当陈宏谋指导其管辖的州县官制作《宪纲册》时，他明确指出：进士、举人、贡生和监生如果已经进入仕途，就应登记为"绅"（《培远堂偶存稿》卷三十六，第16页b、第37页、第10页b；卷四十一，第33页b）。这清楚地表明了两个群体之间的区别，也明确了"绅"的标准。在一次催促苏州士绅按照调整后的税率缴纳漕粮时，本身为"绅"的冯桂芬，给"绅"和"衿"各写了一篇劝文，"衿"不仅包括生员，也包括举人、贡生和监生（《显志堂稿》卷九，第23—26页）。

26 我在这一研究中将使用"gentry"来作为"绅士"或"绅衿"的英译；但在任何需要区分"绅"和"士"的时候，我就会遵循注25中注释的传统用法，将"绅"翻译为"offical-gentry"，将"士"翻译为"scholar-gentry"。【我们分别将其翻译为"官绅"和"学绅"。——译者】

尽管张仲礼和我对绅士采用了相同的定义，但是我的"official-gentry"和"scholar-gentry"却与他的"upper gentry"（上层绅士）和"lower gentry"（下层绅士）存在差异。有必要在这里进行区分，以避免混淆。我的用词，源于将有功名尚未入仕者与官员区别开来的传统语词用法。张仲礼在其《中国绅士》（第6—9页）中将官员、进士、举人和正贡归入"upper gentry"（上层绅士）；将非正贡（捐纳为贡生的）、监生和生员归入"lower gentry"（下层绅士）。由于他未曾考虑"绅"与"士"（或"衿"）之间的传统差异，武断地将"绅"和一部分"士"捏合起来称为"upper gentry"（上层绅士），因此要读者说明他具体指的是中国文献中的哪一个词是困难的。张仲礼试图通过指出这两个群体所遵循的礼仪的差异来证明其分类的正确性。但是，使用这一标准的价值是值得怀疑的。《大清通礼》中关于婚礼的规定分为三类：品官（有品秩的官员）、庶士（众士或衿）和庶人（平民）。八品以下官员（含八品）与生员、监生同时被归入第二类而不是第一类。如果按照这一分类法，并非所有的官员都可以划分到张氏主张的"upper gentry"（上层绅士）中（参见何炳棣针对张仲礼将绅士分为"upper"和"lower"绅士的批评，《中国社会流动性的几个方面，1368—1911年》，第341—342页）。

27 关于中间阶级（intermediate class）的概念，见拉斯韦尔、卡普兰：《权力与社会》，第206页。众所周知的"统治者"（劳心者）与"被统治者"（劳力者）二分法是由孟子在中国政治和社会秩序中发现的（《孟子注疏》卷五下，第1页b—2页；理雅各译：《孟子》，《中国经典》8卷本之5卷，香港和伦敦，1861—1872年，第二卷，第125—126页）。关于统治阶级的系统分析，见加塔诺·莫斯卡：《统治阶级》，H. D. 卡胡译，纽约，1939年，第50页；对照帕累托：《思想与社会》，第3卷，第1427页。

28 根据"回避法"，官员不得在其原籍省份任官，也不能在距原籍不足五百里的邻近省份任职（《吏部则例》卷一，第4页a—b；《六部处分则例》卷三，第30页b）。

29 《图民录》卷三，第18页。

30 《学政全书》卷三十一，第7页。

31 因此，"绅"在投名帖拜会州县官时，或给州县官写信时，自称为"治愚弟"（在您治下的谦卑的小弟）；举人自称为"治教弟"（在您治下受教诲的小弟）；正途贡生自称为"治晚生"

(在您治下的晚辈学生)。监生和生员则只能自称为监生、廪生、附生和增生。在向"官绅"致辞时,州县官自称"愚弟"(您谦卑的小兄弟)(《宦乡要则》卷三,第 19 页 a、第 57 页 a—b)。在向省级长官递交请愿书时,生员将其姓名与庶民签在一起,自称为"士民"(士和庶民)。同时,在一封致布政使的信中,"官绅"自称为"治弟"(您治下的兄弟);而布政使回信则称这些官绅为"老先生",自称为"弟"(《松郡均役成书》册八,第 300 页及以下;册九,第 317 页 a—b)。这个例子揭示了一个有趣的问题:"官绅"不仅比官学生(士)享有更高的社会地位——正如其自称方式所证明的,更重要的是他们可以接近更高级的官员,而"士"(学绅)却不能。

32 以乡约为例。"绅"与举人、贡生站在一起,向州县官鞠躬一次。官学生(士)站在一起,面向北方,鞠躬三次。州县官离开时,绅、举人和贡生在门口为他送行,官学生要到大道上向其鞠躬送行(《福惠全书》卷二十五,第 28 页 b、第 36 页)。

33 张仲礼声称,"与庶民相反,绅士可以自由地接近官员"(《中国绅士》第 33 页)。这一说法过于简单,未能揭示:并非所有的士绅成员都可以自由接近地方官员。"绅"为州县官出谋划策是得到鼓励的;而"生员"却不得向州县官提出关于当地百姓福祉的建议,稍有违反就会被革去功名。生员不得拜访衙门,不得介入他人诉讼,不得到公堂作证(这些禁令刻在"卧碑"上,并立在所有官学中。见《礼部则例》卷五十七,第 1 页 a—b;《学政全书》卷四,第 1 页 b—2 页)。为了掌握生员的活动情况,一般要求州县官保留一本"门簿"。门簿记载到访衙门的生员姓名、到访原因,是否牵涉任何诉讼。这些记录必须交给学政,以便他对生员的行为有所把握(该规定于 1651 年确立,开始只适用于生员;贡生和监生直到 1727 年才被列入该规定的限制范围。但是,1651 年的规章在 1755 年被废除了,原因是保存"门簿"记录的要求没有被严格遵行。四年后,"门簿"制度又恢复了,但这一次只登记涉足诉讼的生员和监生。《学政全书》卷三十一,第 1 页、第 2 页 b、第 4 页 a—b、第 7 页 b、第 9 页 a—b;《福惠全书》卷三,第 23 页 b—24 页)。

34 生员由本地学官负责监管,例贡生或例监生由州县官负责监管(《学政全书》卷三十一,第 2 页 b、第 7 页 b、第 8 页 a—b;同前书卷三十三,第 3 页;《礼部则例》卷五十九,第 1 页)。
《礼部则例》卷五十九(第 3 页)也明确规定,例贡生、例监生违法时,可根据其违法程度的轻重,予以笞惩和褫革的处罚;管理生员的法律同样也适用于他们。

35 《学政全书》卷三十三,第 1 页及以下。

36 《显志堂稿》卷九,第 25 页。方大湜也提到,许多州县官有着苛待或蔑视生员的倾向(《平平言》卷二,第 30 页 b—31 页)。

37 官员因其品秩的高低不同而戴不同的顶戴、着不同的腰带和袍服。举人、贡生和监生与八品官佩带相同的腰带。生员与九品官佩带相同的腰带。但是举人、贡生、监生和生员与上述官员所着顶戴、袍服样式不同(《清律例》卷十七,第 27—29 页 b)。

38 《礼部则例》卷五十八,第 2 页 b;卷九十八,第 1 页 b、第 3 页 b。按照惯例,只向恩贡生、岁贡生(见注 10)发放制匾额和竖旗杆的费用。其他贡生没有此项资助,但是他们可以随意自己出资制匾额、竖旗杆。不过,1867 年的一条法令规定,要区别对待正途贡生和例贡生。根据这一法令,拔贡、优贡、副贡可以照常挂匾额和竖旗杆,但是例贡生(捐纳贡生的生员和庶民)不能再有匾额和旗杆。原来已经挂匾额、竖旗杆者仍可以享受这一待遇(《清会典事例》卷三百八十五)。这一法令似乎隐含了正贡地位优于例贡的意思。

39 瞿同祖:《传统中国的法律与社会》,第 161 页及以下。

40 《清律例》卷四,第 25、34 页;斯当东译:《大清律例》,第 7、9 页;鲍莱译:《中国法典手册》,第 32、33、37—38 页;瞿同祖:《传统中国的法律与社会》,第 178—180 页。值得注意的是,这条法律及随后关于以金赎罪、与庶民争讼的法条,只提到了官员。但这同样可以理解为这些法律也适用于"官绅",因为根据定义,"绅"是地方社会中具有官员身份的本地人。

41 《清律例》卷四，第71页。
42 《清会典》卷三十二，第11页b；《吏部则例》卷二十八，第10页b—11页；同前书卷三十，第29—30页；《礼部则例》卷五十九，第3页。
43 起初，对州县官的处罚是夺俸九月，1800年以后改为降二级（《学政全书》卷三十一，第2页、第3页b、第8页、第10页b；《礼部则例》卷五十七，第7页；《吏部则例》卷二十八，第18页；《六部处分则例》卷三十，第31页）。
44 学政有权褫夺生员的功名。如要褫夺贡生、监生的功名，必须得到督抚的同意（《学政全书》卷三十一，第2页、第3页b、第4页、第7页b—8页；同前书卷三十二，第1页；《礼部则例》卷五十七，第8页；同前书卷五十九，第3页a—b；《清律例》卷四，第35页b；《办案要略》，第46页；《刑幕要略》，第8页）。
　　要褫夺进士和举人的功名，必须由总督和巡抚共同提议，并经皇亲批准（《礼部则例》卷五十九，第5页b；《学政全书》卷四十九，第12页a—b）。因此他们享有比低级科甲更多的保护。
45 《清律例》卷四，第7页a—b；《办案要略》，第46页b。
46 《清律例》卷三十，第99页；《学政全书》卷四，第2页；斯当东译：《大清律例》，第377页；《躬耻斋文钞》卷二，第57页a—b。不过，徐赓陛任县官时曾规定：尽管所有绅士享有派遣亲属或仆人代行到公堂提出控诉（抱告）的特权，但是生员必须自己到堂。僚属（杂职官和首领官之一）、举人、正途贡生或监生必须在第一次呈交诉状后的第一次升堂审讯时亲自到堂。官绅中官阶在州县官级及以上（在武职中为都司、守备以上）的，官员的母亲、妻子有封荫（命妇）的，均不需要亲自到公堂陈述。但是，如果他们牵涉的案子中原被告有一方将被判处杖一百以上的刑罚，则不在此例（《不慊斋漫存》卷二，第6—7页）。这一规定反映地方官员不可能对生员和低秩官绅给予与高等士绅成员同样的礼遇。
47 按照被殴官员的品秩不同，惩罚的严厉程度也就不同（《清律例》卷二十七，第31页b—32页；斯当东译：《大清律例》，第331—332页）。大清律明确规定：休致的官吏与现职官吏同等对待（《清律例》卷四上，第71页a—b；同前书卷二十七，第34页b；瞿同祖：《传统中国的法律与社会》，第183页）。
48 县官袁守定发现富有的庶民常被有权势的人欺凌。他们与衙门做生意时，还会被书吏勒索钱财，因此很少有人能够保护自己（《图民录》卷三，第14页）。
49 费孝通：《农民与士绅》，第8页。
50 《亭林文集》卷一，第17页b—18页。
51 许多纠纷就是在公堂外以这种方式解决的。诉讼往往由于士绅介入而从公堂转到民间，由此百姓可以免除打官司不可避免的费用和麻烦。或许这种调解的方式更能令当事人满意，因为士绅熟悉当地的风俗，对纠纷的背景有一定的了解。有位县官就比较喜欢这种解决纠纷的方式，他令士绅在公堂以外调解某些案件（《学治偶存》卷六，第4页b、第5页b、第6页b、第10页b、第15页、第24页a—b）。
52 关于士绅在乡村社会中的领导地位的研究，见萧公权：《中国乡村》，第316页及以下。
53 我赞同詹姆斯·G.马奇《影响力理论及其方法导论》一文（载海因茨·尤劳等编：《政治行为》，伊利诺伊州格伦科，1956年，第387页）的观点，认为影响是改变的诱因。
54 在乡村社会中，生员态度骄横似乎是十分普遍的（《亭林文集》卷一，第19页；《经世文续编》卷二十，第11页b）。某县官曾提到，在某个小地方，生员的行为举止俨然"官绅"的派头（《资治新书》卷三，第7页b）。
55 例如，当几位官绅打算请求朝廷借用外国军队保卫上海的时候（见注56），他们就去找朝廷派来的詹事殷兆镛。因为他们意识到，如果没有殷兆镛的参与，这一计划是不会被批准的。

第十章 士绅与地方行政 271

有十几个官绅签名的请愿书呈交给巡抚时，巡抚询问为何两位重要的绅士——冯桂芬（右中允）和潘遵祁（翰林院编修）没有包括在联名者中（《显志堂稿》卷四，第20页a—b）。在另一个例子中，江西绅商于1904年申请省内铁路修造权时，他们在请愿书中提到，由于这种大型企业只能在"巨绅"领导下运作，因此提名前任江苏布政使李有棻作为铁路公司董事长（《东华续录》卷一百九十，第6页b—7页）。

56　一两个实例，就足以说明他们是如何影响高级地方官员的决策行为的。在1860年，苏州被太平军攻陷后，江苏的三个官绅（顾文彬、冯桂芬、潘曾玮）打算请求曾国藩派遣几支军队加强上海防务。他们得到了江苏巡抚和团练高级委员的同意，其中一位绅士还被派往面见曾国藩，将冯桂芬起草、由五个官绅署名的信件交给曾国藩。曾同意派遣李鸿章（1832—1901年）率军增援上海（《显志堂稿》卷四，第15页b—18页；《曾文正公全集·奏稿》卷十八，第41页）。

在1861年，上述三位官绅建议，借用外国军队保卫上海，收复江苏的其他城市。他们将自己的想法告知前任知府，并通过他向巡抚转告这一建议。巡抚说："出自绅意则可，吾意则无是。"于是绅士们就向巡抚呈交了一份由十多人联名的请愿书，巡抚也向皇帝上了奏折，并授权成立上海联合防务局（会防局）。

同时，该群体的一员——潘曾玮（刑部郎中，内阁大学士潘世恩的儿子）到北京拜会恭亲王，请求中央政府考虑这一计划。皇帝下令总理衙门与英、法公使磋商这一计划。皇亲也征询了两江总督曾国藩的意见。曾国藩认为请求外国军队协助有辱国体，不同意这一计划。但是皇帝谕令他应当同意这一计划（《清穆宗实录》卷十五，第56页a—b；同前书卷十八，第14页b—15页；同前书卷二十，第21页b—22页；同前书卷二十一，第10页b—11页b；同前书卷二十四，第21—22页b；《曾文正公全集·奏稿》卷十八，第43—45页；《显志堂稿》卷四，第19—20页b；《上海县志》卷十一，第38页b—39页）。

57　下面的例子足以说明这一点。一位名叫殷兆镛的官绅（参见注55）正在上海为父母守丧。他于1862年向朝廷上了一道奏折汇报自己的所见所闻。他抱怨负责征收厘金的官员贪污腐败，许多高层地方官员胡作非为，军队纪律松弛，等等。皇亲于是将奏折的抄本批转总督曾国藩和巡抚李鸿章，命令他们调查这些事情并惩办一两个主要官员（《清穆宗实录》卷二十八，第58页b—59页b）。

58　《清世宗实录》卷一百零六，第12—13页b；《清宣宗实录》卷二百四十一，第23页b—24页；商衍鎏：《清代科举考试述录》，第85页。值得注意的是，"师生关系"并不严格局限于那些通过科举制度产生的关系。下级官员也常常以"老师"称呼自己的上级官员，尤其是推荐自己、提拔自己的上级官员。清政府对此现象不满，并且试图禁止这种现象（《皇清奏议》卷十，第1页b—2页；《清宣宗实录》卷二百四十一，第23页b—24页；同前书卷三百一十八，第12页a—b）。

59　《亭林文集》卷一，第20页a—b。

60　《学政全书》卷七，第10页b—12页、第15—16页。

61　同上书，卷七，第15页b—16页。

62　《亭林文集》卷一，第19页a—b。巡抚赵申乔宣称，他从湖南往年的案件中发现了许多文武生员"抗礼公庭，包揽钱粮，起灭词讼，武断乡曲，娶诈赃私……其为流毒，奚可胜言"（《赵恭毅公賸稿》卷六，第43页b）。黄印本人就是生员，他在《锡金识小录》（卷一，第13页b—14页）中写道，在江苏省无锡、金匮"生监之出入县庭，把持官府，鱼肉乡民"，其中声名狼藉的人，在顺治年间和康熙初年有十三个，在康熙中期有七个。

63　"封"是指授予生者以荣衔，"赠"是指授予死者以荣衔。"封赠"时可向上辈追溯的代数，取决于官员的品阶：一品官员，封赠可以上溯至曾祖父母、祖父母、父母；二品到三品官员，可以上溯至祖父母、父母；四至七品官员，封赠可以上溯到父母。七至九品官员，封赠只能及于自身及妻室,但是他们可以请求将自己和妻子可获的封诰转授("贴封"或"贴赠")给自己的父母(《清会典》卷十二,第 7 页 b—9 页 b)。值得一提的是,士绅亲属的"封赠"荣衔和"荫"特权,通常会在地方志的"封赠"和"荫袭"(即"荫"的特权和世袭官爵)标题下公布。关于"荫袭"的例子参见《正定县志》卷二十五、卷二十六;关于"封荫"(即"封赠"和"荫"),实例见《栾城县志》卷十,《华阳县志》卷二十八。因此,获得封荫者的名字与士绅成员的名字列在一起;后者的名字列在"选举"(即科考及第或捐纳获得生员头衔)标题下。

64　《清律例》卷四,第 71、72 页。

65　对八种特殊的人判刑罚必须慎重考虑。其中之一就是"贵",包括有世袭(一品)爵位者【原文为"a hereditary rank of nobility",仅说世袭爵位,没有说到品级。但查《大清律例》"八议"条关于"议贵"的规定原文,有"爵一品"字样。——译者】,三品以上职事官,二品以上散官(《清律例》卷四上,第 23—24 页 b;斯当东译:《大清律例》,第 5—6 页;鲍莱译:《中国法典手册》,第 33 页)。

66　《清律例》卷四上,第 31 页 a—b;斯当东译:《大清律例》,第 8 页。

67　士绅之父拥有封赠荣衔者(封君),其名字不列入《宪纲册》之士绅栏中(见上文,注 25)。他们的名字仅出现在由礼房编制的《须知册》中,仅以官绅父亲身份列出(《福惠全书》卷二,第 13 页)。

68　在一个案例中,某官绅的兄弟挑唆他人状告县官。当总督开始调查时,控诉者却不愿到公堂对质,最后皇帝命令该官绅将其兄弟押赴公堂(《清穆宗实录》卷二十七,第 27 页 a—b;卷二十九,第 29 页 a—b)。在另一个事例中,某人有两个儿子都是生员,他倚仗着儿子的地位拒缴赋税并殴打征税的衙役(《仕学大乘》卷八,第 105 页 a—b)。

69　有一事例可以说明。浙江总督李卫曾向皇亲奏报,说他的两个堂兄在家乡行为乖张、目无法纪。为了将他们管束好,李卫要求家乡地方官将他们拘捕并押解到自己的衙门,然后将他们"幽禁"起来(《朱批谕旨》,《李卫奏折》第三册,第 57 页 b—58 页)。

70　《清律例》卷四上,第 31 页;斯当东译:《大清律例》,第 8 页。

71　《清律例》卷四上,第 37 页 a—b;《吏部则例》卷十三,第 11 页 a—b;《六部处分则例》卷十五,第 30 页。

72　《双节堂庸训》卷四,第 8 页 a—b。

73　《钦颁州县事宜》,第 30 页。

74　实例见《研堂见闻杂记》,第 39 页。

75　实例见《资治新书》卷十九,第 44 页。

76　《清律例》卷四上,第 31 页 b;斯当东译:《大清律例》,第 8 页。

77　读者也许记得我在关于书吏、衙役的章节中所讲过的,作为他们主要勒索目标的富裕平民,常常无力保护自己。他们唯一有效的自保办法就是成为士绅的一分子。因此,正如顾炎武指出的,在很多情况下,成为生员的目的是避免自己一家受人欺负(《亭林文集》卷一,第 17 页 b—18 页)。费孝通独到地指出:"如果不与权力体系结合起来,他们作为地主的地位都会受到威胁。"(《农民与士绅》,第 8 页)

78　《经世文续编》卷八十二,第 45 页。

79　《钦颁州县事宜》,第 29 页 b;《福惠全书》卷一,第 5 页 a—b;《学治臆说》卷上,第 11 页 a—b;《学治说赘》,第 3 页 a—b;《学治体行录》卷上,第 11 页;《平平言》卷二,第 20 页、第 29 页 b—30 页;《小仓山房文集》卷十八,第 10 页;《牧令书》卷七,第 3 页 b、第 4 页 b。

80　《学治说赘》,第 3 页;《牧令书》卷七,第 4 页 b。

81　《松郡均役成书》册一,第 25 页 b;册三,第 116 页 a—b;册四,第 118—129 页 b;册六,第206页b；册七，第230页及以下。
82 《牧令书》卷十一，第20页b及以下。
83 例如，在1853年，苏州知府在决定漕粮征收的新折算率时，就向士绅征询了建议（《显志堂稿》卷五，第43页b—44页、第45页b—46页）。
84 一般认为，百姓与士绅更为接近，尤其与"士"（学绅，即衿）亲近。而且，在百姓心目中，士绅比地方官员更值得信赖（《学治臆说》卷上，第11页；《学治体行录》卷上，第11页；《东溟文集》卷三，第19页）。正如郭嵩焘解释的，官员要执行法律，而士绅则凭着情感接近百姓；法律所不能禁止的，却可能通过感情诉求来制止。因此，只有密切联系士绅，地方官员的号令才会得到富有成效的回应（《郭侍郎奏疏》卷一，第24页b）。
85 《钦颁州县事宜》，第29页b；《牧令书》卷七，第3页b。
86 费孝通：《农民与士绅》，第8页；张仲礼：《中国绅士》，第70页。
87 与阶级情感相对照的社群情感的概念，见R. M. 麦基佛：《社会》（纽约，1937年），第31、173—174页。
88 费孝通：《农民与士绅》，第10页。
89 《牧令书》卷十一，第22—26页。
90 《绍兴县志资料》册十，第36页b—37页。
91 例如1792年，浙江巡抚下令萧山知府及州县官会同士绅估算一个堤坝的维修费用。士绅之一的汪辉祖感到官员们所估计的费用太高，应当予以削减。官员们不同意他的意见，汪辉祖于是写信给巡抚。巡抚采纳了汪辉祖的建议，并下令萧山同知重新召集士绅估算修坝的费用（《病榻梦痕录》卷下，第52—53页b）。
92 绅士对公共工程和公共福利的捐助，在每个地方的官报上都会报道。基于这些资料进行的详尽研究，见张仲礼：《中国绅士》，第56—63页。
93 这一情况，知州叶镇总结道："地方利弊，生民休戚，非咨访绅士不能周知。……况邑有兴建，非公正绅士不能筹办，如修治城垣、学宫及各祠庙，建育婴堂，修治街道，俱赖绅士倡劝，始终经理。"（《牧令书》卷七，第4页b）
94 有一个实例是：钱塘江堤坝的维修，是在萧山、山阴、会稽的士绅捐助四万两白银，绍兴的盐商捐助一万两白银的共同资助卜完成的。地方长官与士绅会商了几次，十一名绅士被委任为工程及资金监理局的董事。值得注意的是，巡抚坚持要绅士汪辉祖参加监理局，尽管他因病不愿参加。巡抚命令知府和州县官拜访他，并向他咨询（《病榻梦痕录》卷下，第51—54页b、第55页b—56页；《清史稿》卷四百八十四，第16页）。在另一个实例中，一个慈善局在六名绅士主持下募集经费，建起了一座有一百二十八间房屋的普济堂，收容了一百零四个贫苦的人（《庸吏庸言》，第82页b）。在绝大多数情况下，普济堂和育婴堂都是由绅士管理的（《牧令书》卷十五，第17、23页）。
95 《病榻梦痕录》卷下，第17页；《牧令书》卷七，第4页b；同前书卷二十二，第21页b—23页。根据江苏巡抚丁日昌的估计，慈善机构由士绅管理时，因其特别顾忌舆论，所以有七八成的经费会用于慈善目的。但如果由书吏和衙役来管理这些机构，他们至少要贪污三四成；同时，州县官的账房贪污二三成，州县官的长随贪污二三成，只留下一二成的经费用于慈善。因此丁日昌指示其下属官员，应将普济堂和育婴堂交给正直的绅士去管理，书吏和衙役不得介入（《抚吴公牍》卷十八，第2页b—3页）。
96 据在浙江任县官的周壬福所说，拨给一个州县的赈灾经费一般不超过几千两。如果将赈灾款具体分配到乡村，每个村就只能分到几十两银子。由于赈灾经费有限，所以有必要依靠士绅、富户赈济捐款（《牧令书》卷十四，第38页b、43页b）。另一个官员何士祁也发表了同样的看法。他说，由于政府赈灾资金不足，自愿捐献就是弥补政府经费不足的必要手段（《牧令书》卷十四，第66页）。

97 《显志堂稿》卷一，第 19 页；《学治体行录》卷下，第 12—13 页；《牧令书》卷十四，第 31 页 b 及以下。

98 被委派掌管赈灾资金的绅士有权视察饥民，根据贫困程度将他们分类登记。这种登记是决定向灾民分配救济金的依据（《庸吏庸言》，第 84 页 b—85 页；《荒政备览》卷上，第 10—20 页 b、第 26—28 页；同前书，下，第 8 页；《学治体行录》卷下，第 12—13 页；《钱谷备要》卷十，第 15 页 a—b）。绝大多数官员都发现，将这一任务交给士绅要比委派给书吏衙役效率高得多（《牧令书》卷十四，第 30 页）。

99 然而，管理社仓的社长可以是社区中任何富裕的人，不一定非要绅士充当不可（见《户部则例》卷十七，第 26 页 b；《牧令书》卷十二，第 32 页 b；参见张仲礼：《中国绅士》，第 62 页）。湖南省关于社仓的法令规定，绅士或者庶民耆老可以担任社长（《牧令书》卷十二，第 29 页 a—b）。广东巡抚李湖主张在不想参加下次科举考试的富裕生员或监生中挑选社长，如果找不到这样的人，就在正直的乡民中选拔社长（《牧令书》卷十二，第 40 页 a—b）。

100 《东华续录》卷一百九十，第 6 页 b—7 页；同前书卷一百九十四，第 11 页 a—b；同前书卷二百，第 12 页 b—13 页、第 17 页 b；同前书卷二百零一，第 4 页、第 17 页 a—b；同前书卷二百零二，第 4、11 页；同前书卷二百一十八，第 9 页 b；《清史稿》一百四十九，第 10 页 a—b。绅士在内河运输中也扮演着类似的角色。例如在 1897 年，湖南、湖北士绅申请长沙—汉口间轮船运输（矿产品和旅客）营运权。总督授权他们在两个省分别建立公司，每个公司都由绅士经营（《张文襄公全集·公牍》卷一百一十八，第 2—6 页、第 8 页 b—9 页 b）。

101 1724 年的一道上谕说，由于士绅读过圣贤书，他们应当自愿为地方维修孔庙和学校捐资，以表达自己的感激之情（《清世宗实录》卷二十三，第 24 页 a—b）。另见《病榻梦痕录》卷下，第 12 页 a—b、第 24 页；《图民录》卷三，第 29 页 b；《期不负斋全集·政书》卷三，第 10 页 b—12 页；《牧令书》卷二十二，第 11 页 a—b、第 14 页 b 及以下。

102 省级书院由政府出资创立和维持。位于府、州或县的书院，或由政府经费资助设立，或由地方士绅捐资设立（《清会典》卷三十三，第 29 页）。例如，湖南衡阳一位名叫彭玉麟（1816—1890 年）的绅士捐献了 12,000 两白银用以创建船山书院（《续碑传集》卷十四，第 19 页 b）。

103 值得注意的是，书院可以由本地绅士主持，也可以由外省来的学者主持。见蒋士铨、姚鼐（1732—1815 年）、俞樾（1821—1907 年）和朱一新（1846—1894 年）的例子。《碑传集》卷四十九，第 23 页；同前书卷一百四十一，第 12 页 b；《续碑传集》卷十九，第 17 页；同前书卷七十五，第 18 页。政府也规定，本省人或邻省人都可以受聘为书院院长（《清会典》卷三十三，第 29 页；《礼部则例》卷八十二，第 2 页）。

104 《清宣宗实录》卷三百二十五，第 13 页 b；《钦颁州县事宜》，第 8 页 b；《锡金识小录》卷一，第 13 页 a—b。关于州县官要乡村或城市提名绅士为乡约"约正"的实例，见《绩溪县志》卷三，第 35 页。【此处《绩溪县志》系 chi-hsi hsien-chih 的音译。因作者原书译名对照表中并无此条，故只好音译如此。——译者】

105 见上文，第九章第二节。

106 《平平言》卷四，第 44 页。

107 《平湖县保甲事宜》，第 9 页、第 10 页、第 19—20 页 b。王凤生说，所有保甲头领（乡耆）都是由绅士充任的。只有在一两个偏远村落，这一职位才由务农的庶民担任（同前书，第 25 页 a—b）。关于地方官在保甲管理中寻求绅士协助，更多例证见萧公权：《中国乡村》，第 70—72 页。

108 见张仲礼：《中国绅士》，第 60—68 页；萧公权：《中国乡村》，第 294 页及以下。

109 尽管官府在和平时期对推行保甲制度很有兴趣，但是对组织"团练"或地方武装的热情不高,并对允许百姓持有武器尤其谨慎。这一态度在县官刘衡给其上司的报告中表露无遗。他说,由于他已经命令地方居民组织团练,因此要让他们停下来很困难。刘衡还解释说,尽管他允许百姓持有经官府检验并盖有官方烙印的木棒、竹矛之类的武器,但他不允许百姓自行使用其他任何类型的武器。因此他告诉自己的上司,不需为此担心(《庸吏庸言》,第89页 b)。

110 一些城市(如嘉定和常熟)是由绅士领导防守的。在一个实例中,士绅俘获了满族征服者新委任的一个地方官员,将其处死,并且关闭城门、组织防御。详情见《明季南略》卷九,第40—41页 b、第43—44页 b、第48页 a—b;《嘉定屠城记》;《嘉定县乙酉记事》;《海角遗编》;《鹿樵纪闻》卷上,第23页。

111 《常昭合志稿》卷二十七,第48页 b—49页;《海虞贼乱志》卷五,第347页及以下;《纪无锡县城失守克复本末》,第246页;《清史稿》卷四百一十一,第1页 b 及以下;同前书卷四百二十七,第11页 b。

112 工部侍郎吕贤基被授予"团练大臣"衔,与翰林院编修李鸿章(作为副手)共同指挥安徽当地的团练(《清史稿》卷四百零五,第1页 a—b;同前书卷四百一十七,第1页;《李文忠公全集》,第12页 a—b、第67页 b)。

113 《张文襄公全集·公牍》卷九十,第4页 a—b。

114 《海虞贼乱志》卷五,第348页;《庚申江阴东南常熟西北向日记》,第426—427页;《纪无锡县城失守克复本末》卷五,第251—252页。

115 见上文,第八章。

116 在金坛,士绅建立筹防局,呼吁和征集捐款为地方防务提供给养和武器费用。该局同时资助地方团练和正规军队——当时正规军已无法从政府那里得到给养(《金坛见闻集》卷五,第193页、第208—214页;《金坛县志》卷十六,第3页、第4页、第7页)。在六合,士绅建立了一个"团防筹饷局",后来又建立了一个厘金局收取厘金以支持防务(《六合县志》卷四,第12页 b;同前书卷八,第1页 b、第4页、第6页、第8页 b;《六合纪事》卷五,第154—155页、第160页)。其他事例见《海虞贼乱志》卷五,第347页;《蒙难述钞》卷五,第53—55页;《凤鸣实录》卷五,第5、8页。

117 例如在六合县,东城、南城两区由官军把守,西城和北城由地方团练防守。民团由武举人和武生员指挥。此外,有些绅士被委派到城门口负责瞭望、盘查。防务总监由翰林院检讨徐鼒(1810—1862年)担任(见《六合纪事》,第153—163页;《六合县志》卷五,第3页 b—4页;《碑传集补》卷二十四,第14页)。在金坛,官军守卫县城,地方团练则把守城门、水门和炮台,支援官军。还建立了巡防局和若干分局,每一个局都由绅士领导(《金坛县志》卷十六,第2页 a—b、第4页 b、第5页 b、第6页 b、第13—14页 b、第18页 b、第20页 b—21页)。

118 例如六合县的防务,是由知县温绍原(1858年卒)在绅士的协助下指挥的(《六合纪事》卷五,第153页及以下;《六合县志》卷八,第1页及以下)。潜山的战略要冲,是由绅士率领民团在州县官指挥下防守的(《胡文忠公遗集》卷三十九,第19页 b—21页 b)。统一指挥的重要性首先是由魏源(1794—1856年)在其《城守篇》中强调的。在文中,他建议地方长官应当留守城中发号施令,由僚属官员和士绅负责城市周边地区的防卫。他强调,不应当允许士绅改变这一格局,要防止他们未经官员许可擅自指挥(《牧令书》卷二十一,第40页 b—41页)。

119 《海虞贼乱志》卷五,第347页及以下。

120 沿袭明朝的章程,清政府于1648年做出减免赋税规定如下:按照品级高低,京官减免六至三十石;京外官员减免额为同级京官的一半。获封赠的休致官员按现职官员减免额的七成减免;赋闲官员按现职官员减免额的一半减免。因受贿革职的官员不得享有减免权。举人、贡生、监生和生员可以享有两石的减免权（《清世宗实录》卷三十七，第 21 页 a—b；《清会典》，1690 年，卷二十四，第 18 页 a—b；同名书，1732 年，卷三十一，第 29 页 a—b）。

1657 年的一条法令规定，只有现职官员或科甲出身才能享有徭役豁免权（《清会典》，1690 年，卷二十四，第 18 页 b；同名书，1732 年，卷三十一，第 29 页 b—30 b）。于是 1648 年关于赋税徭役减免的规定就被废止了。

121　这就是有名的"奏销案"（上报户部的税收案件）。13517 这一数字摘自《清实录》，是根据 1661 年巡抚朱国治的报告得出的。《研堂见闻杂记》只记载了 3700 个拖欠赋税者。这些人的姓名被上报朝廷后，朝廷下令做如下惩治：所有现职官员降二级；居乡官绅，包括著名学者吴伟业在内，捕送京师（在抵达京师之前，康熙皇帝于 1662 年又下令全部释放）；罢黜的官员由巡抚决定处罚；学绅则褫夺其功名（《清世宗实录》卷三，第 3 页；参见《研堂见闻杂记》，第 34 页 a—b、第 35 页 b—36。关于该案件更为详细的资料，见孟森《心史丛刊》第一辑，第 1—15 页。孟氏的研究主要是基于奏疏和碑传，具有不可估量的价值，因为当时《清实录》尚未出版，《东华录》及其他官方资料也未提及此案）。在浙江也发现有大批绅士未向政府缴纳赋税。1660 年皇帝派钦差到浙江调查此事，第二年就将乌程、归安两地的欠税人名单报给了户部。但是这些士绅成功地逃避了惩治：先是在半个月内补足税款，接着又与巡抚串通，由巡抚向皇帝奏报说拖欠赋税在很大程度上应归咎于地方官员办事效率太差（《乌程县志》卷三十四，第 28 页 b—30 页）。一句话，正如 1648 年皇帝上谕指出的：士绅抗税和地方官员纵容，是清政府在各省无法按定额完成赋税征收的主要原因（《清世宗实录》卷二，第 3 页 b—4 页）。

122　孟森：《心史丛刊》第一辑，第 1 页 b—2 页、第 3 页、第 8 页。

123　《清会典》（1690 年）卷二十四，第 20 页；同名书（1732 年），卷三十一，第 31 页 b。

124　详情见《清会典》（1690 年）卷二十四，第 19 页 a—b；同名书（1732 年），卷三十一，第 30 页 b—31 页；《清律例》卷十一，第 11 页 a—b、第 14 页 a—b、第 44 页 b—45 页；《学政全书》卷七，第 1 页 b—2 页、第 5 页、第 6 页 b—7 页、第 13 页 b—15 页；《吏部则例》卷二十八，第 13 页 a—b；《六部处分则例》卷十五，第 30 页 b—31 页；《户部则例》卷九，第 9 页。

125　见上文，第八章第一节。

126　《显志堂稿》卷十，第 1 页、第 5 页 a—b。

127　在税册上将花户分为官户、儒户、民户的做法，清政府于 1654 年正式实行（《清会典》，1690 年，卷二十四，第 18 页 b；同名书，1732 年，卷三十一，第 30 页 a—b）。尽管 1724 年谕令取消这些区分，但这种分法仍然十分流行（《清世宗实录》卷十六，第 21 页 b—22 页；《清会典》，1732 年，卷三十一，第 33 页）。地方官员甚至无视正式规定，依然遵行这一分法（《清会典事例》卷一百七十二；《户部则例》卷十九，第 3 页 b—4 页；《清通考》卷二，第 7513 页；同前书卷三，第 4871 页；《江南通志》卷七十六，第 11 页；《福惠全书》卷六，第 5 页 b—6 页；《显志堂稿》卷九，第 19 页 a—b；《左文襄公全集・奏稿》卷八，第 69 页；《抚吴公牍》卷二十二，第 1—2 页；《经世文编》卷三十三，第 13 页；《仕学大乘》卷五，第 21 页 a—b；同前书卷十，第 23 页 a—b）。

128　见第二章第三节，第八章第一、二节。

129　《显志堂稿》卷九，第 19、23 页。

130　冯桂芬提到，在江苏，实际缴纳漕粮的数量，取决于纳税人的地位权势的高低强弱，"今苏属完漕之法，以贵贱强弱为多寡，不惟绅民不一律，即绅与绅亦不一律，民与民亦不一律"（《显志堂稿》卷十，第 1 页；另见卷五，第 31 页 b）。

131　这一点，在 1846 年的皇帝上谕（《清续通考》卷二，第 7513 页）、冯桂芬（《显志堂稿》卷九，第 23—24 页）和丁日昌（《抚吴公牍》卷二十二，第 2 页 b）的笔记中都有提及。

132 《左文襄公全集·奏稿》卷八，第 69 页。关于这些地区税率的详细资料，见《绍兴县志资料》册十，第 27 页 b—29 页 b；《萧山县志稿》卷四，第 24 页 b。根据《萧山县志稿》（卷四，第 27 页 b）的记载，该地区 1877 年的市场兑换率为 1700:1—1800:1。这就意味着一个民户交纳一两税银时不得不多交纳 1000—2200 文钱。

　　会稽人李慈铭（1830—1894 年）在其 1859 年的日记中也就会稽的不同税率作了记载。根据李氏记载，会稽、山阴的大户人家，其缴纳每 1 两地丁银税额，实际须交纳 1.25—1.3 两税银；中户人家每 1 两实际须交纳 1.4 两，小户人家每 1 两实际要交纳 1.5—1.6 两白银。李氏自己家实际交纳 1.38 两白银。李慈铭还提到，只有他自己家和其他大家庭直接用实物（稻米）缴纳漕粮，一般来讲，每斛（半石）漕粮他们都要比法定税额多交六七升稻米。庶民则主要以铜钱代替稻米上缴漕粮（《越缦堂日记补》册八，己集，第 83 页 a—b）。

133 《显志堂稿》卷五，第 31 页 b；卷十，第 1 页。

134 《抚吴公牍》卷二十二，第 2 页 a—b。在另一例中，丁日昌记述江苏通州的漕粮税率如下：民户，一石漕粮最低需交 6000—8000 文、最高交 12000 文钱或 18000 文钱；士绅则只需交纳 2800 文铜钱（《抚吴公牍》卷二十，第 3 页 b）。

135 见前注 127。

136 举例而言，1724 年河南某县县官忽视了绅户、儒户与民户之间习惯上的区别，要求当地居民根据土地拥有数量分摊堤坝的维修费用。几十名学绅聚集起来抗议县官在赋役上对绅户民户不加区分的做法。他们堵塞城门、阻止州县官通行，还抵制正在举行的科举考试。另有一百多名绅士，包括举人和进士向巡抚控告这位县官（《朱批谕旨》，《田文镜奏折》第一册，第 34 页 b—35 页 b）。笔者所知唯一持不同观点的绅士是冯桂芬，他于 1853 年向江苏省督抚建议，绅士和庶民都应当按照 1 石粮食 4052 文的比率缴纳漕粮。这一比率，要求绅士比通常情况多交一些，而庶民则比原来要少交几乎一半。冯氏为此专门撰文呼吁士绅讲求良心与他合作（《显志堂稿》卷九，第 23 页及以下）。没有证据显示有哪个绅士把他的呼吁放在心上。到 1868 年，巡抚丁日昌命令苏北的州县官根据新定的平等税率征收赋税时说："绅户向来包揽以及仅完__二千文者，仍旧事不均平，统照新章折收，必有许多轇轕。地方官苟非措置裕如，难保不滋生事端。"（《抚吴公牍》卷二十二，第 3 页）

137 根据这一条例，犯"包揽钱粮"罪行者，将会受到杖六十之处罚（《清律例》卷十一，第 49 页，斯当东译：《大清律例》，第 128 页，鲍莱译：《中国法典手册》，第 315 页）。据 1658 年上谕的规定，绅士"包揽钱粮"但并未向官府交纳者，处罚为黜革、笞四十和枷号三月（《清会典》，1690 年，卷二十四，第 19 页 b）。1727 年制定的条例规定，贡生、监生或生员若有同样违法行为，将被发配到黑龙江服苦役；如果侵吞额超过八十两，处以"绞监候"（《清会典》，1732 年，卷三十一，第 33 页 a—b；对照《清会典事例》卷三十六，第 43 页）。这一条例在 1736 年修订为：犯有这种侵占罪行的人，将依照盗窃官财罪论处（《大清律例案语》卷四十，第 26 页）。《户部则例》（卷九，第 9 页 b）也有类似的规定。它规定，包揽钱粮者，即使将税款交给了官府，仍要处罚：代缴额在八十两以上的，杖八十；代缴额在八十两以下的，杖六十（《礼部则例》卷三十七，第 6 页 b—7 页）。

138 《清会典》（1732 年）卷三十一，第 32 页；《清会典则例》卷三十六，第 41 页。江西布政使李桓（1827—1891 年）说，包揽钱粮的绅士，常常从花户那里收取现金以代替应缴粮食（显然比市场比率要高），然后向政府缴纳粮食；或者他们以很高的比率从纳税人那里收取现金，却以很低的比率（代他人）向政府缴纳（《宝韦斋类稿》卷十一，第 2 页 b）。

139 《福惠全书》卷九，第 3 页 a—b。

140 《清仁宗实录》卷一百四十四，第 21 页。

141 《清会典》（1732 年）卷三十一，第 32 页 b。

142 《清世宗实录》卷三，第 16 页 b；《清宣宗实录》卷一百一十一，第 12 页 b；《清会典》

(1732 年）卷三十一，第 33 页；《清会典事例》卷一百七十七；《清通考》卷二，第 4866、7513 页；同前书卷三，第 4871 页；《钦颁州县事宜》，第 29 页 b；《福惠全书》卷四，第 2—4 页 b；同前书卷五，第 26—28 页；《陶云汀先生奏疏》卷十七，第 9 页及以下；《李文恭公遗集·奏议》卷九，第 37 页及以下；《抚吴公牍》卷二十二，第 3 页；《显志堂稿》卷五，第 36 页 b；《学治偶存》卷三，第 11 页 b、第 13 页 b；《牧令书》卷十一，第 51 页。

143　据说，1805 年在江苏省吴江县，知县掌管下的政府资金出现了亏空，因为有三百一十五名监生和生员从他那里分享了漕粮征收中的陋规（漕规）。（《清仁宗实录》卷一百四十四，第 21 页 b—24 页）。江苏巡抚陶澍奏报说，在一些地方，学绅能从这种陋规中获得三四百两白银的收入。该陋规的总数可以达到二三万两白银（《清宣宗实录》卷一百十一，第 17 页 b；《陶云汀先生奏疏》卷十七，第 9—11 页 b；同前书卷十九，第 22 页 b—23 页；另见《学政全书》卷三十一，第 12 页；《抚吴公牍》卷二十三，第 2 页）。

　　1827 年，某御史报告：在当时，除了"漕规"之外，江苏的生员和监生又巧立了新的规费名目——"忙规"（土地税费钱）。这种费钱，士绅按每人二十至一二百洋元的比例，于土地税征收时向州县官索取。在某些地区，有些举人、贡生甚至已故绅士的弟侄也取得了这一特权（《清宣宗实录》卷一百二十，第 25—26 页）。

144　沿袭明制，清政府于 1648 年颁布了关于士绅减免"丁银"（劳役税）法令，规定如下：根据品秩高低不同，京官可以相应地减免六至三十丁的丁银；京外官员的减免额为京官的一半。获封号的休致官员，减免额为现职官员的七成；赋闲乡居官员的减免额为现职官员的一半。因受贿黜革的官员不得减免。举人、贡生、监生和生员可享有二丁的减免额（《清世宗实录》卷三十七，第 21 页 a—b；《清会典》，1690 年，卷二十四，第 18 页 a—b；同名书，1732 年，卷三十一，第 29 页 a—b；《清通考》卷二十五，第 5072 页；《清史稿》卷一百二十八，第 14 页 b）。

145　《清会典》，1690 年，卷二十四，第 18 页 b；同名书，1732 年，卷三十一，第 29 页 b—30 页 b。任何官员纵容其家族成员冒其姓名逃避丁银者，地方官员有权弹劾。生员和监生有同样违法行为者，也将受到弹劾并褫夺功名或学衔的处罚。不论是官员还是生员、监生，除了前述处罚外，还将受到杖一百的惩罚（《清律例》卷八，第 43 页 b—44 页；《户部则例》卷八，第 37 页 b）。

146　《清通考》卷二十一，第 5045、5073 页；《清律例》卷八，第 44 页 a—b；《吏部则例》卷三十八，第 17 页 b—18 页；《学政全书》卷三十二，第 2 页；《石渠余纪》卷一，第 26—27 页；《朱批谕旨》；《田文镜奏折》第五册，第 53 页 b；《亭林文集》卷一，第 19 页 b；《资治新书》卷六，第 17 页 b—18 页；《牧令书》卷九，第 42 页 b—43 页；同前书卷十一，第 56 页 b；同前书卷二十，第 43 页；《经世文编》卷三十，第 11 页、第 13 页 b；同前书卷三十三，第 5 页 b—9 页；《仕学大乘》卷十，第 35 页及以下；《松郡均役成书》册四，第 126 页 b。

　　据某御史和某县官的说法，直隶省的士绅只需纳钱代服一种徭役，即与皇帝秋狝和祭陵大典相关的徭役，包括对沿途道路桥梁的必要维修（"皇差"或"大差"）。在该省南部，绅士只承担徭役（正役）费用的 30%，剩下的 70% 由庶民承担；或者绅士干脆一点也不承担。而且在直隶全省，"杂役"负担完全是由庶民承担的（《清宣宗实录》卷八，第 3—4 页 b；《牧令书》卷一，第 56 页 b；《经世文编》卷三十三，第 8、11 页；《清史稿》卷一百二十八，第 13 页 b）。另一名县官说，江苏的士绅只交纳与维修堤坝相关的徭役费用（塘工），所有其他"杂役"都由庶民承担（《松郡均役成书》册一，第 40 页）。

147　例如，当州县官府需要车马运送米、煤或解送人犯时，就会强令乡民提供车马，或迫令他们缴钱雇车马（《牧令书》卷十一，第 53 页 b、第 56 页 a—b；《深州风土记》卷三下，第 24 页 b—25 页）。维修道路堤坝等公共工程的徭役，也可以纳钱代役（《松郡均役成书》册一，第 40 页）。一般来说，徭役或纳钱代役，是先摊派给整个村或图的，然后由该村或图全体居民分担所有负担。习惯做法是：将徭役或代役钱（总额）按照男丁数或户数或土地亩数进行分摊。提供交通工具的徭役，则根据各户拥有的马、牛、驴的数量进行分摊（《清续通考》卷二十七，第 7790—7791 页；《清律例》卷八，第 42 页所引"笺释"；《福惠全书》卷三，第 9 页；《松郡均役成书》册一，第 40—41 页；同前书册四，第 144 页 b—145 页；《赵恭毅公腾稿》卷五，第 2 页 b；《牧令书》卷十一，第 55 页 b—56 页；《深州风土记》卷三下，第 23 页 b 及以下）。

148　《亭林文集》卷一，第 19 页 b；《朱批谕旨》，《田文镜奏折》第五册，第 33 页 a—b；《赵恭毅公腾稿》卷五，第 2 页 b；《江南通志》卷七十六，第 11 页；《松郡均役成书》册一，第 44 页 b；同前书册三，第 103 页；《经世文编》卷三十三，第 11 页；《牧令书》卷十一，第 55 页 a—b。

149　《亭林文集》卷一，第 19 页 b—20 页。

150　《户部则例》卷八，第 37 页 b；《江南通志》卷七十六，第 11 页 b；《松郡均役成书》册三，第 104 页 b—105 页 b；《资治新书》卷六，第 17 页 b—18 页；《经世文编》卷三十，第 13 页 b；同前书卷三十三，第 5 页 b、第 8 页 b、第 10 页 b；《仕学大乘》卷五，第 34 页 b；《牧令书》卷十一，第 55 页。

151　《清会典》（1732 年）卷三十一，第 33 页；《清会典则例》卷三十六，第 41 页；《清会典事例》卷一百七十二；《清通考》卷二，第 4866 页；《江南通志》卷六十八，第 4 页 b；同前书卷七十六，第 13 页 b；《松郡均役成书》册一，第 44 页 a—b；《福惠全书》卷九，第 3 页 b—4 页；《经世文编》卷二十九，第 17 页；同前书卷三十三，第 4 页、第 12 页 b。

152　《福惠全书》卷九，第 3 页 b。《永清县志》（卷十，第 53 页 b）登记了该县的三百四十个"供丁"。即使是州县官本人也常常无法控制这一现象。有位县官抱怨说，如果地方官员试图阻止士绅"庇护"他人，就会遭到绅士的怨恨和反抗（《福惠全书》卷九，第 4 页 a—b、第 14 页）。

153　《经世文编》卷三十三，第 8 页 b。

154　同上书，卷三十三，第 5 页 b、第 8 页 b、第 9 页、第 10 页 b；《牧令书》卷十一，第 55 页。

155　《福惠全书》卷二十三，第 18 页 b。关于士绅企图阻挠水利工程建设的具体事例，见《泰州志》卷四，第 16 页 b—17 页；卷三十二，第 30 页 b—32 页。

156　《清高宗实录》卷二百八十九，第 19 页 a—b；同前书卷二百九十五，第 10 页 b—11 页；同前书卷二百九十六，第 69 页；同前书卷二百九十八，第 16 页 b—17 页；《清会典事例》卷九百二十八。

157　《福惠全书》卷四，第 12 页 b；《锡金识小录》卷一，第 15 页；《仕学大乘》卷四，第 43 页 a—b；《陶云汀先生奏疏》卷十九，第 4 页；《抚吴公牍》卷三十六，第 5 页；《经世文续编》卷二十一，第 15 页 b。

158　《清高宗实录》卷二百九十七，第 14 页。另见《覆瓿集·刑名》卷一，第 16 页 b；《抚吴公牍》卷三十五，第 9 页 b；《经世文续编》卷二十一，第 15 页 b。

159　《清会典事例》卷四百；《钦颁州县事宜》，第 29 页 b；《赵恭毅公腾稿》卷六，第 43 页 b；《福惠全书》卷十一，第 10 页 b；《学治臆说》卷下，第 4 页 b；《西江政要》卷三十六，第 2 页 b—3 页；《锡金识小录》卷一，第 14 页；《保甲书》卷三，第 28 页。有这样一个实例，某监生开了一家客栈，雇用几个监生、生员在他的指导下专门为人代书诉状。据说这一伙人包揽了该县百姓的所有讼案（《陶云汀先生奏疏》卷十九，第 3—8 页；更多的例子见《抚吴公牍》卷二十八，第 2 页；卷三十六，第 5、7 页）。

160　《礼部则例》卷五十七，1 页 a—b；《学政全书》卷四，第 2 页；同前书卷七，第 4 页 b—5 页。

161　有条例规定，生员或监生为他人代写诉状或充当讼棍的，其处罚将比常人犯此法者加重一等以上。1727年又制定条例规定，生员为自己的亲属撰写诉状或者作为证人进出公堂的，褫夺其功名（《学政全书》卷七，第4页b—5页、第7页b—8页、第13页b）。

162 《清高宗实录》卷二百九十六，第6页a—b。"从前"显然指的是明朝和雍正之前的清初时期。明代的士绅因为欺压百姓、为非作歹而声名狼藉[见赵翼（1727—1814年）的文章《明乡官虐民之害》，载《廿二史札记》卷三十四，第13页]。在清代，士绅的酷虐，总的来说要比明朝稍好一些。尤其是在雍正年间，皇帝对士绅实行严厉政策的时候。黄卬（18世纪上半叶）曾记述过江苏无锡、金匮两地士绅的情况。他说，居住在这些地区的官绅比起明代官绅的行为要检得多。根据他提供的资料，在康熙年间，许多绅士包揽词讼，与州县官勾结为奸，向州县官敲索税收中的陋规；这类情况在雍正年间都没有发生过。尽管最近（乾隆初年）稍有又与地方官员开始有些往来，但他们尚"不至狼藉于乡里，未有为害"（《锡金识小录》卷一，第14页b—15页；另见同书卷十，第10页b）。正文摘录的1747年的上谕和黄氏的记述表明，尽管在雍正年间曾有过控制绅士行为的努力，但这类政策只在短期内发生过效力。

163 《抚吴公牍》卷七，第7页。

164 《资治新书》卷二十，第47—50页b；《吏部则例》卷二十八，第16页。

165 有一条则例专门规定了士绅殴打佃户时应受的惩罚（《吏部则例》卷十七，第13页b；《六部处分则例》卷十五，第31页）。

166 例子见《覆瓮余集》，第18页a—b；《左文襄公全集·奏稿》卷五，第18—19页。

167 《学政全书》卷七，第8页。在另一件事例中，有个举人非法设立一处站卡收取厘金（《清穆宗实录》卷四十五，第23页）。

168 《经世文续编》卷二十一，第11页b—12页。

169 "团练使"因此被朝官弹劾，结果皇帝于1861年罢黜了几个团练使（《清穆宗实录》卷八，第28页a—b；卷四十四，第46—47页）。《陶云汀先生奏疏》（卷四，第11页b）记载，在通州的团练使横暴地杀害士绅和商人，掠夺庶民的财产。

170 在一个事例中，贵州团练使赵国澍被参奏滥杀无辜。他的酷虐导致了几万人暴动，暴动者杀死了一名厘金委员，并声称要进省城杀死赵国澍（《清穆宗实录》卷十七，第49页b—51页；卷二十四，第12页）。在另一个事例中，1856年在福建瓯宁，有两个村民受地方保安局（由士绅组建）指使，放火焚烧存于该村的粮食以防落入即将攻来的太平军之手。大火延烧毁坏了某监生的房屋，该监生抓住两人送到地方保安局。保安局的首领将人犯押送至县丞处，并建议按劫匪的罪名上报知县，就地处决。该建议被采纳了。后来其中一人犯的兄弟向总督左宗棠申诉。左宗棠发现对两个村民的指控是错误的。县丞和保安局首领分别被判处流刑和充军。该监生被褫夺功名（《左文襄公全集·奏稿》卷十九，第68—70页b；卷二十，第45—49页）。

171 《清律例》卷四下，第37页b；同前书卷六，第38页b、第39页；同前书卷三十三，第41页a—b；《吏部则例》卷二十八，第16—17页；同前书卷四十二，第32页b；《六部处分则例》，第30页b；《学政全书》卷七，第2页、第8页a—b。

172 萧公权觉得"乡绅常常证明自己是扰乱因素而不是安定因素"。他总结道："尽管并不是所有的绅士都是自私和暴虐的，但是'良绅'的稳定作用必然被'劣绅'的恶行所抵消"（《中国乡村》，第317、320页）。

173 举例而言，有一次，士绅联名控告某县官违反了关于常平仓粮食购入的条例。绅士之一汪辉祖拒绝参与控告行动，因此遭到了其他士绅的指责（《梦痕录余》，第66页）。

174 《学治一得编》，第30页b。县官姚莹（1785—1852年）持类似的观点，见《东溟文集》卷三，第19页。

175 该上谕写道："亏空之员未必爱民，况百姓贫富不等，断无阖县情愿代赔之理。或系棍蠹勾连，借端科敛；或不肖绅衿一向出入衙门，通同作弊。及本官被参犹冀题留复任，因而号召多事之人联名具呈，称系阖县愿赔。后官畏惧承追处分，接呈入手即差役按里追呼。名曰乐捐，其实强派，累民不浅。"正是由于这一原因，雍正皇帝下令：如果绅士本人愿意帮助州县官填补亏空，法律不予禁止；但是如果呼请乃至假冒全县士民名义提出，领头呼请的人将被从重处罚（《清世宗实录》卷十九，第11页a—b；另见《吏部则例》卷二十三，第7页a—b；《六部处分则例》卷二十七，第13页a—b）。

176 《图民录》卷三，第18页；《牧令书》卷十五，第11页。

177 《清仁宗实录》卷一百四十四，第22页b—23页；《清穆宗实录》卷三十六，第8页；《显志堂稿》卷九，第25页。为了阻止士绅和地方官吏之间的勾结，清政府采取了一系列预防措施。1679年规定，新上任官员如有下列两种行为之一的将被革职：上任前在京城造访原籍为其任职地省份的京官；上任后派自己的家属、衙门雇员与京中的官员保持密切联系。该规定也禁止京官造访新任命的、将到其家乡省份任职的地方官员，或向其致送礼物。送礼者和受礼者都将被革职。

　　根据1729年的一条相似的规定，地方官吏不得收受作为其任职地省份士绅成员的京官的礼物；也不得与其通过互认"师生关系"而建立私人联系。该法律也适用于地方官员与赋闲在家官员（官绅）之间的往来。地方官员触犯此律的，革职；士绅触犯此律的，根据其身份不同，相应地处以革职、褫夺品级、官衔或功名的处罚。该法律规定，士绅和地方官员只有在协商公事或参加每半月一次的乡约时才能会面。见《清会典则例》卷十四，第23页b—24页；《清会典事例》（1818年）卷七十五，第1页b—2页b、第3页b—4页b。

178 《抚吴公牍》卷二十三，第1页；《盛世危言》卷二，第29页。存在着这样的实例：绅士的仆役成为本地衙门的书吏和衙役。1730年发布了一道律令禁止这一现象（《清会典事例》卷九十八；《清通考》卷二十三，第5056页）。

179 《学治体行录》卷上，第11页b。

180 《曾文正公全集·杂著》卷二，第55页。刘蓉（1816—1873年）是一个官绅，以前曾在自己的家乡——湖南湘乡——组建过团防局。在外省任职期满回到家乡后，他在一封信中讲道：在湘乡，把持团防局的士绅擅自受理词讼，攫取了地方权力。由于州县官只听命于他们，故而"事由局而不由县，权在绅而不在官"（《经世文续编》卷二十一，第7页b—8页）。

181 薛福成在一篇谈地方民团恶劣影响的文章中说，在山东某地，握有民团的士绅杜翻干涉地方官员行使职权。在另一个事例中，有个掌握浙江民团的士绅受到巡抚的弹劾并被革职。其继任者王履谦（另一士绅）与巡抚的关系就更恶劣了。薛福成是这样描述当时的情形的："官绅忤于上，兵练閧于下。"杭州失陷前，即将殉难的巡抚向皇帝上了一道奏折弹劾王履谦，王氏因此遭到皇帝的训斥（《庸庵全集·海外文编》卷四，第11页a—b）。《清史稿》（卷四百一十二，第1页b）也记录了湖南巡抚与曾国藩之间的矛盾。当时曾国藩是掌握地方民团的绅士，他组建了一个"发审局"，不经地方同意就审判并处死嫌犯。

182 《福惠全书》卷四，第9页b；《资治新书》卷十，第18页b；《不慊斋漫存》卷五，第120页；《学治偶存》卷三，第13页。知州高廷瑶（1786—1830年）评述说，在安徽六安州有许多历史悠久的大士绅家族，他们常常利用知州的过失而挟持他们。许多知州因此前程被毁（《宦游纪略》卷上，第21页b）。

183 实例请参阅《清高宗实录》卷九十二，第6页a—b；《福惠全书》卷四，第3—4页；《病榻梦痕录》卷下，第38页b—40页b；《梦痕录余》，第66页；《学政全书》卷七，第15页b—16页；《资治新书》卷二十，第20页及以下。各种资料都提到，某些监生和生员涉嫌为他人代缴漕粮，并胁迫州县官索要"漕规"。这些学绅常常在征收税粮期间，控告州县官和书吏违法，给官仓制造麻烦（《清仁宗实录》卷一百四十四，第22页b—23页；《清宣宗实录》卷一百一十一，第 17 页 a—b；《陶云汀先生奏疏》卷十七，第 9 页 b；《清通考》卷二，第 7513 页；《学政全书》卷三十一，第 11 页 b；《学治偶存》卷三，第 13 页 a—b）。江苏巡抚陶澍奏称，江苏每年有关漕粮的讼案，累计可达两三百起（《陶云汀先生奏疏》卷十七，第 11 页 b）。

结　语

在本书开头，我提出了这样一个观点，即，清代中国地方政府是高度集权的。中国的体制，由中央政府委任并控制的官员管理的各级政府（省以下直至州县）组成；它与从前法国的体制——地方长官直接对中央负责——相类似。但是，中国没有与法兰西各公社相当的地方自治。在市镇和乡村也没有自己的政府或地方议会，无论是名义上的还是实质上的。从这个意义上讲，中国的地方政府比起法国集权程度更高。

州县官处于高级官员监管之下，无权作出重大决策。除了某些日常性事务如审理辖区内轻微民刑案件等以外，行政方面，州县官事无巨细都要向其上级官员汇报并取得同意才能处理。这种情形，使得顾炎武得出了"今日之尤无权者莫过于守令"的结论。[1]

清代地方政府的行政受一部行政法典支配。该法典非常详密，格外追求一致、合理、准确、服从和集权。但是，相反地，这些法规也带来了操作困难且效率低下的问题。首先，条文过于严苛、僵化，不允许州县官有个人判断或主动性。[2] 其次，该法典没有为地方性差异留下变通余地，从而妨碍了州县官根据本地任何特殊情况调整行政方法。

人们常常谈到，服从是所有官员普遍遵守的价值标准，而且服从本身常常变成终极目标。[3] 任何地方的官员都受同一套奖惩制度约束，这套奖惩规则本身造就了官员谨小慎微的态度和过分关注服从。在中国，这种现象发展到了极致，行政规章过于繁杂；稍有违反，必然招致惩罚。更有甚者，我们可以回忆前文所述，若触犯某些法规，中国的官员不仅会受贬官、革职的惩罚，还可能遭受肉体刑罚。这意味着，中国更容易对官员施加更为严厉的惩罚，远比那些把行政过错之处分与刑事犯罪之刑罚区分开来的国家对官吏更为严苛。在这一情形下，绝大多数官员当然最关心的是如何逃避惩罚。[4] 对州县官而言，这一点显得更为突出，因为他们要依靠幕友的帮助来处理地方行政。幕友是州县官私人聘用的，他当然感到有责任避免任何危害雇主官宦生涯的事情发生。他们的指导方针显然是：最稳妥的做法，就是严格照章办事。

另一方面，我们又发现许多法律法规并未真正实施，或多或少流于形式。这一问题几乎在行政的各个方面都显露出来。举例而言，关于书吏、衙役的服务期限问题及关于衙门陋规问题的法条就是如此。但这并不意味着官员及其僚属可以随心所欲。如果规范某些程序的正式法规无法操作时，他们就不得不遵循成规。对成规的任何改动都可能遭到人们的反对。因此，全体衙门职员都渐渐形成了一套自己乐意且当地百姓也接受的行为规矩。

地方财政也是高度集权的，至少理论上如此。地方政府的官吏，从省直到州县，在按中央确定税额去征收、转运赋税方面，只是作为中央政府的代理人而已。除了1833年开征的地方转运税（厘金）以外，地方政府不得擅自征收任何税目。因此地方政府没有自己的收入来源，甚至其本身的办公预算也全由中央政府决定。集中掌控的赋税收入，除了像官员的常俸、衙役的薪金和祭祀费用等有限的项目以外，没有任何份额留作地方政府开销。也不允许地方政府在任何全国性税种上加收一文钱以满足地方需要。其结果是，地方政府得不到满足地方行政开销的经费，甚至包括为中央政府征税和运送税金所需要的费用。

这种情形就引发了陋规，各级地方政府正是从陋规中获得经费。因此，尽管清政府力图对地方财政实行高度集中控制，但事实却恰恰相反。陋规没有固定的费率，所以地方官员在征收和使用时几乎是随心所欲的。衙门经费与州县官个人开销之间没有区别。省级高官对陋规不加干涉，相反他们往往会参与分肥。

从前文各章所提供的资料来看，我们可以得出结论：在整个清代，尽管行政规章有定期修订或常有新规章颁布，但地方行政具有整体连贯性。这些规章都详尽地收录在《清会典事例》中。绝大多数变更（修订）都只是技术性和程序性的，不具有实质意义；对州县一级尤其如此。衙门的组织，职员及其职能，监管模式和地方财政模式等，都基本上保持不变。

正如我们所见，地方政府的职能是非常具体繁杂的，最重要的是税收和司法。从所有这些职能都由州县官一人负责这一事实来看，他就是"一人政府"，而他的下属们显然只扮演着无关紧要的角色。在州县官和他的四个辅助群体（书吏、衙役、长随和幕友）之间，没有任何中间权力，四类人都直接向州县官负责。

书吏、长随和幕友都在地方行政中扮演着重要的角色。[5] 但是作为真正的行政事务专家的幕友，其角色是最重要的。他们是衙门的神经中枢。流行的看法是，官员私人幕友的"专业性"给予了由"非专业人员"操作的中国官僚体制以某种程度的弥补。幕友的专业素质和经验是普遍得到承认的。

州县官与其助员们维持着两种明显的关系。书吏、衙役是政府雇用的本地人，与州县官保持着一种正式的、公务方面的关系。幕友和长随，往往不是本地人，是州县官自己聘用的，不作为政府雇员看待。因此他们与州县官维持着一种私人的、非正式的关系。

因为官僚体制是以基于正式的、非私人性关系的理性结构为特征的，[6] 所以私人性、非正式的关系在政府中的存在，就常常被认为是效率的阻碍。[7] 不过，中国的实际情形似乎表明，这些因素必须放到一个特定的官僚体制中再加考量。州县官雇用与他们保持私人性、非正式关系的辅助职员，也许可以看作一种策略：用以审查监督衙门中非私人性的正式群体；这一群体的效率如何，全靠这种监督。需要谨记的是，尽管幕友与州县官之间有私人性非正式交往，但其雇用又主要是凭借其业务资格——能力和业绩；而且在履行职责时，他们主要靠行政规则来指导。尽管他们不可能完全不考虑其雇主的仕途安危，但他们的行为仍然必须基于客观的、明白易知的规则。因此，地方行政中的"非理性"因素被降到了最低点。

关于产业工人和军职人员的最新研究，说明了非正式的基本群体对于提高产出和鼓舞士气的重要意义。该研究显示，"人情的、人际的、非正式的因素"，这些通常被公共行政和官僚体制的传统研究者——包括马克斯·韦伯——所忽略的因素，"具有决定性的影响"。[8] 州县官的幕友和长随的存在，似乎又为私人性非正式因素如何在正式结构中运作，以减少行政局限，争取更高效率，提供了一个典型事例。从这一优点出发，又借助西方人际关系科学研究的最新发现，我们也许可以彻底地对下面这一普遍观念的正确性提出质疑：私人性的、非正式的关系总是与官僚政治效率不相容。[9] 关键在于，不能肤浅地去考察效率，即不能仅仅按个人对非个人、正式对非正式的关系之视角来考察。我们还必须考虑其他因素——称职的标准、遴选的方式、雇用的条件，等等。我们的资料显示，这类因素，对于衙门中所有职员的行为都有深刻的影响。

具体来讲，幕友一职所拥有的较高社会地位、可观的收益，以及其他诱人的因素，对有能力的人从事这一职业产生了吸引力。相反，书吏、衙役和长随这些职业，由于缺乏上述令人艳羡的因素，就难以吸引能谋到更好职业的人。通常来讲，可以获得非法收入是从事这一毫无吸引力的工作的主要动机。

本书的前面几章已表明，通常来讲，幕友对工作十分投入，比声名狼藉的长随更加正直、可靠。两个群体都与雇主有着私人的非正式关系，但却表现出不同的行为模式。这一事实表明，这一差异必须对照别的因素（例如上面已经提及的）做更进一步的考察。

用社会学的术语来说，书吏、衙役和长随的反常行为——从道德和法律的视角看，主要是文化价值与社会地位不协调的结果。[10] 换言之，当一个人无法通过合法的手段来获取他向往的价值——金钱酬偿、腾达机会，而这又恰恰归因于其卑微地位时，他当然就会选择用非法手段去获取这些价值。诚然，这种不协调，也存在于社会中别的一切卑微群体中。关键在于，这些依附衙门的职员不仅易于拥有非法手段，而且尽管有正式惩禁规定，但实际上他们有逃避追究的便利。"易于获得便利，又易逃避追究"，是对越轨行为的最大诱惑。而且，如果某个职业群体的多数人都在从事越轨活动，那么他们就有可能对剩余成员施加压力，强求他们也参与进来。某些成员的独善其身，也许会引起不同程度的集体制裁。因此，政府和公众看作越轨或腐败的行径，也许被他们看作遵循约定俗成的行业行为规范而已。

中国地方政府的效率低下，主要归因于组织不善和缺乏协调。一个明显的例证就是幕友、书吏、长随之间职责的重叠。政府在职员之间推行隔绝政策——亦即不让他们有机会相互接触，这作为一种控制方法使得有效监督难以实现。政府低效的另一个原因是不允许幕友直接参与审讯和勘查，这一政策使得司法裁判只能根据案卷和其他间接信息来源作出。

关于士绅，我们曾将他们定义为地方精英；他们代表地方社区的权利，是得到政府和公众普遍认可的。他们作为地方官员和百姓之间的斡旋者，向地方官员提供咨询，经常在地方行政的某些方面扮演积极的角色。因为地方社团参与地方事务管理经常被视为地方自治的条件，所以士绅参与地方管理是否意味着地方自治，就是一个依逻辑当然应该有的疑问了。[11]

答案是否定的。首先，参与者仅限于作为少数人群体的士绅。其次，士绅既非地方百姓选举的代表，也不是政府任命的代表。他们只不过凭借自己的特权地位而被接受为地方社群代言人而已。但是他们参与政府事务和代表地方社群说话的权利，并没有像西方民选议会那样在法律上正式明确下来。法律并没有规定哪个士绅成员应该被咨询或应被邀请参与行政事务，这些主要是州县官的自主行为。尽管士绅可以，且实际上常常干预政务，但却没有他们可以用来质疑或否决官员所作决定的合法程序。实际上，士绅的介入主要是基于个人标准，其效力也主要依赖于特定士绅个人所具有的影响力。

即使士绅可以在地方政府中代表自己的利益，但仍然没有人去代表地方社会的其他群体。士绅最多只可能关心仅仅有利于地方社会稳定的百姓福祉。他们没有保护百姓的义务——无论是从法律上还是政治上。如果说他们有任何义务的话，那主要是道德义务，并且主要是依据自觉的和非正式的标准去履行的。况且，作为一个特权群体，士绅的利益与社会其他群体的利益时常会发生冲突。这一事实又与自治不相容，因为自治要求代表整个群体的利益。[12]

士绅享有与官吏相似的身份和特权。尽管官吏与正式权力相连，而士绅仅与非正式权力相连，但两者的权力却同出于一个政治秩序。只有具备这种政治上确定身份的人，才能接触地方官吏并在地方政策中有自己的声音。因此士绅是唯一的压力集团。他们与地方政府官员一道决定地方政策和行政，并分担社会控制之责任。既然权力意味着"参与统治过程"或"参与决策过程"[13]，我们可以得出结论：在清代中国，地方权力只在官吏（正式政府）和士绅（非正式政府）之间进行分配。

我们已经详细研究过的所有群体的行为及其互动，表明了他们之间存在着紧张关系：州县官与其上司之间，州县官与书吏、衙役和长随之间，地方官吏和地方士绅之间，民众与官员及其僚属之间，百姓与士绅之间，等等，莫不如此。由于紧张常常刺激着变革，我们自然就会问：

为什么在中国这种紧张没有导致显著变革？我认为，一个决定性的因素就是，所有这些群体，都在现行体制下获得了最大回报；唯一例外的是普通百姓。因此，尽管会有紧张，他们却没有兴趣去改变现状；于是我们就看到了社会和政治秩序中的稳定性和持续性。这种稳定性，只有在民众的不满激烈到足以升级为公开暴动的时候才会受到威胁。但只要他们的不满没有转化为有效的行动，现状就仍将维持下去。

注释：

1 《日知录》卷九，第 15 页 b—16 页 a、第 17 页 a—b。【此处"守令"系沿用古时"郡守""县令"类职务合称，即指地方长官，尤其指州县官。——译者】

2 顾炎武观察到，有如此多的法律规章被制定出来用以防止官员腐败，约束他们的行为，以至于"贤智之臣亦无能效尺寸于法之外，相与兢兢奉法，以求无过而已"（《日知录》卷九，第 15 页 b；另见《菽中随笔》，第 53 页）。

3 马克斯·韦伯等学者几乎只关注官僚体制的积极面，却忽视了它的消极面。这一消极面被默顿看作"官僚体制的官能障碍"。默顿指出，这种障碍发生在这样的时候；即原本视为手段的"遵守法规"变成了目的本身的时候。"正是这种强化遵守法律可能性的策略，导致人们过分用心于严格固守规则，这又易于引起怯懦、保守和舞文弄法（technicism）。"（《社会理论与社会结构》，伊利诺伊州格伦科，1949 年，第 156 页）

4 有个名叫周镐的官员说："原其始，诚恐州县之玩延隐讳，不得不大为之防。及其后，州县畏忌处分，不得不巧为之避。"（《牧令书》卷二十三，第 17 页 b—18 页 a）在评论官员的不安全境况时，汪辉祖将他们比作用手一碰就可能打破的玻璃屏风（《学治臆说》卷下，第 20 页 b）。

　　道光皇帝也注意到这一情况。1820 年，他在一道上谕中提及大量行政处罚规章造成的结果时说："贤吏或因此废黜，不肖者巧于规避。"道光皇帝还说：由于行政规章如此繁复，州县官几乎将所有精力都花在如何循规蹈矩上，因而就不可能关心像教育和富民之类的根本行政事务。因为这个原因，道光皇帝下令吏部和兵部删减和修订行政规章。不过正如他在上谕中提到的，他的旨意并未被两部真正执行（《清宣宗实录》卷七，第 24 页 b—25 页 b）。

5 18 世纪的一位官员注意到，行政事务实际上被这三个群体所把持，官员只不过徒有其名（《学治臆说》，第 13 页）。

6 H. H. 格特、C. W. 米尔斯译：《马克斯·韦伯社会学文集》，第 215—216 页；默顿：《社会理论和社会结构》，第 157—159 页。

7 杨庆堃：《中国官僚行为的某些特征》，载倪德卫、芮沃寿编：《行动中的儒家》（斯坦福，1959 年），第 156—163 页。

8 莫顿·格罗津斯：《公共行政和人际关系学》，载海因茨·尤劳等编：《政治行为》（伊利诺伊州格伦科，1956 年），第 340—341 页、第 344 页。

9 关于工业社会和非工业社会官僚体制的最新研究,对坚持在"正式"与"非正式"行政行为之间作严格区分的合理性提出了质疑。正式的结构也许可以为某种非正式行为模式的发展提供条件。小 S. H. 尤迪曾令人信服地指出:各类官僚体制及其合理变量之间相互关系的考察,可能要比仅仅依循"正式"与"非正式"理想两分型考察能获得更丰硕的结果。他的实证分析表明:非正式组织,如果偏离韦伯式理想型建构模式来考察,就是一种臆造物;当这种理想模式因为一系列变量而瓦解时,它也许就不算是臆造了(《韦伯组织理论中的官僚政治和合理性:一种实证分析》,载《美国社会学评论》第 24 卷第 6 期,1959 年 12 月,第 791—795 页)。

10 关于这一概念,见 R. K. 默顿:《社会服从、偏离和机会结构:论杜宾和克洛尔德的贡献》,载《美国社会学评论》第 24 卷第 2 期(1959 年 4 月),第 187 页。

11 钱端升:《中国的政府与政治》(马萨诸塞州剑桥,1950 年),第 45 页。

12 在评论关于中国农村究竟是否存在自治的诸多相互对立的观点时,现代政治学家萧公权坚持认为,"缺乏自治更接近乡村生活的实情"。他的结论基于这样的事实:(1)政府通过直接对州县官负责的代理人这一中介实行对乡村的控制;(2)乡村事务由乡绅领导,而"他们通常与普通居民有着不同的利益"。因此,"即使在没有政府控制的地方,村庄作为一个有组织的共同体,也不是全体居民自我管理的自治体"。(《中国乡村》,第 264 页)。萧公权关于士绅和乡民的利益在很大程度上不同的论述是十分有见地的,我也一再强调这一点。这对于理解士绅的领导究竟是否意味着自治来说是十分重要的。

　　另一位研究中国政府的学者钱端升得出了相似的结论。他的理论依据是:绅士既非选举产生,又不是正式指定的。而且他们常常不得不屈从于地方官的意志,"没有任何自己的、受到宪法和习惯权利保护的领域"(《中国的政府与政治》,第 45 页)。

13 拉斯韦尔、卡普兰:《权力与社会》,第 75 页。

参考文献

中文①

A

《安徽通志》，1877

B

《巴山七种》，1865
《办案要略》，王又槐，收在《入幕须知五种》
《宝韦斋类稿》，李桓，1880
《宝山县交代驳册》，1902，手抄本，藏于哈佛大学汉和图书馆
《保安州交折稿》，1864，手抄本，藏于哈佛大学汉和图书馆
《保甲书》
《碑传集》，钱仪吉编，1893
《碑传集补》，闵尔昌编，北京，1931
《笔记小说大观》
《病榻梦痕录》，汪辉祖，收在《汪龙庄先生遗书》，1882—1886
《不慊斋漫存》，徐赓陛，1882
《补注洗冤录集证》，王又槐等，1843，1873

---

① 原书目按作者姓氏拼音排序，现改为按书名首字拼音排序；原书目将中日文著作合列书目，现改为分列。——译者

C

《长随论》，手抄本，转引自蔡申之《清代州县故事》

《长汀县志》，1879

《常昭合志稿》，1904

《呈贡县志》，1885

《称谓录》，梁章钜，1884

《虫鸣漫录》，采蘅子，收在《笔记小说大观》

《滁州志》，1897

《磁州志》，1703

《从政录》，汪喜荀，收在《江都汪氏丛书》，其《序》显示为1841年

《从政遗规》，陈宏谋，收在《五种遗规》

《从政绪余录》，陈坤编，收在《如不及斋汇钞》，1872

D

《大清会典》，1690，1732，1764，1818，1899。除特别说明外，本书均引自1899年版

《大清会典事例》，1818；1899。除特别说明外，本书均引自1899年版

《大清会典则例》，1764

《大清历朝实录》，东京，1937

《大清律例案语》，崇纶，1894

《大清律例通考》，吴坛，1886

《大清通礼》

《大清十朝圣训》

《当阳县志》，1866

《道光朝两淮废引改票始末》，刘儁，载《中国近代经济史研究集刊》第1卷第2期(1933年5月)，第124—188页

《德阳县志》，1874

《定例成案合镌》，孙纶编，其《序》显示为1707年

《定例汇编》，江西按察司衙门

《定例汇编》，江西布政司衙门

《定例全编》，李珍，1715

《定陶县志》，1753，1876年重印

《东阿县志》，1829

《东华录》《东华续录》，王先谦编，1911

《东华续录》，朱寿朋，1909

《东溟文集》，姚莹，收在《中复堂全集》，1867

《东平州志》，1878
《读例存疑》，薛允升，1905

E

《鄂省丁漕指掌》，湖北臬署，1875

F

《樊山判牍》正编和续编，樊增祥，上海，1933
《番禺县志》，1871
《放言》，王侃，收在《巴山七种》，1865
《凤鸣实录》，胡潜甫，收在《太平天国》第五册，第5—22页
《福惠全书》，黄六鸿[①]
《孚惠全书》，彭元端编，1931年重印
《阜宁交代登复册》，1906，手抄本，藏于哈佛大学汉和图书馆
《阜邑款目簿》(《阜邑额征地漕俸工等款钱粮并扣廉款目簿》)，1907，手抄本，藏于哈佛大学汉和图书馆
《覆瓮集》《覆瓮余集》，张我观，1626
《抚吴公牍》，丁日昌，1877

G

《陔余丛考》，赵翼，《四部备要》本
《甘肃通志》，1736
《赣榆县交代登复册》，1906，手抄本，藏于哈佛大学汉和图书馆
《高密县志》，1754
《各行事件》，手抄本，转引自蔡申之《清代州县故事》
《巩昌府志》，1687
《公门要略》，手抄本，转引自蔡申之《清代州县故事》
《公牍摘要》，钟祥，收在《从政绪余录》
《躬耻斋文钞》，宗稷辰，1851
《菰中随笔》，顾炎武，收在《亭林先生遗书汇辑》，1885
《古今谭概》，冯梦龙，文学古籍刊行社编印
《官场现形记》，李伯元（李宝嘉），上海，1927
《管见》，朱椿，收在《作吏要言》
《国朝耆献类征》，李桓，"湘阴李氏"编印

[①] 作者说本书在美国出版时参考文献部分漏了此条，特提醒我们补上。——译者

《国朝先正事略》，李元度，《四部备要》本
《郭侍郎奏疏》，郭嵩焘，1892

H

《海角遗编》，漫游野史，收在《虞阳说苑》
《海虞贼乱志》，顾汝钰编，收在《太平天国》第五册，第347—396页
《海州交代驳册》，1907，手抄本，藏于哈佛大学汉和图书馆
《河北采风录》，王凤生，1826
《河南赋役全书》，1883
《湖南赋役全书》
《湖南通志》，1757；1882—1885
《胡文忠公遗集》，胡林翼，崇文书局编印，1875
《户部漕运全书》，1844
《户部则例》，1874
《华阳县志》，1816
《怀集县志》，1916
《淮南盐法纪略》，方濬颐，1873
《槐卿政绩》，沈衍庆，1905
《宦乡要则》，张鉴瀛，1882
《宦游纪略》，高廷瑶，1908
《宦游随笔》，翁祖烈，1880
《荒政备览》，王凤生，收在《越中从政录》
《皇（清）朝道咸同光奏议》，王延熙、王树敏，1902
《皇（清）朝经世文编》，贺长龄编，1887
《皇（清）朝经世文三编》，陈忠倚编，1901
《皇（清）朝经世文统编》，邵之棠编[①]，上海，1901
《皇（清）朝经世文续编》，葛士濬编，上海，1888
《皇（清）朝经世文续编》，盛康编，上海，1897
《皇（清）朝政典类纂》，席裕福，上海，1903
《皇清奏议》，北京
《活地狱》，李伯元（李宝嘉），上海，1956

J

《江苏清讼章程》，江苏书局

---

① 作者原注编者为"润甫"。——译者

《江苏省例》，江苏书局

《畿辅条鞭赋役全书》，1883

《畿辅通志》，1682

《绩溪县志》

《纪无锡县城失守克复本末》，施建烈，收在《太平天国》第五册，第 245—268 页

《嘉定屠城记》，收在《痛史》

《嘉定县乙酉纪事》，收在《痛史》

《嘉定县志》，1673

《家言随记》，王贤仪，1866，卷一包括《申韩论》《佐治药言摘要》《阅历偶谈》

《江南通志》，1736

《江西赋役经制全书》

《江州笔谈》，王侃，收在《巴山七种》，1865

《交代款目备考》，手抄本，藏于哈佛大学汉和图书馆

《金博夫先生呈批底稿》，手抄本，藏于哈佛大学汉和图书馆

《金坛见闻记》，强汝询，收在《太平天国》第五册，第 193—214 页，上海，1953

《金坛县志》，1885

《津门保甲图说》，1846

《晋政辑要》，刚毅编，1887

《缙绅全书》

《泾州志》，1754

《敬恕斋遗稿》，张梦元，1897

《经德堂文集》，龙启瑞，收在《粤西五家文钞》

《经世文新编》，麦仲华编，1898

《井研县志》，1900

《莒州志》，1796

《居官寡过录》，胡衍虞，1775

《卷施阁文》（甲集），洪亮吉，收在《洪北江全集》，1877

K

《康济录》，1869

《科场条例》，1790

《会稽县志》，1673；1936 年重印

《款目源流》，手抄本，藏于哈佛大学汉和图书馆

《况太守治苏集》，况钟，1764

L

《莱阳县志》，1673
《吏部则例》，乾隆年本；1843年本。本书引自乾隆年本
《吏部铨选则例》
《吏皖存牍》，姚锡光，1908
《吏治县镜》，徐文弼，宏道堂编印
《礼部则例》，奏进日期为1844年
《李文恭公遗集》，李星沅，同治年本
《李文忠公全集》，李鸿章，上海，1921
《溧阳县志》，1813
《梁山县志》，1894
《灵寿县志》，1685
《临川先生文集》，王安石，《四部丛刊》本
《六部成语注解》，京都，1940
《六部处分则例》（又称《吏部处分则例》），1887
《六和纪事》，周长森，收在《太平天国》第五册，第153—163页
《六合县志》，1883
《娄县志》，1788
《鹿洲公案》，蓝鼎元，收在《鹿洲全集》
《鹿樵纪闻》，梅村野史，收在《痛史》
《栾城县志》，1873
《骆文忠公奏稿》，骆秉章，1891
《律法须知》，吕芝田，广州

M

《门务摘要》，手抄本，转引自蔡申之《清代州县故事》
《梦痕录余》，汪辉祖，手抄本，转引自《汪龙庄先生遗书》，1882—1886
《蒙难述钞》，周邦福，手抄本，转引自《太平天国》第五册，第45—78页
《明代粮长制度》，梁方仲，上海，1957
《明代粮长制度》，梁方仲，载《中国社会经济史集刊》第7卷第2期（1944年12月），第107—133页
《明季南略》，计六奇
《明律集解附例》，1908
《明史》，《四部备要》本
《明刑管见录》，穆翰，其《序》显示为1845年，收在《啸园丛书》
《牧令书》，徐栋编，1848

《牧令须知》，刚毅编，1889

《幕学举要》，万维翰，其《序》显示为1770年，收在《入幕须知五种》

N

《耐庵公牍存稿》，贺长龄，1882

《耐庵奏议存稿》，贺长龄，1882

《南丰县志》，1871

《内黄县志》，1739

《廿二史札记》，赵翼，《四部备要》本

《宁远县志》，1709

P

《彭水县志》，1875

《培远堂偶存稿》，陈宏谋

《偏途论各司事》，手抄本，藏于哈佛大学汉和图书馆

《平湖县保甲事宜》，王凤生，收在《越中从政录》

《平湖县志》，1790

《平乐县志》，1884

《平平言》，方大湜，1887

《蒲台县志》，1763

《莆田县志》，1758，1879年重印

Q

《期不负斋全集》，周家楣，1895

《钱谷备要》，王又槐，其《序》显示为1793年

《钱谷必读》，刘有容，其《序》显示为1795年，手抄本，藏于哈佛大学汉和图书馆

《钱谷视成》，谢鸣篁，其《序》显示为1788年，湛允修1907年抄录，手抄本，藏于哈佛大学汉和图书馆

《钱粮禀稿》，手抄本，藏于哈佛大学汉和图书馆

《切问斋文钞》，陆燿编，其《序》显示为1775年

《钦颁州县事宜》，田文镜、李卫，收在《宦海指南五种》，1886

《清稗类钞》，徐珂，上海，1928

《清朝通典》，《十通》本

《清朝通志》，《十通》本

《清朝文献通考》，《十通》本

《清朝续文献通考》,《十通》本

《清代科举考试述录》,商衍鎏,北京,1958

《清代的幕职》,张纯明,载《岭南学报》第 9 卷第 2 期 (1950 年),第 33—37 页

《清代殿试考略》,傅增湘,天津,1933

《清代捐纳制度》,许大龄,北京,1950

《清代考试制度》,章中如,上海,1931

《清代幕僚制度论》,全增祜,载《思想与时代》第 31 卷 (1944 年 2 月),第 29—35 页;第 32 卷 (1944 年 3 月),第 35—43 页

《清代之幕宾与门丁》,迟庄,载《大陆杂志》第 5 卷第 2 期 (1952 年 7 月),第 15—16 页

《清代州县故事》,蔡申之,载《中和月刊》第 2 卷第 9 期 (1941 年 9 月),第 49—67 页;第 2 卷第 10 期 (1941 年 10 月),第 72—95 页;第 2 卷第 11 期 (1941 年 11 月),第 89—101 页;第 2 卷第 12 期 (1941 年 12 月),第 100—108 页

《清和交代驳册稿》,1907,手抄本,藏于哈佛大学汉和图书馆

《清会典》,见《大清会典》

《清会典事例》,见《大清会典事例》

《清律例》,见《大清律例汇辑便览》

《清史》,全八册,台北,1961

《清史稿》,赵尔巽主编,1927—1928

《清史列传》,上海,1928

《清实录》,见《大清历朝实录》

《清通考》,见《清朝文献通考》

《清续通考》,见《清朝续文献通考》

R

《日知录集释》,顾炎武,《四部备要》本

《如皋交代册》,1907,手抄本,藏于哈佛大学汉和图书馆

S

《山东通志》,1736,1837 年重印

《山西通志》,1892

《山阳交代驳册》,1907,手抄本,藏于哈佛大学汉和图书馆

《陕西通志》,1735

《山阴县志》,1803

《山阴县志稿》,1935

《上海县志》，1871

《上海研究资料》，上海，1936

《绍兴府志》，乾隆年本

《绍兴县志资料》，第一辑，1937

《申韩论》，王贤仪，见《家言随记》，1866

《审看拟式》，刚毅编，1887

《沈文肃公政书》，沈宝桢，1880

《深州风土记》，1900

《深泽县志》，1735—1744

《盛世危言》及其《补编》，郑观应

《石渠余纪》（也称《熙朝纪政》），王庆云，1890

《石香秘录》，收在《补注洗冤录集证》，1873

《仕学大乘》，康熙年本

《释一条鞭法》，梁方仲，《中国社会经济史集刊》第 7 卷第 1 期（1944 年 6 月），第 105—119 页

《寿阳县志》，1771

《寿张县志》，1717

《蜀僚问答》，刘衡

《书启稿簿》，陈氏，手抄本，藏于哈佛大学汉和图书馆

《双节堂庸训》，收在《汪龙庄先生遗书》，1882—1886

《顺天府霸州赋役册》

《三鱼堂文集》及《外集》，陆陇其，1701

《三原县志》，1783

《松郡均役成书》（也称为《松郡娄县均役要略》），1671—1788

《宋史》，《四部备要》本

《宋州从政录》，王凤生，1826

《苏藩款目源流》，手抄本，藏于哈佛大学汉和图书馆

《苏藩政要》，手抄本，藏于哈佛大学汉和图书馆

《苏州府志》，1796

《随园卅种》

《孙文定公奏疏》，孙嘉淦

T

《太平天国》，向达等编，全八册，上海，1953

《太仓州赋役全书》

《泰州志》，1827

《堂邑县志》，1711，1892 年重印

《桃源县交代驳册》，1907，手抄本，藏于哈佛大学汉和图书馆

《陶云汀先生奏疏》，陶澍

《天台治略》，戴兆佳，其《序》显示为 1721 年，1897 年重印

《亭林先生遗书汇辑》，1885

《亭林文集》，顾炎武，收在《亭林先生遗书汇辑》，1855

《通典》，杜佑，《十通》本

《通甫类稿》，鲁一同，1859

《图民录》，袁守定，1839

W

《汪龙庄先生遗书》，汪辉祖

《乌程县志》，1881

《乌江县志》，1747

《武陵县志》，1867

《吾学录初编》，吴荣光，1870

《吴文节公遗著》，吴文熔，1857

《吴中判牍》，蒯德模，收在《啸园丛书》

《五种遗规》，陈宏谋，1868

《五杂俎》，谢肇淛，明刊本，吴航宝树堂编印

X

《熙朝纪政》

《西江政要》，江西按察司衙门

《锡金识小录》，黄卬，1896

《锡金志外》，沐云叟，收在《笔记小说大观》

《洗冤录解》，姚德豫，收在《补注洗冤录集证》，1865 年版

《咸丰以后两淮之票法》，刘隽，《中国社会经济史集刊》第 2 卷第 1 期（1933 年 11 月），第 142—165 页

《咸宁县志》，1668

《咸阳县志》，1751

《显志堂稿》，冯桂芬，1876

《湘潭县志》，1756

《湘阴县图记》，1880

《小仓山房文集》，袁枚，《随园卅种》本

《校邠庐抗议》，冯桂芬，1884

《新会县志》，1840

《新唐书》，《四部备要》本

《心史丛刊》，孟森，第一辑，上海，1936

《兴安县地丁款目》，1841—1853，手抄本，藏于哈佛大学汉和图书馆

《兴化县交代册》，1910，手抄本，藏于哈佛大学汉和图书馆

《刑法指南》，手抄本，藏于哈佛大学汉和图书馆

《刑幕要略》，收在《入幕须知五种》，张廷骧编，1884

《刑钱必览》，王又槐，其序显示为1793年

《学仕录》，戴肇辰，1867

《学政全书》，1812

《学治偶存》，陆维祺，1893

《学治臆说》，汪辉祖，收在《汪龙庄先生遗书》，1882—1886

《学治说赘》，汪辉祖，收在《汪龙庄先生遗书》，1882—1886

《学治续说》，汪辉祖，收在《汪龙庄先生遗书》，1882—1886

《续佐治药言》，汪辉祖，收在《汪龙庄先生遗书》，1882—1886

《学治体行录》，王凤生，收在《越中从政录》

《学治一得编》，何耿绳，收在《啸园丛书》

《续碑传集》，缪荃孙编，1893

Y

《研堂见闻杂记》，收在《痛史》

《阳曲县志》，1682

《扬邑交代驳册》，1910，手抄本，藏于哈佛大学汉和图书馆

《养知书屋全集》，郭嵩焘，1892

《一条鞭法》，梁方仲，载《中国近代经济史研究集刊》第4卷第1期（1936年5月），第1—65页

《庸庵全集》，薛福成，1897

《庸吏庸言》，刘衡

《庸吏余谈》，刘衡，1827

《永清县志》，1779

《雍正上谕》，1741

《语冰阁奏议》，邓承修

《豫乘识小录》，朱云锦，1873

《于清端公政书》，于成龙，1683

《虞阳说苑》

《愚斋存稿》，盛宣怀

《谕折汇存》，1893—1907
《粤东省例新纂》，黄恩彤
《粤西五家文钞》
《阅历偶谈》
《阅史郖视》，李塨，收在《畿辅丛书》
《越缦堂日记》，李慈铭，北京，1922
《越缦堂日记补》，李慈铭，上海，1936
《越中从政录》，王凤生，其《序》显示为1824年

Z

《在官法戒录》，陈宏谋，收在《五种遗规》，1868
《在城乡各甲副书额册簿》，手抄本，藏于哈佛大学汉和图书馆
《责成州县条规》
《曾文正公全集》，曾国藩，1876
《张季子九录》，张謇，上海，1931
《赵恭毅公賸稿》，赵申乔，其序显示为1738年
《章氏遗书》，章学诚，刘氏嘉业堂编印
《张文襄公全集》，张之洞，文华斋编印，1928
《浙省仓库清查节要》，王凤生，收在《越中从政录》，其《序》显示为1824年
《浙江通志》，1736，1899年重印
《正定县志》，1875
《政余杂记》，手抄本，转引自蔡申之《清代州县故事》
《治浙成规》
《中复堂全集》
《中国保甲制度》，闻钧天，上海，1935
《中国法律与中国社会》，瞿同祖，上海，1947
《中国行会制度史》，全汉昇，上海，1934
《中国厘金史》，上下册，罗玉东，上海，1936
《忠雅堂文集》，蒋士铨，收在《蒋氏四种》
《朱批谕旨》，乾隆皇帝序显示为1738年
《壮悔堂集》，侯方域
《庄子集解》，王先谦
《赘言十则》，张廷骧，收在《刑幕要略》
《梓潼县志》，1858
《自治官书偶存》，刘如玉，1898
《资治新书》（二集），李渔，其《序》显示为1667年

《佐治药言》，汪辉祖，收在《汪龙庄先生遗书》，1882——1886

《作吏要言》，叶镇，收在《补注洗冤录集证》，1843

《左文襄公年谱》，罗正钧，1897

《左文襄公全集》，左宗棠，1888

日文①

铃木中正 (Suzuki chusei). 清末の財政と官僚の性格 (shin matsu no zaisei to kanryō no seikaku); 近代中國研究 (kindai chūkoku kenkyū), 2:246–248(1958).②

铃木中正：《清末的财政和官僚的性格》，载《近代中国研究》第 2 卷（1958 年），第 246—248 页。

安部健夫. 耗羨提解の研究; 東洋史研究, 16.4:108–251(Mar.1958).

安部健夫：《耗羡提解之研究》，载《东洋史研究》第 16 卷第 4 期（1958 年 3 月），第 108—251 页。

細井昌治. 清初の胥吏——社会史的一考察; 社会經濟史学, 14.6:1–23(Sept.1944).

细井昌治：《清初的胥吏——社会史上的一点考察》，载《社会经济史学》第 14 卷第 6 期（1944 年 9 月），第 1—23 页。

岩見宏. 雍正時代における公費の一考察; 東洋史研究, 15.4:65–99(Mar.1957).

岩见宏：《对雍正时代公费的一点考察》，载《东洋史研究》第 15 卷第 4 期（1957 年 3 月），第 65—99 页。

狩野直喜. 清朝地方制度; 讀書籑餘, pp.133–176. 東京, 1947.

狩野直喜：《清朝地方制度》，载《读书纂余》（东京，1947 年），第 133—176 页。

北村敬直. 清代における租税改革（地丁併徵）; 社会經濟史学, 15.3–4:1–38 (Oct.1949).

北村敬直：《清代的租税改革（地丁并征）》，载《社会经济史学》第 15 卷第 3—4 期（1949 年 10 月），第 1—38 页。

---

①日文部分由傅黎旭翻译。

②本条目原文仅有罗马拼音，日文为译者添加。——译者

小早川欣吾．清時代に於ける地方自治團體の牌の形式について——特に保甲制度を中心として；東亜人文學報，1.2:370–422(Sept.1941).
小早川欣吾：《关于清代地方自治团体的组织形式——尤其是以保甲制度为中心的形式》，载《东亚人文学报》第 1 卷第 2 期（1941 年 9 月），第 370—422 页。

小早川欣吾．清時代に於ける保甲冊の形式と其の編制について；東亜人文學報，3.1:73–143(Mar.1943).
小早川欣吾：《关于清代保甲册的形式及其编制》，载《东亚人文学报》第 3 卷第 1 期（1943 年 3 月），第 73—143 页。

松本善海．明代に於ける里制の創立；東方學報，東京，12.1:109–122(May.1941).
松本善海：《明代里制的创立》，载《东方学报》第 12 卷第 1 期（东京，1941 年 5 月），第 109—122 页。

松本善海．清代における總甲制度の創立；東方學報，東京，13.1:109–142(May,1942).
松本善海：《清代总甲制度的创立》，载《东方学报》第 13 卷第 1 期（东京，1942 年 3 月），第 109—142 页。

宮崎市定．科舉．大阪，1946.
宫崎市定：《科举》，大阪，1946 年。

宮崎市定．清代の胥吏と幕友——特に雍正朝を中心として．東洋史研究，16.4:1–28(Mar.1958).
宫崎市定：《清代的胥吏和幕友——以雍正朝为中心》，载《东洋史研究》第 16 卷第 4 期（1958 年 3 月），第 1—28 页。

本村正一．清代社会に於ける紳士の存在；史淵，24:61–78(Nov.1940).
本村正一：《清代社会下的乡绅》，载《史渊》第 24 卷（1940 年 11 月），第 61—78 页。

根岸佶．中国社会に於ける指導層——耆老紳士の研究．東京，1947.
根岸佶：《中国社会中的统治阶层——关于耆老绅士的研究》，东京，1947 年。

佐伯富．明清時代の民壯について；東洋史研究，15.4:33–64(Mar.1957).
佐伯富：《关于明清时代的民壮》，载《东洋史研究》第 15 卷第 4 期（1957 年 3

月），第 33—64 页。

佐伯富．清代道光朝における淮南鹽政の改革；東方學論集,3:87–120(Sept.1955).
佐伯富：《清代道光朝时期淮南盐政的改革》，载《东方学论文集》第 3 期（1955 年 9 月），第 87—120 页。

佐伯富．清代鹽税の研究．京都,1956.
佐伯富：《清代盐税的研究》，京都，1956 年。

酒井忠夫．鄉紳について；史潮,47:1–18(Dec.1952).
酒井忠夫：《关于乡绅》，载《史潮》第 47 期（1952 年 12 月），第 1—18 页。

佐野學．清朝社會史．3 parts, 8 vols.; 東京,1947–1948.
佐野学：《清朝社会史》（8 卷本），第 3 部分，东京，1947—1948 年。

清水盛光．中國鄉村社會論．東京,1951.
清水盛光：《中国乡村社会论》，东京，1951 年。

清水盛光．中国の鄉村統治と村落．東京,1949.
清水盛光：《中国乡村统治和村落》，东京，1949 年。

曾我部静雄．中國の行政區劃としての圖の起源；東洋史研究,17.1:97–104(June 1958).
曾我部静雄：《中国行政区划中地图的起源》，载《东洋史研究》第 17 卷第 1 期（1958 年 6 月），第 97—104 页。

曾我部静雄．明太祖六諭の傳承について；東洋史研究,12.4:27–36(June 1953).
曾我部静雄：《关于明太祖六谕的传承》，载《东洋史研究》第 12 卷第 4 期（1953 年 6 月），第 27—36 页。

和田清．ed.支那地方自治發達史．東京,1939.
和田清编：《支那地方自治发达史》，东京，1939 年。

山田秀二．明清時代の村落自治について；歷史學研究.2.3:214–230(July 1934); 2.5:15–22(Sept.1934); 2.6:2–30(Oct.1934).
山田秀二：《论明清时代的村落自治》，载《历史学研究》第 2 卷第 3 期（1934

年 7 月），214—230 页；第 2 卷第 5 期（1934 年 9 月），第 15—22 页；第 2 卷第 6 期（1934 年 10 月），第 2—30 页。

西文[①]

Alabaster, Ernest. *Notes and Commentaries on Chinese Law and Cognate Topics, with Special Relation to Ruling Cases, Together with a Brief Excursus on the Law of Property*, London, 1899.
阿拉巴德：《中国法律及司法判例所见相关原则评注，附有关财产法的简短补论》，伦敦，1899 年。（书中无直接引用或提及）

Alabaster, Ernest. "Notes on Chinese Law and Practice Preceding Revision", *Journal of the North China Branch of the Royal Asiatic Society*, 37:83–149(1906).
阿拉巴德：《中国法律和修纂条例评注》，载《皇家亚洲学会华北分会杂志》第 37 卷（1906 年），第 83—149 页。（书中无直接引用或提及）

Beal, E. G. Jr. *The Origin of Likin (1853–1864)*, Cambridge, Mass., 1958.
小 E. G. 比尔：《厘金的起源 (1853—1864 年)》，马萨诸塞州剑桥，1958 年。（书中无直接引用或提及）

Boulais, Gui, trans., *Manuel du code chinois* (Variétés sinologiques). Shanghai, 1923.
居伊·鲍莱译：《中国法典手册》（《汉学文集》），上海，1923 年。（见第一章注 33；第二章注 11、134；第三章注 148；第七章注 1、25、37、67、76、77、79、80、91、111、116、117；第八章注 112；第十章注 40、65、137）

Brenan, Byron. "The Office of District Magistrate in China", *Journal of the China Branch of the Royal Asiatic Society*, new series, 32:36–65(1897–1898). Also published as a pamphlet, Shanghai, 1899.
璧利南：《中国州县官衙》，载《皇家亚洲学会中国分会杂志》，新系列，第 32 卷（1897—1898 年），第 36—65 页；也作为小册子出版，上海，1899 年。（见第五章注 1；第六章注 169）

[①] 书中引用的文献未全部列入原著的参考文献中，为方便读者对照查证原文，特全部增补进来，依原书排序方式插入；括号内为该文献在书中被引用或参照的位置，原书无，系译者所加。——译者

Brunnert, H. S. & V. V. Hagelstrom. *Present Day Political Organization of China*. Shanghai, 1912.

H. S. 卜内特、V. V. 哈盖尔斯特罗姆：《当代中国政治组织》，上海，1912 年。（见第一章注 22、25、40、41、43；第二章注 5、6）

Chang Chung-li.*The Chinese Gentry, Studies on Their Role in Nineteenth Century Chinese Society*. Seattle, 1955.

张仲礼：《中国绅士：关于其在十九世纪中国社会中作用的研究》，西雅图，1955 年。（见第一章注 19；第六章注 132；第十章注 16、19、20、21、26、33、86、92、99、108）

Ch'ien Tuan-sheng. *The Government and Politics of China.* Cambrige, Mass., 1950.

钱端升：《中国的政府与政治》，马萨诸塞州剑桥，1950 年。（见结语注 11、12）

Ch'ü T'ung-tsu. "Chinese Class Structure and Its Ideology", in J. K. Fairbank, ed. *Chinese Thought and Institutions*, pp. 235–250. Chicago, 1957.

瞿同祖：《中国阶级结构及其意识形态》，载费正清主编：《中国的思想与制度》，第 235—250 页，芝加哥，1957 年。（见第六章注 132）

Ch'ü T'ung-tsu. *Law and Society in Traditional China* (Le Monde d'outre-mer-passé et présent). Paris and the Hague, 1961.

瞿同祖：《传统中国的法律与社会》（"海外社会：过去与现在"丛书），巴黎和海牙，1961 年。（见第四章注 58；第十章注 39、40、47）

Doolittle, Justus. *Social Life of the Chinese, with Some Account of Their Religious, Governmental, Educational, and Business Customs and Opinions.* 2 vols., New York, 1865.

卢公明：《中国人的社会生活：其宗教、政府、教育和商业习俗与观念的评述》二卷本，纽约，1865 年。（见第六章注 159；第七章注 73）

Eberhard, Wolfram. *A history of China*, trans. E. W. Dickes. Berkeley, 1950; 2nd and rev. ed., Berkeley,1960.

伊磐汉：《中国历史》，E. W. 迪克斯译，伯克利，1950 年；伯克利，1960 年修订第二版。（见第十章注 9）

Eberhard, Wolfram.*Conquerors and Rulers: Social Forces in Medieval China*. Leiden,

1952.

伊磐汉：《征服者与统治者：中世纪中国的社会力量》，莱顿，1952 年。（见第十章注 9）

Fairbank, J. K. and S. Y. Teng, *Ch'ing Administration: Three Studies.* Cambridge, Mass., 1960.

费正清、邓嗣禹：《清代行政：三种研究》，马萨诸塞州剑桥，1960 年。（书中无直接引用或提及）

Fairbank, J. K. and S. Y. Teng, "On the Types and Uses of Ch'ing Documents", *Harvard Journal of Asiastic Studies,* 5.1: 61–62 (1940).

费正清、邓嗣禹：《清代文书的类别和使用研究》，载《哈佛亚洲学刊》第 5 卷第 1 期（1940 年），第 61—62 页。（第六章注 146）

Fei Hsiao-t'ung. *China's Gentry: Essays in Rural-Urban Relations, with Six Life-Histories of Chinese Gentry Collected by Yung-teh Chow.* Chicago, 1953.

费孝通：《中国士绅：城乡关系论集；附周荣德辑"中国士绅生活史六种"》，芝加哥，1953 年。（书中无直接引用或提及）

Fei Hsiao-t'ung. "Peasantry and Gentry: An Interpretation of Chinese Social Structure and Its Changes", *American Journal of Sociology*, 52. 1:1–17, July 1946.

费孝通：《农民与士绅：中国社会结构及其嬗变的解释》，载《美国社会学杂志》第 52 卷第 1 期（1946 年 7 月），第 1—17 页。（见第十章注 10、49、77、86、88）

Friedrich, C. J. "Some Observations on Weber's Analysis of Bureaucracy", In R. K. Merton, et al., eds., *Reader in Bureaucracy.* Glencoe, Ill., 1952.

C. J. 弗里德里希：《韦伯官僚体制论的几点观察》，载默顿等编《官僚体制的解读者》，伊利诺伊州格伦科，1952 年。（见引言注 2）

Gerth, H. H. and C. W. Mills, Trans. *From Max Webber: Essays in Sociology.* New York, 1946.

H. H. 格特、C. W. 米尔斯译：《马克斯·韦伯社会学文集》，纽约，1946 年。（见第六章注 4；第十章注 15；结语注 6）

Grodzins, Morton. "Public Administration and the Science of Human Relations", In Heinz Eulau, et al., eds., *Political Behavior*, Glencoe, Ill.,1956.

莫顿·格罗津斯：《公共行政和人际关系学》，载海因茨·尤劳等编：《政治行为》，伊利诺伊州格伦科，1956 年。（见结语注 8）

Gulik, R. H. van, trans. *T'ang-Yin-Pi-shih, Parallel Cases from under the Pear Tree*(Sinica Leidensia). Leiden, 1956
高罗佩译：《棠阴比事》（莱顿汉学丛书），莱顿，1956 年。（书中无直接引用或提及）

Hinton, H. C. *The Grain Tribute System of China (1845–1911)*. Cambridge, Mass., 1956.
H.C. 辛顿：《中国漕粮制度 (1845—1911 年)》，马萨诸塞州剑桥，1956 年。（见第八章注 100）

Ho Ping-ti. "Aspects of Social Mobility in China, 1368 –1911", *Comparative Studies in Society and History*, 1. 4:330–359(June 1959).
何炳棣：《中国社会流动性的几个方面，1368—1911 年》，载《社会与历史的比较研究》第 1 卷第 4 期（1959 年 6 月），第 330—359 页。（见第十章注 22、26）

Ho Ping-ti. "The Salt Merchants of Yang-chou: A Study of Commercial Capitalism in Eighteenth-Century China", *Harvard Journal of Asiatic Studies*, 17.1 and 2:130 –168, June 1954.
何炳棣：《扬州盐商：十八世纪中国商业资本的研究》，载《哈佛亚洲学刊》第 17 卷第 1 期和第 2 期（1954 年 6 月），第 130—168 页。（见第十章注 4）

Ho Ping-ti. *Studies in the Population of China: 1368 – 1953*. Cambridge, Mass. , 1959.
何炳棣：《1368—1953 中国人口研究》，马萨诸塞州剑桥，1959 年。（见第八章注 22）

Hsiao Kung-chuan. *Rural China: Imperial Control in the Nineteenth Century*. Seattle,1960.
萧公权：《中国乡村：十九世纪的帝国控制》，西雅图，1960 年。（见第一章注 7、19、21；第八章注 58；第九章注 2、25、27、50、122、154、165、171；第十章注 52、107、108、172；结语注 12）

Hsiao Kung-chuan. "Rural Control in Nineteenth Century China", *Far Eastern Quarterly*, 12. 2:173 –181 (Feb. 1953).
萧公权：《十九世纪中国的乡村控制》，载《远东季刊》第 12 卷第 2 期（1953 年

2 月），第 173—181 页。(见第九章注 25)

Hsieh Pao-chao. *The Government of China, 1644 –1911*. Baltimore, 1925.
谢保樵：《中国政府：1644—1911 年》，巴尔的摩，1925 年。(书中无直接引用或提及)

Jamieson, George, et al. "Tenure of Land in China and the Condition of the Rural Population ", *Journal of the China Branch of the Royal Asiatic Society*, new series, 23:59 –174 (1888).
哲美森等：《中国的土地权属和农村人口状况》，载《皇家亚洲学会中国分会杂志》，新系列，第 23 卷 (1888 年)，第 59—174 页。(书中无直接引用或提及)

Lasswell, H. D. *Politics: Who Gets What, When, How?* New York,1936.
H. D. 拉斯韦尔：《政治学：谁得到什么？何时和如何得到？》，纽约，1936 年。(第十章注 1)

Lasswell, H. D. and A. Kaplan. *Power and Society*. New Haven, 1950.
H. D. 拉斯韦尔、A. 卡普兰：《权力与社会》，纽黑文，1950 年。(第十章注 1、2、27；结语注 13)

Legge, James. "Imperial Confucianism", *The China Review*, 6:147–158, 223–235, 299–310, 364–374 (1877–1878).
理雅各：《帝国儒学讲稿四篇》，载《中国评论》第六卷（1877—1878 年），第 147—158 页、第 223—235 页、第 299—310 页、第 364—374 页。(见第九章注 161)

Legge, James.*The Work of Mencius*. The Chinese Classics, 5 vols. In 8 vols., Hong Kong and London,1861 –1872, II.125 –126.
理雅各译：《孟子》，《中国经典》8 卷本之 5 卷，香港和伦敦，1861—1872 年。(第十章注 27)

Liang Fang-chung. *The Single-whip Method of Taxation in China*. trans. Wang Yü-chuan. Cambridge, Mass. , 1956.
梁方仲：《一条鞭法》，王毓铨译，马萨诸塞州剑桥，1956 年。(见第一章注 11；第四章注 89；第八章注 58)

Liu Wang Hui-chen. *The Traditional Chinese Clan Rules* (Monographs of the Association for Asian Studies). New York, 1959.

刘王惠箴：《传统中国的宗规族法》（亚洲研究协会丛书），纽约，1959 年。（见第四章注 63）

Macgowan, D. J. "China Guilds or Chambers of Commerce and Trade Unions." *Journal of the China Branch of the Royal Asiatic Society*, new series, 21. 3–4:133–192 (1886).

玛高温：《中国的行会、商会及贸易团体》，载《皇家亚洲学会中国分会杂志》，新系列，第 21 卷第 3—4 期（1886 年），第 133—192 页。（书中无直接引用或提及）

MacIver, R. M. *Society*. New York, 1937.

R. M. 麦基佛：《社会》，纽约，1937 年。（见第十章注 87）

March, James G. "An Introduction to the Theory and Measurement of Influence", in Heinz Eulau, et al., eds., *Political Behavior*, Glencoe, Ill., 1956.

詹姆斯·G. 马奇：《影响力理论及其方法导论》，载海因茨·尤劳等编：《政治行为》，伊利诺伊州格伦科，1956 年。（见第十章注 53）

Marsh, Robert M. *The Mandarins: The Circulation of Elites in China, 1600–1900*. Glencoe, Ill., 1961.

R. M. 马什：《官宦：中国的精英流动，1600—1900 年》，伊利诺伊州格伦科，1961 年。（见第十章注 8）

Mayers, W. F. *The Chinese Government, A Manual of Chinese Titles, Categorically Arranged and Explained, with an Appendix*. 3rd and rev. ed., Shanghai, 1897.

梅辉立：《中国政府：中国职衔分类注解手册及附录》（修订第三版），上海，1897 年。（书中无直接引用或提及）

Meadows, T. T. *Desultory Notes on the Government and People of China and on the Chinese Language, Illustrated with a Sketch of the Province of Kwangtung*. London, 1847.

密迪乐：《中国政府、人民及其语言漫记，据广东省简图来描述》，伦敦，1847 年。（书中无直接引用或提及）

Merton, R. K. *Social Theory and Social Structure*. Glencoe, Ill., 1949.
R. K. 默顿:《社会理论与社会结构》,伊利诺伊州格伦科,1949 年。(见引言注 1;结语注 3、6)

Merton, R. K. "Social Conformity, Deviation and Opportunity Structures: A Comment on the Contribution of Dubin and Cloward①", *American Sociological Review*, 24. 2:187, April 1959.
R. K. 默顿:《社会服从、偏离和机会结构:论杜宾和克洛尔德的贡献》,载《美国社会学评论》第 24 卷第 2 期 (1959 年 4 月),第 187 页。(见结语注 10)

Merriam, C. E., *Systematic Politics*, Chicago, 1945.
C.E. 梅里亚姆:《系统政治学》,芝加哥,1945 年。(见引言注 3)

Milne, William. trans. *The Sacred Edict, containing Sixteen Maxims of the Emperor Kang-He, Amplified by His Son, the Emperor Yoong-Ching; together with A Paraphrase on the whole by A Mandarin.* London, 1817.
米怜译:《圣谕,包括康熙皇帝的"圣谕十六条"及其子雍正皇帝的"圣谕广训";并附一位清朝官员所撰的释义》,伦敦,1817 年。(见第九章注 161)

Morse, H. B., comp. "Currency and Measures in China", *Journal of the China Branch of the Royal Asiatic Society*, new series, 24:48–135(1889–1890).
马士编:《中国的货币与度量衡》,载《皇家亚洲学会中国分会杂志》,新系列,第 24 卷 (1889—1890 年),第 48—135 页。(第八章注 50)

Morse, H. B. *The Guilds of China, with an Account of the Guild Merchant or Co-hong of Canton*. London, 1909.
马士:《中国行会考,附广州行商报告》,伦敦,1909 年。(见第十章注 3)

Morse, H. B. *The Trade and Administration of the Chinese Empire*. Shanghai and Hong Kong, 1908.
马士:《中华帝国的贸易与行政》,上海和香港,1908 年。(见第一章注 18;第二章注 62、66;第八章注 56)

---

① 原书误为"Gloward"。

Mosca, Gaetano. *The Ruling Class*. Trans., H. D. Kahu, New York, 1939.
加塔诺·莫斯卡：《统治阶级》，H.D. 卡胡译，纽约，1939 年。（见第十章注 27）

Pareto, Vilfredo. *Mind and Society*, trans. A. Bonjiono and A. Livingston. 4 vols., New York, 1935.
维尔弗雷多·帕累托：《思想与社会》，A. 蓬交诺、A. 利文斯顿译，四卷本，纽约，1935 年。（见第十章注 1、27）

Parsons, Talcott. *Social System*. Glencoe, Ill., 1951.
塔尔科特·帕森斯：《社会制度》，伊利诺伊州格伦科，1951 年。（见第六章注 165）

Staunton, G. T., trans. *Ta Tsing Leu Lee; Being the Fundamental Laws and a Selection from the Supplementary Statutes of the Penal Code of China*. London, 1810.
G. T. 斯当东译：《大清律例：中国基本刑律和补充性成文法令选集》，伦敦，1810 年。（见第一章注 33；第二章注 134；第三章注 148；第五章注 152；第七章注 1、25、67、77、89、111、114、115、116、117；第八章注 112、125、134；第十章注 40、46、47、65、66、70、76、137）

Staunton, G. T. *Miscellaneous Notices Relating to China, and Our Commercial Intercourse with that Country, including a Few Translations from the Chinese Language.* London, 1822.
G. T. 斯当东译：《关于中国的杂评，以及我们与该国的商贸交往，包括一些中文词语的翻译》，伦敦，1822 年。（见第九章注 161）

Sun Zen E-tu, trans. *Ch'ing Administrative Term* (Harvard East Asian Studies). Cambridge, Mass., 1961.
孙任以都译：《清代行政术语》（哈佛东亚研究丛书），马萨诸塞州剑桥，1961 年。（书中无直接引用或提及）

Udy, S. H. Jr. "Bureaucracy and Rationality in Weber's Organization Theory: A Empirical Study", *American Sociological Review*, 24. 6:791–795, Dec. 1959.
小 S.H. 尤迪：《韦伯组织理论中的官僚政治和合理性：一种实证分析》，载《美国社会学评论》第 24 卷第 6 期（1959 年 12 月），第 791—795 页。（见结语注释 9）

Weber, Max. *The Religion of China: Confucianism and Taoism.* Trans. H. H. Gerth. Glencoe, Ill., 1951.
马克斯·韦伯:《中国的宗教:儒教与道教》,H. H. 格特译,伊利诺伊州格伦科,1951 年。(见第六章注 5)

Williams, S. W. *The Middle Kingdom:A Survey of the Geography, Government, Literature, Social Life, Arts, and History of the Chinese Empire and its Inhabitants.* 2 vols., New York, 1883.
卫三畏:《中国总论》,二卷本,纽约,1883 年。(见第六章注 42;第七章注 73)

Wright, Mary. *The Last Stand of Chinese Conservatism.*
芮玛丽:《中国保守主义的最后立场》(第九章注 27)

Yang Ch'ing-k'un. "Some Characteristics of Chinese Bureaucratic Behavior", in D. S. Nivison and A. F. Wright, eds., *Confucianism in Action*, pp. 134–164. Stanford, 1959.
杨庆堃:《中国官僚行为的某些特征》,载倪德卫、芮沃寿编:《行动中的儒家》,第 134—164 页,斯坦福,1959 年。(见结语注 7)

Yang Hsien-yi and G. Yang, trans. *The Scholars.* Peking, 1957.
杨宪益、戴乃迭译:《儒林外史》,北京,1957。(见第十章第二节)

Zi, Etienne. *Pratique des examens litteraires en Chine* (Variétés Sinologiques). Shanghai, 1894.
厄提艾讷·吉:《中国科举制度之实践》(汉学文集),上海,1894 年。(见第十章注 16)

附录一 重要名词中英文对照及章节索引[①]

译者按：1. 词后的数字为首次出现该词的章节序号。例如：1.0 表示第一章序言部分；1.1 表示第一章第一节，依此类推。2. 原文有两种以上译法者，同时列出。

A

案件：servant in charge of lawsuits（5.1）
案总：secretary in charge of lawsuits（6.2）
厫友（监仓师爷）：granary secretary（8.2）

B

八议：the eight deliberation（10.5）
八法：eight proscriptions——贪（avarice）、酷（cruelty）、疲软无为（weakness or nonfeasance）、不谨（impropriety）、年老（old age）、有疾（infirmity）、浮躁（instability or hastiness）、才力不及（incompetence）（2.5）
拔贡：Senior Licentiates by selection（2.2）
白票：blank paper（3.5）
白役 / 帮役：runners whose names were not listed in the government record（4.1）
白捕：extra policemen（4.1）
班房：a place where material witnesses or people guilty of minor offenses were detained temporarily（5.2）

---

① 本对照表及索引为译者制作，以中文拼音为序。——译者

包揽钱粮：act as transmitters of tax payments for the commoners（10.7）

保甲：security unites（1.1）

保歇：lodging house owner-guarantors（3.5）

保人：guarantor（3.5）

比簿：deadline-hearing records（3.2）

比单：the list of overdue taxpayers subject to summons and punishment（3.5）

比罚：deadline punishment（2.1）

比照：the deadline-hearing certificates（8.1）

比责：deadline hearing (and flogging)（2.1）

鞭笞：flogging（7.4）

边俸：a border post（2.4）

标判：add red signs and flourishes on documents（6.2）

编审：the registration and assessment（9.1）

禀：brief report（6.2）

禀详：the informal and formal reports（3.1）

兵房：office of military affairs（3.1）

补廪：a student of a hsien school who was given a stipend（5.4）

捕厅/督捕厅：police bureau（1.3）

捕役：policemen（4.0）

捕班头役：captains（4.1）

步快：foot messengers（4.1）

布衣：wearers of cotton-cloth garments（10.2）

C

仓房：granary office（3.1）

仓夫：granary janitors（4.1）

仓大使：granary supervisor（1.3）

漕书：clerks in charge of the collection of tribute grain（3.1）

草鞋钱：money for straw sandals（4.6）

漕运总督：director-general of grain transport（1.2）

漕粮：tribute grain（1.4）

册结：annual reports and guaranty statements（3.2）

册结：reports and guaranties（3.1）

册籍/簿册：records（2.3）

茶引：tea certificate（8.5）

茶税：tea tax（8.5）

附录一 重要名词中英文对照及章节索引 317

茶仪：tea money（2.3）
茶果钱：tea and fruit money（3.4）
常祀：regular sacrifices（9.7）
常平仓：ever-normal granary（9.5）
常俸／常规薪俸：nominal salary（2.3）
长单：long folded sheet（8.1）
《长随论》：*On Personal Servants*（5.2）
长随：personal servants（引言）
差务：servant charged with the practical arrangements in entertaining superior officials（5.1）
差钱：fees for delivering messages（4.1）
朝廷：the emperor's court（8.1）
承发房：the receipt and distribution office（3.1）
城隍庙：the temple of the city god（2.1）
呈词：servant in charge of complaints（5.1）
承宣布政使／布政使：provincial treasurer（1.1）
笞杖刑：beating（2.5）
笞惩：beat（1.1）
充军：sentence of exile（7.1）
丑缺：bad post（2.3）
出票费：fees for the issuance of a warrant（3.4）
车船费：boat and carriage fare（4.4）
传票：warrant（3.2）
传呈费：fees for handling a complaint（3.4）
串票／粮票：land tax receipt（3.4）
串绳钱：string money（3.4）
吹鼓手：pipers and drummers（4.1）
从五品：sub-fifth rank（1.3）
村长／庄头：head in a village（1.1）
存留：the amounts to be kept by the magistrate's yamen for expenses（8.0）

D

大阿哥：big brothers（4.5）
大户：large households（10.7）
《大清律例》：*The Penal Code (of Ch'ing)*（2.4）
大计制度：the great reckon（2.5）

大运河：the Grand Canal（8.2）

石：picul（4.3）

当铺：pawnshop（9.6 注释146）

到任礼：gift for arriving at a post（5.4）

到单：a report of the arrival of plaintiff, defendants, and witnesses（5.2）

到案费/带案费：fees for people's arrival at the yamen for a trial（3.4）

道/道员：circuit intendant（1.2）

盗劫：robbery（1.1）

盗贼案：theft and robbery（1.4）

灯夫：lantern carriers（4.1）

地丁银：land-and-labor-service tax（8.0）

地保：local constables（4.5）

地保：local constable or land warden（1.1）

地方精英/乡绅、士绅：local elite / gentry（引言）

地方志：local gazetteers（引言）

地钱：soil money（4.5）

典史/右堂（县）：jail warden（1.3）

典吏：clerk in charge of documents（3.1）

丁银/劳役税：labor-service tax（8.1）

丁：male adults（8.0）

丁忧：at home on leave to observe the mourning period for a parent（10.2）

顶图老虎船：butting tiger boat（4.5）

东翁/老东：Mr. Host or old host（6.3）

斗：bushel（3.5）

斗级：grain measurer（3.4）

督粮道/粮储道：grain intendant（1.2）

夺常俸一年：forfeiture of one year's nominal salary（7.1）

E

额增帮役：extra runners in excess of the permitted number（4.1）

二尹：deputy magistrate of a sub district（1.3）

恩贡：Senior Licentiates by imperial favor（2.2）

F

饭食钱：meal money（3.4）

饭费：meal expenses（4.4）

放告：submit complaints（2.1）
坊：ward（1.1）
分县：magistrate of a sub district（1.3）
分守道：residing intendant（1.2）
分巡道：inspecting intendant（1.2）
分防：subdistrict（1.4）
封印：sealing the seal（2.1）
封赠制度：system of bestowal（10.5）
府：prefectures（1.1）
府试：prefectural examination（9.6）
《赋役全书》：*The Complete Book of Taxes and Labor Services*（3.4）
赋税县丞／同判：assistant magistrate in charge of land tax（1.4）
赋税／地丁银／土地税：land tax（2.1）
副榜／副贡：supplementary provincial graduates（2.2）
腹俸：an interior post（2.4）
附监：supplementary government school students who purchased the title of chien-sheng（监生）（2.2）

G

改兑：indirect tribute（8.2）
告示：office notice（3.3）
《各行事件》：*Activities within the Various Specialties*（5.2）
跟班：personal attendant（5.1）
更夫：night watchmen（4.1）
弓兵：archers（4.3）
贡生：the Senior Licentiate（2.2）
贡院／考棚：the examination hall（10.6）
挂号费：fees for registration（3.4）
挂号（师爷）：secretary of registration（6.2）
挂名书吏：nominal clerks（3.1）
官绅：official-gentry（10.2）
官户：official households（4.3）
官银匠：authorized silversmith（8.1）
官价：official price（2.3）
官仓书吏：granary clerk（3.4）
冠带：(wearing) official hats and belts（3.1）

关帝：the god of war（9.7）
管厨：kitchen superintendent（5.1）
管监：jail supervisor（5.1）
管号：post station supervisor（5.1）
《公门要略》：*Essentials in a Public Office*（5.2）
公罪：malfeasance in office（2.4）
工部：the Board of Works（8.2）
工房：office of public works（3.1）
柜书：clerks in charge of the chests in which taxpayers' silver or cash was deposited（3.1）
柜书：the clerks assigned to collect the tax（3.1）
规费 / 陋规：customary fees（引言）
过割 / 推收：the clerks of one fang（房）stamped the seal, and the clerks of another fang recorded the transaction（3.4）
国子监生：the student of the Imperial Academy（2.2）
滚单：rolling form（8.1）

H

汉人：Han Chinese（2.2）
汉军旗人：Chinese Bannerman（2.2）
行户：shopkeepers（2.3）
号件（师爷）：servant in charge of registration（5.1）
耗羡：surplus（8.1）
和息费：fees for the withdrawal of a law suit when an amicable agreement had been reached between the plaintiff and the defendant（3.4）
河务县丞 / 同判：assistant magistrate in charge of river administration（1.4）
河道：river intendant（1.4）
河道总督：director-general of river conservation（1.2）
河泊所官：fish tax collector（1.3）
户房书吏：clerk of land tax（4.5）
户书：clerk of revenue（3.1）
户部：the Board of Revenue（1.2）
花户：tax payers（3.1）
黄册：the Yellow Registers（9.1）
回避法：a law of avoidance（2.2）
回照：return receipt（5.2）
会试：the metropolitan examination（6.2）

火耗：meltage fee（2.3）
伙夫：stove attendants（4.1）

J

纪录：recording of merit（2.4）
甲：unit of ten households（6.2）
甲：tithe（1.1）
家身清白：come from good families（3.3）
加级：advancement in grade（2.4）
降一级留用：demotion of one grade and retention in the same post（7.1）
降一级调用：demotion of one grade and transfer to another post（7.1）
贱民：mean people（4.3）
柬房：office of correspondence（3.2）
监候：a sentence of detention execution（7.2）
较斛：the checking of grain measures（3.4）
教弟：younger brother under instruction（6.3）
教职／学官：educational officers（1.4）
绞（刑）：strangling（2.5）
轿夫：sedan-chair bearers（4.1）
节孝祠：the shrine to chaste and filial women（9.6）
奸胥：wicked clerks（5.3）
禁卒／牢役：jailers and prison guards（4.1）
结案费：fees for the conclusion of a law suit（3.4）
解锁钱：chain-release money（4.5）
进士：a holder of the third degree（6.3）
进士：the Metropolitan Graduates（2.2）
进仓钱／进廒钱：fees to be paid to the clerks and runners for carrying the grain into the granary（3.4）
衿／士：degree holders（10.2）
金库书吏：treasury clerk（3.4）
旌表：the conferring of honors（3.1）
内阁大学士：the grand secretaries in the capital（2.0）
举人：a holder of the second degree（6.3）
举人：the Provincial Graduates（2.2）
居乡士大夫：scholar-officials living in their home town（10.2）
均徭：equal service（4.4）

K

开单费 / 送稿纸笔费：fees to clerks for preparing the list of people involved in a case（3.4）

开印：opening the seal（2.1）

看语：statement of consideration（6.2）

看仓：granary watchman（3.4）

考职：an examination for official appointment（3.3）

考成：accomplishment（6.2）

考成：evaluate a magistrate's achievements（2.1）

考语：evaluations（2.5）

科举考试：civil examination（2.3）

孔庙：Confucian temple（2.1）

口供 / 证词：deposition（5.2）

苦力：coolie（service）（4.4）

库卒 / 库丁：treasury janitors（4.1）

库平：official scale（8.1）

库房：treasury office（3.1）

会计册：the provincial account book（8.0）

快手：swift hands（runner）（4.1）

亏空：deficit（2.3）

L

老夫子：old master（6.3）

里书 / 册书 / 扇书：clerks responsible for making cadastres and land tax records for each *li*（里）（3.1）

里 / 图：unit of 110 households（6.2）

里 / 图：rural zone（1.1）

里长：tax agents（3.1）

里甲：the tax and labor-service unit（1.1）

吏部：the Board of Civil Office（1.2）

吏书：clerks of civil office（3.1）

吏目 / 右堂（州）：jail warden（1.3）

《吏部处分则例》：*Punitive Regulations of the Board of Civil Office*（2.4）

立决：a sentence of immediate execution（7.2）

厘金局：the likin bureaus（8.0）

厘金：a local tax on commodities in transit（8.0）

劣绅：bad gentry（10.7）
领状：cash receipts（6.2）
廪贡：stipendiaries who purchased the title of *kung-sheng*（贡生）(2.2)
两造：two parties（2.3）
六房：吏（civil office）、户（revenue）、礼（rites）、兵（military affairs）、刑（punishment）、工（works）(3.1)
流水收簿：tax journal（8.1）
流差：errand boys（5.2）
流刑：banishment（7.1）
陋规：customary fees—base custom（2.3）
落地税：tax on commodities collected at the time of unloading either at a transit point or at a destination（8.3）

M

马快：horsemen（3.1）
马夫 / 马牌：grooms（4.1/9.3）
买批费：fees for getting a *pi*（批）(3.4)
满洲旗人：Manchu Bannermen（2.2）
满人：Manchus（2.2）
满洲：Manchuria（引言）
芒神：the driver of the clay ox（9.7）
卯簿：muster roll（3.2）
美缺：good post（2.3）
门生：students；those who passed the examination, thereby becoming known as the students of the examiner（10.4）
门摊税：shop tax（8.3）
门军 / 卫：guards（4.0）
门子：doormen（4.1）
《门务摘要》：*Essentials in Gate Administration*（5.2）
门上 / 司阍 / 门丁：gate porter（5.1）
门包：door fees（2.3）
门牌：door placards（2.3）
门军：the guards of city gates（3.1）
蒙古旗人：Mongol Bannermen（2.2）
苗疆缺：post in an area occupied by tribesmen（2.4）
明伦堂：Understand Relations Hall（10.3）

民户 / 小户：people's households or small households （10.7）
壮丁：able-bodied adults （2.1）
民壮（壮丁）：commoner-guards；the able-bodied commoners who were recruited to render service in a local government （3.1）
名宦祠：shrines to famous local officials （9.7）
名例：general law （7.4）
鸣锣夫：gong beaters （4.1）
命案检查费：fees in connection with an inquest paid by persons involved in a homicide （3.4）
幕宾：friends or guests serving in a tent （6.0）
幕友 / 幕宾 / 师爷：private secretary （引言）

N

内摘内销：to pick out and to cancel in the inner office （6.2）
年礼：New Year gift （5.4）
农忙：the farmers' busy season （2.1）
年伯：uncle who is the father of a fellow degree-holder （10.5）

P

排年：to serve for the year by turn （8.1）
判语 / 审语：statement of decision （7.4）
佩带顶戴：wear a button on one's hat （3.3）
票稿：the draft of the warrant （3.2）
票法：salt ticket system （8.4）
普济堂 / 养济堂 / 留养局：poorhouses （9.5）
铺兵：dispatch bearers （3.1）
铺堂费 / 铺班费：fees to clerks and runners for attending the court when the magistrate opened the trial （3.4）
铺 / 驿站：dispatch stations （4.2）
批：the official statement of the acceptance or rejection of a complaint （3.4）
批：official rescript （5.2）
批回（证）：government fund delivery certificates （6.2）
平粜：the sale of government grain to the people at a low price （1.4）

Q

钱谷（师爷）：secretary of taxation （6.2）

钱粮/钱漕（师爷）：the servant in charge of land tax and tribute grain（5.1）
钱粮经承：a clerk assigned to take charge of the collection of land tax（3.1）
钱粮总：secretary in charge of land tax（6.2）
签押/稿案：document-endorsement attendant（5.1）
签押房：the room for signing documents（2.1）
旗丁：bannermen（5.2）
旗人：bannermen（2.2）
契尾：the tail of the deed（3.4）
起运：the amount of cash to be delivered to the superior yamen（8.0）
钦差大臣：imperial commissioners（1.2）
秋审：autumn assize（2.3）

R

人命：homicide（1.1）
冗官：superfluous officials（1.4）
儒户：scholar households（4.3）
《儒林外史》：*The Scholars*（10.2）

S

伞扇夫：parasol and fan bearers（4.1）
三尹：the second deputy magistrate（1.3）
散厅同知：subprefect of subprefecture（1.2）
散州知州：department magistrate（1.2）
少尹：junior magistrate（1.3）
少尉/廉捕：detect and arrest（1.3）
社稷（神）：the god of earth and grain（9.7）
社仓：community granaries（9.5）
社学：community schools（9.6）
绅户：official-gentry households（10.7）
神农（神）：the god of agriculture（9.7）
审转：to retry and pass on（7.1）
申文：report to a superior（3.3）
生员：students（1.4）
生员：holders of the lowest degree（10.2）
省：province（1.0）
升职：promotion（8.1）

盛世滋生人丁：increased population of the flourishing age（8.1）

《圣谕》：*Sacred Edicts*（9.6）

时节礼：festival gift（5.4）

师爷：teacher-master, a colloquial expression（6.0）

失出：pronouncing through error a sentence inadequate to the crime（7.5）

失入：pronouncing through error a sentence excessive for the crime（7.5）

疏防：neglecting to take precautions（7.3）

《署规》：*Yamen Regulations for Personal Servants*（5.6）

庶民/平民：commoners（2.2）

书启/书禀：secretary of correspondence（6.2）

书启：the servant in charge of correspondence（5.1）

书票：the warrant writer（5.1）

书院：academies（10.6）

书吏：clerks（引言）

实征册：land tax records（3.2）

实征册：a record of land tax（6.2）

十二房书吏：twelve office clerks（3.4）

首领官：chief officers（1.3）

税课司大使：tax collector（1.3）

税务/杂税：servant in charge of miscellaneous taxes（5.1）

水利县丞/同判：assistant magistrate in charge of water works（1.4）

私盐：salt smuggling（1.1）

私罪：personal crime（2.4）

私茶：private tea（8.5）

司仓：granary supervisor（5.1）

祀典：the Book of Sacrifices（9.7）

岁贡：Senior Licentiates by seniority（2.2）

T

踏勘费：fees for expenses incurred by a magistrate and his personnel in making on-the-spot investigation（3.4）

太平天国起义：the Taiping Rebellion（8.0）

摊捐：assigned contribution（2.3）

堂签：bamboo tally（4.5）

堂兄弟：paternal first cousin（2.2）

提督学政/学政：provincial director of studies（1.2）

提刑按察使 / 按察使：provincial judge（1.2）

停薪留任：suspension without pay（7.1）

帖写：copyist（3.1）

厅（河务厅）：subprefect in charge of river administration（1.4）

同宗 / 族人：clansmen（2.2）

同年：fellow degree-holders；those who passed the examination in the same year（10.4）

同知 / 通判：subprefect（1.2）

童生：a junior student（10.2）

童试：the preliminary civil service examination（6.2）

头役：chief runner（4.1）

土盐引：certificates to sell native salt（8.4）

土地（神）：the local earth god（9.7）

土司 / 酋长：local tribeman（引言）

徒刑：penal servitude（2.5）

图差：runners sent to a rural zone to hasten the collection of taxes（5.2）

图差 / 里差：runners who were sent to rural zones to expedite the collection of tax（4.5）

团练 / 民团：local militia（9.2）

W

外亲 / 姻亲：maternal relatives（2.2）

晚堂：evening court（2.1）

晚生：born-later（6.3）

未入流：unclassed（1.3）

文昌庙：the god of literature（9.7）

午堂：afternoon court（2.1）

仵作：coroner（3.1）

卧碑：a stone tablet（10.7）

X

《洗冤录》：Instructions for Coroners（4.4）

乡贤祠：shrines to virtuous local gentry（9.7）

乡宦 / 乡绅：official living in his home town（10.2）

乡试：the provincial examination（6.2）

乡长：head in a rural area（1.1）

厢：suburban ward（1.1）

详文：detailed report（6.2）

限单：deadline-payment form（8.1）

现年：to serve in the current year（8.1）

闲曹：idle officials（1.4）

县：district（1.0）

县试：preliminary district examination（9.6）

县丞：assistant hsien magistrate（1.3）

县学教谕：instructor in a government district school（2.0）

县学教谕：director of studies in a hsien school（5.0）

销照：the canceling certificates（6.2）

孝悌祠：the shrine to filial and brotherly men（9.6）

鞋袜钱：money for shoes and socks（4.4）

信差：messengers（4.0）

新年：the New Year（2.1）

刑部：the Board of Punishment（1.2）

刑名（师爷）：secretary of law（6.2）

学绅：scholar-gentry（10.2）

学正/教谕：the director of studies（1.4）

巡抚：governor（1.2）

巡检/分司：subdistrict magistrate（1.3）

巡宰：police commissioner（1.3）

训导：the assistant director of studies（1.4）

汛（河务汛）：assistant magistrate or a registrar in charge of river administration（1.4）

Y

押捕总头役：police chief（4.1）

衙役：(government) runners（引言）

牙户/牙行：broker（3.4）

盐引：salt certificate（8.4）

盐法道：salt intendant（1.2）

盐茶道：salt and tea intendant（1.2）

盐运使：salt controller（1.2）

烟瘴缺：post in a malarial area（2.4）

沿河缺：post in a river area（2.4）

沿海缺：post in a coastal area（2.4）

养廉银：money to nourish honesty；supplementary salary（2.3）

徭银/徭里银/代役钱：labor service money（8.1）

翼房：location for detained thieves（4.1）

义学：charity schools（9.6）

义仓：public granaries（9.5）

仪门：the middle gate of yamen（9.7）

驿丞：post station master（9.3）

驿丞：postmaster（1.3）

驿书：clerk of postal service（3.1）

驿传道：postal intendant（1.2）

驿盐道：postal and salt intendant（1.2）

役户：government-runner households（4.3）

易知由单：simplified tax notice（3.4）

异途：irregular route（2.2）

印信：seal（2.1）

银柜：silver chest（2.3）

荫生：the Honorary Licentiates（2.2）

引课：the fee paid for a certificate to sell salt（8.4）

引见：have an audience with the emperor（2.5）

优贡：Senior Licentiates by recommendation（2.2）

由单：tax assessment notices（2.3）

永不叙用：permanent barred from appointment（2.4）

永折：commuted permanently to cash（8.2）

《庸吏庸言》：*Ordinary Words of an Ordinary Official*（6.1）

用印：seal-attendant（5.1）

院试：the examination given by the provincial director of studies（9.6）

育婴堂：foundling home（9.5）

御史：censor（2.4）

狱卒：jail-keeper（3.1）

余平：the extra silver obtained from the land tax payments（2.3）

Z

杂职：miscellaneous officials（1.3）

杂税/税务：servant in charge of miscellaneous taxes（5.1）

杂泛差徭/差徭：miscellaneous labor service（10.7）

皂隶：lictors（3.1）

皂隶：the black-robed lictors（4.1）

皂隶抢手：lictors-snatchers（4.5）

早堂：morning court（2.1）

增贡：additional government school student who purchased the title of *chien-sheng*（监生）（2.2）

闸官：sluice keeper（1.3）

长老/耆老：elders（1.1）

掌嘴：slapping（7.4）

账房：bookkeeper（6.2）

灶课：tax on salt manufacture（8.4）

招房（招书）：office (or clerk) of deposition（3.1）

镇长：head in a town（1.1）

正印官/正堂：officials in charge of the seal（1.3）

正途：regular route（2.2）

正项钱粮：principal tax（8.1）

正兑：direct tribute（8.2）

征比（师爷）：secretary in charge of the enforcement of tax collection（6.2）

直隶厅：independent subprefecture（1.1）

直隶州：independent departments（1.1）

直隶州知州：magistrate of independent department（1.2）

直隶厅同知：subprefect of independent subprefecture（1.2）

知府：prefect（1.2）

知县：district magistrate（1.2）

值堂：court attendant（5.1）

执贴传话：visiting-card attendant（5.1）

纸笔费：money for pens and papers（3.4）

忠义祠：shrines to loyal and righteous men（9.7）

中户：middle households（4.5）

中法战争：the Sino-French War（10.6）

州县官：(the local) magistrate（引言）

州：department（1.0）

州同/州贰守：first-class assistant magistrate（1.3）

州判/分州：second-class assistant magistrate（1.3）

主簿：registrar（1.3）

朱墨/红黑笔：secretary of red and black brushes（6.2）

状榜：complaint placard（5.2）

卓异：outstanding and distinctive（2.5）

字/号：style（6.3）

自理讼词：lawsuits under a magistrate's own jurisdiction（7.1）

拶指压踝：squeezing the fingers or ankles（7.4）

总督：governor-general（1.2）

总房（总书）：office (or clerk) in charge of preparing records of land tax deadline hearings（3.1）

纵火/失火：fire（1.1）

奏销册：the provincial annual expenditure report（8.0）

座师/房师：teachers；the examiners who passed a candidate in his examination（10.4）

坐省家人：servant stationed in a provincial capital（5.1）

坐府家人：servant stationed in a prefecture（5.1）

坐堂礼：gift money for presiding over the court（2.3）

佐贰官：assistant magistrate（1.3）

佐杂/僚属官员：subordinate officials（1.3）

左堂：official presiding in the left hall（1.3）

遵依/甘结：statement of willingness to accept the decision（5.2）

招结费：fees for being taken to the superior yamen for retrial（4.4）

附录二　瞿同祖先生生平简表[1]

1910年7月12日，出生于湖南长沙（祖父瞿鸿禨，号文慎，光绪朝军机大臣。父亲瞿宣治，号希马，曾为驻瑞士和荷兰公使馆员）。因与祖父同为庚戌年出生，故取名同祖。

1911年，随祖父母迁居上海，后在上海开始小学学业。

1923年，父亲瞿宣治先生在沪病逝。继续在上海读小学直至毕业。

1924年，随叔父瞿宣颖（号兑之）迁居北京，先后在育英中学、汇文中学读书，并在家自修古文和历史。

1928年，母亲余倩芬女士在沪病逝，因奔丧辍学一年。

1930年，中学毕业，被保送进入燕京大学社会学系读书，主修社会学和历史学，选修政治学、哲学、心理学、经济学和法学课程，受业于吴文藻、杨开道、邓之诚、洪业等先生。

1932年，与赵曾玖女士恋爱并结婚；同年赵女士考入燕京大学国文系。

---

[1] 本表由译者制作，主要参考王健《瞿同祖与法律社会史研究——瞿同祖先生访谈录》（《中外法学》1998年第4期）、王健《瞿同祖学术年谱简编》（商务印书馆2010年版《中国法律与中国社会》附录）、赵利栋《为学贵在勤奋与一丝不苟——瞿同祖先生访谈录》（《近代史研究》2007年第4期）三文，并参考了陈新宇《寻找法律史上的失踪者》（广西师范大学出版社2015年版）。谨致谢忱！特别感谢王健教授拨冗审读补充本表！——译者

1934年，大学本科毕业（毕业论文为《周代封建社会》），同年转入燕大新成立的研究院攻读硕士学位，师从吴文藻、杨开道等先生，专攻社会史。

1936年，硕士研究生毕业（硕士论文为《春秋封建社会的剖析》），获文学硕士学位，并获"金钥匙奖"，入选"斐陶斐励学会"（当时全国高校杰出学生荣誉团体）会员。

1937年，由硕士论文扩充而成的著作《中国封建社会》，由上海商务印书馆出版。

1938年，因北京沦陷，只身流徙至重庆，后转往昆明。

1939年起，执教于云南大学，并兼职于西南联合大学，历任讲师、副教授、教授。先后主讲"中国社会史"、"中国经济史"和"中国法制史"。此后数年，课余撰写《中国法律与中国社会》一书。

1942年，著作《中国封建社会》由日本学者田岛泰平和小竹武夫译成日文，由日本东京生活社出版。

1943年，夫人赵曾玖女士携子女辗转到达昆明，全家团聚。

1944年，在西南联合大学社会学系讲授"中国社会史"。年底，经费孝通联系，应美国社会经济史学家魏特夫（Karl Wittfogel）邀请，携全家取道印度赴美。

1945年3月抵达美国，在哥伦比亚大学与华盛顿大学合作设立，由魏特夫主持的中国历史研究室任研究员，其间主要研究汉代制度与社会结构，并将著作稿《中国法律与中国社会》翻译为英文。

1947年，著作《中国法律与中国社会》，列入吴文藻主编"社会学丛刊"甲集第五种，由商务印书馆出版。

1948年，应邀为《国立北京大学五十周年纪念论文集》撰写《中国法律之儒家化》一文。其间应邀为华盛顿大学远东系及远东研究所作关于"清代绅士"的系列学术报告。

1949年12月，夫人赵曾玖女士携子女先行回国，先在中国科学院经济研究所工作，1958年被分配到中国科学院贵州分院工作。

1953年，哥伦比亚大学中国历史研究室经费来源中断，离开该研究室。

1954年，应邀出席"中国思想与政治制度"学术讨论会，提交《中国阶级结构及其意识形态》（Chinese Class Structure and Its Ideology）论文，后被收入费正清主编《中国的思想与制度》（Chinese Thought and Institutions）一书（芝加哥大学出版社，1957年）。

1955年，应著名汉学家费正清邀请，入哈佛大学东亚研究中心任研究员，主要研究清代政制与法律，并与杨联陞、梅伦（Arthur von Mehren）两教授在哈佛法学院共同开设"中国法律"讨论课程。

1961年，英文著作《传统中国的法律与社会》（Law and Society in Traditional China）（《中国法律与中国社会》之英译本），由巴黎和海牙穆东书店出版。

1962年，应威廉·荷兰（William Holland）教授邀请，入加拿大不列颠哥伦比亚大学，任亚洲系副教授，讲授中国通史。同年，英文著作《清代地方政府》（Local Government in China under the Ch'ing），由哈佛大学出版社出版。

1965年9月，为与亲人团聚，从加拿大不列颠哥伦比亚大学辞职，经欧洲回国。因"文化大革命"未获工作，在京住宾馆等候分配。此间儿子泽祁被发派到东北林区劳动锻炼数年。

1966年夏，经国务院华侨事务委员会安排回湖南原籍，在长沙继续等候分配工作。

1969年，在长沙等候分配工作期间，一度因胃出血病危，入湘雅医院抢救脱险。

1971年，获聘湖南省文史馆馆员。同年，夫人赵曾玖女士自贵州退休回湖南，结束二十余年两地分居状态。其间，与夫人陆续合译《艾登回忆录》。

1972 年，英文著作《汉代社会结构》(Han Social Structure)，由杜敬轲（Jack Dull）博士协助编辑，华盛顿大学出版社出版。

1976 年，借调入中国社会科学院近代史研究所工作（1978 年正式调入）；与夫人合译的《艾登回忆录》，由商务印书馆出版。同年，夫人赵曾玖女士去世。

1978 年，所编译的《史迪威资料》一书，由中华书局出版。

1979 年，任中国社会学会理事。

1980 年 8 月，作为中国历史学家代表团（夏鼐为团长）成员，赴罗马尼亚布加勒斯特出席第十五届国际历史科学会议。9 月，赴瑞士苏黎世出席第二十七届欧洲汉学会议，其主题发言稿《清代法律的延续性和演变》英文本发表于《中国社会科学》1980 年第 1 卷第 3 期，中文本发表于《历史研究》1980 年第 4 期。

1981 年 12 月，著作《中国法律与中国社会》由中华书局再版。此书再版为先生"学术复出"重为国人所知的重要标志。任国务院古籍整理出版规划小组成员，后担任小组顾问。

1983 年 9 月，赴香港大学，为"冯平山图书馆五十周年纪念"作专题讲座"法律在中国社会中的作用——历史的考察"；并为该校中文历史两系讲学三周，又作主题为"清代司法"的英语演讲。同年起，被聘为中国法律史学会学术顾问。

1984 年，应邀为《中国大百科全书·法学》撰写"礼"和"服制"辞条。担任国法学会婚姻法学研究会顾问。

1985 年 1 月至 4 月，应"美中学术交流委员会高级学者交流计划"的邀请，赴美国做学术交流和访问。先后在华盛顿大学、芝加哥大学和哈佛大学分别作"儒家思想与中国传统法律之发展"（Confucianism and the Development of Chinese Law）、"法律在中国社会中的作用——历史的考察"（The Role of Law in Chinese Society: A Historical Survey）、"中国的服制"（The Mourning System in China）等一系列学术报告。访问了哥伦比亚大学和普林斯顿大学，与美国同行专家广泛地交流学术意见。同年起享受社科院终身专家待遇。

1989年，作为大会主席主持召开了由中国社会科学院法学研究所与华夏研究院法律文化与法制建设发展战略研究所共同主办的"中国法律史国际学术研讨会"。

1996年11月，受聘担任中国政法大学出版社"二十世纪中华法学文丛"顾问。

1997年，应中华书局约请，撰写学术自传《我和社会史及法制史》，辑入《学林春秋》一书，由中华书局出版。

1998年，应约为北京大学哲学系组织推荐的大学本科生三十种"应读书目"之一《中国法律与中国社会》撰写读书"导言"。9月，《瞿同祖法学论著集》由中国政法大学出版社出版（2004年修订再版）。

2003年6月，著作《清代地方政府》中文本由法律出版社出版（范忠信等译）。

2006年5月，获中国社会科学院荣誉学部委员称号。

2007年4月，著作《汉代社会结构》中文本（邱立波译）由上海人民出版社出版。

2008年10月3日，在北京协和医院逝世，享年九十九岁。

附录三　瞿同祖先生学术著作与讲稿目录

1.《周代封建社会》，燕京大学学士毕业论文，后载《社会学界》1934年第8卷。

2.《春秋封建社会的剖析》，燕京大学文学硕士学位论文，后扩写为《中国封建社会》，商务印书馆1937年版。后收入《民国丛书》第四编72号，上海书店1942年影印本。同名书，日文版，田岛泰平、小竹武夫合译，日本东京生活社1942年版。

3.《中国法律与中国社会》，吴文藻主编《社会学丛刊》甲集第五种，商务印书馆1947年版；中华书局1981年版，1996年再版；商务印书馆2010年新版。又收入《民国丛书》第一编第29号，上海书店1989年影印。

4.《中国法律之儒家化》，《国立北京大学五十周年纪念论文集》文学院第四种，北京大学出版部1948年版。又载《中国法律与中国社会》附录，中华书局1981年版。

5.《清代绅士》，华盛顿大学远东系及远东研究所学术报告讲稿，未出版，1948年。

6.《中国阶级结构及其意识形态》(Chinese Class Structure and Its Ideology)，载费正清（J. K. Fairbank）主编《中国的思想与制度》(*Chinese Thought and Institutions*)，芝加哥大学出版社1957年版。

7. 英译唐宋古文十余篇，载狄百瑞（William Theodore de Bary）等主编《中国传统研究资料集》（*Sources of Chinese Tradition*），哥伦比亚大学出版社 1960 年版。

8.《传统中国的法律与社会》（*Law and Society in Traditional China*，即《中国法律与中国社会》之英文本），法国巴黎大学高等研究实用学院经济与社会科学部"海外世界：过去与现在"丛书之一，巴黎和海牙穆东书店 1961 年版。

9.《清代地方政府》（*Local Government in China under the Ch'ing*），哈佛大学出版社 1962 年版。中译本，范忠信等译，法律出版社 2003 年初版，2011 年修订译本，新星出版社 2021 年第二次修订译本。

10.《汉代社会结构》（*Han Social Structure*），华盛顿大学出版社 1972 年版。中译本，邱立波译，上海人民出版社 2007 年版。

11.《艾登回忆录》（与赵曾玖合译），商务印书馆 1976 年版。

12.《史迪威资料》（编译），中华书局 1978 年版。

13.《清代法律的延续性和演变》（Qing Law：an Analysis of Continuity and Change），载《中国社会科学》（英文版），1980 年第 1 卷第 3 期。中文本《清律的继承和变化》，载《历史研究》，1980 年第 4 期；后收入《中国法学文集》，法律出版社 1984 年版。

14.《法律在中国社会中的作用——历史的考察》，香港大学冯平山图书馆五十周年纪念学术讲座讲稿，1983 年，未出版。后载北京大学《中外法学》1998 年第 4 期。

15.《清代司法》（英文），在香港大学中文系和历史系的讲演稿，1983 年，未保留。

16."礼"和"服制"辞条，为《中国大百科全书·法学》撰，中国大百科全书出版社，1984 年版。

17.《儒家思想与中国传统法律之发展》（Confucianism and the Development of Chinese Law），华盛顿大学学术报告英文讲稿，1985 年，

未保留。

18.《法律在中国社会中的作用——历史的考察》(The Role of Law in Chinese Society：A Historical Survey)，芝加哥大学学术报告英文讲稿，1985年，未保留。

19.《中国的服制》(The Mourning System in China)，哈佛大学学术报告英文讲稿，1985年，未保留。

附录四　瞿同祖与法律社会史研究
——瞿同祖先生访谈录*

王　健

一

1996年秋季，我们几个读法制史专业的博士生（胡旭晟、范忠信和我）和中国政法大学出版社的丁小宣在开始筹划"20世纪中华法学文丛"的时候，就决意聘请法律史学界的老前辈——瞿同祖先生来担任这套文丛的学术顾问。瞿先生有关法学方面的全部作品也在首批整理出版的选题之列。不过，虽然闻知瞿老在法史学界的大名已久，但对于瞿老其人及其治学的详细背景所知甚少，社会科学家辞典或者名人录一类的介绍显然不能满足我们的要求。于是，利用这个机缘，我们有幸理由十足地访问了心中景仰已久的这位法史学老人。

是年初冬一个阳光明媚的日子，按照预先的电话联系，在崇文门中国社会科学院宿舍大楼的十层，我们叩开了瞿老的家门。

以前，我们大多是从照片上认识瞿老的，而眼下，面对着这位已有八十六岁高龄的老学者，作为晚辈后学，我们的心中不觉微微地有些颤抖。

---

* 本文系作者于1996—1998年间与瞿同祖先生进行多次访谈的结果。全文最后由瞿老本人审阅和修改，特致谢意。谨以此文纪念瞿同祖先生八十八岁华诞。

瞿老身材不高，看上去精神很好。略微泛着红润的面庞上隐约现出几处老年斑，在他和善慈祥的目光背后，不时闪现着智慧的神韵。他的言谈话语舒缓而平和，给人的印象是极其安然闲适。

瞿老亲自开门，把我们带进他的书房。这书房非常整洁，也很简朴。书架上的书并不是像我们原来想象的那样巨多。书桌上面，一小盆文竹沐浴着融融的阳光，给整个书房增添了几分雅致……

从这以后，我们便常常带着各种各样的好奇和疑问，开始了寻找法学家往昔足迹的漫长之路。通过与瞿老的多次访谈，渐渐地获得了对这位法史学老人大部分治学经历的大致印象。

二

瞿同祖先生1910年7月12日出生于湖南长沙的一个世宦之家。祖父瞿鸿禨，号文慎，是清光绪时的军机大臣。父亲瞿宣治，号希马，在驻瑞士和荷兰的公使馆里任职。瞿先生因与他祖父的生年同为庚戌，故取名同祖。又因生于阴历六月初六日，为天贶节，故字天贶，后改为天况。瞿先生在家里是独子，没有兄弟姐妹。一岁的时候，瞿先生就随祖父母和全家迁居到了上海，并在那里念完了小学。

1923年，瞿先生年仅十三岁时，父亲就于回国途中去世了。不久，即由他的叔父接到北京，先后进入有名的育英中学和汇文中学读书。瞿先生的叔父瞿宣颖，号兑之，时在北洋政府任职，是深具国学功底的文学家和史学家，曾在南开大学、清华大学和燕京大学任教，有《汉魏六朝赋选》《中国社会史料丛钞》等丰富著述。这使得瞿先生有条件从小就受到良好的传统文史知识的训练和熏陶。

> 我记得他在家里给我讲汉赋，他指点我古文，还教我历史，我对历史的兴趣就是受他影响的。

（1998 年 3 月 14 日电话访谈记录）

上中学时，我叔叔请人给我和我的堂兄弟一起教中文，觉得中文学校不够用……。有一件事印象很深，我在汇文中学时，自修古文，怎么办呢？自己拿了一本线装的《书经》，不带标点。《书经》是最难懂的一本书。我每天晚上自学，自己标点，不懂就看注疏，帮助理解。那时，"四书"、《左传》一类的书都已经看过了。

（1998 年 5 月 25 日电话访谈记录）

1930 年瞿先生在汇文中学毕业后，因为成绩优异而被保送到由美国在华的基督教会创办的燕京大学。当时的燕京大学经过司徒雷登多年的"苦心"经营，已发展成中国最著名的教会大学。而且自 1928 年以后，燕大课程设置的重心就转向了文科。除了声名显赫的新闻系外，社会学系也是燕大法学院的一个重点，以其雄厚的师资力量闻名遐迩。司徒雷登曾经在他的回忆录中讲道：燕京大学的"法学院包括政治系、经济系和社会学系，所有这些系科对中国的现代化都是极其有用的。也许私人和政府机构最需要的就是那些主修社会学课程的毕业生"①。瞿先生在燕京大学主修的正是社会学，他选读的一系列课程有林东海的"社会学概论"，雷洁琼的"社会学原理"，许仕廉的"人口学"，杨开道的"农村社会学"和"统计学"，吴文藻的"人类学""家族社会学""西洋社会思想史"，张鸿钧的"社会工作"，陶希圣的"中国社会史"，并听完了芝加哥大学社会学系的派克（Robert E. Park）教授来燕大所作的一学期的"社会学"讲座。除此之外，他还选修了钱穆的"国学概论"，萧公权的"西洋政治思想史"，吕复的"比较宪法"，张东荪的"西洋哲学"，陆志伟的"心理学"，郭云观的"法学概论"，等等。正是在这样一个有利的环境下，瞿先生在燕园度过了四年大学本科生活。

---

① [美] 约翰·司徒雷登：《在华五十年——司徒雷登回忆录》（程家宗译），北京出版社，1982 年版。

> 在燕京大学，我主要上社会学系和历史方面的课。对我影响最大的就是吴文藻和杨开道老师。历史系的老师影响较多的是邓之诚，他教中国历史。还有洪业老师，他教历史方法……
>
> 作为一所教会大学，与其他的学校相比，最大的不同，就是燕京的许多课几乎都是用英语讲的，除了中国历史和国文课以外。
>
> （1998年3月14日电话访谈记录）

1934年，燕京大学依照教育部新颁布的《大学研究院暂行组织规程》正式设立了研究院。瞿先生适逢当年毕业，接着便转入研究院，在吴文藻教授和杨开道教授的指导下，攻读社会史研究生，两年后毕业，获得文学硕士学位。学位论文就是1937年由商务印书馆出版的《中国封建社会》，它是在充实大学毕业论文《周代封建社会》的基础上写成的，而后者于1934年发表在燕京大学社会系出版的《社会学界》第8卷上。《中国封建社会》是瞿先生研究社会史的第一部著作。据他的导师杨开道先生评价，"瞿君同祖对于美国现在社会研究已具根基，对于欧洲中古社会情形亦极娴熟，然后以之研究中国过去封建社会，显已立于不败之地。本书为瞿君对于中国过去社会第一次的分析，费时虽仅二载，然其了解，其组织，已有若干独到之处。比一班专讲空洞理论，或一班专收零星材料的朋友，自然又高出一筹。瞿君誓以十年二十年之精力，从事于中国过去社会之研究，从此异军突起"①。当时国内一些大学曾把它作为一部重要的教学参考书。后来，该书又被译成日文出版（田岛泰平与小竹武夫合译，日本东京生活社，1942年）。不过，后来瞿先生对此书并不满意，认为这是他的"著作中最不成熟的一本"。美国华大盛顿大学曾经有人翻译此书，虽已译出一章，最终还是被瞿先生婉言

---

① 瞿同祖：《中国封建社会·杨序》，商务印书馆，1937年版。

谢绝了。瞿先生对个人治学要求之严谨由此可见一斑。

1938 年，瞿先生转往内地重庆。第二年又来到昆明，开始在云南大学执教，历任讲师、副教授、教授。在那里，他开设了"中国社会史"、"中国经济史"和"中国法制史"三门课程，另外又在西南联合大学社会学系讲授"中国社会史"课。在中国法制史课的准备和讲授过程中，瞿先生倾注了大量心血，精心钻研，利用授课之余，"伏案写读，敌机不时来袭，有警辄匆匆挟稿而走，时作时辍，倍平日之力，始得竟其功"①。其结果就产生了他的那部名著——《中国法律与中国社会》。该书被作为吴文藻主编的"社会学丛刊"甲集第五种，于 1947 年由商务印书馆出版。在这部书中，瞿先生首次表达了他关于中国古代法律研究的一些基本观念，指出家族主义和阶级概念是我国古代法律的基本精神和主要特征。它们是儒家意识形态的核心和中国社会的基础，而且是古代法律所着重维护的社会制度和社会秩序，在法律上占有极为突出的地位。后来，瞿先生在哥伦比亚大学用业余时间将此书译成英文，并利用哥大图书馆丰富的馆藏，弥补了最初在昆明写作此书时由于缺少《宋刑统》这份材料而造成的遗憾，写成了英文版的《传统中国的法律与社会》（*Law and Society in Traditional China*），该书收入法国巴黎大学高等研究实用学院经济与社会科学部"海外世界：过去与现在"丛书，由巴黎和海牙穆东书店 1961 年出版。

英文版《传统中国的法律与社会》的问世，显然受到了国际汉学界和史学界的广泛关注。"中文原作是中国法制史研究发展中最重要的一个里程碑……向中国读者提出了创新的观点……将法律看成是整个社会制度中的一个组成部分……此书无疑是西文中关于中国法律最好的一本书。"②

---

① 瞿同祖：《中国法律与中国社会·序》，商务印书馆，1947 年版。
② 《伦敦大学亚非学院学报》（*Bulletin of the School of Oriental and African Studies,* London University），1962 年第 25 卷。

"此书原著是一部标准的中文参考书,它对一切研究中国法律的学者都有影响,并将继续影响他们……此书有丰富的重要资料,组织完善,论证精辟,研究传统中国的学者都深受其益。"[1]

"作者不仅阐明了法律在中国传统社会结构中的作用,并且对社会结构性质的理解做出了重要的贡献。"[2]

此书"是一本研究中国古代法律的基本精神及其主要特征的专著。它结合中国历史发展的社会背景以及儒家思想和法家思想对我国古代法律的影响等来进行论述,论史结合,寓论于史,对研究中国法律史和了解中国古代社会是一本有益的参考书"[3]。

这部作品的问世,为确立瞿先生在古代法律史研究领域里的国际地位奠定了重要而坚实的基础。

早在 1937 年,瞿先生即通过吴文藻教授的介绍,认识了来华访问的美国社会经济史学家魏特夫(Karl Wittfogel)。1944 年底,魏特夫打电报直接邀请瞿先生去美国。瞿先生拿着电报很快办好护照,携全家取道印度,于 1945 年 3 月抵达美国哥伦比亚大学,担任魏氏主持的由哥伦比亚大学与华盛顿大学合作设立的中国历史研究室研究员,主要从事社会史方面的研究工作,直到 1953 年离开那里。这一期间,瞿先生完成了他关于汉代历史的研究,其文稿后来经过整理和修订,并由杜敬轲(Jack Dull)博士编辑,以《汉代社会结构》(*Han Social Structure*)为名出版(华盛顿大学出版社,1972 年)。该书主要对汉代的家庭、婚姻、妇女地位、社会阶级以及豪族等问题进行了专门的分析和讨论。联邦德国《亚洲历史学报》(*Journal of Asian History*)上评论此书"是中国现代学术最佳成就的一个主要范例,它对一个复杂而重要的课题做出了卓越的综合。"

---

[1] 《美国历史评论》(*American Historical Review*),1963 年第 68 卷第 2 期。
[2] 《哈佛亚洲学刊》(*Harvard Journal of Asiatic Studies*),1963 年第 24 卷。
[3] 《读者》杂志,1982 年 6 月出版。

在哥伦比亚大学工作期间，瞿先生还选读了社会学系和人类学系一些著名教授的课程，如麦基佛（R. M. MacIver）的"社会变迁因素"、默顿（R. K. Merton）的"社会结构与理论"、艾贝尔（Theodore Abel）的"欧洲社会学"、林德（R. S. Lynd）的"美国权力结构"、李普塞特（S. M. Lipset）的"社会阶层之划分"、林顿（Ralph Linton）的"人类学"、本尼迪克特（Ruth Benedict）的"文化与人格"，以及加州大学人类学系克罗伯教授（A. L. Kroeber）的暑期"人类学"讲座。

1948 年，正在美国的北京大学国文系教授罗常培专门约请瞿先生为北大五十周年校庆撰稿，瞿先生又写出了《中国法律之儒家化》一文，并被编入 1948 年出版的《国立北京大学五十周年纪念论文集》中。该文指出引礼入法的过程即法律儒家化的过程，它是中国法律发展史上最重要的大事，法律因此发生重大、深远的变化，形成了礼法结合的体系。这个过程始自魏、晋、南北朝，隋、唐集其大成后而成为中国法律的正统，沿袭至清末。这篇论文把在《中国法律与中国社会》一书中提出的关于儒家思想对于中国法律影响问题的认识向前推进了一步。"此文发表后，法律史学者只在儒家化的阶段和程度的认识上有变化或补充，而无大的突破了。"①

是年夏季，瞿先生应邀为华盛顿大学远东系及远东研究所作了一次关于"清代绅士"的学术报告，引起该校专家对绅士问题的重视。

1954 年，来自美国各大学的十三位汉学家组织了一次关于中国思想与政治制度的学术讨论会，瞿先生应邀出席了这次会议，并提交了题为《中国阶级结构及其意识形态》（Chinese Class Structure and Its Ideology）的论文，此文与那次会议的其他论文，后来均被收入费正清主编的《中国的思想与制度》（Chinese Thought and Institutions）一书（芝加哥大学出版社，1957 年）。1955 年，瞿先生应邀前往哈佛大学任研究员，在由

---

① 刘广安：《二十世纪中国法律史学论纲》，载《中外法学》，1997 年第 3 期。

费正清主持下的东亚研究中心继续从事中国史的研究,并与中心成员杨联陞教授和哈佛法学院梅伦(Arthur von Mehren)教授共同开设"中国法律"一课。此外,瞿先生又旁听了社会学系著名教授帕森斯(Talcott Parsons)的"宗教社会学"和法学院索恩(S. E. Thorne)教授的"英国法制史"课。据瞿老讲,选听后者的目的,是要对研究不同国家法律史的观点和方法有所了解,并通过比较,以便有助于对中国法制史的研究。在哈佛,瞿先生写成了他的又一部重要学术著作《清代地方政府》(*Local Government in China under the Ch'ing*),并于1962年由哈佛大学出版社出版。他指出,清代的州县官不谙吏治,职责繁重,主要依赖以"佐治"为职业的刑名、税收、公文及行政事务的幕友执行各项任务,并以政治社会学的观点,指出应研究绅士在地方行政上的作用。美国《亚洲研究学刊》(*Journal of Asian Studies*,1963年第23卷)评价:"这是一本极为重要的书,其目的在于描述、分析并解释清代州县地方政府的结构和功能,作者也希望此书有助于政治制度之比较研究,并为官僚政治及行政学提供资料。他的目的和希望都出色地达到了。"此外,《美国历史评论》(1963年第68卷第2期)上也发表评论说:在中国政府及行政的研究领域中,"此书前进了一大步,由于对资料拥有广泛的知识,并具有洞悉内幕的见解,他提供了关于中国最低层政府的第一部有意义和可靠的研究"。

在美国期间,瞿先生还曾将唐宋古文十余篇译成了英文,发表在狄百瑞等主编的《中国传统研究资料集》(*Sources of Chinese Tradition*,哥伦比亚大学出版社,1960年)。

1962年瞿先生应他的朋友威廉·荷兰(William Holland)的邀请,来到加拿大不列颠哥伦比亚大学,在威廉·荷兰创设的亚洲系担任副教授,讲授中国通史。

1965年,已在海外漂泊了二十多年的瞿先生,怀着与家人团聚和投身祖国建设事业的美好心愿,辞职回国。但是不久即赶上国内"天下大乱"，于是，一切希望都化为泡影，只得住在宾馆，耐心等候分配，直到1971年才由组织上安排到湖南省文史馆任馆员。"当时除了组织学习，没做过任何研究。"不过，瞿先生与夫人赵曾玖应约合译的《艾登回忆录》（商务印书馆1976年出版）一书，可以说是瞿先生在回国后的十年里仅做的一件与学术有关的事情。瞿先生对此曾回忆到：

> 当时翻译出版这本书，是没有报酬的，但我很乐意接受，因为回国，就是想为国家出力，所以，好容易有这件事，我欣然接受。
>
> （1998年3月11日电话访谈记录）

"文革"结束后，瞿先生迎来了他学术生涯的第二个黄金时代。1976年，瞿先生先被借调并于1978年正式调入中国社会科学院近代史研究所，主要从事清律研究。这一期间，瞿先生编译了《史迪威资料》一书，1978年由中华书局出版。

1980年，作为夏鼐任团长的中国历史学家代表团成员，瞿先生参加了在罗马尼亚布加勒斯特举行的第十五届国际历史科学会议。同年9月，又赴瑞士苏黎世出席了第二十七届欧洲汉学会议，并在大会上宣读了他用英文写成的一篇关于清律研究的重要论文《清代法律的延续性和演变》（Qing Law: An Analysis of Continuity and Change），这篇论文发表在英文版《中国社会科学》1980年第3期上，中文本《清律的继承和变化》发表在《历史研究》1980年第4期，后又选入法律出版社1984年出版的《中国法学文集》。

1983年10—11月间，瞿老应邀参加了香港大学冯平山图书馆五十周年纪念学术讲座活动，发表了题为"法律在中国社会中的作用——历史的考察"的演讲。此外，他又为港大中文系和历史系讲学三周，并以英语为该校师生作了一次关于"清代司法"的演讲。

在1984年出版的《中国大百科全书·法学》中，瞿老还应邀撰写了"礼"和"服制"两个长篇辞条，代表了中国法制史学科对这两个重要概念的权威解释。

1985年，应"美中学术交流委员会高级学者交流计划"的邀请，瞿老重返阔别已有二十多年的美国进行了为期三个月（1—4月）的学术交流和访问。先后在华盛顿大学、芝加哥大学和哈佛大学连续作了"儒家思想与中国传统法律之发展"（Confucianism and the Development of Chinese Law）、"法律在中国社会中的作用——历史的考察"（The Role of Law in Chinese Society: A Historical Survey）、"中国的服制"（The Mourning System in China）等一系列学术报告（但非常可惜的是，除了第二个题目，其余的讲稿瞿老均未保存下来）。此外，瞿老还访问了哥伦比亚大学和普林斯顿大学，与美国同行专家广泛地交流学术意见。

1989年，已年近八旬的瞿老作为大会主席主持召开了由中国社会科学院法学研究所与华夏研究院法律文化与法制建设发展战略研究所共同主办的"中国法律史国际学术研讨会"，这是自1949年以来我国首次举办的法律史大型国际学术会议。

除了作为中国社会科学院近代史研究所研究员外，瞿老还担任着多种学术职务。自1981年起，瞿老就是国务院古籍整理出版规划小组成员，现在仍然担任该小组的顾问。另外，他还是中国社会学会理事（1979年），中国法律史学会顾问（1983年），中国法学会婚姻法学研究会顾问（1984年）。

最近，除了完成了他的一篇学术自传《我和社会史及法制史》（1997年）外，他还应约为北京大学哲学系组织推荐的大学本科生三十种"应读书目"之一《中国法律与中国社会》一书撰写了一篇读书"导言"（1998年）。

三

瞿老早年本专攻社会学，然而为何又转向对中国古代法律的研究？是什么原因促使他把古代社会史与法制史结合起来，写出了广为学界称道且独树一帜的那部《中国法律与中国社会》？选取这种独特的观察视角，是出于怎样一种考虑？它的学术意义与成就又是什么？作为一位有着深厚学术底蕴的老学者，他给我们留下了哪些值得珍视的治学经验？诸如此类问题，令人颇感兴趣。

下面关于这些问题的访谈记录，或许会对我们有所启发。

——从社会学转向法律社会史

我当时在燕京大学上的是社会学系，想用社会学的方法和观点去研究中国传统社会。我的导师吴文藻和杨开道也鼓励我做这方面的研究。他们认为有价值，而且我这方面也有基础。于是我决心以社会史为专业，试图用社会学和社会人类学的观点和方法来研究中国社会史，希望能做出一点成绩来。当时，我读了亨利·梅因（Henry Maine）的《古代法》（Ancient Law），还有他的《早期法律与习俗》（Early Law and Custom），又读了维诺格拉多夫（Paul Vinogradoff）的《历史法学大纲》（Outlines of Historical Jurisprudence）。读了这些书之后，又对法律产生了浓厚兴趣，也想写出像梅因那样能成一家之言的书。后来去了云南大学，开了一门课讲中国法制史。这样就收集研究了中国古代的法律材料，又读了人类学家写的书，有马林诺夫斯基（B. Malinowski）的《蛮族社会之犯罪与习俗》（Crime and Custom in Savage Society），罗布森（W. A. Robson）的《文化及法律之成长》（Civilization and the Growth of Law），还有哈特兰（E. S. Hartland）的《原始法律》（Primitive Law）。读了这些书后，深为叹服，受到了很多的启发。这样，既有法学家的影响，又有人类学家的影响，又因为要备课，研究中国古代法律，就利用写讲稿和研究的心得，以及对中国古代法律特征的理解，写出了《中国法律与中国社会》。这本书是在云南写成的。

我个人认为，法律与社会现象是不可分割的；法律是社会中的一种制度，不能离开社会；研究法律必须放到社会中去。把法律史与社会史结合起来的研究，是我个人创新的尝试，以前没有人这么做过，所以，它既是一部法制史，也是一部社会史的书。

（1997年12月22日在瞿老家访谈记录）

——法律研究的经历

燕京大学的法律系比较薄弱，课程不多。当时的法学院跟现在的概念不一样，我在的社会学系就属于法学院，还有政治系、经济系。我听过政治系吕复教授讲授的"比较宪法"，另外，我还听了郭云观的"法学通论"，没有中国法制史一课，缺乏这方面的训练。所以我说在法律方面，我"上乏师承"。法律都是自学的，也没有指导。从亨利·梅因的书读起。（问：你自学法律是否感到有什么困难？）没感到困难，完全是自学的。梅因的书记得是由杨开道导师推荐的……

我读的主要是人类学者和其他的外国法律书。先读梅因、维诺格拉多夫，去云南大学后，为了备课，又阅读现存的古代法典，像唐律、明清律、历代刑法志、"十通"、各种"会要"等有关古代的法律著述。完全是靠自己独立的摸索。研究了这些法典之后，有了一些心得，就想把这些心得写出来。如果没有心得，我也就无意写这部法制史了。你看，《中国法律与中国社会》一书的体系，与当时的中国法制史书完全不同。

（1998年5月24日电话访谈记录）

——法律社会史研究之特点

我的研究是要找出中国古代法律的特征和精神来，它们主要表现在"家族"和"阶级"的概念上，我感觉到，研究中国古代法律要总结出中国古代法律的精神与特征，要讲出个道理来，提出我个人的观点，供读者参考。事实上，对中国古代法律的观点也完全可以从另外一个角度提出来。比方举个例子，一般人们都强调中国古代刑法多，而民法很少，特别是外国人都有这种认识，中国古代民法不发达，这是很多人的共识，我的研究也超不出这个范围，因为是共识，我就没有进一步去研究。

（1998年5月24日电话访谈记录）

——学术评价与治学经验

关于这部书的评价，国外已经有很多了。

《传统中国的法律与社会》和《清代地方政府》这两部英文版的书，至今仍是美国各大学亚洲系的指定参考书，在美国的汉学界有一定影响。

（1998年3月14日电话访谈记录）

我治学的最大感受，就是用社会学观点来研究中国历史，对历史学和社会学都是一个出路，是一条途径。这也是我一生治学的方向。

（1998年3月14日电话访谈记录）

做学问总要有勤奋和一丝不苟的精神。做研究是一个不断学习的过程。我感到现在大学学科分得太细，单靠一个学科的知识是不够用的，要不断扩充自己的知识面。我写法律与社会的时候，就不断阅读法律名著和人类学家关于原始社会法律的著作；研究清代地方政府时，就多读政治学、行政学，特别是欧美各国政府的专著，对各国地方政府进行比较。总之，要累积跨学科的知识，不断学习，才能有所成就,这就要靠勤奋和认真了。

(1998 年 3 月 17 日电话访谈记录)

我在写《法律与社会》那本书的时候,条件极为艰苦,要不是勤奋,是写不出来的。我记得有一年在乡下,晚上点菜油灯照明,光线昏暗,不能看书写作。我就想了个办法,躲在床上反复思考写作中所遇到的问题,有了腹稿,次日写稿就比较顺利了,这样就不致浪费时间。

(1998 年 3 月 26 日在瞿老家访谈记录)

有一年为了躲避空袭,住在昆明附近的呈贡县乡间,我们社会学系的几个人住在农民家里。我和费孝通教授住在一起。吴文藻教授一家在去重庆以前也住在呈贡。每个礼拜我们都骑马到火车站,然后坐火车进城去上课。我在城里有时住在西南联大的宿舍,有时到朋友家里去住。上完课又坐火车,再骑马回来。……和现在大不一样,现在太舒服了。当时条件很艰苦,全靠毅力,做学问要有毅力。

(1998 年 3 月 28 日的电话访谈记录)

这里我们不准备对瞿老的研究做更多的学术评论,因为那需要专门具体地分析和展开。不过,从以上他的学术自述当中,我们不难看出瞿老学术研究的发展脉络与风格特色。大体来讲,首先是出于对历史和社会学的兴趣,瞿老把社会学的研究推进到了社会史领域,继而又在梅因等历史法学和人类学法学作者精湛研究的影响和感染下,把对象确定在古代社会中的法律,并力图对中国历史上的法律提供一种社会学的解释。这种社会学解释在方法论上表现为"功能主义"观点,即把社会生活的各个方面,如风俗、制度或信仰等视为一个相互之间有着密切联系的统一体,通过考察各个部分在社区整体中所占的地位,来探求对社会生活的认识和理解。① 通过研究，在瞿老的心目中，法律被界定在这样的概念前提之下：

（1）法律与社会之间有密切的关系。瞿老认为，不能像分析学派那样把法律视为一种孤立的存在；法律是社会的产物，是社会制度之一，是社会规范之一；法律与风俗、习惯、制度、伦理道德和意识形态等的关系极为密切；任何社会的法律都是为了维护并巩固其社会制度和社会秩序而制定的；只有充分了解产生某一种法律的社会背景，才能了解这些法律的意义和作用。

（2）法律分为"书本上的法律"（law in book）和"行动中的法律"（law in action）。瞿老指出，由于社会现实与法律条文之间往往存在着一定的差距，因此，要知道法律在社会上的实施情况是否有效，推行程度如何，对人民的生活有什么影响等问题，就必须采取功能的研究，即不仅要分析法律条文，还应注意法律的实效问题。

据此，瞿老提出了自己研究的目标：一是研究并分析中国古代法律的基本精神及主要特征；二是以前者为基础，进一步探究中国古代法律自汉至清有无重大变化。① 根据功能派的观点，瞿老运用家族、婚姻、阶级、巫术及宗教这些社会史的范畴，将中国古代自汉至清两千多年间的法律作为一个整体加以分析，广泛利用正史、野史、笔记、小说中的法律史料和法典、个案和判例等法律文献材料（就只研究书面的历史记载这一点而言，瞿老的研究与梅因相似），对中国古代法律的基本精神及其主要特征，以及这种精神和特征的变化轨迹提供了一种全新的解释。在兼跨社会学、历史、法律这三个学科领域之间，开创了把法律史与社会史结合起来的研究，由此而形成了一种新的学术研究体系，它可以被称为"法律社会史"。这正是他对中国法制史这门学科发展做出的一个独特贡献，它不仅仅是从未有过的一种尝试，而且直到今天，仍难

---

① 吴文藻：《社会学丛刊总序》。
① 参见瞿同祖：《中国法律与中国社会·导论》，中华书局，1981年版。

有人超越他所取得的成就。②

应当指出的是，法律社会史研究的出现，与梁启超倡导"新史学"以来的影响，社会史专题研究的拓展和深入都有着内在的思想逻辑关系。就一般法学而言，这种研究正代表了当时世界法学发展的一个趋势。正如美国法学家庞德在评价19世纪后期以来欧洲社会学法学的发展时所指出的，"本世纪初，出现了各种社会学方法的综合，出现了各门社会科学的综合，出现了以考虑法律的作用为主，而不是以法律的抽象内容为主的功能观，这种功能观将法律视为可凭人类智慧的努力加以改进的一种社会制度，……以上出现的情况，逐渐成了社会学法学家公认的信条，并日益成了所有法学家公认的信条"①。

当然，瞿老所以能取得如此之高的学术成就，是与多种因素有关的。例如，可以说自幼良好的家庭教育环境开启了他的心智，哺育了他的人文情怀；连续的教会式教育，至少为他的英文功底打下了牢固的基础；名师指点下的系统严格的学术训练与伟大学者们精辟论著的感染，一方面使他具有了跨学科研究的基本素质，另外又开阔了他的视野，可以从中汲取他所需要的一切有益的养分；而凭着"勤奋"和"毅力"——这是瞿老以亲身体验而得到的两个极普通的词——最终使他成为一位渊博精深的学者。说到这里，我们感到，一流的学术成就来自具有一流素质学者的创造，而一流学者的造就要有一流的教育培养。

---

②目前学者们的有关评述可以参见梁治平：《身份社会与伦理法律》，载《读书》1986年第3期；刘广安：《二十世纪中国法律史学论纲》、王志强：《略论本世纪上半叶中国法制史的研究方法》，两篇均收入李贵连主编：《二十世纪的中国法学》，北京大学出版社，1998年版；张晋藩主编：《中国法制史研究综述》，中国人民公安大学出版社，1990年版；冯尔康等编著：《中国社会史研究概论》，天津教育出版社，1988年版；等等。
①庞德：《法律史解释》，华夏出版社，1989年版，第71页。

四

我们的访谈曾经涉及瞿老的家庭。瞿老与赵曾玖女士美满的婚姻诞生于1932年,同年赵女士考入燕京大学,在国文系读书。1938年瞿先生去重庆后,就与赵女士分居两地了,直到1943年,全家才在昆明团圆。1944年底,赵女士带着他们的一儿一女与瞿老一起踏上了前往美国的行程。新中国成立后不久,赵女士即带着孩子们先行回到了祖国的怀抱(当时瞿老在美国的研究工作尚未结束),先在中国科学院经济研究所工作,后来又调到贵州省科委工作,直到1971年退休回到湖南,才又与瞿老重新团聚。但不幸的是,由于疾病,1976年瞿老失去了他的人生伴侣。前后算来,他们只共度了十八个春秋。瞿老这一坎坷的家庭生活经历,的确令人心情沉重。

然而,生活的不幸并没有使瞿老屈服。他一直保持着平静的心态。直到现在,瞿老的身体仍很康健。他的养生之道就是"从不抽烟,几乎不喝酒,经常锻炼,打太极拳,坚持游泳,生活有规律"。欣赏西洋古典音乐,仍然是他最大的生活乐趣。还记得第一次登门拜访瞿老时,我们曾提出想与瞿老一起拍张照片,留作纪念。我们的话刚一出口,瞿老便爽快地对我们说:"我去刮一下胡子,好吗?"

原载《中外法学》1998年第4期
感谢王健教授惠允用作本书附录

LOCAL GOVERNMENT IN CHINA UNDER THE CH'ING by T'UNG-TSU CH'U
Copyright:©1962 BY THE FRIENDS AND FELLOWS OF HARVARD UNIVERSITY
This edition arranged with Harvard University Asia Center through BIG APPLE AGENCY, LABUAN, MALAYSIA.
Simplified Chinese edition copyright: © 2022 New Star Press Co., Ltd.
All rights reserved.

图书在版编目（CIP）数据

清代地方政府／瞿同祖著；范忠信，何鹏，晏锋译．－－北京：新星出版社，2022.3（2025.6重印）
ISBN 978-7-5133-4756-3
Ⅰ．①清… Ⅱ．①瞿… ②范… ③何… ④晏… Ⅲ．①地方政府－研究－中国－清代 Ⅳ．① D691.2
中国版本图书馆 CIP 数据核字（2021）第 270884 号

吉金文库

清代地方政府

瞿同祖　著；范忠信　何鹏　晏锋　译

责任编辑：孙立英
责任校对：刘　义
责任印制：李珊珊
装帧设计：冷暖儿

出版发行：新星出版社
出 版 人：马汝军
社　　址：北京市西城区车公庄大街丙3号楼　100044
网　　址：www.newstarpress.com
电　　话：010-88310888
传　　真：010-65270449
法律顾问：北京市岳成律师事务所

读者服务：010-88310811　service@newstarpress.com
邮购地址：北京市西城区车公庄大街丙3号楼　100044

印　　刷：北京美图印务有限公司
开　　本：660mm×970mm　1/16
印　　张：25.25
字　　数：335千字
版　　次：2022年3月第一版　2025年6月第九次印刷
书　　号：ISBN 978-7-5133-4756-3
定　　价：78.00元

版权专有，侵权必究；如有质量问题，请与印刷厂联系调换。